主编简介

魏礼群，江苏睢宁人，著名经济学家。曾经先后担任国家计委政策研究室主任，体制改革和法规司司长，国家计委党组成员兼秘书长，中央财经领导小组办公室副主任，国务院研究室党组书记、主任，国家行政学院党委书记。中国共产党第十六届、十七届中央委员。国家行政学院、中国人民大学、北京师范大学、上海财经大学教授、博士生导师。长期从事国家宏观经济理论和政策、公共管理、社会治理和智库建设等领域的研究工作。

现任：中央马克思主义理论研究和建设工程咨询委员会委员，国家哲学社会科学研究专家咨询委员会委员，全国哲学社会科学规划领导小组应用经济组组长，中国国际经济交流中心常务副理事长、首席专家、学术委员会主任，北京师范大学中国社会管理研究院 / 社会学院院长。

参加或主持过党中央、国务院大量重要文件和党中央、国务院领导重要讲话的起草工作，负责过大量推进中国改革开放和现代化建设重大课题研究，取得了一大批对国家决策有重要价值的科研、咨询成果。

2009 年入选“影响新中国 60 年经济建设 100 名经济学家”，2015 年入选“中国智库建设十大人物”，2017 年被评选为 2016 年度“十大智库人物”，2018 年入选“致敬改革开放四十周年 · 中国智库建设 40 人”。

中国改革与发展热点问题研究（2021）

魏礼群　主编

商務印書館
创于1897 The Commercial Press

图书在版编目（CIP）数据

中国改革与发展热点问题研究．2021 / 魏礼群主编．— 北京：商务印书馆，2021
ISBN 978-7-100-19267-5

Ⅰ．①中… Ⅱ．①魏… Ⅲ．①中国经济－经济体制改革－研究②政治体制改革－研究－中国 Ⅳ．①F121 ②D6

中国版本图书馆CIP数据核字（2020）第255750号

中国改革与发展热点问题研究（2021）
魏礼群　主编

商 务 印 书 馆 出 版
（北京王府井大街36号　邮政编码 100710）
商 务 印 书 馆 发 行
三河市尚艺印装有限公司印刷
ISBN 978-7-100-19267-5

2021年1月第1版　　开本 710×1000　1/16
2021年1月第1次印刷　　印张 31　插页 4

定价：98.00元

目 录

如何认识社会治理现代化

（代序）

魏礼群 *

社会治理现代化是整个国家治理现代化的重要方面，有着重大的政治意义、理论意义和实践意义。党的十九届四中全会在社会治理制度、社会治理体系、社会治理新境界等方面提出了诸多重大创新性要求，并在深入分析和准确把握当前和今后一个时期我国社会治理形势和环境的基础上，针对性地提出了一些新的重点任务和措施。

在庆祝新中国成立 70 周年之际，在“两个一百年”奋斗目标历史交汇期，党的十九届四中全会专题研究坚持和完善中国特色社会主义制度、推进国家治理体系和治理能力现代化问题并作出决定。用一次中央全会专门研究国家制度和国家治理问题，在我们党的历史上还是第一次。这体现了以习近平同志为核心的党中央治国理政丰富的政治智慧和强烈的历史担当，对决胜全面建成小康社会、全面建设社会主义现代化国家，确保国家制度和国家治理沿着正确方向前进，实现国家长治久安和中华民族伟大复兴的中国梦，具有重大而深远的意义。

这次全会通过的《中共中央关于坚持和完善中国特色社会主义制度、推进国家治理体系和治理能力现代化若干重大问题的决定》（以下简称《决定》），从党和国家事业发展的全局和长远出发，准确把握我国国家制度和国家治理体系的演进方向和规律，既阐明了必须牢牢坚持的重大制度和原则，又部署了推

---

* 魏礼群，北京师范大学中国社会管理研究院 / 社会学院院长、国务院研究室原主任。

进制度建设的重大任务和举措；既阐明了推进整个国家治理的方向、目标和制度等问题，又提出了各领域、各方面治理的部署和要求。其中，高度重视社会治理问题，并对推进社会治理现代化作出了一系列新决策、新部署、新要求，为我们在新时代持续推进社会治理现代化、提高社会治理水平进一步指明了前进方向和行动指南。

一、充分认识推进社会治理现代化的重大意义

党的十九届四中全会在我们党的历史上第一次突出强调："社会治理是国家治理的重要方面。"也可以说，社会治理现代化是整个国家治理现代化的重要方面。这个重要论断，有着十分重大的政治意义、理论意义和实践意义。

从社会治理的功能作用看。社会治理是多元社会主体共同参与的，旨在规范和维持社会秩序、预防和化解社会矛盾、维护社会稳定、保障国家和社会安全、促进社会公平正义、协调社会关系、增进社会和谐、激发社会活力、推动社会进步的活动。社会治理有效，才能使社会有序运转、国家大治安宁、人民安居乐业，为经济、政治、社会等各方面发展创造良好的环境和条件。否则，社会不可能正常运行，更不可能发展进步，还会造成社会混乱，甚至发生社会危机和倒退。社会治理是社会建设的重要组成部分，既是国家整个现代化建设的重要构成，也为现代化建设的其他方面提供保障和基础。

从我们党的奋斗目标看。在坚持和完善中国特色社会主义制度基础上，实现国家现代化，全面建成社会主义现代化强大国家，必须推动中国特色社会主义制度更加成熟、更加定型，为党和国家事业发展、为人民幸福安康、为社会和谐稳定、为国家长治久安提供一套更完善、更科学、更规范、更有效的制度体系、治理体系、能力体系和充分反映中国特色、民族特点、时代特征的价值体系。而推进社会治理现代化、不断提升社会治理水平，则是全面实现社会主义现代化的重要内容和重要保障。

从新中国 70 年历史进程看。坚持推动社会治理领域变革和发展，不断推进

社会治理现代化，坚决维护社会稳定和国家安全，是中国特色社会主义事业不断发展和取得伟大成功的重要经验。正是70年来我们党根据不同历史时期的客观条件和任务，采取相应的社会治理理念、体制、手段和方法，才使我们国家长期保持政治稳定、社会团结、国家安宁，各个方面积极性得到充分发挥，才创造了人类发展史上罕见的“经济快速发展和社会长期稳定”这两个伟大奇迹。当然，70年社会治理变革和现代化道路是不平坦的，经历了艰辛探索甚至挫折，走了一些弯路，例如，十年“文化大革命”造成的混乱，延缓了包括社会治理现代化在内的整个现代化进程，有不少经验教训。

从我国发展面临的形势看。新中国成立特别是改革开放以来，我国经济社会取得了中国几千年历史上前所未有的巨大发展与进步；但是，在前进中也出现了一系列新的社会矛盾和社会问题，存在着不少影响社会稳定和国家安全、社会文明和进步的因素。在今后的前进道路上还将面临许多前所未有的挑战和风险。我们正处于世界百年未有之大变局，面临的国际国内环境愈益错综复杂，国外一些不愿看到中国由大变强的势力渗透加剧，给我国社会治理增加新压力；全面深化改革开放和现代化建设进入滚石上山、爬坡过坎的关键阶段，特别是传统社会向现代社会转型步伐加快，给社会治理提出许多新课题；以信息化为代表的科学技术迅猛发展，既为现代化建设带来新机遇，也给社会治理增加新难度；我国社会主要矛盾转化，人民群众向往更加美好的生活，给社会治理提出新要求。还要看到，与其他方面的建设和治理相比，我国社会建设和治理还是一个短板。所以，更加重视社会治理，大力推进社会治理现代化，不仅是更好地解决现实社会矛盾和问题的迫切需要，也是应对今后国家现代化建设过程中面对的种种严峻矛盾和挑战的战略选择。

从我们党的初心和使命看。实现国家富强、民族振兴和人民幸福，这是我们党的初心和使命。坚守初心、担负使命，需要从经济、政治、文化、社会、生态等各个领域全面推进建设和改革创新。持续推进社会治理现代化，是社会建设和社会变革的重要内容。社会稳定和国家安全、民主和法治、公平和正义，社会充满活力和谐有序运行，提高现代社会文明程度，是人民大众的美好之梦、幸福之梦，是实现中华民族伟大复兴的重要保障和标志，也是我们党和国家的初心所在、使命所在。只有切实加强和创新社会治理，才能更好地处理社会矛盾、协调社会利益、调节社会关系、规范社会行为、促进社会公平正义，使我国社会在深刻变革中生机勃勃又井然有序，使整个社会安定团结、和谐相处，使国家长治久安、经济社会持续健康稳定发展，使广大人民群众更多地享受获得感、安全感、幸福感，更好地实现中华民族伟大复兴的中国梦。

总之，更加重视社会治理问题，推进社会治理现代化，这既是坚持和完善中国特色社会主义制度的内在要求，也是新时代推进国家治理现代化的一项重要且紧迫的任务。我们要以新中国成立70周年为新起点，不忘初心、牢记使命，坚定前进方向，大力推进社会治理制度创新和社会治理现代化。

二、深刻把握推进社会治理现代化的重大创新要求

党的十九届四中全会在科学总结以往理论创新、实践创新、制度创新的基础上，全面把握坚持和发展中国特色社会主义制度的基本要求，深刻认识中国特色社会治理现代化建设的特点和规律，与时俱进地丰富了推进社会治理现代化的内涵，作出了许多新决策新部署，特别是在社会治理制度、社会治理体系、社会治理新境界方面，提出了重大创新性要求。

在社会治理制度方面，首次明确要求“坚持和完善共建共治共享的社会治理制度”。党的十九大明确提出“打造共建共治共享的社会治理格局”，这深刻表明了推进社会治理创新发展的切入点和聚焦点在一个“共”字上，凸显了社会治理的公共性、多元性和共同性，这是治理理念和治理体制的重大创新。此次全会又将“共建共治共享的社会治理格局”，上升为“共建共治共享的社会治理制度”。“格局”一般为认知范围、布局、结构，而“制度”则是全社会必须共同遵守的价值标准和行为规范。制度问题更带有根本性、全局性、稳定性和长期性。由“格局”上升到“制度”，既更加鲜明地体现了“坚持和发展中国特色社会主义制度”的本质要求，又更加鲜明地彰显了中国特色社会治理制

度的特征和运作模式。所谓“共建”，就是社会多元主体参与建设；所谓“共治”，就是社会多元主体共同参与治理；所谓“共享”，就是社会多元主体共同参与分享成果。“共建共治共享”之间既相互交融，又相互促进。实现“共建共治共享”不仅要有思想共识，还必须建章立制，使之制度化、规范化、程序化，这对推进社会治理提出了更新更高的要求。

我们推进社会治理现代化，应在坚持和完善共建共治共享的社会治理制度方面下更多的力气、更大的功夫。在社会治理体系方面，首次明确要求“加强和创新社会治理，必须完善党委领导、政府负责、民主协商、社会协同、公众参与、法治保障、科技支撑的社会治理体系”。这个决策将以往的“社会治理体制”上升为“社会治理体系”，并进一步丰富了内容，提出了新要求。党的十七大报告在加强社会建设的部署中，首次提出“要健全党委领导、政府负责、社会协同、公众参与的社会管理格局，健全社会管理体制”。党的十八大报告则提出：必须加快形成“党委领导、政府负责、社会协同、公众参与、法治保障的社会管理体制”，强调了法治在社会治理中的作用。党的十九大报告进一步提出：“完善党委领导、政府负责、社会协同、公众参与、法治保障的社会治理体制，提高社会治理社会化、法治化、智能化、专业化水平。”将“社会管理体制”变更为“社会治理体制”，并强调了社会治理的社会化、法治化、智能化、专业化。此次中央全会更加强调了“民主协商”和“科技支撑”的作用，明确将这两个方面作为“社会治理体系”的重要组成部分。这从更新视野、更深层次反映了我们党对中国特色社会治理的理论创新和实践创新，更科学、更准确地揭示了新时代社会治理的运行特点和规律。把“民主协商”和“科技支撑”作为完善社会治理体系的重要内容，更好地体现了习近平新时代中国特色社会主义思想，更好地顺应了当代科技进步对社会治理变革提出的新要求。习近平总书记在党的十九大报告中提出：“发挥社会主义协商民主重要作用。有事好商量，众人的事情由众人商量，是人民民主的真谛。协商民主是实现党的领导的重要方式，是我国社会主义民主政治的特有形式和独特优势。要推动协商民主广泛、多层、制度化发展，统筹推进政党协商、人大协商、政府协商、政协协商、人民团体协商、基层协商以及社会组织协商。加强协商民主制度建设，形成完整的制度程序和参与实践，保证人民在日常政治生活中有广泛持续深入参与的权利。”“协商民主”是中国特色社会主义民主制度的重要创新和重要标志。将“协商民主”作为加强和创新社会治理、完善社会治理体系的重要方面，这不仅将人民民主贯穿于、渗透到社会生活的全过程、全领域，更重要的是在国家意志和人民意愿间架起了桥梁。人民的愿望通过民主协商的方式，能够得到合理、及时的表达；国家的意志通过民主协商更易于转化为人民的思想共识与行动自觉，更易于形成既有统一意志又有个人心情舒畅的政治局面。因此，将“协商民主”作为社会治理体系的有机构成，既是坚持和发展中国特色社会主义制度的内在要求，也是增强社会治理效能和效果的科学安排。这个决策是对近年来社会治理实践创新经验的科学总结和思想升华。

当今世界，以信息化为代表的现代科技革命已经并将继续广泛而深刻地改变人们的生活、工作、交往和思维方式，不断带来社会形态、社会结构、社会活动的新变化，同时也为创新社会治理提供了新动能、新机遇。运用科技手段加强和创新社会治理，把社会治理变革与现代科技应用深度融合起来，是提高社会治理效能和水平的紧迫任务和必由之路。

按照完善社会治理体系的要求，就要充分发挥各级党委在社会治理中总揽全局、协调各方的领导核心作用，同时强化各级政府抓好社会治理的责任制。中国特色社会主义最本质的特征是中国共产党领导，中国特色社会主义制度的最大优势是中国共产党领导，加强和创新社会治理必须加强和改善各级党委对社会治理的领导，同时积极发挥各级政府的社会治理职能，切实搞好公共服务、管理社会事务、维护社会安全、服务人民群众。要全面落实各级党委和政府社会治理的主体责任。

按照完善社会治理体系的要求，就要充分发挥全社会力量的作用，引领和推动社会各方面力量参与社会治理。要发展社会治理的民主制度，充分发挥广泛性、多层次、多形式民主的作用。鼓励和引导企事业单位、社会组织、人民群众积极参与社会治理，提高社会协同能力和公众参与能力。

按照完善社会治理体系的要求，就要充分发挥法治对社会治理的规范和保障作用。法治是社会治理现代化的根本保障和最重要的标志，必须全面加强社会法治建设，强化法治保障，要健全社会治理立法，做到公正司法、严格执法，把社会治理各个方面、各个环节都纳入法治化轨道。通过社会治理的制度化、规范化、法治化，稳定社会预期，增强社会信心，激发社会活力，提高社会效率。

按照完善社会治理体系的要求，就要充分发挥现代科技手段对社会治理的作用，大力推行“互联网+”社会治理模式，积极利用好人工智能、大数据、云计算、区块链等信息技术，推进社会治理工作科学化、智能化、精细化、高效化。

在社会治理境界方面，首次明确要求“建设人人有责、人人尽责、人人享有的社会治理共同体”。这是我们党的文献中首次使用构建“社会治理共同体”的概念。在党的文献中，对动员和组织人民群众投入社会治理有过多次不同的表述。党的十七大报告对建设社会主义和谐社会的总要求，提出“和谐社会要靠全社会共同建设”，“努力形成社会和谐人人有责、和谐社会人人共享的生动局面”。党的十八大报告在“加强和创新社会管理”的总要求中，提出“全党全国人民行动起来，就一定能开创社会和谐人人有责、和谐社会人人共享的生动局面”。党的十九大报告进一步提出“坚持人人尽责、人人享有”，努力形成人人参与、人人尽责的良好局面。此次全会，更加明确提出“建设人人有责、人人尽责、人人享有的社会治理共同体”。

这是开拓社会治理新境界的重大创新要求。所谓“共同体”，一般是指人们在共同条件下，以特定形式和纽带联系起来的组织体。马克思在多部经典著作中，提出了“社会共同体”的思想，并阐述了这一共同体形成演进的逻辑过程，指明人类社会发展的趋向。1887 年，德国社会学家滕尼斯在《共同体与社会》一书中，运用这一概念强调社会组织内部成员之间既有紧密联系，又有着共同的意志，将组织视为具有强烈的归属感和认同感的团体和有机体。随着社会不断进步和人们思想理念创新，“共同体”被作为联系密切、相互依存、价值共识、遵守规范、利益相关和责任共担、和谐相处、共同发展的整体。

2013年，习近平总书记基于对当代世界发展现状和趋势的科学判断，以及中国与世界未来命运之间关系的深邃认识，创造性地提出和系统阐述了构建“人类命运共同体”的伟大理念，对近些年来推动全球共同治理发挥了重要作用。我们党提出建设“社会治理共同体”，强调“人人有责、人人尽责、人人享有”，明确规定了所有社会成员都是为了共同价值、共同规范、共同利益、共同发展而承担着社会治理的责任，在社会治理中都要有所担当、履行责任。这是要引导、鼓励全体社会成员积极参与社会治理，努力形成人人主动负责、人人尽到责任、人人共享治理成果的良好社会环境。“社会治理共同体”的提出，进一步凸显了人民的国家主体地位，有着共同的社会规范、价值理念、责任担当和利益追求。这样，新时代社会治理就会更好地调动一切积极因素，开拓社会治理更加有效的新局面新境界。

党的十九届四中全会对加强和创新社会治理还有许多新概括、新思想、新观点、新要求，都丰富和升华了新时代社会治理的思想理论体系，必将对推进社会治理现代化的实践发挥重要作用。

三、着力抓好推进社会治理现代化的重点任务

坚持和完善中国特色社会主义制度、推进国家治理体系和治理能力现代化是一项重大的战略任务，推进社会治理现代化也是一项重大的战略任务。党的十九届四中全会提出了总要求总目标，明确了指导思想和战略安排，需要有步骤地从多个方面、多个领域综合施策、采取措施、积极推进。这次全会在深入分析和准确把握当前和今后一个时期我国社会治理形势和环境的基础上，围绕确保人民安居乐业、社会安定有序和建设高水平的平安中国，有针对性地提出了一些新的重点任务和措施。

完善正确处理新形势下人民内部矛盾有效机制。我国现阶段社会矛盾，大量的、主要的是人民内部矛盾，正确处理新形势下的人民内部矛盾特别是涉及广大人民群众切身利益的矛盾，是保持社会安定、促进社会和谐发展的关键。

当前，这方面治理机制存在的主要问题是，有些地方预防和化解矛盾纠纷的机制不健全，群众权益表达渠道不够畅通，不少矛盾长期得不到妥善解决，以致有的小问题积累成大问题，矛盾激化，影响社会稳定，必须采取有效措施。一要加快完善社会矛盾预警排查机制，尽量做到早发现、早预防、早处置，及时排除、预警、化解各类矛盾隐患和风险。二要建立健全重大决策社会稳定风险评估机制，对涉及群众利益的重大决策在出台前或审批前，以及在实施中可能出现的影响社会稳定的因素，进行先期预测、分析和评估，以避免或减少可能出现的影响社会稳定的因素。三要建立健全维护群众权益机制，包括畅通、有序和规范的群众诉求表达、利益协调、权益保障机制。完善个人心理服务体系和危机干预机制，积极开展心理调节疏导工作。四要建立健全调处化解矛盾纠纷综合机制，积极完善人民调解、行政调解、司法调解联动工作体系，推动诉讼与调解 、仲裁、行政裁决、行政复议等非诉讼方式有机衔接。完善信访制度，建立健全及时就地解决群众合理诉求机制，把涉法涉诉信访纳入法制轨道解决。这次全会《决定》强调，要“坚持和发展新时代‘枫桥经验’”，“枫桥经验”的本质，就是注重预防和化解矛盾，发动和依靠群众妥善解决矛盾，坚持矛盾不上交，做到“小事不出村、大事不出镇、矛盾不上交”。要使这个经验成为新形势下解决人民内部矛盾的有效机制和方式。

完善社会治安综合防控体系。社会治安综合防控体系，是社会治安综合治理的主要依托，也是建设更高水平的平安中国的重要支柱。坚持专群结合、群防群治，提高社会治理立体化、法治化、专业化、智能化水平。要以保护人民群众的人身权、财产权、人格权为重点，努力构建全方位的公共安全防控网络，提高预测预警预防各类风险能力，增强社会治安防控的整体性、协同性、精准性。要以“全域覆盖、全网共享、全时可用、全程可控”为目标，深入推进公共安全视频监控建设联网应用建设，加快实现联网集约化、联网规范化、应用智能化。要着力改革和加强城乡警务工作，依法打击和惩治黄赌毒黑拐骗等违法犯罪活动。

健全公共安全体制机制。这是建设平安社会、平安中国的重要平台和依托。

要牢固树立安全发展观，坚持人民利益至上，健全公共安全体系，为人民安居乐业、社会安定有序、国家长治久安编织全方位、立体化的公共安全网，打造公共安全人人有责、人人尽责、人人受益的命运共同体。一要完善和落实安全生产责任和管理制度，建立健全“责任全覆盖、管理全方位、监管全过程”的安全生产综合治理体系，构建安全生产长效机制，全面实现对各类安全生产风险自动识别、预警，防止和减少安全生产事故尤其是重特大事故的发生。二要提升防灾减灾救灾能力。建立公共安全隐患排查和安全预防控制体系，坚持以防为主、防抗救相结合的方针，坚持常态减灾和非常态救灾相统一，全面提高整个社会抵御各种自然灾害的综合防范能力，健全防灾、减灾和救灾体制，完善灾害监测预警和防治应急体系。三要完善应急管理体制。在全社会加强应急管理知识技能的系统培训。不断提高社会所有成员和各个方面应急管理的能力，着力构建与公共安全风险相匹配、覆盖应急管理全过程和全社会共同参与的突发事件应急管理体系，确保应急管理体系有效运行。

构建基层社会治理新格局。习近平总书记指出：“基层是一切工作的落脚点，社会治理的重心必须落实到城乡社区。”基础不牢，地动山摇，推进社会治理现代化，必须加快基层社会治理体系建设，构建现代社会基层治理新格局。随着工业化、城市化、市场化、现代化的深入发展，我国城乡基层出现一系列新情况新问题。在农村，不少地方出现“空心村”现象，农村社会治理人才短缺、主体弱化、公共服务不足。在城市，不少社区治理机制不健全，基层负担过重、职责不清、自治能力不足。

针对存在的问题，必须完善群众参与基层社会治理的制度化渠道。一要健全党组织领导的自治、法治、德治相结合的城乡基层治理体系。健全充满活力的基层群众自治制度，在城乡社区治理、基层公共事务和公益事业中，广泛实行群众自我管理、自我服务、自我教育、自我监督，着力推进基层直接民主制度化、规范化、程序化，充分发挥法治保障作用和法治引领作用。二要健全城乡基层社区的管理服务机制，推行网格化管理和服务，尽量把资源、服务、管理放到基层，使基层有权有钱有物质手段，建设基层公共服务体系，更好地为群众提供精准有效的服务与管理。三要加强社区文化建设，营造社区温馨家园。还要注重发挥家庭家教家风在基层社会治理中的重要作用。

完善国家安全体系。这是加强和创新社会治理、维护国家安全的重大任务。最重要的是坚持总体国家安全观，实施国家安全战略，统筹发展和安全，不断提高国家安全能力，保障国家稳定和安全。一要健全国家安全体系，实施国家全方位安全战略。既要重视国家外部安全，又要重视国家内部安全；既要重视国土安全，又要重视国民安全；既要重视传统安全，又要重视非传统安全；既要重视国家自身安全，又要重视国际共同安全。也就是要做到全面、全方位加强安全治理 。二要健全国家安全保障体制机制。坚持集中统一、高效权威的国家安全领导体制，建立健全国家安全法律制度体系。统筹协调国家安全重大事项和重要工作。制定和实施政治、国土、经济、社会、资源、网络等重点领域国家安全政策，建立健全国家安全风险研判、防控协同、防范化解机制。提高防范抵御国家安全风险的能力，坚决防范和严厉打击敌对势力的渗透、破坏、颠覆、分裂破坏活动。

从根本上看，要加强和创新社会治理，坚持和完善社会治理制度，健全和完善社会治理体系，加快推进社会治理现代化，必须坚持和完善党的全面领导制度。新中国 70 年来的光辉历史充分证明，中国共产党始终是领导我国各项事业发展的核心力量，中国社会治理领域的变革和发展也始终是在党的领导下进行的。党的政治领导为社会治理指引着前进方向和价值体系，增强了社会治理的方向感和凝聚力；党的组织优势为社会治理提供了严密有效的组织体系和制度体系，确保社会治理的统一性、有序性；党的优良传统和品格，既敢于探索创新、开拓前进，又勇于坚持真理、修正错误。新中国成立后至改革开放前，正是在党的领导下，建立了社会主义制度，为中国社会治理现代化建设奠定了根本的社会制度、政治条件和组织体系，在艰辛探索中逐步建立起一套社会治理的具体制度。改革开放以后，又是在党的领导下，深刻总结以往的经验教训，逐步建立和发展与社会主义市场经济相适应的社会治理重要制度体系。特别是党的十八大以来，突出以党建引领社会治理现代化进程，坚持党要管党、全面从严治党，以党的先进性和纯洁性建设不断提升党的社会治理领导能力和水平，推动了社会治理领域发生历史性变革，取得了历史性成就。

在新时代深入推进中国社会治理现代化，必须更加自觉地坚持党的全面领导，把加强和完善党的领导贯穿于社会治理的全领域、全过程、全环节，并要以彻底的自我革命精神，不断增强党的政治领导力、思想引领力、群众组织力和社会号召力。要深入开展反腐败斗争，持之以恒正风肃纪，为加强和创新社会治理创造良好的政治生态和社会环境。我们要坚决维护以习近平同志为核心的党中央权威和集中统一领导，确保社会治理现代化的正确航向，更好地发挥党总揽全局、协调各方的领导核心作用，充分发挥基层党组织的战斗堡垒作用。完全可以相信，在中国共产党的坚强领导下，我国社会治理体系现代化和社会治理能力现代化建设一定会不断取得新进展，在全面建成小康社会，进而全面建设社会主义现代化国家中发挥越来越大的作用。

魏礼群

第一编　“十四五”发展规划

“十四五”时期深化要素市场化配置改革的重点和方向

王一鸣 *

【导语】“十四五”时期，应对百年未有之变局，开拓发展新局面，迫切深化要素市场化配置改革，消除资源配置扭曲，提高全要素生产率。要坚持目标引领和问题导向相结合，突出重点，分类推进，通过深化要素市场化配置改革，促进要素自由流动，畅通国民经济循环，推动科技创新和产业技术变革，提高经济循环效率，构建“双循环”相互促进的新发展格局。

一、国内外环境变化对深化要素市场化配置改革提出紧迫要求

“十四五”时期区别于以往的五年规划期，最大的不同就是外部环境的百年未有之变局。大变局的“变”既表现为生产力层面的新一轮科技革命和产业变革，也表现为生产关系层面的全球治理体系变革和国际政治格局调整。新一轮科技革命和产业变革将改变传统生产要素和新生产要素之间的关系，劳动力、土地等传统生产要素的地位将相对下降，而技术、数据等新生产要素的重要性将大幅提升，特别是数字技术支撑的新产业、新业态、新模式异军突起，数据规模、数据加工能力、数据治理体系将成为全球竞争的制高点。经济全球化退潮继续推动全球产业链供应链收缩调整，区域化、近岸化特征更趋明显，北美、

---

* 王一鸣，国务院发展研究中心原副主任，第十三届全国政协委员，中国社会科学院博士生导师。长期从事宏观经济问题研究，主要涉及宏观经济政策、经济社会发展规划、科技进步与政策、产业发展与政策、区域经济与政策等领域。

欧洲、东亚三大网络内部循环强化。国际政治不确定性上升，特别是美国对我国战略遏制日趋强化，将成为外部环境最大的不确定因素。

从国内看，“十四五”时期我国发展将继续面临结构性、体制性、周期性因素的多重制约，制造业大规模扩张阶段将要结束，支撑产业发展的要素条件深刻变化，企业成本上升压力增大，创新能力不足的矛盾有可能进一步凸显。经济增长的动力结构发生变化，人口老龄化进程加快，劳动年龄人口继续减少，储蓄倾向将随着人口抚养比上升和新生代消费群体成长而趋势性降低，资本积累速度将因此而放缓，而随着我国越来越接近国际技术前沿，可模仿学习空间缩小，加上美国的“技术脱钩”和技术封锁，加快科技进步和提升全要素生产率的难度增大。

总之，无论从外部环境变化，还是国内发展阶段性特征看，都对深化改革提出更加紧迫的要求，必须加大要素市场化配置改革力度，加快建设高标准市场体系，促进国内规则规制全面对接国际高标准市场规则体系，促进生产要素更加自由流动，推动形成以国内大循环为主体、国内国际双循环相互促进的新发展格局。

二、深化要素市场化配置改革要着力提高全要素生产率

近年来，我国经济增长放缓在很大程度上是全要素生产率增速下降造成的。在经济增速放缓和要素成本提高的背景下，只有深化要素市场化配置改革，着力提高全要素生产率，才能对冲劳动力成本上升，投资的边际产出才能稳定增长，企业才能提高盈利水平，积累的风险才能得到有效释放，资源环境压力才能逐步减缓。

根据联合国国际比较计划委托美国宾夕法尼亚大学建立的“佩恩表”数据库 9.0 版，2014 年我国全要素生产率仅相当于美国 43% 的水平，这也意味着提升全要素生产率仍有较大空间。日本和韩国在基本完成工业化和经济增速“下台阶”的阶段，全要素生产率分别达到美国 80% 和 60% 的水平。日本和韩

国的阶段性峰值分别出现在1980年和1991年，此后便长期停滞不前。显然，达到美国全要素生产率的60%和80%，是我国现代化进程中必须迈过的两个台阶。

如果我国到2035年基本实现现代化时，全要素生产率要达到美国的60%左右，也就是达到韩国的水平，全要素生产率就要以比美国更快的速度提高。若设定美国2015—2035年全要素生产率年均增速为1%（美国2000—2014年全要素生产率年均增速为0.76%，但若剔除2008年和2009年美国爆发金融危机时全要素生产率增速为负和为零的数据，这个时期全要素生产率年均增速为0.93%），那么，在2015—2035年期间中国全要素生产率年均增速要达到2.7%，才能在2035年达到美国60%左右的水平。

国际金融危机后，我国全要素生产率增速明显放缓，近年来虽有所回升，但仍不到2%。如果“十四五”时期潜在经济增长率由“十三五”时期略高于6%进一步下降至5%—5.5%，那么全要素生产率要达到2.7%的年均增速，则意味着全要素生产率对经济增长贡献要达到50%左右。从以往的经验看，这并非易事。这也表明，通过要素市场化配置改革提高全要素生产率必须打一场硬仗。

三、深化要素市场化配置改革要突出重点、分类推进

“十四五”时期，深化要素市场化配置改革要坚持目标引领和问题导向相结合，突出重点，分类推进。通过改革促进要素自由流动，畅通国民经济循环，推动产业技术变革，提高经济循环效率。

在传统生产要素领域，改革的核心目标是消除资源配置扭曲，把劳动力、土地、金融资源配置到生产率更高的领域，使经济循环更加顺畅，经济增长达到潜在生产可能性边界。

劳动力市场化配置改革重在推进劳动力城乡流动和人才社会性流动。继续深化户籍制度改革，放开放宽除个别超大城市外的城市落户限制，建立城镇教

育、就业、医疗卫生等基本公共服务与常住人口挂钩机制，推动农业转移人口市民化。“十四五”时期应对外部环境变化，需要突出一个重点领域，就是促进人才的社会性流动和高端人才市场培育。要树立人才是第一资源的理念，加快构建人才的社会性流动和吸引全球高端人才的体制机制，加快与国际人力资源市场的对接，增强对全球一流人才的吸引力。

资本要素市场化配置改革重在深化资本市场改革。“十四五”时期，除了继续放开金融服务业市场准入，增加服务小微和民营企业的金融服务供给，疏通金融和实体经济的传导机制外，还需要深化资本市场改革，拓展多层次资本市场发展空间，注册制改革要在科创板试点基础上进一步拓展，为新经济公司提供更便利快捷的上市渠道，也为承接中概股回归创造条件。当前，国际上负利率低利率盛行，流动性充裕，深化资本要素市场化配置改革，将会对吸引国际投资和资金流入起到重要作用。

土地要素市场化配置改革重在集体经营性建设用地入市和农村宅基地“三权分置”改革。集体经营性建设用地入市，要探索扩大土地使用权入市的用途，从目前试点情况看，入市后可以用作工矿仓储、商业服务等，但考虑到集体经济组织自我开发能力有限，可考虑集体土地使用权通过出让的方式用于建设租赁住房乃至共有产权房。宅基地“三权分置”改革，在落实集体所有权、保障农户资格权的基础上，关键是拓展使用权向外部人员流转的空间，优先扩大农民住房财产权对外流转的空间，稳步扩大宅基地使用权对外流转的空间，促进城乡要素双向流动。

在新生产要素领域，改革的核心目标是推动科技创新和产业技术变革，加快产业数字化智能化转型和先进技术扩散，大幅提升经济循环效率，使我国潜在生产可能性边界达到国际前沿水平。这就要求加快培育技术和数据要素市场。由于产权制度不完善，特别是体制内职务科技成果的产权界定不清晰，以及数据的产权界定规则尚未建立，我国的技术和数据要素市场发育迟缓。在新一轮科技革命迅猛发展，大数据、物联网、人工智能等正在成为国际竞争制高点的背景下，加快培育技术和数据要素市场尤为迫切。

技术要素市场化配置改革重在探索科技成果产权激励制度改革。我国原始创新能力不强、科技人员创新潜力尚未充分释放，关键是产权激励不到位。要探索科技人员职务科技成果产权激励制度，开展赋予科技人员职务科技成果所有权或长期使用权试点，让科技项目研发与科技人员受益直接挂钩，激发科技人员的积极性、主动性、创造性，提高科技供给质量和效率。加快发展技术转移机构和技术经理人，支持高校、科研机构和科技企业设立技术转移部门，对培育发展技术市场也十分重要。

数据要素市场化配置改革重在数据产权界定和数据交易市场培育。数据产权尚未清晰界定，数据的归属不明确，就难以形成规范的数据交易市场。数据无法正常交易就会导致数据非法交易泛滥等问题。要加快制定相关法律法规，对数据的所有权、使用权、收益权、处置权等进行规范。在数据确权基础上，在市场定价机制、市场交易方式和市场监管上形成规范性制度和规则，加快培育数据交易市场，并与国际数据市场对接。

综上所述，“十四五”时期，要按照建立高标准市场经济体系要求，深化要素市场化配置改革，更好对接国际高标准市场规则体系，使国内大循环更加顺畅，循环效率大幅提升，“双循环”相互促进的新发展格局加快形成。

全面建成小康之后我国经济高质量发展若干重大问题

张占斌*

【导语】全面建成小康社会之后的“十四五”时期在我国经济社会的发展方面地位非常重要，是开启全面建设社会主义现代化国家新征程的起步期，也是全面建成小康社会成果的进一步巩固期；是推动经济社会发展再上新台阶的重要战略机遇期，还是落实新发展理念要求爬坡过坎的攻坚期；是国际经济政治格局深刻调整变化带来的重要挑战期，更是维护国家利益和经济安全的关键期。“十四五”时期，我们要坚持用新发展理念引领经济社会发展全局，进一步把握我国仍处在社会主义初级阶段的基本国情、最大实际，以及我国仍然是世界上最大的发展中国家的国际定位，保持战略定力和底线思维，在巩固全面建成小康社会成果的基础上，统筹推进经济建设、政治建设、社会建设、文化建设、生态文明建设和安全建设，加快转变经济发展方式，培育经济社会发展新动力，努力提高人民生活水平。要集中重点领域深化经济社会改革，形成经济高质量发展的体制机制，提高经济社会治理体系和治理能力的现代化水平，努力实现社会主义现代化强国新征程良好开局，为到2035年基本实现现代化奠定坚实基础。

---

* 张占斌，第十三届全国政协委员。中共中央党校（国家行政学院）马克思主义学院院长。经济学博士、一级教授、博士生导师。中国公共经济研究会常务副会长，国家四个一批社科理论人才和国家万人计划领军人才。主持国家社科基金重大项目、中央财经领导小组办公室等重要委托课题30余项。参与国务院经济大督查和第三方评估。研究方向为马克思主义理论、政治经济学、发展经济学。本文系张占斌主持的国家社科基金重大项目“把握经济发展趋势性特征 加快形成引领经济发展新常态的体制机制和发展方式研究”（项目批准编号：15ZDC009）的阶段性成果。中共中央党校（国家行政学院）马克思主义学院陈江生教授、黄锟教授、王海燕副教授等参加了本文部分内容的讨论。

当前，受新冠肺炎疫情的严重冲击影响，全球的政治领导人、企业界人士、专家学者、社会公众等各界人士都十分关心国际形势走势和未来人类前途，更加关注我国现代化建设的战略安排和发展布局。按照党中央的既定战略部署，2020年我们要决胜全面建成小康社会，完成“十三五”经济社会发展规划设定的目标。全面建成小康社会之后，从2021年开始，我们将进入“十四五”时期（2021—2025），这是一个承前启后、继往开来的重要发展阶段。新的形势、新的机遇、新的挑战、新的任务、新的奋斗目标都需要我们去面对，需要我们万众一心、埋头苦干，努力把我们自己的事情办好，在全面建成小康社会之后能够更好地推动经济高质量发展，不断满足14亿中国老百姓对美好生活的向往，为到2035年基本实现现代化奠定坚实基础，为人类社会贡献中国智慧、中国力量和中国方案。

一、对全面建成小康之后的“十四五”时期我国经济社会发展趋势的基本判断

“十四五”时期是我国经济社会发展进程中的重要阶段，发展机遇与风险挑战交织并存，各种不确定性更加明显突出出来。由此也引出了“十四五”时期的新特点，是开启全面建设社会主义现代化国家新征程的起步期，也是全面建成小康社会成果的进一步巩固期；是推动经济社会发展再上新台阶的重要战略机遇期，还是落实新发展理念要求跨过“中等收入陷阱”的攻坚期；是国际经济政治格局深刻调整变化带来的严重挑战期，更是维护我国国家利益和经济安全的关键期。当前，新冠肺炎疫情对经济确实有很严重的冲击影响，而且有些冲击影响还在延续甚至加深。但从未来五年看，我国经济稳中向好、长期向好的基本态势仍在延续，我国经济的韧性好、潜力足和回旋余地大的优势还在集聚，我国经济治理体系和治理能力现代化的水平正在提高，经过努力基本可平均保持在5%—6%的中速发展区间内，致力于推动经济高质量发展的现代化经济体系建设取得新进展，不充分、不平衡的发展问题将得到明显改善，中国特

色的社会主义现代化强国建设迈出关键一步。

其一，如何理解“十四五”时期是开启全面建设社会主义现代化国家新征程的起步期，也是全面建成小康社会成果的进一步巩固期？

党的十九大提出，到建党一百年时把我国全面建成小康社会。以此为基础再奋斗三十年，到新中国成立一百年时，基本实现现代化，把我国建成社会主义现代化国家。从 2020 年到 21 世纪中叶可以分两个阶段来安排。第一个阶段，从 2020 年到 2035 年，在全面建成小康社会的基础上，再奋斗十五年，基本实现社会主义现代化。第二个阶段，从 2035 年到 21 世纪中叶，在基本实现现代化的基础上，再奋斗十五年，把我国建成富强民主文明和谐美丽的社会主义现代化强国。从全面建成小康社会到基本实现现代化，再到全面建成社会主义现代化强国，是新时代中国特色社会主义发展的战略安排。显而易见，“十四五”时期正处在把我国建成社会主义现代化国家的第一个阶段，即从 2020 年到 2035 年奋斗开始的五年。

讲“十四五”时期是开启全面建设社会主义现代化国家新征程的起步期，是好理解的，与党的十九大提出的奋斗目标是密切联系的。从十九大到二十大，是“两个一百年”奋斗目标的历史交汇期。我们既要全面建成小康社会、实现第一个百年奋斗目标，又要乘势而上开启全面建设社会主义现代化国家新征程，向第二个百年奋斗目标进军。从发展阶段看，“十四五”时期我国有可能从中等偏上收入国家开始跨入高收入国家行列（按世界银行的标准），工业化进入全新的人工智能制造时期，城镇化逐步进入成熟期，常住人口城镇化率达到 65%—68%，市场化进入制度和法治完善的深度改革期，社会治理现代化进入全面推进期。从发展动力看，“十四五”时期，因受疫情影响，外部拉动和国内投资总体上偏弱，但国内消费需求持续释放，“世界市场”培育更加壮观，大国超大型规模效应更加显现，成为中国经济增长的主动力和压舱石。从经济结构看，制造业结构调整重构加速，新兴战略产业加速发展，新技术、新业态、新模式不断涌现，城镇化由高速增长转为中高速增长，第三产业比重持续提升，服务业成为经济增长的主导力量，农业的基础地位得到进一步巩固，农业现代化有新的突破，城乡结构、产业结构进一步优化。从发展平衡性看，京津冀、粤港澳、长三角、长江经济带、成渝城市群等国家战略发力推进，区域发展的平衡性显著增强。随着乡村振兴战略和现代农业发展，城乡发展不平衡将得到缓解。“五位一体”总体布局深度推进并有新的拓展。在如此重要的历史节点，我们必须开好局、开好头。

之所以说“十四五”时期，是全面建成小康社会成果的进一步巩固期，一是因为全面建成小康社会的要求不低或者说是相当高的。党的十九大报告提出，到 2020 年我们要“建成经济更加发展、民主更加健全、科教更加进步、文化更加繁荣、社会更加和谐、人民生活更加殷实的小康社会”[①]。全面小康，覆盖的领域要全面，不能只是经济上的小康，是经济、政治、文化、社会、生态文明建设“五位一体”的全面进步，是不可分割的整体。全面小康，覆盖的人口要全面，覆盖的区域要全面。二是因为新冠肺炎疫情给全面建成小康社会带来了严峻挑战。经济方面受到的冲击和影响很大，因“封城”断路、无法复工、资金断链等问题，服务业受到的冲击最为严重，一些中小微企业倒闭破产，制造业也是举步维艰，好不容易复工复产，但供应链断了，还缺少新订单。“六稳”压力巨大。三是因为决胜全面建成小康社会要打赢的三大攻坚战还须持续。重大风险防范、精准脱贫、污染防治这三件事情，不会因为到了 2020 年就自然而然解决了。2020 年以后这三件事情仍然存在，还需要我们做更多的努力。以脱贫攻坚为例，当前在部分领域存在疫情短期不利影响向长期趋势转变的潜在风险：一是扶贫产业面临农资供给受阻与产品市场需求不足的双重挤压风险；二是贫困群体就业面临国际经贸摩擦与贸易局势不确定的双重叠加风险；三是扶贫组织工作的推动面临脱贫攻坚与疫情防控双性双重压力风险；四是致贫返贫面临生计脆弱与突发事件双重威胁风险。[②]最近一段时间，习近平总书记多

① 习近平：《决胜全面建成小康社会　夺取新时代中国特色社会主义伟大胜利》，人民出版社 2017 年版，第 27 页。

② 中共中央党校（国家行政学院）课题组（蒲实、郭晓鸣、高杰）：《关注疫情影响脱贫攻坚的四大风险》，中共中央党校（国家行政学院）《研究报告》第 34 期，2020 年 4 月 1 日。

次就精准扶贫脱贫和全面建成小康社会发表重要讲话、作出指示。中央常委还约谈了部分县的县委书记，由此可见，决胜脱贫攻坚压力是相当大的。我们说“十四五”时期是全面建成小康社会成果的进一步巩固期，就是要对全面建成小康社会成果有辩证认识，要看到成绩，还要看到困难。为了实现长远的宏伟目标，当下必须打牢基础。

其二，如何理解“十四五”时期是推动经济社会发展再上新台阶的重要战略机遇期，还是落实新发展理念要求跨过“中等收入陷阱”的攻坚期？

从重要战略机遇期的有利条件来看，一是新冠肺炎疫情的全球大暴发大流行对西方国家造成了很大的冲击，我国率先应对并逐步取得了主动。现在看，西方一些国家的经济衰退是不可避免的。我国应对疫情取得了重要的成果，率先开始了复工复产的进程，比较好地把握住了时间窗口并争取了战略上的主动，经济继续保持发展的势头是可以期待的。二是我国改革发展的红利不断释放，推动从中等偏上收入国家向高收入国家迈进。新中国成立 70 多年特别是改革开放 40 多年来，我国积累了雄厚的物质条件，能够应对各种风险，推动上升的强劲动能得以释放。“十四五”时期，若我国经济保持 5% 左右的增长速度，到 2025 年左右，我国人均国民收入约达到 13770 美元，超过世界银行 2019 年划分的高收入底线（12616 美元），跨过所谓的“中等收入陷阱”，从而开始跻身高收入国家行列。三是开放水平和制度化程度提升，成为全球最安全最具有营商竞争力的区域。“一带一路”建设对冲外部风险效应凸显，服务贸易开放带来新的发展动力，加大适应国际化的经济法律制度开放，具有全球竞争力的营商环境能够有效吸引投资。四是从“世界工厂”向“世界市场”转变，制造业和超大规模市场融合的优势更加明显。我国工业体系完备，有全球最为完整的制造业产业链，具有对产业配套综合能力的优势。在此基础上，我国中等收入群体数量增长较快，供给侧结构性改革推动消费不断升级，“世界工厂”向“世界市场”转型带来巨大消费市场的优势。五是党的领导和中国特色社会主义制度优势能够保证我们集中力量办大事情。这次抗击疫情，展现了党领导的社会主义制度优势，能够发挥市场在配置资源中的决定性作用，也能够更好地发挥政府的作用，注重把党和国家制度变成国家治理效能，国家治理体系和治理能力现代化水平不断提升。

如何理解还是落实新发展理念要求爬坡过坎的攻坚期呢？党的十九大报告提出，我们的工作还存在许多不足，也面临不少困难和挑战。主要是：发展不平衡不充分的一些突出问题尚未解决，发展质量和效益还不高，创新能力不够强，实体经济水平有待提高，生态环境保护任重道远；民生领域还有不少短板，脱贫攻坚任务艰巨，城乡区域发展和收入分配差距依然较大，群众在就业、教育、医疗、居住、养老等方面面临不少难题；社会文明水平尚需提高；社会矛盾和问题交织叠加，全面依法治国任务依然繁重，国家治理体系和治理能力有待加强；意识形态领域斗争依然复杂，国家安全面临新情况；一些改革部署和重大政策措施需要进一步落实；党的建设方面还存在不少薄弱环节。[①] 这些问题到了“十四五”时期也会存在，有的可能更加突出，必须着力加以解决。这里需要突出强调的是，按照新发展理念提出的“创新、协调、绿色、开放、共享”来有针对性地解决短板问题、“卡脖子”问题尤为紧迫，同时内部风险集聚，转型压力大，国内的经济安全和社会安全问题也十分突出，“安全”建设更加令人瞩目。“十四五”时期是经济社会剧烈转型阶段，转型压力加大，发展不平衡、不协调、不可持续问题仍然突出，产业调整、国有企业、人口政策、离退休制度、社会保障、对外开放等方面的改革难度不容小觑，经济增速换挡、结构调整阵痛、动能转换困难相互交织，金融风险、地方债务风险、产业链调整、就业压力等各类风险突显，“六稳”工作更加严峻，特别是如何消化疫情防控期间出台的大规模的债务和金融流动性的风险，成为对我国经济社会稳定能力的巨大考验。所以，新发展理念可以考虑适当拓展，可增加“安全”内容，突出“安全”的重要性。

其三，如何理解“十四五”时期是国际经济政治格局深刻调整变化带来的严重挑战期，更是维护我国国家利益和经济安全的关键期？

---

① 习近平：《决胜全面建成小康社会 夺取新时代中国特色社会主义伟大胜利》，人民出版社 2017 年版，第 9 页。

疫情之后全球经济政治格局将发生剧烈调整，我国的国际地位重要性更加凸显。疫情是人类历史上一个重要的分水岭。欧美主要经济体普遍面临下行压力，国际金融协会（IIF）3月23日发布的《全球宏观观察》报告预测称，2020年全球实际经济增长率为－1.5%。国际货币基金组织（IMF）4月14日发布《世界经济展望》，预计全球经济增速为－3.0%。众多机构和专家预言，新冠肺炎疫情对全球造成严重经济损失，导致部分国家经济深度衰退，甚至需要警惕全球经济危机和经济衰退。摩根士丹利、高盛等投行也发表报告称，全球经济因受疫情影响已经正式进入衰退。国际货币基金组织认为这是20世纪大萧条以来最糟糕的经济衰退。当然由于疫情还在蔓延，中间也可能会出现一些反复和波动，因此想全面准确评估这次疫情对全球经济的影响，是极其困难的，甚至从某种意义上讲也是不可能的。但不论怎么说，疫情对全球经济影响巨大，有些方面可能会超出我们的预想，西方国家经济衰退的警报已经拉响了。总之，这是第二次世界大战后全球经济体面临的最大最严重的整体威胁。

疫情之后，美国等西方社会的经济面临着重重矛盾和巨大压力，经济增速严重下滑，国际贸易和国际投资大幅收缩，衰退已经成为一个确定性的趋势。经济的衰退，给就业和社会稳定都会带来巨大的问题。由于全球经济发展整体趋缓，贸易保护、贸易壁垒加大，贸易摩擦加剧，不确定性增强，国际安全风险明显增大。全面建成小康社会，我国经济在世界经济的重要性进一步提升，我国参与全球经济治理的能力更为增强。“十四五”时期面对的外部冲击更大，外部环境更严峻，我国的国际安全重要性明显上升。我国经济虽然也面临诸多困难和挑战，但我国经济长期向好的基本面没有变，仍有更大程度地稳中向好的基础，全面崛起已经成为不可扭转的趋势。我们要抓住这个有利时机，集中精力加快布局和发展，以稳制乱应万变、以稳健发展应对国际风险。我们要以更大的决心和努力，提高开放的水平，构建更为公正合理的全球经济治理体系，维护世界经济大局稳定。

由于疫情防控趋于长期化、常态化，发展的不确定性和风险相应加大。疫情之后，西方国家对全球化问题进行再认识，对中国的崛起反应会更加强烈，加之意识形态的差异，很可能防范封堵更加严密，我国产业链不仅面临全球化产业链“去中国化”的巨大风险，也面临发达国家和发展中国家从高低两端的夹击压力。[①]美国对我国的遏制更加全面和强化，中美之间的经贸、科技、金融等方面的博弈更加激烈，全面博弈竞争的时代已经到来和展开，甚至不排除会出现局部的战争冲突，甚至冻结我国海外资产等极端情况。正因如此，维护我国国家利益和经济安全就显得极其重要。需要认真评估一下我国在海外的发展布局，包括“一带一路”一些重要的合作项目以及多方面的交流项目，采取更加稳妥的措施，确保我国海外利益和经济安全。

二、坚定用新发展理念引领“十四五”时期经济社会发展全局

2015年10月26日，习近平总书记就《中共中央关于制定国民经济和社会发展第十三个五年规划的建议》起草的有关情况，向十八届五中全会做的说明中提出了“创新、协调、绿色、开放、共享”的新发展理念，强调以这五大发展理念为主线，对整个“十三五”规划进行谋篇布局，并且指出这五大发展理念是“十三五”乃至更长时期我国发展思路、发展方向、发展着力点的集中体现，也是我国改革开放多年来发展经验的最终体现，反映出我们党对我国发展规律的新认识。[②]新发展理念是关系我国发展全局的一场深刻变革。我们必须全面贯彻落实新发展理念，用新发展理念引领发展全局，把新发展理念转化为统筹全局的行动纲领、谋划发展的具体思路、落实发展任务的工作举措、推动科学发展的实际成效。

其一，用新发展理念引领思想解放的不断深化，推动经济发展方式、发展

① 中共中央党校（国家行政学院）课题组（张占斌、黄锟、王海燕）：《在疫情防控中守护我国制造产业链安全》，中共中央党校（国家行政学院）《研究报告》第21期，2020年3月2日。

② 习近平：《关于〈中共中央关于制定国民经济和社会发展第十三个五年规划的建议〉的说明》，《十八大以来重要文献选编》中册，中央文献出版社2018年版，第774—775页。

动力和生产关系的深刻变革。从十八届五中全会那时起到现在已经过去五年了，回过头来看一看，我们在落实“创新、协调、绿色、开放、共享”方面有许多新的进展，也有不少成绩。但是这个任务是不是完成了？应当说还远远没有完成，有些方面可能还不是令人满意的。结合中美贸易冲突和新冠肺炎疫情防控，我们更加深刻地感到，新发展理念不仅仅是“十三五”时期谋篇布局的主线，也是“十四五”时期谋篇布局的发展主线。必须以新发展理念为引领旗帜，着力解决现实中的突出矛盾和短板弱项，为把我国建设成为富强民主文明和谐美丽的社会主义现代化强国奠定坚实基础。

历史反复告诉我们，理念变革引领发展潮流，关系发展成败。回顾我国改革开放以来的发展历程，从实践是检验真理的唯一标准到确立以经济建设为中心，从改革计划经济体制到建立社会主义市场经济体制，从加入世贸组织到引领经济全球化，每一次发展大跨越都是思想解放和理念变革的结果。当前和今后一个时期，是“两个一百年”奋斗目标的历史交汇期，时代呼唤发展理念的变革。新时代，我们必须站在发展全局和国运兴衰的高度认识新发展理念，引领新一轮思想解放和理念变革，让崇尚创新、注重协调、倡导绿色、厚植开放、推进共享成为全社会的靓丽风景线，极大激发广大人民群众的创造性，极大解放和发展社会生产力，极大增强社会发展活力，进而深刻改变和重塑我国发展格局，为我国赢得更大的发展主动权，实现更加光明的发展前景。

新时代，我们必须用新发展理念推动经济发展方式的深刻变革。我国经济已经由高速增长阶段转向高质量发展阶段，正处在转变发展方式、优化经济结构、转换增长动力的攻关期。要以新发展理念为引领，更加突出发展的创新性，瞄准世界科技前沿，强化基础研究和应用基础研究，完善市场经济条件下的举国体制，实现前瞻性基础研究、引领性创新成果重大突破。突出关键共性技术、前沿引领技术、现代工程技术、颠覆性技术创新，破解“卡脖子”难题。更加突出发展的整体性、协调性，实施乡村振兴战略和区域协调发展战略，构建现代产业体系、生产体系、经营体系，实现产业振兴、人才振兴、文化振兴、生态振兴与组织振兴。更加突出发展的可持续性，建立健全绿色低碳循环发展的经济体系，实施重要生态系统保护和修复重大工程，推动形成人与自然和谐发展的现代化建设新格局。更加突出发展的内外联动性，以共建“一带一路”为重点，坚持引进来和走出去并重，形成陆海内外联动、东西双向互济的开放格局。更加突出发展的包容性、普惠性，不断满足人民日益增长的美好生活需要，加强健康中国、平安中国建设，使人民获得感、幸福感、安全感更加充实、更有保障、更可持续。

其二，加快构建符合新发展理念落地要求、推动经济高质量发展的体制机制。贯彻落实新发展理念，必须全面创新发展体制、重塑发展生态，在解决发展动力，增强发展的整体性、协调性、平衡性、包容性等方面破难题、建机制，使各项改革举措落地生根，确保新理念转化为新实践、新行动，形成有利于创新发展、协调发展、绿色发展、开放发展、共享发展的体制机制。具体来说，培育引领发展的强劲动力，要构建创新发展的体制机制。增强整体发展的综合效能，要构建协调发展的体制机制。坚持资源节约和生态保护，要构建绿色发展的体制机制。坚持对外开放的基本国策，要构建开放发展的体制机制。促进和维护社会公平正义，要构建共享发展的体制机制。应当说，这个任务很重。“十三五”时期社会方方面面呼吁这个问题，我们进行了一些探索，有一些进展。但是有些方面还不明显，还经常出现一些偏差。

在思考这个问题的时候，我们观察发现至少存在着这几种偏差或错误的倾向。首先还是GDP的情结，以经济总量的增长作为衡量政绩的表现。有些地方有些项目有些产品，并没有真正地体现出供给侧结构性改革的要求，粗放的GDP还没有完全扭转过来，甚至GDP里面还有一些水分，甚至还有黑色的GDP，带血的GDP。现在看黑色的GDP带血的GDP在逐渐减少，掺水的GDP也逐步在弱化。倒是有些GDP是低质量的，并没有产生出那么大的社会价值和社会效益，浪费了各种要素资源和机会成本，这是值得关注的。另一种倾向就是片面地追求政治正确，一些地方和基层形式主义盛行。整天忙各种各样的事情，传达文件、开会学习、组织申报、填写报表、上级检查、督查评估、总结材料等，但是以经济建设为中心的声音弱化了，万众一心发展经济的势头放缓了，甚至不很关心经济问题了。经济是基础这个思想在有些地方有些动摇，没有很好地把握住甚至忘掉了我们仍处在社会主义初级阶段这个最大实际、这个基本国情。还有一种情况就是搞官僚主义、命令主义，简单化、一刀切。比如我们追求绿色发展，追求生态文明，我们在理念上认识到了绿水青山就是金山银山，也向这个方向努力，但也不能有急躁情绪，罗马不是一天建成的，也不能一口吃成个胖子。有些干部在执行有些政策的时候本位主义非常严重，不是结合当地的具体实际情况，想尽各种办法帮助这些企业来进行技术改造、技术升级或者解决其他方面的难题，而是一刀切、简单化地关掉工厂让企业停产，简单地封掉人家的养猪场，不履行合同，粗暴地赶走商户，等等。从有些地方的急躁来看，做了让某些领导满意，而老百姓不高兴的事情，缺少实事求是的担当精神。

我国经济从高速增长阶段转向高质量发展阶段，这确实是发展理念的重大变革，需要方方面面的配合配套。从实际情况来看，创建有利于新发展理念落地的体制机制，显得极为迫切。正如邓小平所指出的那样："我们过去发生的各种错误，固然与某些领导人的思想、作风有关，但是组织制度、工作制度方面的问题更重要。这方面的制度好可以使坏人无法任意横行，制度不好可以使好人无法充分做好事，甚至会走向反面。"[①] 我们致力于推进国家治理体系和治理能力现代化，从经济角度讲就是要想办法让新发展理念能够落地，就是要让新发展理念能有体制机制和制度体制的支撑，让其能够根深叶茂，长成参天大树；而不是飘在半空中，只是一句政治宣传口号。所以，我们必须遵循社会主义基本经济制度的要求，按照"两个毫不动摇"的指引，创建和完善符合新发展理念的制度环境，完善社会主义市场经济体制和制度基础，健全高质量发展的指标体系、政策体系、标准体系、统计体系、绩效评价、政绩考核，构建有利于高质量发展的体制机制和绩效评价体系。

其三，如果从对新发展理念发展的角度看，我们还需要突出地强调"安全"

---

① 邓小平：《党和国家领导制度的改革》，《邓小平文选》第二卷，人民出版社 1994 年版，第 333 页。

的重要性。十八届五中全会提出的新发展理念中虽然没有“安全”两个字，但并不代表对“安全”不重视。我当时在一些地方宣讲新发展理念的时候，就有领导干部向我提问，为什么没有把“安全”放到新发展理念中？当时我的回答是这样的，我说“安全”当然很重要，如果觉得重要就都要写进去的话，那还有好多内容需要写到发展理念中，比如说改革，比如说法治、公正、民主等，多了。我们国家注重“安全”是不言而喻的，很多重要的事情我们也都在做，也都在关注，但是不一定都要写到发展理念中，发展理念一定是要强调最紧迫的、最核心的、最关键的问题。从另一个角度讲，如果我们把“创新、协调、绿色、开放、共享”这些事情都做到位、做好了，就能够体现安全了，安全是融入“创新、协调、绿色、开放、共享”之中的。

当然，最近几年我也是一直在思考这个问题。考虑到疫情带来的各种各样的风险，国际经济政治格局的深刻变化和大国博弈的复杂性，新的形势新的挑战呼唤并要求我们把“安全”问题放在更加重要的位置上。我们建议把“安全”也放到发展理念的内容中，或者说在新发展理念里增加“安全”两个字。把习近平总书记强调的国家总体安全观融化到我们方方面面的工作中。建议“十四五”时期甚至更长时期把“安全”鲜明突出出来，提醒我们、引领我们稳住阵脚、未雨绸缪，补短板、强弱项，把自己的事情办好，维护国家和百姓安全，维护世界和人类安全！

习近平总书记在党的十九大报告中讲到坚持总体国家安全观的时候强调：“统筹发展和安全，增强忧患意识，做到居安思危，是我们党治国理政的一个重大原则。必须坚持国家利益至上，以人民安全为宗旨，以政治安全为根本，统筹外部安全和内部安全、国土安全和国民安全、传统安全和非传统安全、自身安全和共同安全，完善国家安全制度体系，加强国家安全能力建设，坚决维护国家主权、安全、发展利益。”[①] 如果从经济社会的角度讲安全，我们这里重点

---

① 习近平：《决胜全面建成小康社会 夺取新时代中国特色社会主义伟大胜利》，人民出版社 2017 年版，第 24 页。

强调两个方面，一是要维护我国产业链供应链的安全，通过打造世界工厂和世界市场的深度融合，培育超大规模国家的产业竞争力和控制力，在不断抢占制高点的同时，加快建立产业链供应链的安全稳定的长效机制。二是在民生保障上要有一些突破性进展。通过强化就业优先的国家战略，千方百计创造更多更好的就业岗位，调整国民经济收入分配格局，实施中等收入群体人口倍增计划，筑牢织好社会保障体系网，大力发展慈善公益事业等，让老百姓真正分享国家发展进步的成果。

三、“十四五”时期促进经济高质量发展的重大任务和政策建议

“十四五”时期乃至更长时期，我们要牢牢把握我国仍处在社会主义初级阶段的基本国情、发展实际和我国仍然是世界上最大的发展中国家的国际定位，深刻理解新时代我国社会主要矛盾变化带来的重大历史任务，理性、妥善应对国际经济政治深刻调整带来的挑战，保持战略定力和底线思维，在巩固全面建成小康社会成果的基础上，统筹推进经济建设、政治建设、社会建设、文化建设、生态文明建设和安全建设，把安全建设摆在更加重要的位置，坚守人民立场和以经济建设为中心，贯彻落实新发展理念，建设现代化经济体系，千方百计释放消费潜力，扩大有效供给，加快补齐不充分、不平衡发展短板，不断提高人民生活水平和安全保障水平，努力推进经济社会治理体系和治理能力的现代化，形成高质量发展体制机制和制度基础，确保实现社会主义现代化强国新征程良好开局。

其一，深化供需两侧结构性调整和变革，遵循产业结构演进规律并应对经济全球化新挑战，加快转变经济发展方式。一是从总量和结构同时入手，在需求和供给两端发力，下大气力实施扩大内需战略，靠内需来对冲逆全球化的压力，强化精准有效供给，提高要素配置效率，坚决支持发展实体经济和中小微企业，畅通国民经济良性循环。二是以产业结构深度调整和产业升级整体配套

为主线，构建新的有竞争力的产业结构和产业体系，培育一批战略性产业、新兴产业集群，形成国内外稳固支撑经济高质量发展的产业链、供应链、价值链。三是抢抓新技术、新业态、新方式、新平台带来的战略性商机，加快完善新经济、新消费发展环境，以包容审慎原则引导行业稳定预期，完善新经济、新消费市场环境和法制环境，大力推进服务经济、数字经济大发展。四是构建以民生为中心的体现安全、健康、共享的经济发展方式，站在社会主要矛盾发生转化的战略高度审视公平与效率的关系，高度重视生产力与生产关系的协调，在做好做大“蛋糕”的同时精准分好“蛋糕”，统筹融合经济发展和民生改善。

其二，着力推进经济发展动力升级，培育形成高质量发展的强大供给新动力、需求新动力、区域新动力和开放新动力。一是深入实施科教兴国战略、创新驱动发展战略和人才强国战略，加快构建具有全球竞争力的创新制度体系和人才制度体系，继续推进供给侧结构性改革，不断提高供给能力和治理效能，提升经济效率和市场竞争力，持续注入供给新动力。二是继续实施新一轮的收入倍增计划，积极促进消费升级，不断释放大国超大规模需求的新动力，把刀把子握在我们自己手中。三是提高超大城市的治理能力，增强城市群和中心城市的集聚力、竞争力和辐射力，大力培育区域平衡发展新动力。四是积极推动新一轮高水平对外开放，塑造制度开放和全面开放新格局，促进建设开放型国际经济，推动构建人类命运共同体，加快形成对外开放新动力。

其三，构建维护广大人民根本利益的民生和安全保障体系，使改革发展成果更多更公平地惠及全体人民，努力提高人民生活水平。一是健全幼有所育、学有所教、劳有所得、病有所医、老有所养、住有所居、弱有所扶的国家基本公共服务制度体系，注重加强普惠性、基础性、兜底性民生建设。二是为体现社会对公平的呼唤，加强国民收入分配的调整，改革和完善收入分配制度，加快壮大中等收入群体，不断缩小收入差距，在推动共享方面取得更大的突破性进展。三是满足人民多层次多样化需求，健全有利于更充分更高质量就业的促进机制，构建服务全民终身学习的教育体系，完善覆盖全民的社会保障体系，强化提高人民健康水平的制度保障。四是更加注重安全性建设，在幼有所育、学有所教、劳有所得、病有所医、老有所养、住有所居、弱有所扶基础上，建议增加“危有所助”。

其四，需要持续深化全面改革，特别是在经济社会领域要努力推出一些重大改革举措，释放体制和制度改革的红利。一是深化国有企业改革，加快推进国有企业经济布局战略性调整，做大做优做强国有资本，有进有退，激活并稳定经济全局。二是全面深化经济体制改革，重点是财税金融体制改革，协同国家力量和社会力量，着力建设高标准的市场体系和宏观管理机制，加快要素市场化进程。三是统筹推动城乡体制改革，以土地制度改革为核心推进农村全面改革，最大限度地激活城乡资源市场化配置。开展农业转移人口市民化攻坚战，加快缩小常住人口与户籍人口城镇化率之间的差距。推动乡村振兴往实里走，进一步解决扶贫脱贫问题。四是加快健全公共安全体系，完善公共卫生等重大突发事件的应急管理机制和长效机制，建设平安中国。五是建设更高水平开放型经济新体制，建立与国际经济协调共赢的合作机制，调整海外战略布局，维护海外资产安全，巩固和提升我国海外利益。六是深化放管服改革，提升放管服改革成效。更加注重服务对象的精准，更加注重服务水平的提升，更加注重服务质量的保障。

其五，展望到2035年我国基本实现现代化的要求，着眼于全球竞争合作的新态势，对若干重大问题的对策建议。未来15年，我国新型工业化、新型城镇化、信息化、农业现代化等任务基本完成，经济实力、科技实力大幅跃升，经济社会全面转型，各项制度基本成熟定型，基本实现社会主义现代化，跻身于高收入国家行列。一是更加突出地提升我国的特色制度优势。持续完善党和国家制度建设，加强党对完善社会主义市场经济的领导，建设一个体现我国制度特色、弘扬优秀文化、敬畏法治、尊重科技、爱护人才、保护产权的市场经济创新体制，把各种制度优势转变为推进社会主义现代化强国的建设效能，基本实现国家治理体系和治理能力现代化。二是更加突出地强化我国产业链配套优势。以国家重大战略实施为依托，抓住全球经济格局和产业链布局调整的时间窗口，加快形成多个具有一定的控制力和影响力的世界级战略新兴产业集群，维护国家产业链供应链安全，努力巩固全球产业链稳定，坚定推动经济全球化发展，努力构建新型国际经济秩序。三是更加突出地巩固我国的大消费市场优势。培育我国中等收入群体快速成长，挖掘和巩固超大规模内需市场的潜力，推动“世界工厂”向“世界市场”转型，实现“世界工厂”与“世界市场”的融合，释放出靠内需就基本能够实现我国经济良性内循环的超级力量。四是更加突出地释放我国的国土空间纵深优势。发挥我国区域特色鲜明和国土回旋空间大潜力，深度释放国土空间发展效能。提高超大城市群治理能力，推动国际大都市圈的形成，形成若干世界级增长动力源。加快产业的梯度转移和中西部、东北的发展战略调整部署，重塑平衡区域发展的全国重大生产力布局。五是更加突出地发挥我国的城乡融合协同优势。巩固精准扶贫脱贫的重大成果，深度推动城乡协同和融合。解决“半城镇化”问题，基本完成城镇化，城镇化率大体到 70% 以上。农村土地制度改革有新突破，乡村振兴走出新特色，城乡协调平衡发展更加明显。六是更加突出地展现我国的大国综合发展优势。以最大诚意和耐心推动国际经贸合作，探求维护经济全球化的新路径，打造更好的国际形象。把我国经济社会发展的优势，转化为文化优势和话语优势，推动公共安全、公共卫生、公共健康等领域国际合作。全面提升参与全球治理的地位和作用，扎实推动人类命运共同体建设。

“十四五”时期我国发展内外部环境研究

陈昌盛　兰宗敏*

【导语】“十四五”时期，我国发展的内外部环境可简要描述为：三大背景、五大力量、十大趋势。需要立足国情实际，把握住有利时间窗口，推动建立高标准市场经济、高水平开放经济和高效能治理体系，加快转方式、调结构、换动力，强化重大风险防范和化解能力，推动经济尽快驶入高质量发展轨道，为建设社会主义现代化国家开好局、起好步。

一、“十四五”时期经济社会发展的三大时代背景

“十四五”时期，我国正处于百年未有之大变局的深度调整期、百年未遇之大疫情持续影响期和“两个一百年”奋斗目标的历史交汇期，这三个百年大局相互叠加、交互作用，塑造了新时期我国经济社会发展错综复杂的时代背景。

（一）百年未有之大变局

当前，全球政治经济秩序加速变革，大国关系发生转折性变化，新一轮科技革命和产业变革改变了传统的生产方式、社会结构和生活方式，世界面临百年未有之大变局。

一是全球秩序加速变革。随着经济实力的变化，国际体系与世界力量对比的“东升西降”“新升老降”的趋势明显。1648年欧洲“三十年战争”结束

* 陈昌盛，国务院发展研究中心宏观经济研究部部长；兰宗敏，国务院发展研究中心副处长、副研究员。

后确立的以主权国家为中心并由西方国家主导的威斯特伐利亚体系已维持将近四百年，在当今新兴经济体群体性崛起、国际格局多极化加速发展的趋势下将面临更多的挑战。自近代以来，世界权力首次开始向非西方世界转移扩散，一大批新兴经济体和发展中国家群体性崛起，世界经济中心向亚太转移。百年来西方国家主导国际政治的情况正在发生根本性改变，美国与盟国关系跌入第二次世界大战之后低点，国家利益至上取代意识形态的趋势上升，越来越多的美国盟国正试图走上战略自主道路。新型全球政治经济秩序正在加速形成。

二是大国关系尤其是中美关系出现转折性变化。美国对中国的遏制逐渐升级，最直接的原因是中国经济总量同美国日趋接近。2019 年，中国 GDP 接近美国的 67%，工业总产值已经超过美国。从历史上看，GDP 超过美国 60% 是一道红线，苏联和日本 GDP 超过美国 60% 后，美国都加大了遏制力度，这与追赶者的意识形态、政治制度或是否“韬光养晦”并无直接关系。同时，2008 年以来，以美国为代表的西方受金融危机影响，经济减速、政治动荡、社会撕裂更趋明显，民族宗教问题频发，美国还可能选择向外转移矛盾，中国将面临政治、经济、外交、舆论以至于军事等多方面前所未有的压力。

三是科学技术推动生产方式、社会结构和生活方式发生深刻变化。以新一代信息技术为代表的生产力变革，推动生产关系、社会结构和生活方式发生根本性变化。信息传输技术的进步、范围的扩大，让社会分工更为灵活。非国家行为体尤其是巨型高科技跨国公司异军突起，在全球生产组织中发挥重要作用。人工智能等突飞猛进，深刻重塑人类社会的生产生活方式。我国作为后发国家和人口大国，在信息技术发展上具有独特技术代际跨越和市场规模优势，尤其是在部分新兴领域已经站在了前沿。信息技术的发展，使许多我们过去想做而做不到的事情成为现实，使体制机制有了更多的创新空间。

（二）百年未遇之大疫情

新冠肺炎疫情对全球经济社会运行造成巨大冲击，并将加剧全球变局，疫情防控效果也成为检验各国治理成效的重要标尺，对全球治理带来重要影响。

从历史上看，世界上曾经数次发生席卷全球的传染病疫情，对经济社会的冲击类似于重大自然灾害、战争和金融危机，经济社会发展格局都因之发生了重大的调整。公元 1348 年至 1440 年前后，黑死病（鼠疫）席卷欧洲，对欧洲产生了巨大冲击。欧洲人口下降近 50%，大量青壮年劳动力流失，生产力水平急剧下滑，经济遭受重大损失。同时，由于劳动力短缺，劳动力价值上升，耕地使用范围大大增加，进而促进了欧洲市场化进程，推动了新兴科技的普及，促进了资本主义萌芽的产生，引发了包括宗教改革、文艺复兴、地理大发现、医学革命等一系列深远变化。1918 年的大流感是 20 世纪以来最严重的全球疫情，全球约有 5 亿人（占当时全球人口的 1/3）感染，据不同口径统计，死亡人数约 2500 万至 1 亿，其中美国死亡约 68 万人。由于大流感同第一次世界大战同时结束，因此疫情后的恢复措施同战后经济恢复措施相互叠加，进而推动全球经济重回新一轮繁荣。

从这次新冠肺炎疫情看，目前全球疫情尚未得到控制，除中国外其他主要经济体防控疫情压力仍然很大，全球存在发生新一轮疫情的可能。有专家表示，在疫苗和有效治疗方案出现之前，人类将与病毒共存，而疫苗的研制至少需要半年至一年的时间。因此，疫情对经济的影响在今明两年难以消除，甚至将持续至 2022 年。国际货币基金组织、世界银行等多个机构预测，2020 年全球经济将出现大幅下降，全球贸易投资等将遭受巨大冲击。同时，疫情也推动全球产业组织形式、产业链布局、全球治理方式发生重大变化，全球化进程、全球政治经济秩序、全球治理体系的变革将因疫情影响而加速。

（三）百年发展目标“转段”

从更长期的坐标系看“十四五”，我们正处于从第一个百年目标向第二个百年目标“转段”的交汇期，面临许多前所未有的挑战和机遇。抓住机遇，化危为机，将进一步提高发展的主动权，为第二个百年目标的实现奠定更加扎实的基础，为中华民族走向伟大复兴创造有利条件。

从社会生产力来看，人民对美好生活的期待全面升级。全面小康实现后，随着人民收入水平提高以及老龄化、城镇化、信息化、国际化的发展，人民需求结构全面升级。二孩政策、老龄化导致居民对优质公共服务需求增加。随着物质生活和教育水平的提高、互联网和全球信息流通、“改革开放一代”成为社会中坚，人民对社会公平正义和自身全面发展的需要进一步提升。但同时，我国经济的供给侧还不适应人民的新需要。过去一度依赖劳动力、资本、资源和外部市场扩张支撑的增长方式面临拐点，资源和环境约束触及底线，对土地财政和房地产的依赖导致房价过高，过度依赖模仿和技术引进导致自主创新缺乏后劲，公共服务的供给能力和水平以及公平可及性仍然不高。在40余年的高度压缩式追赶以后，需要根据新时代的发展要求，以新发展理念为引领，推动以人民为中心的发展，满足人民群众对美好生活的新需要。

从生产关系和上层建筑来看，改革开放后的高速发展积累了一些矛盾，如区域发展不平衡、收入差距扩大、生态环境破坏、公共服务不足、腐败问题滋生等。这些矛盾和问题，有的是特定国情和发展阶段下难以避免的，有的则是我们在探索过程中走的弯路。在新的历史阶段，需要进一步处理好政府和市场的关系，持续推进一系列重点领域改革，探索如何更好地弥补市场失灵、改善社会公平、优化公共服务，构建高效能、现代化的国家治理体系。总之，同改革开放以来40多年的发展相比，今后一个阶段我国发展的条件已经发生了深刻的变化，新条件、新问题、新任务决定了在新阶段我国发展的目标、方法和战略都需要进行深刻调整。

二、“十四五”时期影响经济社会发展的五大变革性力量

“十四五”时期，多种作用相互交织促使国内外环境深刻变化，其中疫情的冲击、数字化进程持续推进、“边界”冲突加剧、大国力量格局深刻变化、对国家能力的期待增加是推动经济社会变革的主要力量，共同推动国际国内经济社会形成更趋复杂、更加多元、更多变化的发展特征。

（一）新冠肺炎疫情成为世界加速转型的重要机遇

新冠肺炎疫情大流行，导致全球经济活动暂停和经济深度衰退，将引发国内外经济格局变动和结构调整，是未来一个时期经济社会发展最大的变量之一。

从挑战来看，为控制疫情的进一步蔓延，各国采取旅行禁令、居家隔离、关闭工厂、“封城”以及“封国”等多种措施，致使全球经济和社会活动陷入停摆，经济大幅衰退，深层次矛盾进一步积累。疫情可能会导致全球制造业供应链收缩，疫情短暂冲击可能演变成为持久性冲击。疫情加剧全球经济金融体系的脆弱性，需提前防范各国央行大幅扩表后面临的各部门债务激增、通货膨胀飙升、国际货币体系失衡、全球经济衰退等一系列问题，实体经济和生产力的恢复乏力，全球将长期面临“零利率”甚至“负利率”陷阱。

从机遇来看，任何事物都是辩证的，只要充分发挥人的主观能动性，就能最大限度减少疫情带来的损失，还能以防疫斗争为契机，推动经济高质量发展。人类历史上多次经济高速增长都发生在经济社会危机之后，就是因为危机暴露了过去经济增长的短板和弱项，促进了技术和制度创新，催化了数字经济和线上模式的加速发展，实现了所谓“创造性破坏”。这次疫情给我国经济体系进行了一次全面的压力测试，对我国产业链的优势和短板、经济发展的稳定性协调性等都进行了更深入的评估，未来科技进步、企业投资、产业政策的方向都会更加精准。同时，疫情影响的供给和需求并没有消灭，而只是被暂时抑制了，疫情后我国可以顺势而为，化危为机，加速改革开放，加快提升经济发展的质量和效益，为我国经济发展打开更为广阔的空间。

（二）数字化成为主导国际竞争的关键力量

传统部门生产率低迷的同时，数字化进程推动着生产方式、产品形态、商业模式、产业组织和国际格局的深刻变革，成为推动未来经济社会发展变革的重要驱动力量。防疫的压力为线上线下融合、信息互联互通提供了强大的外部动力，在线办公、远程医疗、在线教育等走向前台，将大大促进新消费业态的增长。新一代信息技术是当代最显著的生产力发展，也必将引起生产关系和上层建筑的革命。信息传输技术的进步、范围的扩大，将有条件实现更加有计划的生产和消费，有利于广大人民群众直接参与社会和政治生活，让社会分工更为灵活，让“人民共建共享”有了实现的渠道。信息技术的进步降低了交易成本，把市场的范围扩展到了全世界，有利于在更大范围、更高层次配置资源，让消费者和作为监管者的政府可以以很低的成本比较、筛选、评价企业等各类市场主体。信息技术的进步使得政府更容易收集信息，提高了政府监管的绩效，有利于打造新型的宏观调控和市场监管机制。利用信息技术改造传统产业，有助于提高企业的竞争力，实现产业升级，改变我国在国际贸易分工中的不利地位。信息化使得信息流一定程度上替代了人流、物流、资源流，有利于缓解我国的资源、环境、交通压力，走资源集约和环境友好道路，这对于作为人口大国的我国来说具有战略性意义。在数字化深刻改变经济社会发展各个领域的同时，各国都在加快数字经济发展布局，未来围绕信息化的技术、资源、标准的竞争将日趋激烈，数据和信息要素的重要性大幅提升，将成为国际竞争的新前沿。

（三）“边界”冲突与重构成为结构调整新动力

在疫情冲击以后，各类传统的技术、要素、国际竞争、产业布局的“边界”发生根本性变化，围绕“边界”的冲突将进一步加剧，将推动经济结构和布局加快调整。技术发展的广泛连接将继续突破传统治理和规则边界，贸易保护主义、民粹主义甚至排外主义思潮进一步加剧将重塑全球化边界，我国传统的人与自然边界、城乡区域边界、生产安全边界也将加快重塑，经济结构和布局重新调整的紧迫性进一步上升。

从国际上看，技术的快速发展打破了传统的全球治理架构和规则边界，要素和产业组织的高度国际化和信息化推动形成新的治理机制，围绕数字经济税收等方面的新的规则制定成为国际协调的重要内容。全球化出现新的阻隔，要素的跨界自由流动与本地化的政治利益和社区诉求冲突更趋突出，被民粹和保守思潮裹挟的狭隘和极端的民族主义冲击国际共同价值观，逆全球化倾向进一步上升。产业链布局边界更趋明显，疫情带来的停工停产、港口关闭和飞机停航等，导致部分零配件供应中断，商品物资跨境运输的成本和中断风险显著上升，供应链布局趋于多元化，经济安全成为各国考虑的重要变量，商品、贸易、技术、数据、人员跨境流动可能面临更大摩擦和更多限制，全球产业链布局区域化特征更加凸显。部分多边合作陷入停滞甚至瓦解状态，区域性、双边的投资和贸易安排更加重要，国家之间边界更趋突出。

从国内看，疫情改变了传统的城乡区域经济布局，警示人们更好地处理人和自然的关系，更加注重人的生命健康，新的边界加速形成。疫情暴露出传统城镇化战略过度强调集中和效率、忽视安全和健康等因素的弊端，更加强调以人民生命安全和身体健康为前提，推进以人为核心的新型城市化，同时也对加快农民工市民化，改善城市管理水平，优化区域经济布局提出了更高要求。疫情警示人们在追求经济增长的同时，也要处理好人和自然的关系，尊重自然、顺应自然、保护自然。疫情进一步提升了生产安全和经济安全的重要性，综合考虑生产、生活、生态和安全的需要，推进产业结构转型升级，提高经济体系的均衡性和抗风险能力。

（四）大国实力变化成为全球经济治理重塑推动力

随着中国等新兴经济体快速崛起，国际大国关系加速调整，将进一步推动全球政治经济秩序变革，全球经济平衡关系加快重塑。一直以来，西方发达国家凭借技术、资本方面优势，通过不断累积政府债务和实施量化宽松货币政策刺激消费，同时利用贸易保护、技术垄断、军事和文化输出等方式，不断强化自己的优势地位。发展中国家和新兴经济体作为劳动力和资源的输出地，通常在国际竞争中处于不利地位，虽然有巨大发展需要，有潜在的巨大市场、资源和人口，但由于缺乏稳定政治环境、基础设施、人力资源等启动现代化的必要条件，往往陷入贫困陷阱或者中等收入陷阱。近年来，发展中国家和新兴经济体快速崛起，逐渐改变了传统世界经济格局，国际分工也不断发生改变，新的全球经济平衡正在加速形成。同时，特朗普上台以后，美国接连“退群”，“二战”以来的国际安全、经济、贸易治理架构遭遇最严重挑战，西方主导世界秩序的力量不断被削弱，国际经济社会重构进一步加速。

（五）公共产品供给不足凸显和强化国家能力

疫情后国家和政府作用的提升，将推动未来经济社会发生重要变化。新冠肺炎疫情是对全球治理体系和治理能力的一次代价巨大的压力测试。美国等大国加速“退群”，使全球化加速退潮，各主要经济体更加“内视化”，导致全球公共产品供给不足问题日益凸显。部分国家疫情应对期间领导力的缺失，尤其是自由主义带来的无序和政府组织能力的不足，导致全球范围内新自由主义思潮的进一步消退。而我国始终把人民生命安全放在第一位，充分发挥中国特色社会主义的制度优势，统筹做好疫情防控和复工复产工作，综合运用财政、金融、社会、产业等多方面的政策稳定经济增长，疫情防控和经济恢复都走在了全球前列。这种对比，显现了市场在面对疫情这种重大冲击时的能力不足，进一步彰显了国家能力的重要作用。目前美国和欧洲国家都在朝着加大政府干预的方向前进，在“后疫情”时代，国家能力仍将扮演重要角色，政府的作用将进一步凸显。而与此同时，信息技术的快速发展，互联网平台、社交软件、区块链、数字货币的蓬勃发展，进一步增强了微观个体的连接性和行动力，传统治理边界被打破，不同群体的诉求表达更为充分，政府行为也将在更大范围内被审视和监督，互联网时代的去中心化、分散化和强政府的集中式、科层制之间的冲突进一步加剧，加快政府职能转变和创新政府行为方式的要求日益紧迫。

三、“十四五”时期经济社会发展的十大趋势

“十四五”时期，在五大变革性力量的驱动下，经济全球化、世界多极化进程将出现深刻调整，我国的发展环境也将呈现阶段性变化。总体来看，“十四五”时期乃至更长一段时期，国际国内经济社会发展将呈现以下十大趋势。

（一）全球经济延续高债务、低利率、低增长态势

疫情短暂冲击可能演变成为持久性冲击。疫情后需求恢复相对滞后，全球产业链供应链的重新接续将会存在巨大摩擦成本，将对全球经济带来中长期扰动，可能使全球经济陷入中长期“L 型”或者“W 型”衰退。为对冲疫情冲击，各主要经济体出台了一系列规模空前的刺激和救助政策，进一步推高全球债务水平，各主要经济体很难摆脱“高债务、低利率、低增长”的模式，疫情期间的部分非常规政策可能成为未来一个时期的常规措施。预计 2020 年和 2025 年全球宏观杠杆率将分别达到 255% 和 270%，债务和经济增长的缺口进一步拉大。

（二）国际经济大循环调整加快

预计“十四五”期间，世界经济总体上呈现中国份额明显提高、美国相对稳定、欧盟显著下降的格局（见图 1），中、美、欧经济占比将分别达到 18.1%、21.9% 和 19.3%。新一代信息技术进一步深化了全球产业链网络化布

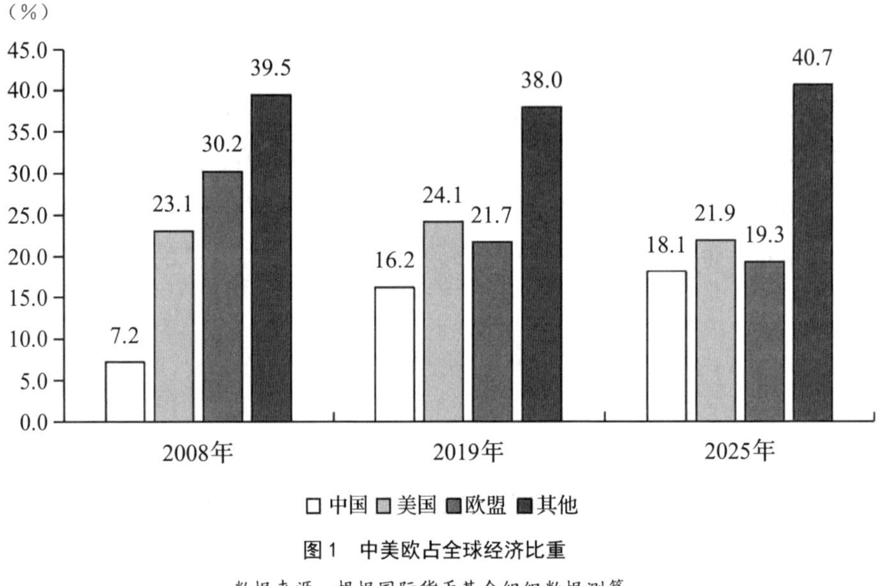

图 1　中美欧占全球经济比重

数据来源：根据国际货币基金组织数据测算。

局，全球产业链、价值链、供应链布局由成本至上转向成本、市场、安全等多因素并重。主要经济体、跨国公司预计将进一步调整其产业布局，在“市场开放优势”与“国家安全需要”之间找寻新的平衡，进一步增强其产业安全性和抗风险能力。全球产业链供应链分散化、多中心化趋势进一步加强，北美、欧洲、东亚三大生产网络的内部循环强化，原有的“大三角循环”分工格局将发生重大调整。

（三）全球治理向多极化方向加快重构

此次新冠肺炎疫情引发了国际社会的相互不信任和相互指责，各主要经济体更加“内顾化”，全球化遭遇回头浪。全球多边治理机制被进一步削弱，区域和双边机制更加重要，各国间处理国际公共事务将更加扁平化、分散化。在疫情冲击下美国加速“退群”，世界朝向“零大国时代”发展演进，全球公共产品的供给缺口可能会进一步加大。新冠肺炎疫情显现了市场在面对危机时采取有效的集体行动能力不足，进一步凸显了国家能力的重要作用。新自由主义市场原教旨主义共识进一步减退，国家作用重新得到强化。“大政府”时代可能回归，政府对市场直接干预将会更多，产业政策可能再次被重视。中美之间对抗将进一步加剧，并向多领域蔓延，各领域脱钩的风险大幅上升。

（四）国内经济增长中枢下调但结构优化潜力巨大

“十四五”时期我国将大概率进入高收入经济体行列。据测算，到 2024 年年底我国人均国民收入可超过 14000 美元（见图 2），将迈过高收入门槛线。此次突如其来的新冠肺炎疫情尚未改变潜在增长率趋势，2020 年我国经济实际增速可能会明显低于潜在增速，2021 年后增速会逐渐向潜在增速回归，“十四五”时期年均增速将下降至 5.0%—5.5%（见图 3）。我国经济总量将更加接近美国并逐步实现赶超，“十四五”末期中美经济总量的差距将显著缩小，并将在 2027 年超过欧盟，在 2032 年超过美国（见图 4）。经济结构将进一步优化，创新引领特征强化，消费需求仍将是带动经济的主要力量。“十四五”时期我国消费率将由 2019 年的 55.4% 上升至 60% 左右，投资率将由 2019 年的 43.1% 下降至 40% 左右（见图 5）。我国不断累积的人力资本和不断提高的科技创新能力，将成为“十四五”时期经济发展的重要驱动力，创新引领经济发展的特征更趋明显。

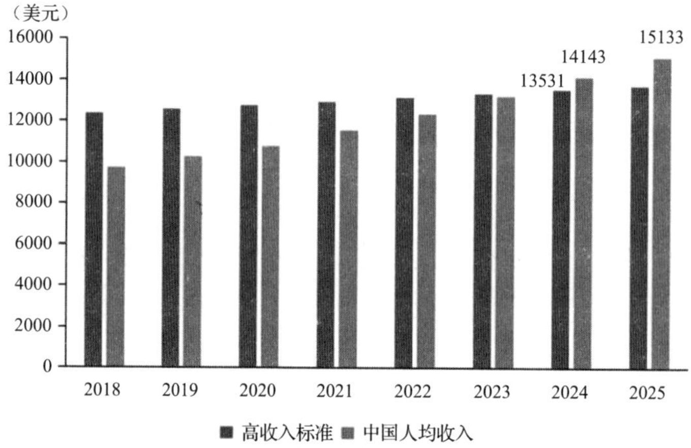

图 2　“十四五”时期我国人均国民收入预测

数据来源：课题组测算。

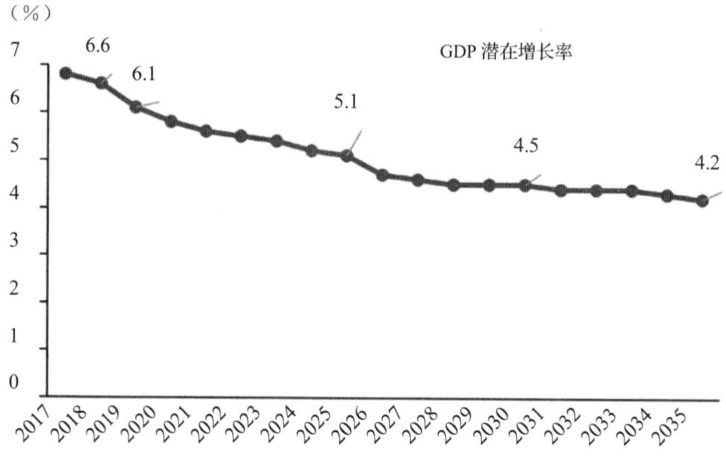

图 3　我国经济潜在增长率预测

注：课题组根据国家统计局数据测算。疫情尚未改变潜在增长率趋势，2020 年实际增速可能会明显低于潜在增速，2021 年后增速会逐渐向潜在增速回归。

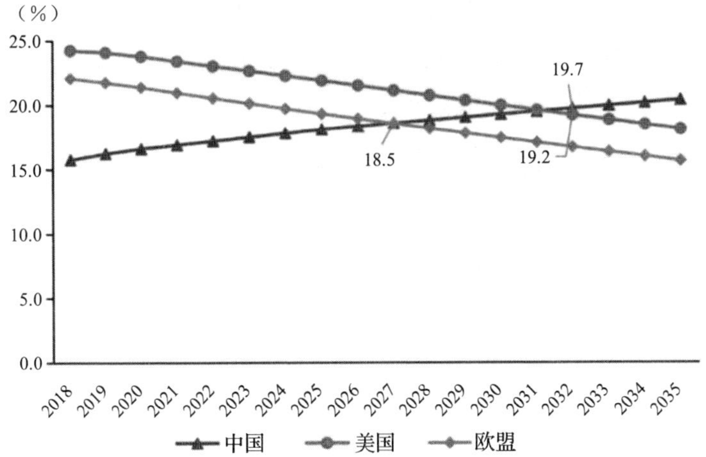

图 4 中美欧占世界经济份额变化预测

数据来源：课题组测算。

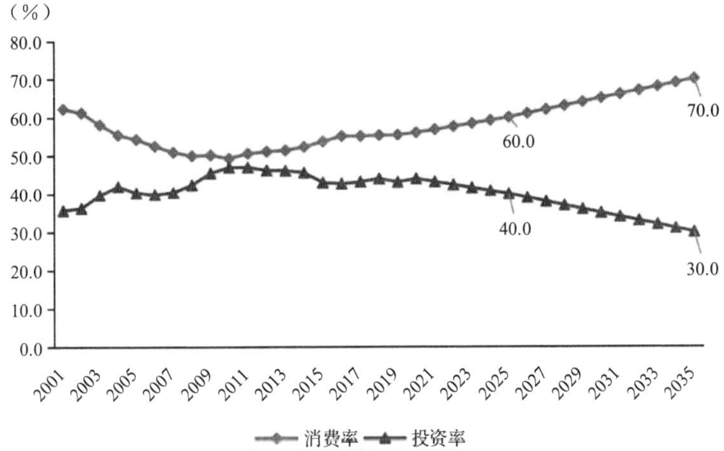

图 5 我国消费率与投资率预测

数据来源：课题组测算。

（五）数字经济成为国际竞争主战场并引领产业变革

新一代信息技术改变了传统的生产生活方式，数字经济成为引领新时期经济发展的重要力量和国际竞争的新战场。据课题组测算，2019 年数字经济对我国经济的直接贡献为 6.6%，对经济的间接影响达到 11.0%，成为经济增长的重要助推器。同时，产业结构高端化步伐加快。服务业比重将继续提高但扩张速度会有所放缓，制造业比重仍会维持在较高水平。“十四五”时期，预计第二产业比重将由 2019 年的 39% 下降至 35% 左右，第三产业比重将持续提升至 60% 左右（见图 6）。在数字化带动下，制造业和服务业加快融合，个性化、定制化、智能化生产将逐渐成为主体形态。

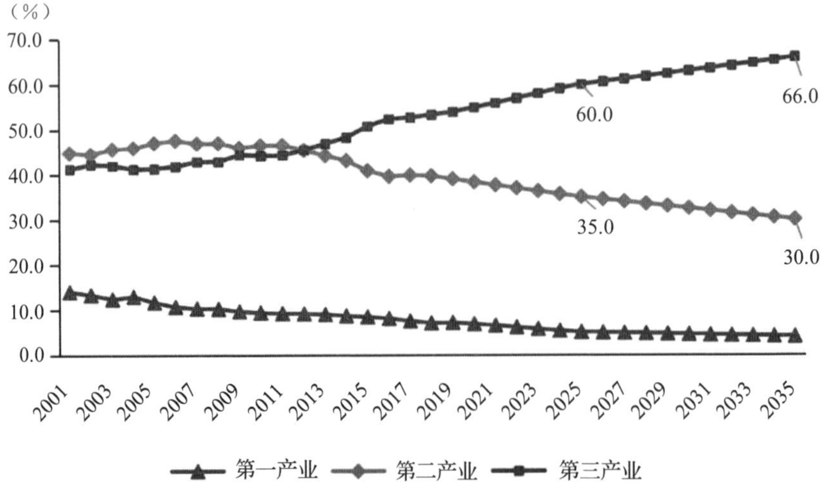

图 6　三次产业结构趋势预测

数据来源：课题组测算。

（六）经济社会复杂性提高导致风险管理难度加大

人口老龄化进入加速期，劳动力供给将继续下降。到 2025 年，预计我国 60 岁以上人口占比将达到 20.5%，65 岁以上人口占比将接近 14.0%，劳动年龄人口将继续减少 2000 万人左右，比重下降至 61.5%（见图 7）。与之伴随的是，居民消费倾向降低，劳动力成本上升，居民储蓄率降低，养老、医疗等社会保障费用负担加重。“十四五”时期仍是我国金融风险易发多发期，地方政府隐性债务风险将进一步显现，风险释放的压力将持续增大。此次新冠肺炎疫情也暴露出了我国医疗卫生体系、社会管理、应急管理等方面诸多短板和问题，将成为"十四五"时期补短板的重点。

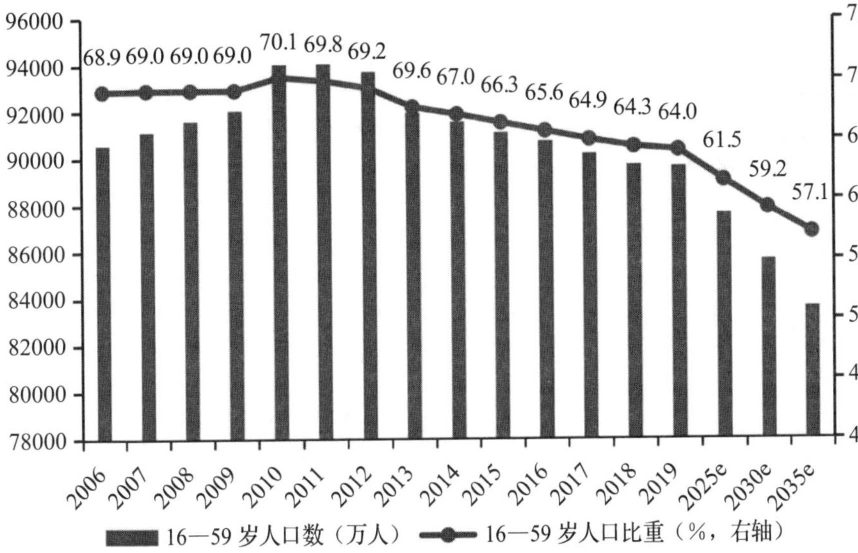

图 7　我国劳动年龄人口数量和比重变化趋势

注：2025 年以后为预测值，坐标上以 2025e、2030e、2035e 表示，以下各图同。

数据来源：历年统计公报和课题组测算。

（七）要素集中化网络化趋势进一步加强

"十四五"末期我国城镇化率预计将达到 65% 左右，"后城镇化时代"很可能提早到来，提高城市生活质量、社会保障水平和城市管理水平将成为城镇化面临的核心问题。要素进一步向城市群、都市圈和大城市集聚，区域集中化、网络化程度进一步提升。预计 2025 年超过 100 万城市群人口占比达到 32.5%，2035 年接近 40%（见图 8）。城市群和基础设施布局更趋网络化，进一步提升资源空间配置效率。以此次疫情为契机，"十四五"时期我国将突出以人民生命安全和身体健康为前提，综合考虑生产、生活、生态和安全的需要，推进一轮以人为核心的新型城市化治理改革，适度控制超大城市规模和密度，积极推进城市多中心、郊区化发展，建设网络型城市。

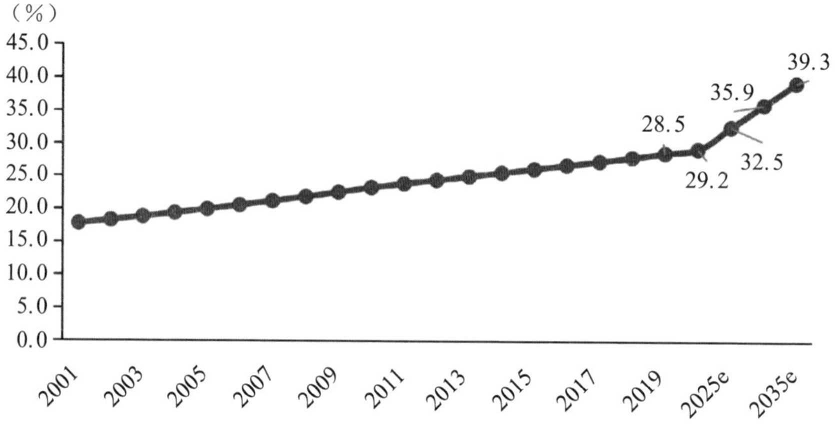

图 8 我国超过 100 万城市群人口占比变化趋势

数据来源：世界银行和课题组测算。

（八）绿色发展比较优势更加凸显

“十四五”时期，随着我国煤炭等能源消耗的下降，我国将总体处于污染物排放的“拐点”后阶段，主要大气污染物叠加总量的峰值极有可能在 2020 年左右出现，预计到 2030 年前碳排放总量将可以达峰（见图 9、图 10）。主要污染物排放达峰后生态环境压力减小，绿色发展实现从外部性负担向新竞争优势转变。生态环境将作为可创造财富的资源带来发展增值，绿色发展将由外部性负担转化为新的竞争优势，成为提升经济发展效益和群众生活质量的重要力量。我国绿色发展将从“运动式”走向“制度化”，并将承担更多国际责任，不断创新国际绿色合作机制，推动全球绿色治理协作持续升级。

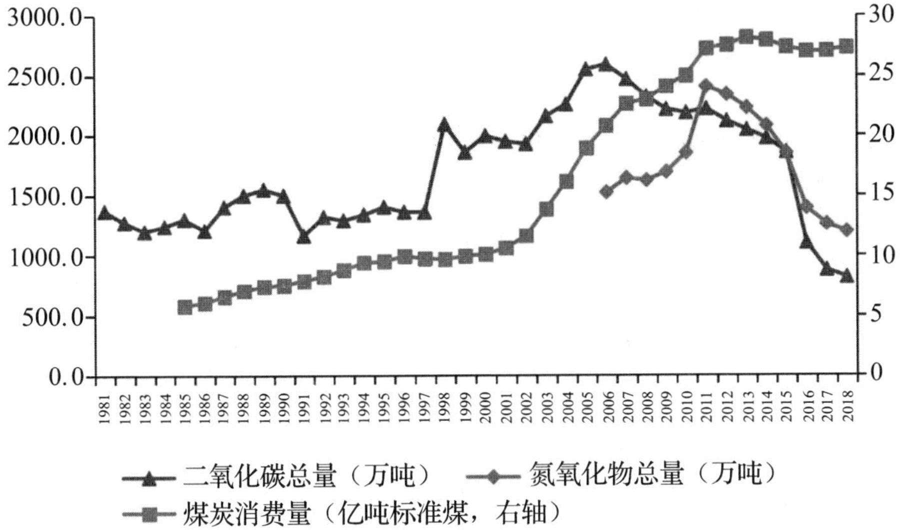

图 9 我国主要污染物排放和煤炭消费量变化趋势

数据来源：《中国环境统计资料汇编 1981—1990》《中国环境统计年报》《中国环境统计年鉴》《中国能源统计年鉴》。

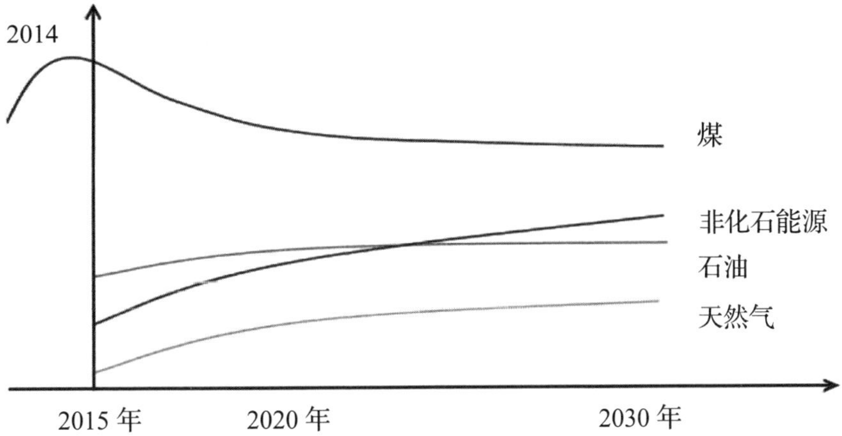

图 10 我国主要能源消费量达峰趋势

数据来源：国务院发展研究中心资源与环境政策研究所预测。

（九）对外开放面临更多非经济因素影响

中美经贸摩擦可能走向常态化、极端化，严重压缩我国全面开放和发展空间。不排除美国采用无所不用其极的手段对我国进行全方位打压，包括滥用"长臂原则"对我国部分企业实施"金融制裁"，扣押我国购买的美国国债，软硬兼施拉拢西方国家强化"瓦森纳协定"对我国实施技术和相关产品禁运，将我国排除出美元结算体系，拉拢其他国家对我国进一步孤立，等等。中美之间角力将伴随我国社会主义现代化建设的全过程，"十四五"时期将是我国应对中美经贸摩擦并进行战略性布局的关键期。疫情后"去中国化"力量更趋凸显，产业链外迁压力进一步增大。美国等西方国家对我国技术和投资限制进一步增强，我国技术升级步伐可能进一步放缓，甚至存在被迫陷入"技术闭环"的风险。

（十）伴随中等收入群体壮大收入分配调整进入关键窗口期

"十四五"期间，劳动者报酬占 GDP 比重有望提高 2—3 个百分点，社会财富积累将不断增加，中等收入群体不断壮大，超大规模经济体优势更趋明显。按照世界银行标准计算，2018 年我国中等收入群体已超过 4 亿人，占比已超过 30%（见图 11）。初步预计到 2025 年我国中等收入群体规模将超过 5.6 亿人，国内消费市场将超过美国，超大规模国内市场将成为我国参与国际竞争的重要优势，并增大我国回旋空间。但也要看到，我国居民收入基尼系数长期高于国际警戒线且近年来有所回升，如果"十四五"时期这一趋势得不到扭转，收入差距长期保持高位，将加剧社会阶层固化风险。

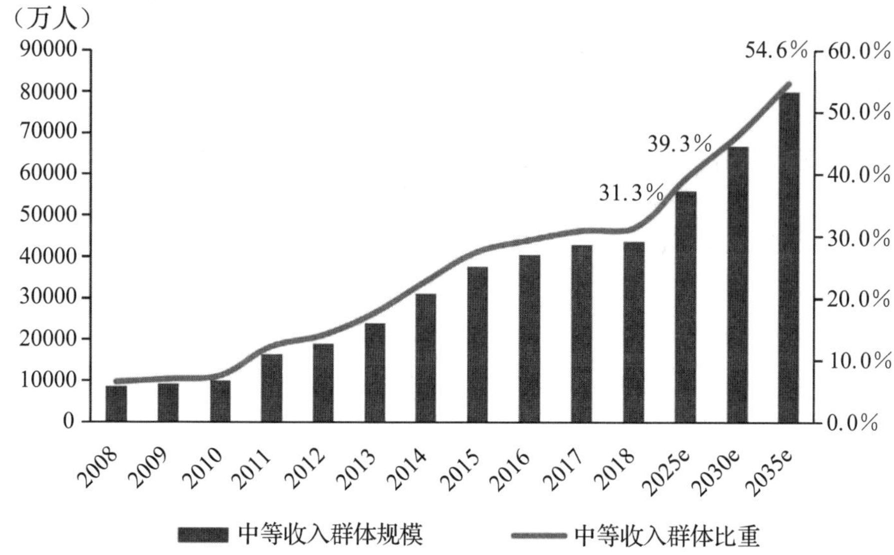

图 11 我国中等收入群体规模测算

数据来源：课题组测算。

综合来看，“十四五”时期，我国正处于百年未有之大变局的深度调整、百年未遇之大疫情影响持续发酵和百年奋斗目标“转段”的历史交汇期，国际国内环境出现前所未有的深刻复杂变化。

放眼世界，和平与发展仍将是未来的时代主题，但经济全球化、世界多极化进程将出现深刻调整。疫情影响下世界经济继续延续高债务、低利率、低增长的模式，新一轮科技革命和产业变革影响深化，经济数字化特征更趋明显，国际产业链供应链区域化、多中心化特征加强，全球治理更趋扁平化和分散化，多边机制进一步削弱，全球公共品供给缺口扩大，国家和政府作用进一步显现。同时，疫情短期冲击可能演变为持久性影响，全球经济贸易增长乏力，甚至面临衰退风险。疫情加速逆全球化趋势，保护主义、民族主义势头强化，局部地缘政治风险凸显，中美经贸摩擦可能走向常态化和极端化，我国面临的外部环境更趋复杂严峻。

从国内看，我国经济经受住了新冠肺炎疫情的巨大考验，经济长期向好的基本面没有改变，发展环境更加错综复杂，发展的任务和要求也将不断升级。发展方式转变、经济结构调整、增长动力转换取得积极进展，高质量发展的特征日益突出。传统要素贡献下降，人力资本、数据、信息要素贡献上升，创新引领特征更趋明显，制造业和服务业加速融合，产业高端化特征日益显现。要素集中化、网络化布局进一步加强，绿色发展优势更加凸显，中等收入群体规模扩大，社会财富积累增加为未来一个时期发展奠定了良好的格局和基础。同时，疫情给我国经济带来严重冲击，企业生产经营困难增大，就业民生问题突出，技术创新和产业升级仍受制约，防范和化解金融风险任务仍然艰巨，人口老龄化进程加快对社会兜底能力提出更高要求，公共卫生、社会治理、应急管理等方面的短板凸显，贫富差距仍然较大和社会流动性趋缓带来社会风险，我国经济社会发展仍然面临诸多挑战。

总体判断，我国发展仍然处在重要战略机遇期，经济社会发展具有持续向好的基础，同时也面临更加严峻、更趋复杂的风险挑战，对推动经济驶入高质量发展轨道提出了更高要求。“十四五”时期，我们要立足三个百年大局，顺应五大变革性力量，把握十大趋势，抓住有利时间窗口，趋利避害，转危为机，不断增强对国际环境的加速演变和我国经济社会发展新阶段要求的适应能力，坚持以人民为中心的发展思想，坚持发展是第一要务，坚持新发展理念，以改革开放和科技创新为动力，推动实施数字化战略、扩大内需战略、制造强国战略、扩大中等收入群体战略、改善基层治理和公共服务战略以及人与自然和谐共生战略，建设高标准市场经济、推进高水平对外开放、形成高效能治理体系，加快推动经济驶入高质量发展轨道，促进人民生活、生态环境、社会治理水平的全面提升，为实现第二个百年目标奠定良好基础。

“十四五”时期资本市场改革发展展望

刘青松*

【导语】“十四五”时期是我国全面建成小康社会，实现第一个百年奋斗目标之后，乘势而上开启全面建设社会主义现代化国家新征程，向第二个百年奋斗目标进军的第一个五年。面对中美冲突和疫情冲击等新的国内国际形势，我国将进入新的发展阶段，构建以国内大循环为主体、国内国际双循环相互促进的新发展格局。刘鹤副总理明确表示“资本市场对于优化资源配置，推进科技、资本、实体经济高水平循环具有枢纽作用”。新阶段新使命，资本市场要主动发挥更大作为，在危机中育先机，于变局中开新局，最大限度地适应于服务好以“双循环”为主要特征的新的发展格局。

党中央、国务院高度重视资本市场。我国资本市场正处于难得的发展机遇期，从科创板设立试点到创业板继续推进，以证券发行注册制改革试验为主要内容的市场化改革政策措施正在由增量改革深化到存量改革，资本市场正在发生深刻的结构性变化。“十四五”期间，认真谋划扎实落实十九届五中全会精神，确实坚持市场化、法制化、国际化的方向不动摇，全面深化资本市场供给侧结构性改革，全面实行股票发行注册制，建立常态化退市机制，推进高水平双向开放，到2025年基本建成“规范、透明、开放、有活力、有韧性的资本市场”，更好地服务、驱动、引领实体经济发展，不辜负党和人民的期待。

我国资本市场将面临前所未有的严峻挑战。首先，我国发展逆风逆水的外

---

* 刘青松，中国人民大学经济学硕士，美国天普大学法律硕士，研究领域为制度经济学和金融法学，现任中国证券业协会非会员理事。

部环境日益增多，不稳定性、不确定性增大。“十四五”时期，世界和平、发展、合作、共赢的主旋律没有改变，我国仍将处于重要战略机遇期，国民经济和社会发展长期向好的主要趋势没有改变。但是，全球经济金融形势在并没有能够完全走出2008年世界金融危机的阴影的情况下，突如其来的新冠疫情给原本复苏脆弱的全球经济带来重创，导致全球范围主要经济活动和人民生活停摆，世界各主要经济体相继出台新的宽松政策，欧美日实行负利率，美国等从危机时期的直升机撒钱到给每一位公民发钱，全球范围内流动性泛滥，世界主要股票市场指数受疫情影响经过短暂回调之后受流动性推动再创新高，再加上美国大选等政治因素的扰动，世界主要经济体货币政策回归常态异常困难，异常风险叠加，全球宏观经济金融形势异常复杂脆弱。“十四五”时期在时间上和美国下一任总统任期重叠度较高，美国共和、民主两党对华遏制政策基本达成共识，目前“美国优先”“中美脱钩”等基本政策格局的较大惯性将会在较大程度上左右美国的基本执政理念和各种政策态势，国际金融市场碎片化趋势和规则重构势在必然，中国面临的国际环境和外部压力在可见的将来不会有实质性的改善，利用国际资本市场的难度空前加大。习近平总书记在2020年5月23日全国政协联组会上深刻剖析了一系列不利局面，如世界经济深度衰退、国际贸易和投资大幅萎缩、国际金融市场动荡、国际交往受限、经济全球化遭遇逆流、一些国家保护主义和单边主义盛行、地缘政治风险上升等。

其次，改革开放进入“深水区”“瓶颈区”，硬骨头、卡脖子问题越来越多。改革开放知易行难，认知的局限羁绊我们前行的双脚。市场化需要行政放松对资本资源配置的主导权，尊重市场机制运行的独立性和不可控性；法治化需要政府权力真正关进制度的笼子，行政行为要遵循法治的规范，政府的决策和规则将面临司法的挑战，特别是，司法本身也将面临考验；国际化需要社会及市场治理理念规则符合国际惯例，而这些国际惯例对于各级政府和市场体系来讲，可能并不熟悉，不会用、不愿用、用不惯。小平同志说过，“改革就是一场自我革命”，改革就是一场革自己命的伟大实践，需要伟大的勇气和自觉，不能叶公好龙。党的十八届三中、四中全会制定的若干改革、法治建设任务还没有完成，要不折不扣地继续推进落实，继往开来。硬骨头、卡脖子问题除了认识上的自我革命，还有硬核科技受制于人，光刻机、芯片是基础理论、基础材料、制造工艺、基础设备等的集大成，不仅是卡住我们脑袋下面的脖子，还卡住我们的手脖子、脚脖子，科技进步的竞争才是国家间最根本的竞争；还有经济结构不合理，金融和实体经济循环不畅，货币政策传导机制“梗阻”信号失灵，普惠金融普而不“惠”，企业融资环节多成本高负担沉重，资源环境约束进一步加剧，供给侧结构性改革刚刚起步，经济杠杆率居高不下，居民杠杆率迅速高企，民营经济发展面临困难，各种风险不断积累，经济体系进入高负债时代；还有“逆全球化”潮流带来国际环境变化，国际合作共享衰退，国际产业链重构以及“去中国化”迹象越来越明显，经过几十年的努力我们成为世界制造业大国，但绝对称不上是制造业强国，我们提供的产品绝大部分是低附加值可以被替代的，从国际贸易结构来看，这种替代正在发生。

我国资本市场迫切需要解决的主要问题。中国资本市场脱胎于“一大二公”“一平二调”的行政性计划经济体制，存在深刻而广泛的文化、历史和利益冲突，许多基础性、制度性、理念性问题长期没有从根本上解决，如诚信基础不牢固、法治环境不配套、市场生态不健全、多层次市场体系不协调、监管能力和手段不适应、公司治理不规范、科技应用不充分、对外开放不自信、投资文化不健康、服务实体经济和科技进步不到位，等等。“十四五”时期我国资本市场改革发展面临艰巨任务。

一、稳步提升服务实体经济的能力和水平，发挥好国民经济“晴雨表”功能

资本市场属于虚拟经济，是从实体经济派生出来的，它的出生和存在都是依赖于、服务于实体经济的。实体经济是资本市场的“根”，离开了实体经济这个“根”，资本市场就成了无本之木、无源之水；虚拟经济和实体经济都是国民经济的重要组成部分，它们遵循不同的运行和发展规律，虚拟经济一旦产

生，就形成了其独特的存在方式和运行特点。我们必须深入研究资本市场的发展规律，处理好资本市场和实体经济之间的关系，发展好监管好资本市场、提升和发挥好服务实体经济的能力和水平必须遵循资本市场作为虚拟经济的运行规律，切不可套用实体经济思维方式约束和管理资本市场的运行和发展。

股票市场是国民经济的“晴雨表”，国民经济是“体”，股票市场是“像”。首先，股票市场规模要足够大。截至2020年9月15日，沪深交易所上市公司合计4015家，市值73万亿元，证券化率73%，“十四五”时期末证券化率至少达到90%。其次，上市公司结构要反映国民经济的基本状况和发展趋势。我国上市公司从市值规模、营业收入和盈利水平等维度来看，以银行、石油化工能源等上游企业为主。尽管我国资本市场确实支持了一大批高新技术企业发行上市，但是，这些公司大多是比较成熟的企业，而大量真正初创的、新兴业态的、新商业模式的企业，还没有得到资本市场的服务，资本市场还没有能够全面反映我国新经济蓬勃发展的现实状况。要提升资本市场服务创新型经济的能力和水平，发挥“晴雨表”功能，就必须全面深化资本市场改革，大力发展直接融资，尤其需要提升创业板、科创板市场对科技创新、新业态、新模式的包容能力和服务水平，要能够筛选、培育出一批世界级的科技巨头，攻克各类卡脖子、瓶颈问题，促进国民经济由投资拉动外延式增长向创新驱动转型，实现高质量发展。最后，要深化要素配置市场化改革，资本市场放松行政管制，鼓励自由竞争，更好地发挥政府政策引领和市场竞争选择两个力量的作用，畅通“资本—企业”要素循环。要确实改变由行政主导股票发行上市的体制机制，让市场机制在证券发行上市全过程发挥决定性作用，只有市场机制自由选择上市公司，国民经济各行各业的优质企业都能够自由进入资本市场，资本市场才能跟上实体经济发展的节奏和变动的结构，才有可能成为国民经济的“晴雨表”，反映经济发展的状况和未来，否则，扭曲、滞后在所难免。“十四五”时期要基本完成资本市场的市场化改革，使各类企业利用资本市场发行证券融资上市不再困难。

二、完善基础制度建设，夯实资本市场法治基础

市场经济是法治经济，资本市场是法治市场，资本市场基础制度是市场自由和法治秩序的有机统一。准确理解并贯彻落实“建制度、不干预、零容忍”九字方针，“不干预”的前提是“建制度”，没有好的制度，市场运行和监管没有可能“不干预”，“徒法不足以自行”，有了好的法规制度还需要有效的护法、执法、守法，这样好的法律制度规则才有可能有效运行，是谓“良法”“善治”；同时，“不干预”的保障是“零容忍”，也就是充分有力的“惩恶汰劣”，所以说，“建制度、不干预、零容忍”九字方针的本质就是“良法”“善治”“惩恶汰劣”互为条件的有机统一，事前建制度、事中不干预、事后零容忍是操作时序的统一，资本市场基础制度就是要依循市场法治原则落实九字方针的功能要求。根据党中央国务院关于构建更加完善的要素市场化配置体制机制的意见要求，市场各方要归位尽责，树立法治观念和契约精神推进资本要素市场化配置，完成证券市场准入、定价发行、上市交易等各环节市场化改革及制度建设，维护资本市场全要素自由流动；以透明度为核心提高上市公司质量，完善促进上市公司做优做强的制度安排，持续完善公司治理和内控制度，引导机构投资者积极参与公司治理。对优质上市公司实施更加便捷高效的再融资、并购重组注册机制，推动完善股权激励制度及税收政策，畅通多元退出渠道，保持退市常态化，完善自愿退市制度环境，通过吸收合并、大股东注入、重组上市等方式盘活存量，促进高风险公司出清。优化监管生态，规范监管行为，对于闲不住的行政之手制定惩戒性制度安排；改善中介生态，督促中介机构依法勤勉尽责，切实履行“看门人”职责；发挥舆论监督作用，创造优良的软环境，营造良好的舆论生态，持续加强监管透明度建设。贯彻落实新《证券法》，制定修改配套规章制度，推动制定资产支持证券、资产管理产品发行交易的行政法规；推动出台《期货法》，修改《刑法》《破产法》《公司法》等；建立健全中国特色证券集体诉讼制度，发挥市场力量，以法律手段严厉打击上市公司财务造假、欺诈等违法行为，切实加大违法违规成本，切实起到威慑和惩戒的效果；推动完善涉

外法律法规，加强跨境监管执法能力。

三、全面推进注册制改革，全面释放资本市场活力

注册制是理顺政府和市场关系的行之有效的制度安排，在国内外政府管理中被广泛采用。资本市场全面推行注册制有三层含义：第一层含义是以注册制理念为指导，在资本市场的各方面，如证券发行上市、机构准入、业务牌照等，均建立并实行注册制度；第二层含义是以注册制理念为指导的股票发行上市全过程监管制度和规则体系，即注册制下证券发行监管制度和规则体系；第三层含义是指具体的股票发行上市审核环节的注册制度和规则体系。这三个层次的含义是从大到小的排序。现在，股票发行上市审核职能下放给交易所，属于第三层次的注册制改革。随着在创业板及全市场推广股票发行注册制，第二层含义的注册制度建设迫在眉睫，核心是处理好证监会和交易所在股票发行上市过程中职责配置，防止交易所之间的“逐底竞争”，进一步完善发行上市、信息披露、定价、交易、退市等基础性制度。逐步推进行业机构设立、并购、经营业务牌照管理等实行注册制，实行更加便利的准入机制，推动发展若干家有较强国际竞争力的投资银行、财富理财机构及其他中介服务机构，建设高质量的以投资银行为代表的中介机构体系。资本市场是我国市场体系的重要组成部分，健全资本市场基础制度，全面实行注册制，有利于规范监管行为，减少行政管制，打通“堵点”“瘀点”，鼓励市场竞争，提高市场效率，激发市场活力，形成平等准入、公平监管、循环畅通、开放有序、诚信守法、充满活力的高标准高质量的资本市场。

四、开放市场培育核心竞争力，建设高质量投资银行体系

投资银行在资本市场功能发挥过程中居于核心地位，是资本市场功能和创新的制度基础和逻辑主体。一段时间以来，我国资本市场功能还不够强大，其

重要原因之一就是投资银行发育发展还不够强大，机构同质化、业务通道化、竞争公关化，整个投资银行体系缺乏市场化的核心竞争力，主要矛盾是建立在行业机构不成熟不均衡发展基础上的监管政策体系和建设高质量投资银行体系所需要的监管环境之间的不匹配和冲突。深化注册制改革，开放市场准入，鼓励市场竞争，释放市场潜能，激发市场活力，在机构准入、业务牌照、并购重组等方面实行注册制，投资银行在竞争中大力发展和培养核心竞争力，逐步形成各有特色、小而精、大而强的投资银行体系，整体上功能齐备互相补充，在此基础上形成相匹配的分层分类的差异化监管体系，整个资本市场才能充满生机和活力。加快推进投资银行数字化转型，尽快改变投入少、人才缺、监管严的落后状况，尽快加大投入、研发和应用，主动顺应数字化时代发展的趋势，建设智能投行。加快建设具有国际竞争力的一流投资银行队伍，维护市场稳定、规范市场行为、引领市场发展和参与国际竞争、落实国家战略。面对日益复杂的国际经济金融环境，我国资本市场迫切需要加快建设一支具有国际竞争力的一流投资银行队伍。建设国际一流投资银行应当上升为国家战略。

五、规范发展多层次资本市场体系

满足不同发展阶段企业和风险偏好资金的投融资和风险管理需求，优化和完善各市场、各板块的基础制度安排，提高与其功能层级的匹配性，“十四五”期末建成“功能齐备、层次丰富、错位发展、有机互联、内在统一”的多层次资本市场体系。

完善发展有机内联错位发展的多层次股权市场体系。坚守科创板定位，不断创新科创板基础制度，培育一批具有国际竞争力的“硬科技”企业，突出主板的蓝筹定位，深化创业板改革，更好地服务于自主创新和其他成长型创业，新三板要坚守在现代新型信息技术条件下更具活力的场外市场的定位，增强新三板、区域性股权交易市场的活力，更好地服务于广大的中小微企业，完善场外市场规则体系，建立健全各市场、各板块间基于市场风险特征的转板联动机制；推动建立资本市场友好型税收体系，发挥私募股权基金支持创新发展的战略作用。

建立统一标准、统一体制的债券市场。我国债券市场随着主管部门的差异而分割成三个主管主体、两个交易市场，主管部门有人民银行、发改委和证监会，交易市场分为银行间市场和交易所市场。长期以来，三个主体相互独立，两个市场相互割裂，问题是明摆着的，就是解决不了。根据《中共中央国务院关于构建更加完善的要素市场化配置体制机制的意见》的精神，希望“十四五”时期这个问题能够得到解决，建立统一标准、统一体制的债券市场，统一信用债发行、交易、信息披露监管标准，建立集中统一的信用债监管体制，理顺银行间与交易所债券市场的关系，建立健全市场化、法治化的债券违约处置机制，加强债券市场信用体系建设和全市场诚信档案管理，规范信用评级行业发展。

建设开放的具有全球影响力的期货及衍生品市场。多年来，中国是多数大宗商品如原油、铁矿石、棕榈油等主要消费国，但是采购定价权却被国际资本牢牢控制，我们只能被动接受。这其中的重要原因就是我们的期货及衍生品市场不够发育，品种少、市场封闭，国际市场价格影响力弱。过去几年，我国期货及衍生品市场改革开放力度加大，期货品种增多，原油、铁矿石、纸浆等市场陆续向国际参与者开放，衍生品市场开始起步，国内大宗商品用户和交易者风险保护手段增多，市场影响力得到初步显现。“十四五”时期，国际期货市场更好满足各类经济主体风险管理需求，期货产品上市实行注册制，发展个股期货、期权等金融衍生品，发展外汇期货，推出碳排放权、商品指数期货等创新工具规范发展场外衍生品市场，丰富期货品种，加快向国际交易者开放，引导实体企业利用期货价格作为国内外贸易的定价依据。

大力发展场外衍生品市场。我国场外衍生品市场发展格局和债券市场类似，根据监管主体差异，我国场外衍生品市场分为人民银行监管的 NAFMII 主协议下的银行间衍生品市场、证监会监管的 SAC 主协议体系下的证券期货场外衍生品市场，以及由人民银行、证监会和国资委共同监管的 ISDA 主协议体系下的外资机构柜台市场等三大市场体系。三大市场体系之间由于监管机构不同存在监管政策不统一、监管割裂和监管真空与重复并存等问题，使得场外衍生品市场天然的跨界性和我国金融分业监管体制之间的矛盾更加突出，监管成本和创新成本同时加剧，系统性制度性风险不容忽视。大力发展场外衍生品市场具有非常重要的意义，场外衍生品市场能够全流程管控企业面临的价格、汇率、利率等风险，在规避大众商品价格风险、降低融资成本等方面发挥有效的工具作用，丰富金融市场产品类型、提升金融宽度、深度和韧性市场，丰富多层次资本市场体系，提升资本市场体系服务实体经济的能力。从国际投资银行发展实践看，以场外衍生品市场为基础和工具，充分发挥金融机构的交易组织、产品设计和风险管理能力是其主要业务模式和重要盈利来源，也是国内投资银行实现国际化转型的必修课，有利于培养和增强国内金融机构的国际市场执行力和竞争力。“十四五”时期我国场外衍生品市场的发展策略和改革路径急需深入研究，刻不容缓。

六、以透明度为核心提高上市公司质量

上市公司质量是资本市场持续健康发展的基石，评价上市公司质量的核心是透明度。透明度是资本市场的根本要求，上市公司的透明度是资本市场的重中之重，是资本市场一切交易活动的基础。在透明度的基础上，上市公司的规范程度、经营状况、发展前景以及风险状况等，将会充分呈现在投资者面前，由投资者判断和选择，优胜劣汰。监管的根本宗旨是制定科学可行的信息披露制度规则，尽力提高上市公司透明度，维护市场规则的有效执行，千万不要试图对上市公司的商业价值和发展前景甚至科技水平等做出判断、设置取舍，监管者不可能比企业家更加了解企业，更加理解市场，更加懂得企业的经营和发展，也不可能比投资者更加审慎。提升上市公司质量需要放在如何建设高质量资本市场这个大的逻辑框架下系统考虑，以提高透明度为核心，在把好上市公司质量入口关的同时，建设和发挥好市场化并购、重组、退市等制度的作用，提高存量上市公司质量。国际经验表明，好的资本市场应当能够培养高质量的

上市公司，国际上也常把是否培养出高质量的上市公司作为衡量资本市场是否成功的重要标志。提升上市公司质量的根本原则就是要在市场准入和持续的全过程真正建立以充分信息披露为核心的制度。

七、推进证券行业数字化转型，构建数字化资本市场

证券行业数字化转型大约有三种情况，一是传统业务和客户信息数字化上线，实现业务信息线上化；二是运用互联网技术，实现业务活动在线互动，即实现部分业务互联网化，如获客、客服、开户、交易等；三是在在线、交互功能的基础上，利用机器学习等人工智能技术，实现部分业务智能化，如智能研报、智能投顾等。目前，这三种情况基本上并存，个别机构在智能化方面有所进展，但总体水平处于起步阶段。监管科技在研发和应用方面比较金融行业科技发展水平来讲相对落后，投入少，人才不足，认识上也不够到位，监管科技的滞后已经成为金融科技发展和应用的重要制约因素。运用 5G 和以 ABCD 等为代表的新型信息技术优化资本市场结构和功能是大势所趋，推进资本市场数字化建设，加快证券经营机构数字化转型，推动国家大数据治理和大数据资源的共享共用，建设集中统一管理的资本市场数据体系，开展数据标准化治理，探索建设基于新型信息技术的场外市场和新型金融基础设施，加快金融科技相关法律法规体系建设，健全金融科技监管体系，建立适合我国特点的金融科技监管沙盒，建设国际领先的交易结算系统。十九届五中全会提出，发展数字经济是新一轮科技革命和产业革命的大势所趋。资本市场既要服务好数字经济，自身又要发展好数字经济。当前，数字技术更新迭代速度明显加快，我们要从认识、人才、投入、科技、体制等多方面深入研究资本市场数字化转型所面临的困难和路径。未来资本市场的竞争，将是智能化竞争，是芯片、算法、算力的竞争。

八、完善社会保障体系，推动更多社会资金合理进入资本市场

中国是高储蓄的国家，这既是中华民族的优良传统，也是当前我国以个人自我负责为中心的社会保障保险体系的制度性特征。在“十四五”时期，我国将进入中度老龄化社会，而且未富先老，这个特征将不会发生实质性改变。如何吸引和推动储蓄资金合理进入资本市场转化为资本在“十四五”时期依然是一个重大课题。进一步发展和完善我国社会保障保险体系，在上学、就医、住房、养老以及重大突发性灾害等民生保障环节完善社会保险保障互助体系建设，增加政府性支出提供更多公共民生保障型服务，满足个人及家庭保险保障基本需求，创新社会居民互保机制增强政府和社会机制为个体提供抵御风险的能力，减低居民个体对自身保障能力的单纯依赖，促进个人储蓄资金释放出来进入投资领域，分享国家经济成长红利，进而进入良性循环。

资本市场要为我国社会保险保障体系建设和资金运用做出必要的贡献。在现行体制下，全国企业职工基本养老保险金预计在2029年出现当期收不抵支，在2036年左右将耗尽全部积累。从国际经验看，投资资本市场是实现社会保险保障基金保障增值的重要途径。发展股权类基金，促进具有风险承担能力的个人投资者短期交易性资金转化为资本市场的长期配置力量，放宽社保、保险、基本养老金、企业年金、职业年金等投资权益类市场的比例和范围，完善养老保障第三支柱个人养老金制度建设，实现年金账户与个人养老金账户之间的转化，发挥公募基金服务各类养老金账户投资者的主力军作用；发挥商业银行、保险机构等信用中介功能，推动基金管理公司、银行及保险理财子公司等专业资管机构承接银行理财资金、保险资管资金等分层管理的需求；优化公募基金等证券投资机构业绩评价机制，树立长期投资、价值投资理念，优化投资行为；健全资本市场交易友好型税收体系，对中长期投资资金提供税收优惠支持；5G的广泛应用使万物互联成为可能，在数字化时代大力发展智能投顾，提供普惠型投资理财服务。

九、深化资本市场高水平双向开放，建设国际化资本市场的主场

改革开放之初，我国就制定了利用国内国际两个市场两种资源的基本策略，资本市场走过了“走出去”“引进来”“双向开放”等发展阶段。在这些阶段，无论是企业到国际市场发行上市融资，还是证券期货经营机构参与国际市场交易，都是“客场”作战。“十四五”时期，构建以内循环为主体的双循环新发展格局，我国将实现由“世界工厂”向“世界市场”的质的跨越。我国有14亿人口，人均GDP突破1万美元，4亿多中等收入群体，是全球最大和最有潜力的消费市场，市场是全球最稀缺的资源，发挥我国超大规模市场优势，将为世界各国提供更加广阔的市场机会，依托国内大循环吸引全球商品、资本等资源要素在中国聚集、交易，打造我国新的国际合作和竞争优势，实现从“世界工厂”向“世界市场”的蜕变。资本是重要的稀缺的资源要素，要把资本市场的发展规划放到构建双循环新格局这个大背景下来谋划，适应于服务好新发展格局，提升服务新发展格局的努力和水平。我国资本市场是“世界市场”的重要组成部分，进入高水平发展阶段，建设国际化的资本市场主场就是要将我国资本市场发展成为国际金融市场，以更加真诚的态度、更加开放的姿态、强劲的经济复苏和发展趋势吸引国际资本资源、金融交易进入中国资本市场。借鉴国际成熟市场经济制度经验、最佳实践和人类文明有益成果，加快科创板、创业板、期货衍生品市场以及整个资本市场制度规则与国际接轨，加快PDI开放、实现AH股互换、完成QFII向QI制度的过渡、允许红筹企业及其他国际企业到A股市场发行上市等；加快外汇、外资管理制度改革，加快推进资本项目开发，稳慎推进人民币国际化，促进国内国际资本跨境流动和交易活动的便利化，促进国际企业、资本、信息、人才、交易等向国内主要市场集聚；进一步便利境外投资者参与交易所债券市场，稳妥推进期货衍生品市场对外开放；加快且大力建设有国际竞争力的一流投资银行、财富管理机构及其他中介机构，扩大我国资本市场参与国际竞争和服务国际经济活动的能力、水平和半径。深化跨

境监管合作，进一步参与资本市场领域国际规则制定，建立跨境监管合作常态机制，提升金融监管的域外效力，夯实跨境监管执法、安全审查等制度基础。持续推进上海国际金融中心建设，维护好香港国际金融中心地位，承载并提升我国资本市场提供国际金融服务、参与国际资源配置的能力。探索证券期货交易所建立现代企业制度，显著提高国际竞争力。

十、增强风险预警及防范化解处置能力

金融是具有高度外部性的行业。风险是永恒的，金融的本质就是经营风险、管理风险。着重宏观性、系统性风险以及具有系统重要性证券期货经营机构和资本市场基础设施的风险防控。资本市场和实体经济是“镜像”关系，国民经济风险归根到底是实体经济风险，资本市场要发挥好“晴雨表”功能，有效反映并及时预警实体经济风险，走在市场曲线的前面；增强资本市场韧性，加强资本市场结构性、功能性风险防控，加强具有系统重要性证券期货经营机构以及证券交易所、登记结算清算机构等重要基础设施的风险防控，谨防资本市场自身风险传导给实体经济，不能给实体经济添乱；健全资本市场风险监测防范处置体系，加强股市杠杆业务上市公司质押、债券违约风险等重点领域的风险监测和处置；推动完善私募基金风险防范机制，完善市场风险动态图谱，动态更新防止股市异常波动风险政策工具箱，防范局部风险向系统性风险转变；既要扩大开放，又要密切防范开放风险，加强国际金融市场监测监控，防范国际金融风险通过资本流动、利率汇率政策、衍生品工具等跨国跨市蔓延和传导；大力发展监管科技，完善金融监管机构信息共享和监管协同机制，发挥各自在资金监测、行为监测、信息监测、功能监管等方面的特色作用，形成监管合力，建立目标更具体、传导更通畅、救助效率更高的证券期货经营机构危机救助机制。

十一、结语

“十四五”时期，国际国内环境将会异常复杂严峻，国际力量格局分外呈趋势性变迁。美国会持续纠集其盟友对我国实施贸易、科技、金融、文化教育等全面“围堵”和“脱钩”，甚至不惜引发局部热冲突，妄图孤立我国，破坏我国和平发展进程，暴露了150年以来美国霸权战略的套路和焦虑。我们要以更加真诚的心态和更加开放的姿态全面拥抱世界，构建以14亿人消费升级为核心的内循环带动国际大循环经济发展新格局，发挥资本市场公平交易、财富效应等特点，建设资本市场国际化主场，形成新的国际合作连接点，突破围堵，实现更高质量发展。

发展是第一要务。“十四五”时期，发展将仍然是我国面临的第一要务。中国是发展中大国，发展不充分、不平衡、不集约问题长期存在，将长期处于社会主义初级阶段。这是最大的国情，也是我们面对国际争端、解决国内问题时必须首先考虑的最根本的立足点和出发点。无论处于什么情况，无论在什么时候，谋求发展让人民过上幸福生活是我们永远铭记的初心和使命，集中精力，心无旁骛，做好自己的事情，不能被美国部分不良政客带歪了方向、带错了节奏，坚持不搞意识形态之争，不搞道路之争，不搞霸权之争，务必不逞强、不斗勇、不当头、不折腾。要合作、不对抗，必须坚定不移地坚持和平发展战略，继承融合发展人类文明的精华，求同存异，尊重共赢，努力营造有利于和平发展的内外部环境，战略上有定力，战术上有动力，执行上有实力，咬定发展不放松，任尔东南西北风。

遵循市场自由和法治秩序，以真诚开放的心胸更深度融入世界文明和国际秩序。用国际化语言讲好中国故事，借鉴国际上通行规范和做法办好中国事情。市场自由和法治秩序是全球范围内市场经济共同规范和通行的秩序原则。有自由，才有创新；有法治，才有尊严。中国改革的成功起于对自由的尊重①，中华

---

①　改革开放之初，在1979年4月前后，邓小平对这些敢于提出创见、敢于向中央要权的先行者，

民族的伟大复兴取决于尊重自由的法治建设。常言道，君子义结。在互利互惠的基础上，更加尊重国际交往合作的价值观认同，尊重并遵循市场自由和法治秩序，不畏难、不退缩，坦诚友好，不仅要用利益吸引人，还要以价值认同来交朋友，而且是志同道合值得信任的真朋友，获得世界文明的认同和尊重，这是我们改革开放的追求目标，也是社会进步的追求目标。得道多助，失道寡助。和平友好的国际环境始终是我们生存和发展的重要条件。

（接上页）以一种革命家的语言鼓舞道：“中央没有钱，可以给些政策，你们自己去搞，杀出一条血路来！”这就是邓小平关于特区著名的三句话，催生了中国特区。实际上，就是在当时“左”的体制下，划出一块特区，给予闯与干的自由。

把自由贸易试验区建设成为新时代改革开放的新高地

范恒山[*]

【导语】2020 年 6 月 1 日，中共中央、国务院印发《海南自由贸易港建设总体方案》，习近平总书记对海南自由贸易港建设作出重要指示。在海南建设自由贸易港，是以习近平同志为核心的党中央着眼于国内国际两个大局、为推动中国特色社会主义创新发展作出的一个重大战略决策，是我国新时代改革开放进程中的一件大事。在 2013 年我国建立的第一个自贸区——上海自贸区的示范作用下，我国自贸试验区建设稳步向前推进，覆盖了从南到北、从沿海到内陆到边境省份的广大区域。我国自贸区建设的不断扩容以及海南自由贸易港建设总体方案的出台，意味着中国经济变得更加开放，支持贸易自由化的力度也空前之大，向世界展示了中国进一步推进改革开放的决心，对提升我国经济全球竞争力，支撑我国经济向稳向好发展具有重要意义。

一、我国自贸试验区发展的历程

1973 年 2 月 18 日，国际海关合作理事会在日本京都签订的《简化和协调海关制度的国际公约》即《京都公约》这样定义自贸区：地处缔约方境内的一个区域，进入这个区域的任何货物，就进口税费而言，通常视为在关境之外而免于实施通常的海关监管措施。美国关税委员会认为，自由贸易区与一般关税地区的差别表现在对用于再出口的商品豁免关税方面，自由贸易区是一个只要

---

* 范恒山，国家发展改革委原副秘书长。

进口商品不流入国内市场即可免除关税的独立封闭地区。这两种表述虽因针对情形不同有一些差异，但关键内容是一致的，重点强调了对关税的特殊管理。

综合而言，所谓自贸区，可以定义为在一国境内设立的一种实施特殊海关监管模式的区域。其核心内容可以概括为四个关键词，即独立区域、境内关外、高度自由、最低门槛（主要表现在免征关税）。毫无疑问，它是一种深度开放的功能平台。这类自贸区建设是一国主权范围内的事情，并不涉及特定的国家或地区间的关系。如果涉及特定的国家或地区间的关系，那么对自贸区就有了另外一种描述：指两个或两个以上的国家（包括独立关税地区），根据世界贸易组织的相关规则，为实现相互间贸易自由化所做的地区性贸易安排涉及的缔约方的相关区域。目前，世界上有不少这种类型的自由贸易区，我国也与不少国家和地区合作建立了多个自由贸易区。本文所论述的是第一种类型的自贸区。

与国外的自贸区相比，我国建设的自贸试验区与之既有相同之处也有不同之处。中国的自贸区是一种力图对接国际最好标准的贸易投资规则，承担着深化改革开放先行先试任务的特殊经济功能区。换言之，我国的自贸区既遵循国际通行规则，又体现中国特色，许多做法是依据自身的国情和具体实际探索形成的。

我国对自贸区的研究探索历时较久。在推进相关改革和扩大开放的过程中，一些地方提出了建设自由贸易区或自由贸易港的设想，而在国家出台的一些重要改革开放和区域发展战略文件或规划中也曾提出过打造自由贸易区（港）的思路和意见。以海南为例，在批准建省并建设经济特区后不久，在国家批准开发开放杨浦港、建设国际旅游岛等一些关键节点上，有关充分利用其作为离岛的优势建设特别关税区或自由贸易港以实行最深层次的改革和最高水平开放的建议就随之提出，直到海南建省 30 周年的时候成为现实。

天津也是探索自由贸易区（港）比较早的地区。2005 年在研究天津滨海新区实行综合配套改革试点时就提出了在适当地区按照海关特殊监管规则打造带有自贸区性质的试验区的思路。国务院在 2006 年 5 月颁发的《关于推进天津滨海新区开发开放有关问题的意见》特别提出，为适应天津建立北方国际航运中心和国际物流中心的需要，按照统筹规划、合理布局、创新体制、分步实施的原则，借鉴国际通行做法，在天津港、东疆港区建立保税港区，重点发展国际中转、国际配送、国际采购、国际转口贸易和出口加工等业务，积极探索海关特殊监管区域管理制度的创新。天津特别是滨海新区这些年快速发展，很大程度上是因为在一些关键的方面，比如在保税港区建设、海关特殊监管模式探索等方面先行了一步，并且能够举一反三、拓展延伸，将一些好的做法扩展或推进到整体。

浙江舟山群岛新区是国家在战略规划中明确提出要探索建立自由贸易港的地区。2011 年 6 月，国务院批准设立浙江舟山群岛新区，2013 年 1 月，国务院批准了由国家发展改革委牵头制定的《浙江舟山群岛新区发展规划》。在这个规划中，提出了通过三步走来提升舟山群岛新区对外开放层次的思路，也就是最终建立舟山自由贸易港的思路。第一步，加快建设舟山港综合保税区；第二步，探索建立舟山自由贸易园区；第三步，逐步研究建设舟山自由港区。这是在党中央、国务院批准的战略规划中第一次明确提出建设自贸区或自由港的概念与思路，而正是这个举措，直接催生了我国第一个自由贸易区的实际建设。上海从这个规划中得到了启示，认为上海建设自贸区探索试验最具实力和条件。上海积极向党中央、国务院请示并与有关部门密切沟通，终于在舟山群岛新区发展规划提出相关思路的 2013 年 9 月，国家批准在上海设立自由贸易试验区，我国第一个自贸试验区也由此诞生。

以此为起点，我国自贸试验区建设一步步向前推进。2013 年 9 月建立上海自由贸易试验区，2015 年上海自贸区进一步扩区，2019 年 5 月国家长三角区域一体化发展战略又部署建立上海自贸区临港新片区；2015 年 4 月在广东、天津、福建建立自由贸易试验区；2017 年 3 月在辽宁、浙江、河南、湖北、重庆、四川、陕西建立自由贸易试验区，自贸区建设扩展到中西部；2018 年 10 月国务院批复同意设立中国（海南）自由贸易试验区；2019 年 8 月批准山东、江苏、广西、河北、云南、黑龙江设立自由贸易试验区。今天，自贸试验区已涉及全国 18 个省级行政区，遍布东中西和东北四大板块，对沿海省份实现了全覆盖。

二、自贸区建设是推进我国提高开放水平的重要举措

设立自贸区的目的，就是通过自贸区试验，动态对标国际上最好做法，提高开放水平、推进改革创新，为最大限度地促进国家和区域生产力发展、实现经济行稳致远探寻适宜体制或有效路径。无论从逻辑上还是从实践上说，推进开放都是极为重要的。从逻辑上说，交易才能产生效益，范围越广的交易就越有利于搞活经济关系，越有利于充分利用和优化配置各种资源要素，从而能够实现更大的效益。从实践上看，中国自 2001 年年底“入世”以来，充分利用国际国内两种资源、两个市场，经济社会获得了长足的发展。所以，中国是经济全球化和多边贸易机制的坚定维护者和促进者，坚决反对单边主义、保护主义，并大力促进贸易和投资自由便利化。自贸区建设是推进我国提高开放水平的一个重要举措。党的十八大以来，我国深化对外开放合作、推动建立更高层次的开放型经济体系，形成全面开放新格局的探索，大体是从三个维度来展开的。

一是通过全面深化改革来推进全方位多层次的开放。改革不仅为深化开放创造条件，同时也是开放本身，是开放的具体措施或内容。因此，全面的改革就是全方位的开放。党的十八届三中全会通过《中共中央关于全面深化改革若干重大问题的决定》，对推进经济、政治、文化、社会、生态文明、国防和军队等的改革作出了“一揽子”部署。伴随这些改革，开放合作更加全面深入展开。从理念到操作，形成了一系列重大成果。其中包括，进一步提高扩大开放的战略地位，把开放作为新时代治国理政的新发展理念之一；重申中国开放的大门不仅不会关闭，而且只会越开越大；取消或降低了一大批行业和领域的外资准入门槛，原来在 WTO 谈判中坚守的一些界线和守则基本全面放开；实行“引进来”和“走出去”并重共举，不断引进外部资源和扩大外部市场；对照国际一流水平，全面优化营商环境，我国在世界银行相关排名的位次大幅提前。

二是以“一带一路”倡议为导引和依托，推进中国与世界各国深度合作，

在深化自身开放的同时推进全球开放发展。2013 年 9 月和 10 月，我国分别提出了建设“新丝绸之路经济带”和“二十一世纪海上丝绸之路”的合作倡议。“一带一路”建设的核心是共建共享，借助这个平台，中国积极发展与沿线国家的经济贸易和其他方面的合作，共同打造政治互信、经济融合、文化包容的利益共同体、命运共同体和责任共同体。几年来，着眼于实现“五通”，对接相关国家和地区的发展战略，按照“六廊六路多国多港”的路径推进“一带一路”建设，取得了一系列重大成果，目前已有 100 多个国家跟我国签订了战略合作协议，共同推进“一带一路”建设。“一带一路”倡议有载体、有实招、有形象，成为推动我国和世界开放的重要牵引和支撑。

三是通过自贸区等的建设，立足我国具体实际并对照国际先进做法，在重要领域和关键环节进行探索试验，为全面深化开放廓清方向、探索道路。不只是自贸区，还有其他一些类型的试验区、示范区，都承担起了先行先试的任务，其中主要的是在开放方面的先行先试。在国内外都具有重要影响的前海、横琴等合作区，还有上海浦东、天津滨海、重庆两江、广东南沙等新区，在开放方面都走在前列，起着示范和引领作用。在这些功能区进行重要改革开放事项的探索试验，不仅针对性更强效果更直观，而且可控可调。

所以，自贸区在新时代推进全方位对外开放中发挥着十分重要的作用，是我国整体开放战略的一个重要组成部分。不仅要积极建设，而且要高标准高质量建设，使之成为引领国家深化改革扩大开放的高地。

三、我国自贸区建设应把握的基本方向

近年来，我国各自由贸易试验区贯彻党中央决策部署，各项工作取得重大进展，一大批制度创新成果推广至全国，发挥了全面深化改革的试验田作用。但与国际上成熟的自贸区相比，还存在一些差距，比如，在有关自贸区的法治化方面、在资本的自由流动方面、在税收改革方面还需要进一步加强推进。总的来看，我国自贸区承载着特殊的使命，有着特定的要求和性质，既要遵循国

际自贸区的通行做法，又要从国情区情出发，体现自身的实际需要。当前和未来我国自贸区建设在方向上应该体现如下 10 个方面的要求。

第一，以世界最好做法为参照、以国际公认标准为遵循推进改革创新，建立适宜体制机制的载体。在建设进程中所实施的改革开放举措会逐渐逼近“最佳”这一底线。自贸区建设的核心在于体制机制建设，那么体制机制建设的目标是什么？我们不仅要从有利于生产力发展这一要求上考虑，还要把握探索试验这一特点，对体制机制本身有一个清晰的界定。通常的说法是“对标国际一流标准”，而在《长江三角洲区域一体化发展规划纲要》中有一个新的提法叫作“对标国际上公认的竞争力最强的自由贸易园区”，这个说法应该是比较科学的。从简洁的角度考虑，可以用“对标国际最好做法”作为参照。这个说法既体现了前沿性，也明确了导向，还具有很强的实用性，符合我国国情。在“底线”的具体界定上，通常强调四个方面的“自由便利”，即贸易、投资、资金和人员流动的自由和便利。体制机制建设要有利于这四个方面的“自由便利”。比如资金的自由便利就涉及一系列的金融开放创新，如人民币的跨境使用、资本项目可兑换、外汇管理体制改革、投融资汇兑便利化等都应以最为开放的程度来把握。当然，自由不等于无边界，对特殊领域、特殊商品和服务还是有控制的，譬如再自由也不能引进黄赌毒；自由不等于无约束，它是建立在科学完备的法律体系规范基础之上的；自由不等于不调控，必须相应建立起严格的风险管控机制。在讨论海南自贸区人才引进时，有一种意见认为应根据人员流动自由的原则把对国外人员的入境签证全部放开，这显然是有失偏颇的。自贸区或自贸港进什么人、怎么进，必须有标准、有程序。

第二，兼具各个领域内容、体现多种因素融合的功能区。应该说，世界上所有自贸区都是有国家或地区特色的，都是结合自身的经济基础、政治制度、贸易战略等的要求来开展建设的，因此它们之间各有区别。理论界把现有的自由贸易港（区）划分为 3 种类型：以传统物流集散和高效综合服务相结合为特点的欧洲枢纽转口型自由贸易港（区），如汉堡、鹿特丹、安特卫普等；以公共机构和私人公司主导“对外贸易区”为特点的美国企业管理型自由贸易港

（区）；还有以港城融合为基础，兼具转口贸易、出口加工及金融商业等多种功能的综合性自由贸易港（区），如中国香港、新加坡、迪拜等。这种划分也是基于特殊角度的，换另外一个角度，又可以进行新的划分。我国设立的18个自贸区，不仅在地域分布上不同，在试验内容上也各有侧重。但受现实基础、发展目标等因素的制约，实际上都带有综合的特点，囊括了众多的经济社会职能，可谓形式上各有侧重、实际上涉域全面。海南自贸区更是不同于一般，它不仅是一个自由贸易试验区，还是一个担负着经济社会发展全部职能的省级行政区。总体上看，中国的自贸区在很多方面不同于国外的自贸区，带有鲜明的自身印记，自然，其建设道路也会有所不同。

第三，改革试验和发展示范并重的先行区。自贸区无一例外承担着改革先行先试的功能并创造可复制可推广经验的任务。但所有的改革试验都应当紧扣发展需要、发展目标来进行，作为改革试验基地的自贸区同时也应是新的经济增长极和高质量发展的示范区。否则，这种先行先试就失去了价值，其具体的做法也不具备复制推广的前提。每一个试验区都有明确设定的运行目标，而最重要的无疑是两个方面：一是改革创新的高地，这包括体制创新、科技创新、管理创新等；二是引领高质量发展的典范和动源，或者说是发展的高地，在发展质量、速度、效益及可持续性上都应做表率。后者是试验区发展的最终目的，没有这一点，改革创新的成果也无法检验。

第四，韧性很强、可持续吐故纳新的创新基地。基于中华民族特有的奋斗精神和我国所处的体制转变、发展转型的特殊历史时期，创新动力会在自贸区这种当前最为开放的试验基地充分显现出来。因此，自贸区的实际创新不会止步于简单对标国际最好水平和跟进国际最新发展成果，还会依据自身需要进行一些不同于世界做法的创新创造，形成对自贸区建设的引领和先导。

第五，在差异化探索基础上互学互鉴的良好平台。由于地区分布的广泛性和试验内容的多样性，在试验目标大体一致的前提下，现有各个自贸区在试验的路径、步骤等方面既会体现出多样性和灵活性，又会体现出融合性和协调性。它们会在相互学习、相互借鉴中，一方面做强各自比较优势，另一方面推动整体发展提升。

第六，积极借鉴、大胆创新和压力测试、风险防范的统一体。开放与调控是辩证统一的。开放程度越高，带来的风险会越大，相应的对管控能力的要求也就越高。压力测试和风险防范不仅关系试验区的健康发展，也直接影响一些做法的推广价值。因此，自贸区的试验探索不仅要有改革的思路和创新的举措，也要有具体的测评体系和应对方案，对敏感行业和关键领域的探索更要做到难点认识心中有数、风险防控手中有招。

第七，体制创新高地而非全面减税让利型优惠政策的洼地。考虑到我国许多自贸区与行政区域在地理空间上重合的特性，除了最必要的方面如关税的特殊监管等外，对自贸区的政策支持应主要体现在赋予改革创新的先行权利上。把着力点放在各种税收的全面减免上并不是一种正确的或铁定的做法，所谓实行“三零”即“零关税”“零壁垒”“零补贴”也应从各自贸区的具体实际出发，不应当做统一或通行的标准。如果试验区成为各类税收减免的特殊地带，就会大大降低体制创新的价值和取得成效的分量，难以赢得社会公信力和说服力，这些做法也很难在面上复制与推广。

第八，博采众长和因地制宜的有机结合体。比照借鉴国际上最好做法推进创新是我国自贸区的一个基本选择，但这种比照借鉴必须是广采博纳、综合利用。如果把比照借鉴局限于少数地区和个别极端做法，不仅会自挡眼界，也会违背国情。当前比较流行的说法是，我国香港、新加坡和迪拜三地是世界自贸区或自贸港建设的最高水平，所以比照借鉴就是紧紧跟随这三个地方，否则自贸区或自贸港建设就没有达到应有的要求。这样的认识是不准确的，按此操作也不妥当。我们需要向这三地学习，但既不能依其原样复制，也不能一概排斥学习他人：一是这三个地方在制度上具有独特性，难以完全照搬照套；二是并非所有值得学习的内容都集中在这几个地方，国际上自贸区数量众多且各有所长，不能顾此失彼；三是并非所有方面的开放性和自由度都要比照这三个地方，有些方面需要适应国情区情做调整完善。

第九，其他各类功能区的重要补充和有益支撑。我国同一地区一般都设立有多种类型的试验区和示范区，在我国特殊的制度体系和管理构架下，这些不同类型的功能区往往是相互补充和相互支撑的，它们协调一致构成了区域性的创新体系和发展平台，结点成面一体推动着地区经济社会持续快速发展。回顾过去，各种类型的功能区都创造了许多独特做法，而这些做法又为其他功能区所借鉴运用。就已有的实践而言，自贸区的一些做法就来自其他类型的试验区。而作为开放程度最高、赋予先行权利最多的试验区，自贸区的一些做法又为其他功能区所借鉴。正是这种联动，推动了各种功能区的不断创新，也促进了地区的加快发展。

第十，独立运行与积极合作相结合的能动体。这不仅体现在宏观管理上，也体现在具体操作上。从宏观管理上说，中国自贸区建设是在国家统一部署和指导下开展的，虽然处于不同的地域、体现不同的试验主题，但从总体上说是有机关联和一体协调的，并不是一个个各自分割、互不往来的主体；从具体操作上看，各个试验区相互借鉴、相互支撑和相互促进，带来了所有自贸区的创新发展。在实践中，不仅各自独创的一些成功做法为对方所吸收运用，而且相互间还协调联动开展了一些探索试验。独创与协同的有机结合，不仅强化了创新的速度与力度，而且有效拓展了试验空间、大幅度降低了改革成本。同时还有利于在更大范围和不同环境下测试风险、观察效果。自贸区间的协调联动只有在中国的制度框架下才能做到，因而具有鲜明的中国特色。

“十四五”期间应推进深度城镇化进程

冯 奎*

【导语】“十四五”期间，城镇化应有新的历史担当。结合城镇化发展的现状与面临的问题，城镇化领域应在高质量推进农业转移人口市民化、高效率和科学配置土地资源、完善可持续的投融资机制、构建高效协同的治理体系等方面，实施系统的改革，推进深度城镇化进程，充分释放城镇化综合效应。

一、“十四五”城镇化应有新的历史担当

“十四五”是逐步形成以国内大循环为主体、国内国际双循环相互促进的新发展格局的关键时期。结合谋划“十四五”发展战略，我们认为“十四五”期间城镇化应有新的历史担当。总体而言，中国城镇化率只有60%，这其中还有2亿多进城人口没有城镇户籍；“十二五”以来谋划的19个城市群及近两年推动的30座都市圈处于培育发展阶段；我国城市建设短板很多，中小城市数量严重不足；等等。从需求的角度讲，城镇化的推进将扩大内需、加大投资，这是中国稳住“基本盘”的需要。从供给的角度来讲，全球经济衰退几成定局，需要将业已形成的庞大生产能力投向与城镇化相关的民生服务、基础设施建设等庞大领域。城镇化完全可以在国民经济创造内部大循环的过程中，发挥重大作用。

《国家新型城镇化规划（2014—2020）》针对城镇化改革面临的制度障碍，提出了重大改革方向，在实践中取得了明显的进展。2020年之后改革如何推进，就需要进一步形成城镇化改革的意义共识、问题共识、方向共识，通过优

* 冯奎，国家发改委城市和小城镇改革发展中心学术委秘书长、研究员，民盟中央经济委员会副主任。

化提升方法，持续增强改革合力，推进深度城镇化进程。

二、“十四五”城镇化的质量、效率与动力变革

质量变革、效率变革、动力变革这三大变革，涵盖国民经济各领域、各层面，是中国经济社会发展进阶的基本路径。“十四五”（2021—2025）期间，中国城镇化进入新阶段，需要紧紧围绕三大变革的目标、要求，加快提升城镇化质量。

一是质量变革。目前在城镇化问题上叠加的东西太多，回到本质上来讲，城镇化的核心就是农业转移人口市民化，这还包括一部分农业人口还要转移出来，也包括要解决好中国业已存在的“半城镇化”问题。城镇化高质量发展，不是城市基础设施建设得怎么样，而是要产生数量更多的新市民，形成素质更高的新市民队伍。这意味着城镇化不仅要强调“落户”这一个点上的动作，而且要强调市民化这一条主线。

截至 2019 年年底，中国户籍人口城镇化率为 44.38%，常住人口城镇化率达到 60.6%，这意味着中间有 16.22% 的差值，对应着 2.27 亿人口还没有做到真正意义上的落户，还不能享受基本的公共服务待遇，更谈不上成为新市民。考虑到还有 2 亿多现有农业转移人口的城镇化问题，那么未来实际上就需要推动 4 亿—5 亿人在城市落户成为新市民。这样做的意义在于：真正体现以人为本的执政理念；能够延长农业转移人口的劳动时间；能够扩大内需，拉动投资增长；发掘出中国经济长期增长的最大潜力，这也是中国成功迈向现代化的重要保证。

二是效率变革。效率变革需要破除制约效率提升的各种体制机制障碍，以既定的投入获取最大的产出。城镇化的过程，恰恰就是促进城乡要素流动的过程，流动的目的是实现城乡劳动力、土地、资本、技术、数据等要素实现市场化配置，实现低效率向高效率变革。

效率变革就要求必须加快城乡生产要素的市场化。城乡统一的建设用地

市场并未形成，农村集体经营性用地入市有所进展，但规模小，没有全面推开。大量的宅基地、公益性建设用地仍然处于低效率使用状态，甚至出现“撂荒”“闲置”。2019年年末，农村就业人口尚有3.32亿人，农民人均产出效率不足城市劳动力的10%。进城农民工45岁返乡现象仍很普遍。城市可持续发展的投融资机制没有形成，一些地方负债率较高、负债基数大。同时，资本下乡遇到瓶颈障碍，资金要素得不到充分使用。

三是动力变革。城镇化的动力正在发生重大变化，从产业角度来讲，是制造业带动向服务业带动转变；从城市角度来讲，是由小城镇和中小城市齐头并进向中心城市带动转变；从动力源头来讲，农业转移人口进城由追求收入水平向获得居住、就业、教育等一揽子公共服务转变，等等。在这其中，“十四五”期间，中心城市、都市圈和城市群等所构成的空间动力系统，正取代单一的城镇空间，成为高质量发展的新型动力系统。

都市圈和城市群发展依赖于传统的行政区经济，但又不同于行政区。行政手段解决行政区内部问题已经有丰富的经验，但行政手段并不完全适用于超越行政区边界范围的复杂空间、联系空间、流动空间的治理。新型经济空间的治理问题就成为动力变革面临的主要问题。对于新型经济空间来说，诸如治理主体、目标、内容、结构、机制等方面，都还不清晰、不健全、不完善。围绕如何提升中心城市和城市群的综合承载力，发挥其在城镇化中的动力作用，就必须围绕治理体系，实施一系列重大改革。

“十四五”期间城镇化需要实现质量变革、效率变革、动力变革，相应地需要采取一系列改革，主要包括：一是农业转移人口市民化全面推进的改革；二是城乡统一的建设用地市场取向的改革；三是城乡可持续的投融资制度的改革；四是中心城市和城市群治理的改革；等等。

三、高质量推进人口市民化

“十三五”期间，户籍人口城镇化率年均提高1.2个百分点以上，2019年年底城镇人口达到8.48亿，户籍人口城镇化率达到60.06%。2014—2018年共有9000万以上农业转移人口进城落户。农业转移人口市民化的主要进展包括：一是户籍制度改革全面落地。31个省（区、市）及新疆生产建设兵团已全部出台户籍制度改革方案或意见，除北京、上海外，基本已放开放宽落户限制，许多中小城市基本实现落户零门槛，农业转移人口市民化制度性通道全面打通。二是“人钱挂钩”“人地挂钩”以及农村“三权”维护和自愿有偿退出机制等市民化配套政策体系不断完善。三是城镇基本公共服务加快覆盖到常住人口。全国所有城市以居住证为载体的城镇基本公共服务提供机制基本建立，职业技能培训、义务教育、保障性住房等基本公共服务供给不断扩面提质。

农业转移人口市民化，已经取得了重要进展，“十四五”期间需要实现从量变到质变，必须把握住“高质量”的两个要点：一是农业转移人口市民化必须保持较高数量规模；二是必须确保农业转移人口所获得市民化权利的全面性、完整性。在此基础上，建议考虑如下改革：

第一，以负面清单的方式推动全面户籍改革。目前农业转移人口市民化政策，尤其是户籍政策，还是正面清单性质，即规定哪些城市可以放宽或放松。这样做主要是考虑到城市的承载力，同时也是为了积累管理经验。但这样做的各种弊端也很明显，不利于城市制定长期人口规划，不利于人口的充分流动。“十四五”期间，应考虑将正面清单性质的落户改革改为负面清单式改革。各省（自治区、直辖市）可自主提出核心功能区限制人口的空间范围，在此范围之外的城市及其郊区、新区、县区等全面放开落户限制。

第二，在城市群、都市圈开展户籍同城化改革。农业转移人口市民化以往的思路是分步走，大致是：第一步到2020年，实现1/3的农业转移人口落户，2/3根据相关条件享受相应的城镇基本公共服务；第二步到2030年，实现2/3的农业转移人口落户，城镇基本公共服务覆盖常住人口；第三步，到21世纪中叶，在实现中国梦的同时，彻底破除城乡二元体制，实现城乡一体化。这种做法时间拖得较长，城镇化效应不利于集中发挥，而且在操作性上不具体，没有较好地落实到具体的空间。建议压缩时间这条线，强化在空间上实施调节，加快农业转移人口市民化。农业转移人口的户籍同城化累计互认可在全国有条件的 30—40 个都市圈同步推开。为避免短时间内过多城市涌向中心城市的情况，可由各都市圈设定城市间同城化累计积分细则，比如规定不同等级规模城市年限换算时的折合系数。这会不会导致大量人口短时间涌向大城市？恰恰不会，因为城市群、都市圈同城化改革意味着在中小城市甚至小城镇居住年限的积累的有效性，这将起到分流作用。2020 年年初宁波与舟山户籍互认、待遇对等，这是非常好的尝试。

第三，以居住地登记制度为核心的一系列改革。建议在即将开展的第七次全国人口普查中，与换发新的身份证结合起来，使每一个普查到的人口都与其身份证吻合。最近发布的《中共中央国务院关于构建更加完善的要素市场化配置体制机制的意见》要求，“放开放宽除个别超大城市外的城市落户限制，试行以经常居住地登记户口制度”。这既是对户口制度的改革，也是对身份证制度的改革。原来的身份证是按户籍所在地登记的，而以经常居住地登记户口制度，意味着身份证可以按常住地的住址登记，不必再按户口所在地的住址登记。围绕身份证制度改革，需要推进国家基本公共服务制度建设，推动未落户常住人口逐步享有与户籍人口同等的城镇基本公共服务。运用信息化手段建设便捷高效的公共服务平台，加快养老保险全国统筹进度，完善基本医疗保险跨省异地就医费用直接结算制度，做好社会保险关系转移接续，促进人口流动。

第四，实施农民工中长期住房与就业制度改革。市民化属于央地共同事权。在国家层面，应针对农民工全生命周期，尤其是要研究两至三代农民工的市民化进程，据此制定中长期战略。战略的主要内容是从制度上低成本地帮助农民工成为新市民。一是住房制度改革，重点是抓紧完善市民住房保障体系，结合住房公积金改革，制定农民进城买房、住房专项贷款办法，促进多主体供给、多渠道保障、租购同权的住房制度，解决农业转移人口有房可住、有户可落的问题。二是建立农民工就业促进的制度。应考虑将农民工就业纳入就业统计范围，这是一项基础性制度。在市民化人口中，开展大规模的就业职业培训，建立职业技能认定。考虑将农民工的职业技能折合成为进城年限，此举既有吸引力，又能真正提升新市民素质，实现人口的社会性流动。

第五，制定农业转移人口市民化的激励相容政策。大城市吸纳农业转移人口市民化的动力不强，源自动力机制的政策设计。以广东为例，它虽然是我国财政收入总量排名第一的经济大省，但其人均财政支出水平却只能排在全国第20位左右，这说明经济转移支付制度调节后，广东省以人均财政支出水平衡量的政府公共服务能力，在全国只能排在20位之后。这在一定程度上说明了为什么吸纳外来人口较多的沿海发达省份和城市，没有动力让这样外来常住人口落户成为本地居民。国家要探索利用综合数据手段建立健全各城市城区常住人口等的统计制度，为政策制定提供支撑；同时通过信息发布，引导各类资源合理流动。实施按常住人口动态调节土地、资金等资源，落实“人地钱挂钩”配套政策，提高城市政府吸纳农业转移人口落户积极性。农民工总量的40%流向广东、浙江、江苏、四川和山东等地，应加大有关政策支持力度。

四、高效率和科学配置土地资源

土地制度改革牵一发而动全身，需要稳妥推进。过去5年，事关土地制度的改革，初步完成了两件基础性工作。一是通过试点积累了经验。2015年2月，全国人大常委会通过《关于授权国务院在北京市大兴区等33个试点县行政区域内暂停调整实施有关法律规定的决定》，在33个试点地区暂停实施《土地管理法》5个条款、《城市房地产管理法》1个条款。33个试点地区在党中央的坚强领导下，大胆探索，勇于创新，试点取得了明显成效。二是法律修订。2014年中办国办印发《关于农村土地征收、集体经营性建设用地入市、宅基地制度改革试点工作的意见》，对农村土地制度改革进行顶层设计。土地制度改革的内容与宪法、土地管理有关法律法规有一定冲突。深入推进土地制度改革，必须修法。2019年8月26日，十三届全国人大常委会第十二次会议审议通过《中华人民共和国土地管理法》修正案，决定自2020年1月1日起施行。这巩固了土地制度的成果，又为土地制度完善铺平了道路。

“十四五”城镇化要实现高质量发展，需要高效率、科学合理配置土地资源。土地资源配置影响到城镇化的主体、空间、产业等诸多方面。结合“十四五”高质量城镇化发展进一步要求土地资源高效率配置，应在以下方面加大改革力度。

第一，推进全国土地交易制度的改革。科学预测面向现代化情境下的人口流向，结合国家中心城市、城市群和都市圈建设发展的趋势，探索建立全国性的建设用地、补充耕地指标跨区域交易机制。土地制度改革已通过试点积累了经验，《土地管理法》的修订为进一步改革提供了法律支持，开展全国性的建设用地、补充耕地指标交易，政策上已无原则性障碍，各方都期待有更大的实践突破。如可以考虑成渝双城经济圈与长三角地区进行土地指标跨区域交易试点，这项改革是长江经济带“龙头”与“龙尾”的重要合作，有利于长江流域上、下游建立生态补偿机制，有利于探索区域协调合作发展机制。

第二，提高宅基地利用效率的改革。改革的目的是为农民进城增加财产性收入，主要改革方向有两个：一是允许农民集体妥善处理产权和补偿关系后，依法收回农民自愿退出的闲置宅基地，按照国土空间规划确定的经营性用途入市；二是宅基地集体所有权、农户资格权、宅基地及农房使用权“三权分置”之后，进一步探索适度放活宅基地和农民房屋使用权。

第三，集体用地建设租赁住房改革。此项改革的目的是逐步解决农民工住房问题。总结目前在北京、上海、成都等 13 个城市开展的集体用地建设租赁住房的试点，将这项试点在全国推广。推动集体建设用地建设租赁住房，为构建城乡统一的建设用地市场提供保障。未来应主要基于城镇化人口需求，由吸纳人口较多的省或国家中心城市自主确定集体用地建设租赁住房的范围。

第四，盘活集体存量建设用地的改革。目的是促进农业转移人口就近就地就业。深入推进建设用地整理，预留一定新增建设用地指标。充分运用市场机制盘活存量土地和低效用地，研究完善促进盘活存量建设用地的税费制度，为乡村振兴和城乡融合发展提供土地要素保障。

第五，土地要素分配机制的改革。城乡建设用地指标使用更多由省级政府负责，加强省级政府统筹协调，有利于完善土地利用计划管理，实施年度建设用地总量调控制度，增强土地管理灵活性，推动土地计划指标更加合理化。省级范围统筹，要兼顾行政区与经济区的联系与区别，注意城乡之间、区域之间、城市之间的均衡发展，注重用土地资源推动和引导大中小城市、小城镇、特色小镇与乡村发展，促进省域城镇化空间高效布局。

五、完善可持续的投融资机制

“十四五”期间，地方政府财政压力持续加大，主要表现有经济下行压力加大，尤其是新冠肺炎疫情带来的财政收入下降压力。减税降费政策力度加大，地方财政收入减少。房地产调控政策未见放松，土地出让收入偿债的缺口持续存在且有可能加大。

初步判断，“十四五”期间，如果主要依靠政府单一主体承担城镇化投融资成本，这种机制是完全不可持续的。完善可持续的投融资机制，在思路上应有重要改变：一是按中长期测算农民工市民化成本，制定分担机制。二是必须通过收益与成本的正向循环实现可持续投融资机制。推动这些迁移人口市民化，将会激发巨大的内需消费需求和促进人力资本提升。三是必须通过多主体参与来设计可持续投融资模式。城镇化产生的效应具有很强的外部性，在中心城市、城市群层面推进城镇化，需要国家与地方共同分担成本。为此，需要在可持续投融资模式设计上有较大的改革力度。

第一，在中长期投融资机制的框架下加大改革力度。“十四五”期间，国家应在全面宣布放开户籍制度之时，启动为期十五年左右的城镇化投融资框架设计，着眼于基本实现城镇化时人口的总量、分布、结构等特征，测算成本，并对基础设施、公共服务等予以按年度分担。由于劳动力要素具有强的外部性，因此农业转移人口市民化不仅仅是地方事权，而应列入央地共同事权，相应地中央财政应加大成本分担的支持力度。

第二，在国家中心城市等率先建立房地产税。目前中国城市财政的收入主要来源于增值税、营业税以及土地使用权出让收益，十八届三中全会提出要“完善地方税种”。对于加快房地产税立法，中国已错过以前较好时机。现在较好的时机就是中心城市和城市群放开落户。开征房地产税作为属地税，有助于使基础设施投入形成的房地产增值收益，以房地产税形式变为政府收入，从而为地方政府偿还债务提供稳定的来源，促进财务良性循环。可在除个别超大城市之外的特大城市开展这项改革，鼓励城市接纳新的移民，同时为新市民进入筹集资金。

第三，降低债务规模，特别是优化债务结构。立足于现代化强国建设，特别是中心城市、城市群的中长期项目，在项目建成后对地方经济和地方政府收入有外溢性，主要风险表现在现金流的长期性和债务期限不匹配、融资成本偏高。化解这类债务风险，一方面要采取有效措施，控制高负债地区的新增债务规模，从源头上控制新增政府性投资项目；另一方面，要通过地方政府债务置换优化债务结构，以低成本债务替换高成本存量债务，以长期债替换短期债。

第四，深入推动融资治理模式的改革。目前用于规范基础设施项目投资运作的投资、价格、财政、税收、金融、土地管理、国有资产管理等相关法律和政策文件，都是传统体制形成的，开发性 PPP、REITs 导入需要进行许多改革。PPP 改革重点是理顺政府与市场关系；严格甄别变相融资、兜底回报、明股实债等伪 PPP 项目；保护民营资本免受挤出等。基础设施 REIT 已开展试点，租赁住房也是最有可能突破的不动产领域，“十四五”城镇化领域应推动 REITs 在多领域扩展，包括促进长租公寓实现规模化扩张、促进养老地产快速形成专业化产业链、促进城市更新升级迭代、促进工业物流地产规模化网络化等。同时推进建立中国城镇化进程中的 REITs 模式，结合深化金融改革、构建多层次的资本市场体系等，发挥 REITs 对盘活存量、扩大投资的效果。

第五，落实主体功能区考核制度，提升生态价值。根据主体功能定位改革考核方式，优化考核内容，对于以生态保护为主的地区不再考核工业和 GDP。加快建立跨区域的自然资源补偿、交易机制，提高生态地区保护生态的积极性。落实生态文明建设的关键问题是要解决生态资源可度量、可核算问题，进而解决可货币化、可交易问题。

六、构建高效协同的治理体系

构建高效协同的治理体系，推动中心城市和城市群发展，具有多方面意义。一是基础性，二是迫切性，三是全局性，四是长期性。我国在构建高效率治理体系、促进中心城市和城市群发展方面已开展大量工作，同时还存在着治理主体不明确、目标不清晰、方法不完备、机制不健全等问题。“十四五”时期，构建高效率治理体系，推动中心城市、城市群发展，需要实施一系列改革。

第一，构建新型的央地治理结构。强化顶层设计，将国家战略落到实处。一是建立中央部门统领、地方省级政府参与的实施机制。二是研究借鉴发达经济体首都圈开发整治的法律法规，可研究考虑制定中国的《都市圈开发法》。三是在全国层面，加强若干都市圈和城市群的合作机制建设。例如成渝双城经济圈与长三角之间土地要素流动，就需要中央政府、成渝与长三角多个主体的协同协作。

第二，在中心城市与城市群开展要素市场化改革。中心城市的劳动力、土地、资本、技术、数据等要素密集，对于进一步推进要素市场化改革有现实基础、有强劲需求。“十四五”时期应立足于超大规模战略平台建设，选择有潜力、有动力、稳定性强的区域推进要素市场化的改革。当前有几项重点工作：一是货币、财政政策方面，以中心城市与城市群为重点，设计出长期或特别国债支持的重大基础设施等项目；二是土地制度改革力度加大，加大向中心城市和城市群倾斜；三是针对中心城市、城市群的实有常住人口，研究住房、医疗等资源配置等。

第三，以联合编制与实施规划为突破点开展改革。一是完善都市圈和城市群联合规划编制的程序，加强规划的权威性；二是推动区域建立规划协调机制；三是探索区域共享式的财税改革；四是设立区域联合发展基金（共同基金）；五是营造区域共同营商环境，清除壁垒；六是区域科技创新资源的协同共享机制；七是区域生态治理的联合行动。改革设计要有利于提高城市的能级，避免形成新的大城市病，优化特色功能在中小城市布局。

第四，探索新型空间数据治理的重大改革。将新基建与城市群、都市圈结合起来，综合运用卫星遥感等流域生态全息诊断和智能监测等现代高新技术，对城市群、都市圈的地理环境、自然资源、生态环境、人文景观、社会和经济状态等各种信息进行采集和数字化管理，深化 5G、物联网、大数据、云计算、人工智能等新技术在都市圈的应用力度。在此过程中，需要围绕数据治理、城市群治理实施一系列改革，加快构建跨区域的动态智慧感知体系、智联大数据体系、智能应用支撑体系、智慧应用体系，打造一批战略性、网络型基础设施建设的国家骨干工程。

第五，开展城市群发展指标的科学统计。一是将城市群统计列为国家统计内容。二是开展城市群分级分类管理。现有成熟型、成长型的分类并不科学，因为现有成熟型城市群并不就是成长型城市群的未来，有的小型城市群永远不可能变成长三角、珠三角。三是城市群内城市政绩考核，应兼顾城市群协作事务责任担当方面的表现。四是开展城市群重大专项试点。2014 年开始的国家新型城镇化试点只有城市和小城镇的试点，这种试点过于强化了城市之间的竞争，“十四五”期间，可在城市群、都市圈开展一批国家战略改革试点。

总的来说，“十四五”期间城镇化的改革发展，所面临的国内外背景都有了重大变化。应进一步提升城镇化在经济社会发展中的地位，更加明确地坚持城市化发展道路，将城镇化改革发展中的成熟做法上升到国家治理体系与治理能力的高度，为城镇化改革注入新的强大动能。

新发展阶段和“十四五”经济工作的主要任务

丁茂战*

【导语】2020年是全面建成小康社会和“十三五”规划收官之年，2021年将要开启全面建设社会主义现代化国家新征程、向第二个百年奋斗目标进军的“十四五”的新发展阶段。基于对以习近平同志为核心的党中央对当前国内外形势重大判断的理解把握，按照党的十九大的高质量发展的战略布局，本文为新发展阶段和“十四五”把脉问诊，提出了六大发展任务。

“十四五”时期是我国全面建成小康社会、实现第一个百年奋斗目标之后，乘势而上开启全面建设社会主义现代化国家新征程、向第二个百年奋斗目标进军的第一个五年。推动“十四五”时期经济社会发展，要按照习近平总书记提出的前瞻性思考、全局性谋划、战略性布局、整体性推进要求，统筹中华民族伟大复兴战略全局和世界百年未有之大变局，实现发展规模、速度、质量、结构、效益、安全相统一，为全面建设社会主义现代化国家开好局、起好步。

一、以供给侧结构性改革实现新供需均衡

供给侧结构性改革是习近平对中国经济学理论的开创性贡献，是我国经济发展大势和必然，是我国经济发展进入新时代、新发展阶段的经济工作的主线。

我国经济运行最大失衡是总供给与总需求的失衡。经济运行是动态的，均

* 丁茂战，北京大学经济学博士，曾任国家行政学院研究室主任、信息技术部主任，现任中共中央党校（国家行政学院）报刊社总编辑。

衡是暂时的，而失衡则是常态。我国经济存在诸多失衡，尤其是经过几十年发展的量变积累，产业结构、区域结构、城乡结构等都存在失衡问题。但是，这其中最大的失衡是总供给和总需求的失衡。改革开放前期，我国经济的供需结构中总体上需求大于供给，“热”是经济的常态，“降温”是宏观调控的主基调。经济运行有着自身的运行规律，在需求的强烈牵引下，经济运行中的总供给能力迅速提升，到一定时候甚至要超过总需求，我国经济也不例外。进入21世纪，我国经济供给端的生产能力急剧扩张，总供给大于总需求逐步成为常态。更为严峻的是总供给和总需求的错位发展，给我国经济健康平稳发展带来巨大挑战。随着生产力发展、老百姓收入水平提高尤其是4亿中产阶级的崛起，我国的总需求发生了革命性变革，安全、品牌、文化、质量逐步构成了新需求生态。供给往往具有滞后性，但在我国更严重。在总需求已经发生革命性变革的情况下，我国经济的总供给几乎还在原水平上踏步扩容，这就造成了中国经济总供给和总需求的严重失衡。这种失衡的具体表现就是中低端供给严重过剩，中高端供给严重不足，经济效率损失严重，可持续发展遭遇巨大障碍。2015年是我国经济发展进入新世纪以来特别是国际金融危机以来最难的一年。这是总供给与总需求严重失衡的必然结果。

供给侧结构性改革命题的提出。2015年，习近平总书记在中央财经领导小组第十一次会议上第一次提出了供给侧结构性改革这一命题和概念。在2015年年底的中央经济工作会议上，习近平总书记在论述如何做好新常态下经济工作时，提出要努力实现多方面工作重点转变，特别提出要更加注重供给侧结构性改革。习近平总书记指出，在“三期叠加”的大背景下，影响经济增长的突出问题有总量问题，但结构性问题更为突出。在2016年年底的中央经济工作会议上，习近平总书记进一步分析了结构性失衡问题，特别是实体经济结构性供需失衡。他指出，我国供给体系产能十分强大，但大多数只能满足中低端、低质量、低价格的需求，同投资和出口主导的需求结构是相匹配的。现在，消费结构加快升级，出口需求和投资需求相对下降，供给结构很不适应需求新变化。更深层的一个问题是，我国人口结构发生重大变化，老年人口比重上升，劳动年龄人口减少，中等收入群体扩大，但供给体系未能跟进，结果是一方面过剩，另一方面不足。

供给侧结构性改革是经济工作的主线。综合分析新发展阶段我国经济矛盾和问题的原因，虽然有周期性、总量性因素，但根源是重大结构性失衡。也正因如此，党中央及时作出了以供给侧结构性改革为主线的重大决策。在有效供给不能适应需求总量和结构变化的情况下，必须在适度扩大总需求和调整需求结构的同时，着力加强供给侧结构性改革，实现由低水平供需平衡向高水平供需平衡的跃升。习近平总书记特别强调，推进供给侧结构性改革，是适应和引领经济发展新常态的重大创新，是适应国际金融危机发生后综合国力竞争新形势的主动选择，是适应我国经济发展新常态的必然要求。党的十九大进一步把以供给侧结构性改革为主线上升为我国经济发展的长期指导方针，提出必须坚持质量第一、效益优先，以供给侧结构性改革为主线，推动经济发展质量变革、效率变革、动力变革，提高全要素生产率，着力加快建设实体经济、科技创新、现代金融、人力资源协同发展的产业体系，着力构建市场机制有效、微观主体有活力、宏观调控有度的经济体制，不断增强我国经济创新力和竞争力。

要把提高供给体系质量作为主攻方向。党的十九大指出，推进供给侧结构性改革，必须把发展经济的着力点放在实体经济上，把提高供给体系质量作为主攻方向，显著增强我国经济质量优势。在新发展阶段，仍然要抓好去产能、去库存、去杠杆、降成本、补短板工作，继续积极稳妥处置“僵尸企业”，持续帮助企业降低成本，努力化解房地产库存，特别是要加大扩大有效供给力度、坚决防范化解金融风险。深化供给侧结构性改革还要在破、立、降上下功夫，大力破除无效供给，大力培育新动能，大力降低实体经济成本，推进中国制造向中国创造转变、中国速度向中国质量转变、制造大国向制造强国转变。要更多采取改革的办法，更多运用市场化、法治化手段，在“巩固、增强、提升、畅通”八个字上下功夫，持续巩固“三去一降一补”成果，不断增强微观主体活力，加快提升产业链水平，努力畅通国民经济循环。

二、以畅通国民经济循环为主构建新发展格局

推动形成以国内大循环为主体、国内国际双循环相互促进的新发展格局，是习近平总书记根据我国发展阶段、环境、条件变化提出来的，这是重塑我国国际合作和竞争新优势的战略抉择。

自 2008 年国际金融危机以来，我国经济已经在向以国内大循环为主体转变。我国经济中的经常项目顺差同国内生产总值的比率由 2007 年的 9.9% 降至现在的不到 1%。2008—2019 年的 11 年里，除了 2012 年、2015 年、2017 年、2019 年之外，国内需求对经济增长的贡献率有 7 个年份超过 100%。近年来，随着外部环境和我国发展所具有的要素禀赋的变化，市场和资源两头在外的国际大循环动能明显减弱，而国内需潜力不断释放，国内大循环活力日益强劲，客观上有着此消彼长的态势。特别是这次全球性的新冠肺炎疫情，将给世界经济造成第二次世界大战以来程度最深的衰退，全球产业链将遭遇重创，经济循环的区域化、大国化将成为产业链重构的大趋势。中国是世界产业链最全的国家，推动形成国内大循环为主体、国内国际双循环相互促进的新发展格局，既是我国经济行稳致远的战略选择，也是创造我国经济在全球竞争中的新优势的重大机遇。

解决经济国内大循环的问题，很早就进入了以习近平同志为核心的党中央的视野。早在 2016 年年底的中央经济工作会议上，习近平总书记就指出，我国经济运行中实体经济结构、金融和实体经济、房地产和实体经济这三大结构性失衡导致经济循环不畅。后来，党中央又把“畅通国民经济循环”作为解决结构性失衡问题的重要抓手。突如其来的新冠肺炎疫情使得通过畅通国民经济循环来构建新发展格局显得更加迫切和重要。2020 年 5 月 14 日，中共中央政治局常委会首次提出构建“国内国际双循环相互促进的新发展格局”。在 5 月底召开的全国两会上，上述表述被进一步细化为“逐步形成以国内大循环为主、国内国际双循环相互促进的新发展格局”。在 7 月 30 日中央政治局会议上，习近平总书记指出，“我们遇到的很多问题是中长期的，必须从持久战的角度加以认

识，加快形成以国内大循环为主体、国内国际双循环相互促进的新发展格局”，原有表述中的“逐步形成”修改为“加快形成”。很明显，党中央已经把构建新的发展格局上升到新发展阶段的战略层面。

首先要畅通国民经济大循环。我国具有畅通国民经济大循环的强大优势。我国是仅次于美国的世界第二大经济体，我国还具有美国所不具备的突出优势，一是供给端实力强大，拥有世界上最完整、规模最大的工业供应体系，是全世界唯一拥有联合国产业分类中全部工业门类的国家。2019 年，我国制造业增加值接近 3.9 万亿美元，占全球的比重约为 28%，相当于世界排名第二到第四的美国、日本、德国之和。二是需求端的强大潜力，拥有 14 亿人口规模、超过 4 亿中产阶级群体，人民群众的生活正由温饱型小康向富裕型小康过渡，消费规模庞大、需求旺盛、增长迅速。同时，国内投资需求也还处在中高速发展阶段，无论是工业投资，还是基础设施建设、新型城镇化发展以及乡村振兴，都存在着巨大的增长空间。

畅通国民经济大循环要突出重点。要着力打通循环的梗阻和障碍，建立灵活、开放和具有内生成长能力的自循环系统。要保持经济可持续发展势头，不断提高人民群众的收入和生活水平，为循环提供良性发展的前提条件。要坚持供给侧结构性改革这个战略方向，抓住扩大内需这个战略基点，使生产、分配、流通、消费更多依托国内市场，提升供给体系对国内需求的适配性，形成需求牵引供给、供给创造需求的更高水平动态平衡。要打通产业和创新的循环梗阻，畅通产业链和创新链，着力提升产业链质量，特别是聚焦创新发展，解决受制于人的“卡脖子”技术问题。要进一步清除体制障碍，继续深化社会主义市场经济体制改革，充分发挥市场配置资源的决定性作用，让资本、土地、劳动力、技术等要素能够更加自由通畅地流动，特别是要为参与循环的市场主体提供公平、法治、低成本的市场环境。

实现国内国际相互促进的双循环。习近平总书记特别指出，新发展格局绝不是封闭的国内循环，而是开放的国内国际双循环。全球化建立在技术进步、劳动分工和比较优势的基础上，短期虽然遭遇了逆流，但全球化的大势不会改变，这是经济发展的内在规律决定的。改革开放以来尤其是加入WTO以来，我国经济取得这样大的发展成就，与参与全球的技术、资金、产品服务等的大循环密不可分，与参与国际产业分工、拥有相应比较优势密不可分。随着国际化进程加快和我国生产力水平的提升，我国参与国际大循环的优势将更加凸显，国际市场将为我国发展提供更加广阔的舞台，国际竞争将为我国持续进步提供强劲动能，全球市场仍然是供给端发力的重要领域，我国也将为全球经济发展做出更大的贡献。要顺应我国生产力进步和国际市场新情况，坚持双向开放、优势互补，确保进出口稳定和均衡增长，确保引资和对外投资稳定和均衡增长。要进一步拓展进出口、内外资通道，对标国际通行规则，建立低成本、可预期、法治化的双向开放渠道，形成国内国际优势互补、市场主体自主参与、内外市场互相配合的双循环格局。尤其要加快由被动遵守全球经济治理规则向主动参与全球经济治理的角色转变，争取与我国力量相当的话语权，为建立更加公正、开放的国际市场环境做出应有的贡献。

三、以科技创新催生新发展动能

创新是一个民族进步的灵魂，是一个国家兴旺发达的不竭动力，也是中华民族最深沉的民族禀赋。抓创新就是抓发展，谋创新就是谋未来。抓住了创新，就抓住了牵动经济社会发展全局的“牛鼻子”。实现高质量发展，必须实现依靠创新驱动的内涵型增长。

尽快突破关键核心技术。习近平总书记指出，我们更要大力提升自主创新能力，尽快突破关键核心技术。这是关系我国发展全局的重大问题，也是形成以国内大循环为主体的关键。新中国成立以来，我们充分发挥了制度优势，使我国科技发展几乎在零起步的约束条件下，实现了弯道跨越的发展，我们由长期跟跑到一些领域并跑和领跑，我国科技发展已经取得了巨大成就。但是，我们必须清醒地认识到我国科技发展现状，我国是科技大国，还不是科技强国，不少领域的核心技术受制于人的局面还没有改变。美国正在实施对华全面围堵战略，这其中最关键的是技术围堵。华为等部分企业因美国围堵而面临困难局面。其实，即使大国关系正常，核心技术也是买不来的。科技创新要突出聚焦关键技术、核心技术、被“卡脖子”的技术，围绕电子信息、先进制造、能源环境、生物、太空海洋等重点领域，充分发挥我国社会主义制度能够集中力量办大事的显著优势，研究制定可行的战略规划，部署一批新的国家重大科技项目，集中人力、物力、财力，打好关键核心技术攻坚战。

加快科技成果向现实生产力转化。我国科技发展的大国优势、人才优势、市场优势已经形成。以专利申请情况为例，2013 年我国境内有效发明专利 70.5 万件，2019 年达到了 186.2 万件。从国际专利申请数量看，2005 年，中、美、日分别是 2512 件、46858 件、24870 件，2019 年，我国已经达到 58990 件，排名世界第一。然而，由于在科技成果向市场、现实生产力转化上不顺畅，许多发明专利还留在实验室的库房里。要认真研究梗阻在哪里、梗阻存在的原因，拿出比鼓励发明创造更有效的举措，实现潜在生产力向现实生产力的转化。要依托我国超大规模市场和完备产业体系，创造有利于新技术快速大规模应用和迭代升级的独特优势，提升产业链水平，维护产业链安全。特别是要发挥企业在技术创新中的主体作用，使企业成为创新要素集成、科技成果转化的生力军，打造科技、教育、产业、金融紧密融合的创新体系。

继续夯实创新发展的基础。要继续增加科技创新投入。2019 年，我国研究与试验发展（R&D）经费投入强度已经达到 2.23%，但这个比例仍然低于美国、德国，更低于日本、韩国、以色列等国家。基础研究经费投入强度已经上升到 6%，但与世界主要创新国家平均 15% 至 20% 的占比差距明显。同时，要把有限经费用出效率，聚焦重点领域，发挥“种子”作用，调动社会资本参与创新。教育和基础研究是基础，是创新发展的源头活水。要加大对教育和基础研究的投入，优化大学和科研单位的结构，鼓励长期、大胆探索，为建设科技强国夯实基础。人才队伍是创新的关键资源。要大力培养和引进国际一流人才和科研团队，加大科研单位改革力度，最大限度调动科研人员的积极性，提高科技产出效率。开放是重要条件，要坚持开放创新，加强国际教育和科技交流合作。

四、以优化区域发展打造新空间布局

早在2013年年底的中央经济工作会议上，习近平总书记就指出，要继续深入实施区域发展总体战略，同时要根据我国发展阶段变化和改革开放新形势，完善并创新区域政策。

区域空间结构布局是经济结构的重要内容，调整、优化区域经济结构始终是释放发展动能的重要手段，也是我国改革开放以来行之有效的重要举措。尤其是我国国土空间广阔，东部和西部、南部和北部、沿海和内地、城镇和乡村等资源禀赋的差异比较大，发展的差距、经济的特色差异明显，不可能同质、同步发展。区域结构的动态非均衡是常态，通过调整和优化结构来释放发展动能也是常态。改革开放以来，我国区域经济发展布局，从沿海4个开放城市到14个开放城市，从东部向西部、南部向北部、沿海向内地梯度推进，并且通过培育区域发展极实现以点带面，最终形成西部开发、东北振兴、中部崛起、东部率先全覆盖区域战略部署，并在实践中取得明显成效。进入经济新发展阶段，许多区域政策已经到期甚至过期，必须做新一轮政策调整。

党的十八大以来，习近平总书记以强烈的历史担当和高超的驾驭本领，从新时代经济发展新要求和我国区域发展实际出发，亲自谋划和推动了新一轮区域空间结构的优化调整。2014年，习近平总书记相继提出了京津冀协同发展战略和长江经济带战略，党中央及时召开的新型城镇化工作会议，对新阶段的城镇化发展作出了新战略布局。2017年，党中央对乡村振兴战略进行了系统布局，习近平总书记还亲自谋划和推动了粤港澳大湾区城市群发展战略。2018年，习近平总书记又亲自主导制定了长三角区域一体化发展战略。最近，中央政治局又审议了“黄河流域生态保护和高质量发展规划纲要”。同时，党中央对东北振兴进行了再布局，结合脱贫攻坚对老少边穷地区加大了扶持力度。

按照发展新阶段要求统筹实施新一轮区域布局方案，要坚持高质量发展。粗放发展、外延扩张、不计成本的发展时代已经过去，在新发展阶段，无论产业发展还是环境提升，都要立足于做精、做细、做高。要聚焦补齐发展短板。

在新型城镇化实践中，要从发展“面子”向注重“里子”转变，从光鲜好看向更加注重人性化转变；在乡村振兴实践中，要聚焦向打造宜居环境、推进产业升级、提升公共服务水平转变；对于老少边穷地区，要坚决打赢脱贫攻坚战，建立长效脱贫机制，向增强自我造血能力转变。要着力打造区域龙头，形成几个能够带动全国高质量发展的新动力源，特别是京津冀、长三角、珠三角三大地区，以及一些重要城市群。在实施京津冀协同发展战略中，要突出彰显三地的功能定位，注重协同和错位发展，聚焦雄安新区、北京第二行政区等重点区域的发展；在实施长三角区域一体化战略中，要抓住“一体化”这个关键，发挥三省一市各自优势，打造以上海为龙头、创新为支撑、实体经济为基础的现代化先行区；在实施粤港澳大湾区城市群战略中，要强化深圳新兴创新型城市功能，优化港澳和深圳、广州的产业布局，形成港澳、广州、深圳和其他中等城市、县域城镇的协同发展的新格局。要加快打造产业和创新基础比较好的长江中游和上游城市群，着力发挥重点区域的雁阵效应，为全国发展提供重要的动能支撑。新发展阶段的区域发展蓝图已经绘就，要加强旨在推动落实的顶层设计，确保新的区域战略能够得到有序实施，不断取得实实在在的成效。

五、以深化改革激发新发展活力

加快形成以国内大循环为主体、国内国际双循环相互促进的新发展格局，是根据我国发展阶段、环境、条件变化作出的战略决策，是事关全局的系统性深层次变革。要继续用足用好改革这个关键一招，保持勇往直前、风雨无阻的战略定力，加快推进有利于提高资源配置效率的改革，有利于提高发展质量和效益的改革，有利于调动各方面积极性的改革，加强改革举措的系统集成、协同高效，打通淤点堵点，激发整体效应，围绕坚持和完善中国特色社会主义制度、推进国家治理体系和治理能力现代化，为构建新发展格局提供强大动力。

要深刻认识推进改革的艰巨性。我国的改革不是“休克疗法式”的，而是按照先易后难、先体制外做增量后体制内做减法渐进推进的，总体上遵循了

“帕累托改进”的路径，即任何一种改革举措的推出，都努力让某些人变得更好，而没有让任何人变得更坏。改革的过程总体上是一种利益格局调整的过程，不可能永远都是“皆大欢喜”。我国改革已经进入深水区、攻坚期，进入“非帕累托”式改革时期，甚至涉及一些敏感问题，改革艰巨性阻力明显增大。与此同时，改革也已由单兵推进向系统整合转变，这也加大了改革的难度。特别是经过40多年的改革，人们对改革的热情有所降低、迫切性有所减少、惰性有所增加。正如习近平总书记所指出的，必须拿出更大的勇气、更多的举措破除深层次体制机制障碍，坚持守正创新、开拓创新，坚持和完善中国特色社会主义制度，大胆探索自己未来发展之路，推进国家治理体系和治理能力现代化。

全面贯彻党中央关于深化改革的决策部署。党的十八大以来，以习近平同志为核心的党中央把深化改革作为推动新时代经济发展的根本动力，党的十八届三中全会对改革做了全面布局，习近平总书记亲自担任中央全面深化改革领导小组组长、中央全面深化改革委员会主任，地方各级党委都成立了相应的领导改革的决策机构，我国改革在有计划有步骤地持续推进。党的十九大以来，中央深化改革委已经召开十五次全面深化改革专题会。在改革推进过程中，坚持以经济体制改革为龙头，以钉钉子精神深入推进落实，社会主义市场经济体制不断完善，极大调动了亿万人民的积极性，极大促进了生产力发展，极大增强了党和国家的生机活力。前不久，党中央国务院又发布了《关于新时代加快完善社会主义市场经济体制的意见》，突出以完善产权制度和要素市场化配置为重点，对全面深化经济体制改革作了新的决策部署。现在的关键是要结合自身实际，制定完善配套政策措施，真抓实干、抓好落实。

要坚定不移继续完善基本经济制度。要围绕坚持和完善社会主义基本经济制度、使市场在资源配置中起决定性作用、更好发挥政府作用，抓住重点领域、治本方面，加快营造长期稳定可预期的制度环境。要突出推进国资国企改革。坚持有进有退、有所为有所不为，推动国有资本更多投向关系国计民生的重要领域和关系国家经济命脉、科技、国防、安全等领域，服务国家战略目标。加快组建国有资本运营公司。积极稳妥推进国有企业混合所有制和自然垄断行业改革，以股权多元化为方向，吸引民间资本参与国企混改，探索允许管理层及员工持股，尽快完成国资划转社保工作。

要聚焦打造一视同仁市场环境。横亘在民营企业面前的“玻璃门”“弹簧门”仍然存在，打造公平的市场环境任务艰巨。要重点破除各类障碍和隐性壁垒，营造平等使用资源要素、公开公平公正参与竞争、同等受到法律保护的市场环境。全面实施市场准入负面清单制度，完善支持非公有制经济进入一些垄断行业的实施细则，大幅放宽服务业领域市场准入，鼓励民营企业参与实施重大国家战略。健全支持中小企业发展制度机制。要深化资源要素价格机制改革。我国要素价格机制改革取得成就很大，但留下的问题也很多，部分要素离真正实现市场化配置还有很大差距，造成了严重效率损失，带来沉重补贴负担。比如土地资源，亟待建设系统的市场体系，土地交易的“招标、拍卖、挂牌”在很多地方仍然名不副实。再比如水电气煤等资源性要素，阶梯性的价格补贴制度，严重影响健康的市场生态建设。要加快建设统一开放、竞争有序的市场体系，真正实现要素价格市场决定、流动自主有序、配置高效公平。

六、以高水平对外开放打造国际合作和竞争新优势

改革开放 40 多年的实践启示我们：开放带来进步，封闭必然落后。我国经济持续快速发展的一个重要动力就是对外开放。中国的发展离不开世界，世界的繁荣也需要中国。国际经济联通和交往仍是世界经济发展的客观要求，对外开放仍然是我国的基本国策，要全面提高对外开放水平，推动形成全面开放新格局，打造国际合作和竞争新优势。要积极参与全球经济治理体系改革，推动完善更加公平合理的国际经济治理体系。

更加注重推进高水平双向开放。我国的开放条件已经发生深刻变化。过去是招商引资为主，现在是引进来和走出去并重；过去主要是扩大出口换取外汇，现在是市场、资源能源、投资都离不开国际市场；过去只是被动适应国际经贸规则，现在则要主动参与和影响全球经济治理。新发展阶段，我们要奉行互利

共赢的开放战略，坚持内外需协调、进出口平衡、引进来走出去并重、引资引技引智并举，完善服务贸易促进政策，加快发展文化、技术等服务贸易出口，巩固和扩大我国进出口规模、投资引资规模在全球份额中的比重。要放宽市场准入，全面实施准入前国民待遇加负面清单管理制度，保护外商在华合法权益特别是知识产权，允许更多领域实行独资经营。要适应新形势、把握新特点，推动由商品和要素流动型开放向规则等制度型开放转变，积极参与全球经济治理和公共产品供给，提高我国在全球治理中的制度性话语权。

着力打造开放合作新平台。加快实施自由贸易区战略。这是适应经济新发展阶段，全面深化改革、构建开放型经济新体制的必然选择，也是我国积极运筹对外关系、实现对外战略目标的重要手段。要发挥自由贸易区对贸易投资的促进作用，更好帮助我国企业开拓国际市场，为我国经济发展注入新动力、增添新活力、拓展新空间。把构建新发展格局同实施国家区域协调发展战略、建设自由贸易试验区等衔接起来，在有条件的区域率先探索形成新发展格局，打造改革开放新高地。要积极参与国际经贸规则制定、争取全球经济治理制度性权力。进一步完善顶层设计、谋划大棋局，逐步构筑起立足周边、辐射“一带一路”、面向全球的自由贸易区网络。

着力加快海南自由贸易港建设。海南是我国最大的经济特区，具有实施全面深化改革和试验最高水平开放政策的独特优势。建设海南自由贸易港是习近平总书记亲自谋划、亲自部署、亲自推动的改革开放重大举措，是党中央着眼国内国际两个大局，深入研究、统筹考虑、科学谋划作出的战略决策。要对标国际高水平经贸规则，聚焦贸易投资自由化便利化，建立与高水平自由贸易港相适应的政策制度体系，建设具有国际竞争力和影响力的海关监管特殊区域，将海南自由贸易港打造成为引领我国新时代对外开放的鲜明旗帜和重要开放门户。

扎实推进“一带一路”建设。2013 年秋，习近平总书记相继提出“丝绸之路经济带”和“21 世纪海上丝绸之路”的“一带一路”倡议。这是新发展阶段我国开放发展的重大战略抓手，是已经崛起的中国给世界奉献的战略性的公共产品，是中华民族伟大复兴的重大战略杠杆。要进一步完善顶层设计，实现与国内外、海内外重要区域战略的对接，打造一体化的物质、能源、资金、文化、信息合作交流平台，重点布局沿线沿路发展带，集中建设一批互惠互利、标志性的重大项目。

坚定不移推动共建人类命运共同体。面对多极化发展大势，特别是我国的崛起，美国霸权主义嘴脸暴露无遗，人类公平正义事业受到严重挑战。“正义可能迟到，但永远不会缺席。”每个国家每个人的心中都有一杆秤。我们要坚定不移地站在历史正确的一边，坚持多边主义和国际关系民主化，以开放、合作、共赢的胸怀谋划发展，坚定不移推动经济全球化朝着开放、包容、普惠、平衡、共赢的方向发展，推动建设开放型世界经济。当前，在推进对外开放中，凡是愿意同我们合作的国家、地区和企业，包括美国的州、地方和企业，我们都要积极开展合作，形成全方位、多层次、多元化的开放合作格局，同各方一道打造国际合作新平台，为世界共同发展增添新动力、注入正能量。

“十四五”推进旅游新业态高质量融合发展的建议

王　露　许元荣　郑妮娅*

【导语】“十三五”以来，我国旅游业融合发展新业态焕发活力。“旅游＋科技”深度融合，数字化、网络化、智能化转型涌现出在线云游、VR旅行等新模式；“旅游＋文化”迈向新阶段，IP成为文旅产品核心竞争力；“旅游＋健康”持续深入，康养旅游、体育旅游、田园旅游成为休闲消费升级新热点。即将进入“十四五”发展新时期，为更好促进疫后旅游消费潜力的恢复和释放，推动旅游新业态高质量融合发展，建议围绕加强创新激励、提升供给质量、扩大对欠发达地区辐射带动、完善政策支持、解决人才瓶颈等方面，加强谋划布局，培育旅游新业态蓬勃发展的强大势能，满足人民群众对美好生活的更高需要。

一、旅游新业态呈现五个主要趋势

（一）旅游业全面拥抱互联网，线上化、数据化、智能化推动旅游业转型和高质量发展。近年来旅游业企业从内容、数据、运营等方面全面建设“线上资产”，通过大数据等新技术手段为消费者提供更高品质服务。

一是在线旅游市场交易规模不断扩大。围绕信息查询、产品预订和服务评价，近年来旅游服务供应商、搜索引擎、电信运营商、旅游咨询、旅游网络社区平台等在线旅游新产业越来越活跃。2018年中国在线旅游市场交易规模突破1.48万亿元，同比增长26.3%，在线旅行社市场收入485亿元。在线度假市场

* 王露，中国行政体制改革研究会常务副秘书长；许元荣，新华社瞭望智库副总裁；郑妮娅，新华社瞭望智库研究员。

前景广阔，预计未来几年增长率将保持在25%以上。

二是传统旅行社网络化运行与在线服务商渠道下沉同时加速，线上线下融合发展成效凸显。一方面，传统旅行社加速网络化建设，如中青旅遨游线上订单占比超过50%，众信旅游线上订单占比超过20%；另一方面，大型在线旅行代理商在低线城市加大线下门店布局，融合发展使线上流量获取和线下转化衔接效率越来越高。

三是加速应用大数据等技术提升旅游业智能化水平。如马蜂窝推出“北极星旅游大数据服务系统”面向全球合作伙伴推出产业化应用。通过消费者在行前、行中和行后的阅读、分享、评论、购买等行为数据，对各大旅游目的地、景区景点等旅游经营主体进行综合评价，对其内容资产规模、内容传播强度、互动活跃度、口碑舆论态度、实时交易热度等进行综合评分，帮助平台商家提升线上运营能力，提供智慧营销方案，实现线上资产的可积累、可衡量和可增值。

（二）在线旅游迅速进入大众视野，目的地直播化、短视频化推广渐成主流。一方面，以5G为代表的新型基础设施建设迅速发展，我国手机网络用户数量已经达到8.54亿，用户对于旅行资讯需求不断升级，视频化旅游攻略正在成为年轻人的新刚需。另一方面，直播化旅游是旅游产品营销的升级，头部在线旅游企业均在积极尝试。尤其是疫情期间旅游市场全面收缩，旅游直播给在线旅游注入新活力。旅游主播、OTA（Online Travel Agency，在线旅行社）、传统旅行社、各大景区，都加码直播寻找疫情期间旅游行业新路径。视频化旅游内容推广影响力越来越大，重庆洪崖洞的夜景、西安大唐不夜城的“不倒翁”小姐姐，一段视频带火一个景点甚至一座城市的案例越来越多。直播旅游加速进入人们视野，通过在线直播与“远方”真实互动越来越普遍。

例如淘宝平台的飞猪，上线“宅家旅行计划”，上千旅行商家和遍布全球的“旅行达人”为每天用户带来超过100场全球直播，2019年全年直播场次近3万场，并创下单场观看人次超600万的纪录。

马蜂窝近年推出“云旅游”平台，将以往的图文、问答、攻略变成视频和直播与消费者深度互动，出现“云求签”“云赏樱”等在线旅行模式，深受年轻人喜爱。

抖音携手中国国家博物馆、敦煌研究院、南京博物院等九大国家一级博物馆，上线“在家云游博物馆”活动，累计播放量约3000万次，其中热门直播——中国国家博物馆的“回归之路——新中国成立70周年流失文物回归成果展”点赞量达到18.2万次。

未来，旅游业个体化网络化传播模式将不断成为主流，直播和短视频将不断扩展旅行体验的内涵，成为人们旅游体验的重要组成部分。

（三）数字文化IP赋能传统旅游资源，文化与旅游融合迈向新阶段。文旅融合从以往的“文化资源旅游化”迈向“数字文化IP线下场景化”。长视频、短视频、直播、社交媒体、手机动漫、移动游戏、手机音乐、网络文学等数字文化新业态产生强大的IP构建能力、内容生产与传播能力、网红商业化能力和消费带动能力推动文旅进一步融合。

一是“造形象”与“造场景”并行。如陕西历史博物馆打造代言人“唐妞”，以唐朝仕女俑为原型设计，糅合西安十三朝古都的历史文化；华强方特以国产人气IP“熊出没”经典动漫人物打造“熊出没乐园”等主题公园；欢乐谷引进国产动漫“饼干警长”和国产人气游戏《第5人格》，打造相应主题游乐区。

二是“影游联动”，一部剧带火一个景点。如《长安十二时辰》口碑好、流量大，其拍摄地“象山唐城”因此火爆，剧迷纷纷前来打卡。《盗墓笔记》中提及“长白山十年之约”，让传统景点长白山借机更加火爆。

三是数字文化新业态与全域旅游紧密结合。如云南省与腾讯数字IP全面对接，将腾讯旗下社交、手机动漫、移动游戏、手机音乐等各种IP深度嵌入在云南全省各地旅游产品中，合作打造“一部手机游云南”项目，为游客提供数字+文化+互动的全方位、立体化、沉浸式、交互性的深度体验服务。未来，强大的IP构建能力和内容生产与传播能力将成为旅游企业关键竞争力所在。

（四）生态康养旅游不断成为热点，“休闲旅游”向“健康旅居”转变。世界卫生组织预测至2020年，医疗健康相关服务业将成为全球最大产业，观光休闲旅游相关服务次之，两者结合将占全球GDP的22%。近五年来全球健康旅游增长率为9.9%，是世界旅游业增速的两倍。从国内来看，2016—2020年，我国康养旅游的市场规模呈现快速增长的态势，年复合增长率有望达到20%，2020年市场规模将达1000亿元左右。国内康养旅游不断创新，具体表现为：

一是各地逐步形成地理区域特征明显的康养产业优势。《2018年中国康养产业发展报告》按照康养发展水平、自然环境和资源设施将全国分为七大片区：华南地区拥有广阔的热带海域、海洋景观和资源，其滨海康养、海岛康养、“候鸟式”康养别具一格；华东地区在专业康养机构数量、规模、服务方面全国领先，重点培育知名康养龙头品牌；西南地区拥有森林、山地、江河等观光资源，发展出四川的“森林康养”、云南的“中医药康养”等特色产业；华中地区依托大健康产业优势发展智慧养老，加速移动互联网、大数据等技术在健康产业上的应用；东北地区依托独特的森林和气候资源，打造季节性旅居康养产业；华北地区大健康高端技术处于前沿，康养产业集群明显；西北地区开发潜质大，“沙疗小镇”“高山疗养”等项目极具特色。

二是康养需求人群不断扩展。康养旅游从以老龄人为主要消费群体逐步向全年龄阶段扩展。如15%的患病人口和70%的“亚健康群体”，对健康旅游需求越来越大；“新中产群体”预计2020年将占人口比例30%，他们追求高品质的健康生活，健康意识与消费意愿强烈。

（五）“科技+旅游”成为角力场，“沉浸式”旅游新科技不断颠覆传统景区旅游体验。以增强现实、虚拟现实、人工智能、全息技术等为代表的新技术不断产生更深层次的应用，智慧景区开始涌现。

一是线上导览。通过搜索引擎专区入口或智能小程序入口，以AR全景图片、视频形式将景区场景体验前置，带领用户身临其境领略景区风光和特色文化，如驴迹科技的语音导览系统。当前语音导览已经从以往的固定内容录播，发展到原创声音内容创作平台，如“高德景区随身听”，无论是专业导游、知名主播还是资深民间旅行达人，都可以上传自己对某个旅游目的地的点评和介绍，给游客带来深度多元的旅行体验。

二是古迹复原，将计算机视觉技术与AR、VR技术融合，应用于文化遗址的复建、大场景重构等。例如VR技术复原古迹时，还可以加入古代人物言行举止等动画功能，让虚拟场景具有交互性和真实性。如VR复原圆明园被毁灭之前的场景，游客不仅可以看到复原之后圆明园白天黑夜的不同景色，还可以扮演皇帝角色、体验互动游戏。

三是场地AR步行导航，如百度地图，将视觉定位与增强服务融入地图场景，为用户提供园区和室内场景实时步行导航，拿着手机就能实现自助游览不迷路。

四是线下互动，将场景感知、人脸人体特效、AR交互等融入景区环境，提供兼具娱乐性与交互性的AR游戏互动方案，如动植物介绍、AR合拍、大屏打太极等。据中国旅游研究院预测，未来80%的游客希望在安排出游前，通过VR等技术体验后再做出决定。VR/AR技术将成为旅游景区、购物中心、博物馆、主题公园的基本配置，全景摄像头、无人机、无人视觉艇等将不断颠覆传统景区观赏体验及人们的娱乐方式。

二、旅游新业态高质量发展面临的主要问题

（一）旅游新业态下沉不足，对欠发达地区带动作用尚未充分发挥。长期以来中西部地区旅游业增长依赖国家战略和政策支持，新业态对旅游带动作用尚未充分显现。

例如，2014—2018年西藏、甘肃、新疆的“一带一路”倡议辐射区旅游接待量均有23%的增长，受辐射较小的内蒙古、宁夏等地增长率在13%以下。近年来中西部地区互联网旅游新业态带动的部分增量，主要以重庆、成都、西安等利用短视频社交平台走红的城市为主。然而，拥有独特自然和人文旅游资源的中西部偏远地区尚未充分发展旅游新业态。如线上推广、智慧营销、在线旅游等，由于互联网基础设施不足、旅游业互联网意识不够、信息技术应用水平低、地方政府互联网思维不足、支持力度不足等原因，下沉地区未能充分应用。除旅游新业态，与东部地区相比，中西部地区在旅游交通、集散中心、旅

游标识系统等传统旅游基础设施建设上依然差距明显。

又如康养旅游新业态，基础设施是地区发展康养旅游的基本条件。然而具备康养生态资源的地方普遍地处偏远，公路与铁路建设相对落后，医疗条件与医疗设施、商业等配套不足，出行成本、物流成本、消费成本高，影响康养旅游质量，降低消费满意度，尚未得到充分发展。如广西、贵州的一些地区人均寿命较长，康养资源丰富，自然环境优美，但由于贫困、基础设施不足，无法满足康养群体的消费需求，难以进一步发展。

（二）文旅 IP 刚起步，各梯队 IP 在数量、质量、价值、模式上尚不成熟。IP 是近年来文旅行业最热门的关键词，指具有一定影响力和品牌形象的知识产权，可以是角色、形象、动漫、文学、游戏、故事、综艺、艺术节、表情包、文物古迹等，通过打造原创 IP 来提升文旅企业核心竞争力已经成为行业共识。但我国文旅 IP 仍然处在粗放竞争阶段，一方面 IP 同质化严重，缺少内涵，主题不明，重复建设，模仿和山寨仍然存在；另一方面 IP 变现结构单一，运营粗放，衍生品开发不足。

一是“超级 IP”转化为文旅价值呈现粗放态势。以故宫为例，作为传统文化的“超级大 IP”，近年来拥抱互联网让传统文化重新焕发生机，但 IP 开发混乱现象逐渐暴露。如故宫彩妆系列因质量问题遭受消费者“抗议”，导致其化妆品全线停产；故宫娃娃“俏格格”被消费者质疑侵权日本某著名娃娃形象，被全国停售召回；故宫灯光秀设计质量不高，被游客吐槽为“灯光秧歌”。IP 开发乱象让拥有深厚文化传统的“超级 IP”未能全面展现其价值。

二是国内领先文旅企业 IP 缺少优质内容支撑，不温不火，尚无现象级企业出现。以主题公园为例，除“熊出没”以外其他 IP 很少能够持续火爆。长隆公园、海昌公园的自有 IP，虽然已有形象设计，但存在感不足、辨识度不高，尚不能成为真正意义的 IP。

三是多数景区不具备打造 IP 的实力与条件。国际咨询公司 AECOM 数据显示，目前国内 53% 的主题公园“无主题”，导致项目严重同质化、规划混乱、业态单一。企业缺少把抽象文化提炼与转化成具象 IP 的能力，造成了有文化但无 IP 的局面，传统文化 IP 无具体确定形象、辨识度不够、商业运作能力不足。在 IP 投入大、周期长的情况下，各中小景区、地域性景区纷纷盲目开发 IP 形象，简单的“形象贴牌”效果不大、费时费力，还被游客“吐槽”。

四是本土成功 IP 数量不足，文创产品市场需求大、供给少。国内本土成功 IP 少，许多国内文旅企业引进国外 IP，例如如家酒店引进“龙珠”IP 打造主题房间吸引粉丝。IP 衍生品严重同质化、低端化、地摊化，品质低劣、缺乏创意。另一方面，大量文创研发力量没有充分和市场对接，造成需求与供给错配。从需求方看，游客购买欲和购买力充分，市场潜力巨大。但是国内旅游景区对文创产品开发理解停留在过去，看不到 IP 无形资产的价值，认为“设计一个娃娃为什么要这么贵”，导致 IP 投入有限，限制后续开发。

（三）旅游新业态各层次人才缺口大。当前我国旅游业转型升级，旅游新业态迅速发展，邮轮旅游、会展旅游、康养旅游等新业态，需要电子商务、网络运营、娱乐管理、IP 设计、综合旅游景区管理等高素质人才，但旅游新业态各层人才面临质量不高和数量短缺局面。

例如康养旅游新业态技能型人才短缺。根据世界卫生组织标准，每 100 个 60 岁以上的老人应配备 2 到 3 位护理人员，我国 2.5 亿老年人则需要 500 万护理人员，目前全国正规培训出来的养老护理人员不到 100 万人。健康管理师从业人员仅 10 万人，未来健康管理师需求将超过 200 万人。对比日本，每 300 人就拥有一名健康管理师，健康管理师的数量是临床医师的 2.4 倍。此外，由于康养旅游大多地处偏远，企业设立在县级，工资水平不高，生活配套措施跟不上，信息相对闭塞，在人才集聚方面处于弱势地位，难以留住高层次复合型人才。企业反映缺少在保健、养老、养生、医疗、运动休闲、旅游、战略管理、市场营销方面的高层次康养经营、管理、规划、营销人才。

又如文创旅游设计类人才短缺，当前我国主题公园设计产业中，欧美规划设计公司约占八九成。旅游规划师缺少文创设计背景，旅游文创设计师需要具备传统文化、民俗、人文、社会学、心理学、营销市场等多方面的综合能力，以理工科出身为主的景区规划师难以适应当前文旅深度融合的旅游需求，缺少精通“形象设计”“主题设计”“体验设计”“故事设计”的优质文创人才。

（四）康养旅游需求持续旺盛、产业潜力巨大，但有效供给不足、质量不高。在国民健康需求不断增强与老龄化社会加速来临的背景下，康养旅游供需错配开始凸显，主要体现为以下五对主要矛盾：

一是康养产业需求远超供给。社科院发布的《中国康养产业发展报告（2017）》指出，预计2030年中国老年康养产业市场消费需求将达到20万亿元左右。全国老龄办数据显示，中国老年产业规模到2020年和2030年将分别达到8万亿元和22万亿元，对GDP拉动分别达到6%和8%。当前我国老年康养产业市场消费需求在5万亿元以上，但根据不完全测算，我国每年为老年人康养生活提供的产品在仅5000亿—7000亿元。

二是人均健康支出和老龄人口出行比例双低，老年生活的健康与休闲指数有待提升。世卫组织数据显示，我国人均健康支出不到美国的5%，为全球人均健康支出的20%。2016年我国老年出游人数占全国出游总人数的35%，与发达国家65%的“银发出游热”仍有差距。此外，我国康养旅游业消费占比过低。当前康养旅游消费仅占旅游总消费的1%，大量潜在需求有待满足。

三是供给质量不高，尚不能达到“健康、养生、养心、休闲、旅游”的要求。康养旅游服务只重视院落环境、房间配套、餐饮伙食、娱乐健身等基本需求层面，缺少个性护理、医疗精细化等高端服务，产业层次较低，服务内容单一，未形成规模效益。

四是康养产业落地面临土地、医保等政策瓶颈。如在用地指标上，受林地、耕地红线等限制，康养产业用地批准面临困难。又如异地医保无法打通，为康养游客带来顾虑。

五是康养产业有未热先乱趋势，无序开发难以实现可持续发展。根据《中国康养产业发展报告（2018）》，各地政府不断出台促进康养产业发展的战略和优惠政策，许多政策和项目没有经过深入论证便急于上马，一些项目以“抢占资源、进场非法圈地”为目的，一些企业借项目包装套取财政资金，还有企业以“康养”之名进入风景名胜区、自然保护区等。

三、关于推进旅游新业态高质量融合发展的建议

第一，加速旅游新老业态融合发展，构建立体式旅游供给产业链。立体式旅游供给产业链要求产业融合、加强综合管理、实施系统营销，不断提升旅游业现代化、集约化、品质化、国际化水平，更好地满足旅游者的消费需求。

一是跨要素融合。拓宽旅游要素的“外延”，将“商、养、学、闲、情、奇”的新旅游理念与原有的“吃、住、行、游、购、娱”要素进行跨界融合，打造融合型旅游新产品，重点包括文化体验游、乡村民宿游、休闲度假游、生态和谐游、城市购物游、工业遗产游、研学知识游、红色教育游、康养体育游、邮轮游艇游、自驾游等。

二是跨产业融合。如旅游业与农林水利业融合，打造田园艺术景观、阳台农艺等创意农业旅游，鼓励发展具备旅游功能的定制农业、会展农业、众筹农业、家庭农场、家庭牧场等新型农业业态；旅游与体育产业融合，打造冰雪运动、山地户外运动、水上运动、汽车摩托车运动、航空运动、健身气功养生等体育旅游，将城市大型商场、有条件景区、开发区闲置空间、体育场馆、运动休闲特色小镇、连片美丽乡村打造成体育旅游综合体。

三是跨时间融合。以“全时四季”理念突破旅游季节性的限制，使淡季不淡、旺季更旺。如工作日旅游，聚焦研学旅行、老年旅游、会奖旅游。又如夜间旅游，通过夜间造景、民俗节庆、商街夜市和旅游演艺等方式，提升夜间旅游吸引力。

四是跨区域融合。以全域旅游为抓手，从景点门票经济向全域景观化、生活化转变，从景点推广向城市推广转变，让旅游区、度假区、居住区交错相融，实现旅游目的地资源、产业、市场、环境、营销、环境的全域统筹。

第二，实施“文旅融合IP工程”激发融合新动能。2019年浙江省文化和旅游厅印发《关于加快推进文旅融合IP工程建设的实施意见》，提出“宜融则融、能融尽融，以文促旅、以旅彰文”的总体思路、浙江力争到2022年，全省文旅融合产品专利、商标、版权注册申请总量位居全国前列；全省文旅融合IP

原创衍生产品生产销售规模位居全国前列。可借鉴浙江省经验，将文旅融合IP工程建设作为推动文旅产业高质量融合发展的重要手段。

一是摸清IP资源基本底数。开展对现有文旅融合IP项目的基础调查，从项目的识别性、可塑性、稳定性、感染力、影响力、价值观等方面做好项目评估工作，进行分类建档。

二是开展文旅融合IP示范项目。在主要文化旅游目的地、全域旅游示范区、特色小镇等项目中，培育并认定一批发展意识较强、综合带动力大、市场前景好、消费者评价高的文旅融合IP作为示范项目，建立文旅融合IP“创建级”和“示范级”等梯队，分别给予政策支持。

三是构建评价体系。以主题性、形象性、独特性、引爆性、创新性、系统性等要素为主要指标制定文旅融合IP的挖掘、开发、利用、保护、评价体系。

第三，医疗和土地政策保障康养产业新业态健康发展。养老需求急剧增加与供给严重不足，让社会力量参与养老服务成为必然，亟待解决康养产业发展过程中政策法规落实滞后问题。

一是推进医疗机构跨省异地就医平台建设。简化流程，加快并网，实现跨省市异地就医即时结算，为跨区域康养游客提供便捷、高效的医疗、保险等服务。

二是实施康养产业用地灵活保障政策。做好康养产业发展与土地利用总体规划、城乡规划的协调联动，对列入康养产业发展规划的重点园区和重大项目，在用地指标上充分用活“土地承包经营权流转”，“农村集体经营性建设用地”，宅基地所有权、资格权、使用权“三权分置”等政策。如北京“共享农庄”模式，集体土地建设租赁住房，宅基地所有权仍归农民所有，将农村闲置住房进行个性化改造，形成“一房一院一地”，并根据需求改造为市民田园生活、度假养生、文化创意产业等多种模式，通过互联网平台与城市租赁住房需求对接，政府、集体经济组织、农户以及城市消费者实现“四赢”。又如温州“近林不进林”模式，既可以依托森林旅游地的优质生态资源，又不占用建设用地指标，通过地方政府规划配合，把建设项目布置在外围的村镇建设用地上。

第四，充分发挥旅游新业态带动作用，助力脱贫地区巩固小康成果。旅游扶贫是产业扶贫的重要抓手，是农民就业增收、农村经济发展的中坚力量。特别是疫情期间出入境游仍然受阻，消费者将目的地转向国内，城郊度假和乡村旅游的重要性将进一步凸显，亟待抓住契机，充分发挥旅游新业态助力脱贫。

一是引导偏远闭塞但景色优美的乡村地区发展康养旅游、田园旅游等旅游新业态，促进大健康、旅游产业聚集，解决贫困村民就业，实现农业增效、农村增美、农民增富。

二是在中西部旅游资源丰富地区，探索建立政府搭台、企业主导、线上线下融合、游客参与互动的全方位推广宣传模式，充分运用互联网直播、短视频、在线旅行企业，创新文旅品牌推广。鼓励成立专业化的文化旅游形象营销机构，更好发挥各地区旅游推广联盟、行业协会和新媒体作用。

三是着力提升欠发达地区互联网软硬件基础。加大政府对欠发达地区信息通讯基础设施建设投入，构建覆盖贫困地区的宽带网络，缩小城乡间“数字鸿沟”。此外，加强乡村互联网人才培养，针对不同类型主题和应用，开展专题性、系统性应用培训。鼓励电商平台、在线旅行商进驻农村开展培训工作。

2020年后中国减贫战略重点

蒲　实*

【导语】新中国成立以来，历届党中央、国务院高度重视扶贫减贫工作，在贫困治理道路上实现了三次历史性飞跃，特别是党的十八大以来，以习近平同志为核心的党中央带领全国各族人民创造了我国减贫史上最好成绩，谱写了人类反贫困历史新篇章，为全球扶贫减贫事业贡献了中国智慧和中国方案，赢得了社会各界普遍认同和国际社会广泛赞誉，展现了负责任大国的作为和担当。抚今追昔，鉴往知来，站在"两个一百年"的历史交汇点，回顾新中国成立以来中国特色扶贫减贫事业的历史成就，凝练宝贵经验与启示，展望未来发展趋向，对于我们顺利开启建设社会主义现代化国家新征程具有重要现实意义。

一、中国特色扶贫减贫事业成就卓著

（一）从扶贫减贫理念看，由区域漫灌向精准发力转变

新中国成立以来，随着贫困成因、贫困现象、贫困类型的变化，扶贫减贫理念也在实现方式、实现范围等方面发生转变。随着扶贫减贫理念转变，脱贫攻坚目标任务目前已接近完成。贫困人口从2012年年底的9899万人减少到2019年年底的551万人，贫困发生率由10.2%降至0.6%，连续7年每年减贫1000万人以上。到2020年2月底，全国832个贫困县中已有601个宣布摘帽，179个正在进行退出检查，未摘帽县还有52个，区域性整体贫困基本得到解决。① 从实现方式来看，由"输血"向"造血"转变。新中国成立之初，以政府

---

* 蒲实，中共中央党校（国家行政学院）报刊社副总编辑、研究员，主要研究领域为宏观经济和农村经济。

① 《习近平在决战决胜脱贫攻坚座谈会上的讲话》，2020年3月6日。

为代表的扶贫主体直接向贫困对象提供必需物资或经济资助以解决短期性问题，本质是一种“输血”式的社会救济，这种方式容易形成“等靠要”的消极思想，不利于贫困群众自我发展内生动力的培育。“造血”式扶贫理念随之产生，其核心要义是以政府为代表的扶贫主体通过投入一定的资源帮助贫困对象改善生产生活条件、培育特色产业，加强贫困地区和贫困农户的自我积累和发展能力建设，健全扶贫脱贫长效机制。从实现范围来看，由“大水漫灌”向“精准滴灌”转变。“大水漫灌”的区域开发模式，能够在短时期内推动致贫共性因素得到极大改善。进入新世纪，贫困县投入平均化、扶贫减贫资金投放不到位、资源配置效能低下等问题的出现，明显影响了扶贫减贫工作的成效。2013 年，习近平总书记在湘西考察时首次提出了“精准扶贫”理念，强调在精准识别贫困人口的基础上，以村、户为单位实行精准、有针对性扶贫减贫策略，提高了扶贫的科学性和有效性，实现了长期稳定脱贫。从实现主体来看，由“单一主体”向“多元共治”转变。长期以来，扶贫减贫工作具有明显行政化色彩，扶贫资源单纯依靠政府投入致使经费总量提高困难、资源难以优化配置、寻租现象明显、返贫率居高不下、社会组织参与扶贫动力不足等问题比较突出。“多元共治”的大扶贫格局弥补了政府“一元主体”格局下“大包大揽”的缺陷，充分调动了各种社会力量的参与意愿和积极性，实现了政府、市场、社会互动，专项扶贫、行业扶贫、社会扶贫联动，从而形成了全社会共同关注、支持、参与的良好氛围。

（二）从扶贫成效看，多措并举实现扶贫“量”“质”提升

新中国成立以来，中国扶贫减贫事业取得了伟大成就，在减少贫困人口、增进人民福祉、缩小地区发展差距、增强贫困群众发展能力和信心等方面都取得了巨大的进步，实现了数量和质量双提升，为全面建成小康社会和两个一百年目标的实现奠定了坚实基础。贫困群众收入水平大幅提档。习近平总书记强

调：“说一千道一万，增加老百姓收入是关键。”[①] 这不仅是脱贫攻坚战役能否打赢的关键，更是激发贫困群众增收的内生动力所在。2013 年至 2019 年，832 个贫困县农民人均可支配收入由 6079 元增加到 11567 元，年均增长 9.7%，比同期全国农民人均可支配收入增幅高 2.2 个百分点。全国建档立卡贫困户人均纯收入由 2015 年的 3416 元增加到 2019 年的 9808 元，年均增幅 30.2%。[②] 贫困地区基本生产生活水平显著提高。出行难、用电难、上学难、看病难、通信难是长期困扰贫困地区发展的老大难问题，也是制约贫困群众稳定脱贫的硬件障碍。到 2019 年，具备条件的建制村全部通硬化路，村村都有卫生室和村医，10.8 万所义务教育薄弱学校的办学条件得到改善，农网供电可靠率达到 99%，深度贫困地区贫困村通宽带比例达到 98%，960 多万贫困人口通过易地扶贫搬迁摆脱了“一方水土养活不了一方人”的困境。通过产业扶贫、电商扶贫、光伏扶贫、旅游扶贫等新业态快速发展，贫困地区经济活力和发展后劲明显增强。通过生态扶贫、易地扶贫搬迁、退耕还林还草等，贫困地区生态环境明显改善，贫困户就业增收渠道明显增多，基本公共服务日益完善。贫困治理能力明显提升。打赢脱贫攻坚战，实质是国家治理体系和治理能力现代化在贫困治理上的成功实践和体现，涉及社会动员体系、政策体系、监测体系等方方面面。党的十八大以来，通过驻村帮扶和大规模干部轮训，290 多万名县级以上党政机关和国有企事业单位干部到贫困村和软弱涣散村担任第一书记或驻村干部，目前在岗 91.8 万人。这不仅加强了基层基础工作，提高了做群众工作和处理复杂问题的能力，也为 2020 年后相对贫困的持续治理奠定了扎实基础。

（三）从扶贫世界贡献看，为世界减贫贡献中国智慧

作为世界上减贫人口最多的国家，以及世界上率先完成联合国千年发展目标的国家，我国为世界减贫事业贡献了“中国样板”。中国减贫事业极大地加

---

① 《习近平在山东考察时讲话》，2018 年 6 月。

② 《习近平在决战决胜脱贫攻坚座谈会上的讲话》，2020 年 3 月 6 日。

速了世界减贫进程。随着2020年脱贫攻坚任务完成，中国将有1亿左右贫困人口在现行标准下如期实现脱贫，提前10年实现联合国2030年可持续发展议程的减贫目标。世界银行数据显示，中国减贫对世界减贫的贡献率超过70%。中国减贫事业为世界减贫实践提供了重要借鉴。减贫是全世界的共同话题，“中国式减贫”为全球减贫事业提供了可参考、可借鉴的路径。联合国秘书长古特雷斯表示，精准扶贫方略是帮助贫困人口、实现2030年可持续发展议程设定的宏伟目标的唯一途径，中国的经验可以为其他发展中国家提供有益借鉴。中国共产党将减贫作为中国经济社会发展的主要目标，制定了明确的任务书和时间表，不断探索和创新减贫方法。从最初的救济式扶贫，到今天的精准扶贫，不断提高贫困地区的可持续发展能力，走出了一条中国特色减贫道路。联合国秘书长古特雷斯曾高度评价中国精准减贫方略，称其为帮助最贫困人口、实现2030年可持续发展议程中宏伟目标的唯一途径。携手消除贫困共建人类命运共同体。服务于国家外交、援外大局以及“一带一路”等重大战略和倡议，中国积极开展南南合作、举办论坛、政策对话、能力建设、人员交流、合作研究、技术援助等，支持和帮助广大发展中国家特别是最不发达国家消除贫困，推动建立了合作共赢的新型国际减贫交流合作关系，为人类命运共同体的共建共享提供了重要典范。

二、中国扶贫经验值得借鉴

在中国共产党的带领下，我国扶贫减贫事业走过了不平凡的历程，取得了重大进展和成就，也积累了宝贵丰富的经验，从中可以得到一些规律性认识和深刻启示。

（一）始终坚持党对扶贫减贫事业的集中统一领导

中国共产党是领导各项事业前进的核心力量，中国的扶贫减贫事业始终是在党的领导下进行的。党的政治领导为扶贫减贫事业明确了政治立场和价值取向，增强扶贫减贫事业的方向感和聚合力；党的组织保障为扶贫减贫事业提供了严谨缜密的组织结构和制度框架，确保扶贫减贫事业的统一性、高效性；党的优良传统和品质，确保扶贫减贫事业既勇于开拓创新、锐意进取，又敢于坚持真理、修正错误。新中国成立至今，我们党在不同时期制定了“救济式扶贫”“放权搞活”“以工代赈”“开发式扶贫”“精准扶贫”等扶贫工作方针，不仅推动扶贫开发取得巨大成就，也不断丰富了中国特色扶贫开发道路和理论体系。

（二）始终坚持以人民为中心的扶贫开发理念

一方面，我们党作为马克思主义政党一直强调以人民为中心的发展理念，把人民作为贫困治理的根本动力、参与主体和受益群体，在坚持农村土地集体所有制前提下，通过创新农业经营管理体制，实施所有权与承包经营权相分离的家庭联产承包责任制，最大限度地激发了广大贫困人口参与生产发展的积极性、能动性和创造性，从根本上解决了十几亿人的温饱问题，总体上实现了小康。另一方面，我们党把实现人民共同富裕和每个人的全面自由发展作为最高价值目标，坚持在扶贫过程中保障人民平等发展权利、维护社会公平正义，使贫困人口获得感、幸福感、安全感更有保障、更可持续。

（三）始终坚持充分体现基本国情

新中国的减贫历程充分证明，必须坚持从基本国情出发，什么时候脱离这个国情、脱离这个实际，就会犯错误、走弯路，甚至遭遇严重挫折，这也是最为深刻的经验启示。新中国成立之初，生产力发展水平较低，大面积灾荒加剧了贫困程度，党和国家根据当时国情将扶贫减贫的重心放在了解决温饱问题上。从改革开放到2012年，随着生产力的不断发展，党和国家将扶贫减贫的重心战略转移到推动贫困地区和贫困农户脱贫致富，通过普惠性的政策措施，使大部分地区和群众受益，从解决温饱到实现总体小康跨越过程中，实现了缩小贫富差距和共同富裕目标。党的十八大以来，党中央审时度势明确把发展作为解决贫困的根本途径，并全面实施精准扶贫精准脱贫方略，实现了从“大水漫灌式”

的全面扶贫到“滴灌式”的精准扶贫转变。

（四）始终坚持“减贫组合拳”综合治理贫困

新中国的扶贫减贫事业始终将马克思辩证唯物主义作为基本遵循，探寻治理贫困的科学方法。坚持顶层设计与具体举措相结合，从宏观、中观和微观层面对减贫方案进行了科学设计，不仅在战略上明确了扶贫开发的基本方向，而且在路径上促进了减贫举措的落地实施。坚持保障性扶贫和开发式扶贫相结合，把扶贫开发作为脱贫致富重要手段的同时，兼顾将政策兜底作为摆脱贫困的根本保障，既保障扶贫对象基本生活又强化贫困群众在扶贫开发中的主体作用，实现了多维度、多领域的扶贫协同。坚持政府主导、多元主体参与相结合，构建多元主体的社会扶贫体系，不但有利于调动各参与主体主观能动性，而且有助于凝聚形成协同减贫的合力，实现扶贫主体间的高度集成和良性互动。

（五）始终坚持中国特色社会主义制度优势

打赢脱贫攻坚战，是促进全体人民共享改革发展成果、实现共同富裕的重大举措，是彰显中国特色社会主义制度优越性的重要标志。党的十八大以来，以习近平同志为核心的党中央把制度建设摆到更加突出位置，全方位深化扶贫领域改革，创新扶贫体制机制，构建了中国特色脱贫攻坚制度的四梁八柱，为全面打赢脱贫攻坚战提供了坚实的制度支撑和保障。建立了脱贫攻坚责任体系：中央出台脱贫攻坚责任制实施办法，实行中央统筹、省负总责、市县抓落实的管理体制。中西部22个省（自治区、直辖市）党政主要负责同志向中央签署脱贫攻坚责任书，立下军令状，省市县乡村五级书记一起抓。建立了脱贫攻坚政策体系：围绕落实《中共中央、国务院关于打赢脱贫攻坚战的决定》，中央各部门和各地区相继出台和完善“1+N”的脱贫攻坚政策举措，打出政策组合拳。建立了脱贫攻坚投入体系：扶贫资金转变为中央、省、市县投入“三三制”局面，金融资金、社会资金成为新的投入渠道。建立了脱贫攻坚动员体系：发挥社会主义制度集中力量办大事的优势，动员各方面力量合力攻坚。建立了脱贫攻坚监督体系：把全面从严治党贯穿脱贫攻坚全过程，党中央将巡视脱贫攻坚作为巡视重要内容，开展脱贫攻坚专项巡视。中央出台脱贫攻坚督查巡查工作办法，加强纪检监察、检察、审计、财政等部门和媒体等监督力量的合作，确保监督工作质量。建立了考核体系：中央出台省级党委和政府扶贫开发工作成效考核办法、东西部扶贫协作考核办法、中央单位定点扶贫考核办法，组织省际交叉考核、第三方评估、财政扶贫资金绩效评价和媒体暗访，实行最严格的考核评估。

三、2020 年后中国减贫战略重点

2020 年，中国将在人类历史上第一次消灭绝对贫困，这注定将载入人类发展的史册。但消除绝对贫困仅仅是中国扶贫减贫事业的阶段性 成就，2020 年后，中国的扶贫工作将从脱贫攻坚战转到巩固脱贫成果、治理相对贫困的新阶段，扶贫新战略将实现从集中性减贫治理战略向常规性减贫治理战略转型，扶贫重点将从解决农村贫困向解决城乡减贫融合转变，城乡贫困治理将成为衡量乡村振兴实施质量和实现共同富裕的标志性指标。

（一）建构反贫困长效机制

即便在越来越多的贫困县、贫困村和贫困户脱贫退出之后，在较长的时期内，相当部分脱贫农户仍然会延续以往的生产模式与生存状态，其生计维持仍会受到贫困问题的持续困扰。因此，2020 年以后的贫困治理，应该针对客观存在的反贫困成效稳定性和持续性不足的现实挑战，通过更深层的制度创新和政策优化加快构建反贫困长效机制。从宏观层面上看，应该更加重视扶贫干预的环节前置，更加重视贫困农户的能力培育和扶贫政策体系的顶层优化。从微观层面上看，则应基于贫困人口的现实需要，以减少脆弱性环境冲击、增加多维生计资本和拓展生计选择空间为重点，创新性构建生计风险防范机制、生计资本均衡提升机制、考核评估导向机制、生计选择拓展机制和后续生计扶持机制，

为全面实现稳定和可持续的脱贫目标奠定不可缺少的关键性制度基础。

（二）建立相对贫困机制

党的十九届四中全会提出，“要打赢脱贫攻坚战，建立解决相对贫困的长效机制”。这意味着，随着决胜脱贫攻坚战略目标任务的如期实现，我国贫困治理将实现历史阶段性转型，扶贫开发的重心将从消除绝对贫困转向瞄准相对贫困问题。相对贫困问题的多维性和动态性决定了治理的长期性和复杂性，亟须加快建立健全解决相对贫困的长效机制。即从相对贫困人口识别及动态管理机制、相对贫困治理资源筹措与有效传递机制、相对贫困治理组织体系协同机制（政府、市场、社会）、相对贫困治理成效评估机制入手，研究相对贫困治理过程中涉及的相对贫困识别的标准和方法、资源筹集和有效传递、组织体系协同、成效考核评价等治理问题。

（三）研究制定新的贫困标准

全面建成小康社会后，我国现行贫困标准下的农村绝对贫困问题得到基本消除，但相对贫困仍将长期存在，扶贫任务任重道远。进入以缓解相对贫困与多维贫困为重点的新阶段，制定新的贫困标准成为贫困战略制定的重要基础。标准制定宜采用多层标准，国家层面制定统一标准，地方层面分别制定省、市、县三层次标准，以估算相对贫困人口的规模和分布为前提，综合考虑2035年社会主义现代化和乡村振兴战略基本实现的目标，建立包含收入、教育、医疗、住房等多项指标在内的多维度的城乡统一的新贫困标准，不断缩小城乡居民收入和生活水平差距，更加强调公平性原则。

（四）构建城乡统筹的贫困治理机制

全面建成小康社会后，我国将进入城市贫困和农村贫困并重的阶段，工业化、城镇化、市场化的发展又为城乡统筹扶贫创造了有利条件。因此，2020年后的贫困治理将从过去的扶贫二元战略框架和以农村开发式扶贫向城乡统筹扶贫转变。新的扶贫战略需要构建国家层面城乡统筹、多部门共同参与、协同治理的贫困治理机制，要进一步明确城乡统筹扶贫体制的各个主体即政府、市场和社会组织的职能分工，重视社会创新对城乡融合的重要作用，加强地方政府的城乡减贫统筹能力建设，强化对城乡金融资源及社会资源的动员和协调。

（五）健全基本权利公平为基础的社会保障体系

绝对贫困主要集中在农村，随着城镇化的加速推进，越来越多的农民从农村进入城市，2020 年后，城市贫困问题将更加凸显。要适应城乡融合发展、一体化发展趋势和相对贫困问题的发展规律，2020 年后城乡统筹的贫困治理必须健全以基本权利公平为基础的社会保障体系，要强调兜底保障，实现低保标准与相对贫困标准的统一，进一步提高低保的瞄准性并实施严格低保审核和动态管理制度。要继续扩大社会保障覆盖面，提高社会保障水平，完善针对贫困人口的专项救助制度，制定针对特殊人群的救助政策。

（六）建立健全适应包容性增长的财税金融体制

建立健全促进包容性增长的财税金融体制，是 2020 年后扶贫战略可持续的重要保障。在财政体系改革方面，应打破财政分配城乡分割、部门分割格局，加快建立与城乡统筹的贫困治理体系相适应的财政体制；加快改革财政支出方式，进一步适应贫困人口生活和社会保障领域的需求。优化财政支出结构，提高贫困地区尤其是农村贫困地区的公共服务水平。在金融创新领域，应加大农村金融供给，以再贷款、产业基金、产业链金融等政策扶持涉农经营主体发展，将免抵押免担保的扶贫小额信用贷款政策的受众面扩大至低收入群体。

（七）实现脱贫攻坚与乡村振兴战略的有机衔接

乡村振兴与脱贫攻坚是两大国家战略，具有基本目标统一和战略举措互补的特征。在脱贫攻坚基础上探索全面推进乡村振兴战略，既是实现高质量稳定脱贫的重要路径，更是贫困地区全面实现乡村振兴目标的重要制度保障。2020

年后，脱贫攻坚和乡村振兴战略的有机衔接重点与2020年之前有所不同，要更加强调乡村振兴的引领作用，以乡村振兴战略激发贫困地区的内生动力和外在活力，助力破解相对贫困，实现共同富裕。要继续坚持以减贫为重点，以振兴促进新减贫。要进一步做好投入衔接，为减贫和振兴提供资金支撑，加大财政涉农资金统筹整合力度，引导金融和社会资本更多地投向扶贫和乡村振兴事业。

大国大担当。中国共产党始终把贫困治理作为治国理政的重要内容和优先任务。可以预见，2020年以后，中国共产党将继续团结带领全国各族人民，以习近平总书记扶贫重要论述为指引，根据相对贫困的特征和宏观环境的发展变化，科学确定新减贫战略，完善减贫方略，优化减贫体系，推进贫困治理体系和治理能力现代化，为实现中华民族伟大复兴的中国梦，为全球减贫事业发展，付出更大努力，做出更大贡献。

参考文献

［1］《习近平在决战决胜脱贫攻坚座谈会上的讲话》，2020年3月6日。

［2］刘永富：《以习近平总书记扶贫重要论述为指导坚决打赢脱贫攻坚战》，《行政管理改革》2019年第5期。

［3］韩长赋：《关于实施乡村振兴战略的几个问题》，《中国人大》2019年第7期。

［4］黄承伟：《我国新时代脱贫攻坚阶段性成果及其前景展望》，《江西财经大学学报》2019年第1期。

［5］蒲实：《大国扶贫展现大国担当》，《学习时报》2020年5月6日。

第二编　后疫情时代的中国经济

积极发挥财政对于维护国家经济安全的重要作用

刘尚希　傅志华　李成威*

【导语】当前中国经济面临不确定性的外部环境，既有危，也有机。决策失误，就可能产生危机；正确应对，就能化危为机。最重要的在于要防止外部环境触发我国风险链“多米诺骨牌”，形成“灰犀牛”，进而导致危机。要在不确定性中找到自身发展的确定性，防止外部冲击引爆我国“灰犀牛”风险链，要有战略思维和忧患意识，居安思危、未雨绸缪、有守有攻。

当前全球经济面临巨大不确定性，形势复杂多变，很多矛盾和问题直指中国。全球经济不确定性对我国最大的威胁是可能引爆我国风险链，导致“灰犀牛”风险，冲击国家经济安全。面对当前复杂国际形势对我国经济的冲击，必须要有战略思维，采取正确措施积极应对，才能化危为机，维护国家经济安全。

一、当前中国经济面临前所未有的严峻国际形势挑战

（一）主要经济体越来越脆弱，西方国家矛头直指中国

当前，全球经济增长势头逐渐减弱，全球经济越来越脆弱，未来衰退的概率大幅增加。欧洲政治上的不确定性对经济影响大，导致市场信心下降。这些不确定性包括英国脱欧，法国马克龙政府面临的挑战以及德国议会的政治危机。信贷紧缩和贸易紧张局势等经济因素更是使欧元区经济雪上加霜。在长期增长

---

* 刘尚希，中国财政科学研究院院长、研究员，主要研究领域为财政、宏观经济、公共风险等；傅志华，中国财政科学研究院副院长、研究员，主要研究领域为财政学；李成威，中国财政科学研究院外国财政研究中心主任、研究员，主要研究领域为财政学。

疲软的经济环境中，日本经济增长出现周期性下降。其他如巴西和墨西哥等国家，政治不确定性亦不断增加，严重影响经济发展。

在当前世界经济体系中，构成了以西方发达国家为市场，以中国等新兴经济体为生产地，以资源富集国为资源来源地的经济循环格局。在这种格局下，当西方国家遭遇经济衰退，一些西方政客便把矛头指向中国，认为过去给了中国太多的优惠条件，认为中国工人抢走了他们的工作岗位，并以此为据大造舆论，采取行动联手遏制中国。西方对中国及中国企业的各种责难、调查越来越多，对中国采取的各种惩罚性措施也变本加厉，可以预见未来形势将会更加严峻。

（二）全球商品和金融市场危机四伏，中国首当其冲

大宗商品价格将持续波动，石油价格存在下行风险。发达国家大规模刺激政策释放了大量流动性，可能无法及时收回，进而导致全球流动性泛滥，刺激资产价格泡沫与非理性繁荣，给全球带来巨大经济金融风险，甚至有可能把世界经济拖入深渊。一些国家长期面临财政赤字激增与公共债务水平高企的困境，这可能会进一步引发全球公共债务危机。中国大量持有美国国债，存在资产缩水的风险。

（三）逆全球化趋势下，主要经济体之间的摩擦极容易升级并失控

影响全球经济的另一个重要风险源是世界贸易增速急剧下降。随着贸易冲突升级，世界贸易萎缩会进一步拖累全球经济。与此同时，资本和商品市场的波动说明全球金融环境在收紧。当前，主要经济体相互误判是全球增长的最大威胁。贸易摩擦十分危险，不是因为迄今为止它造成了多大直接损害，而是因为它很容易升级并失控。随着全球经济增速的进一步放缓，主要经济体相互误判造成的损害风险将会在未来持续攀升。

2008 年全球金融危机之后，西方并没有完全从衰退中走出，收入差距进一步拉大，失业率增多，导致民粹主义兴起，政治极化，社会撕裂。与之相对应

的是，中国经济依然保持较快速增长，一跃成为全球第二大经济体。在此背景下，西方针对中国的猜疑和戒备加深，对中国经济的发展误判加重。特别是一些政治势力利用扭曲的国际贸易数据等歪曲事实、煽风点火，联合相关国家遏制中国，对中国经济安全造成极大威胁。

二、不确定的外部环境极可能引爆我国“灰犀牛”风险链，冲击经济安全

全球经济不确定性对我国来说，既有危，也有机。决策失误，就可能产生危机。正确应对，就能化危为机。最重要的在于要防止外部环境触发我国风险链“多米诺骨牌”，形成“灰犀牛”，进而导致危机。

（一）我国“灰犀牛”风险处于危机的临界点状态，国际形势一点小的变化都可能致命

风险的最大特征是呈链状或网状结构。风险在风险链和风险网传递中会逐渐扩散放大，如控制不当或受外部冲击，就可能引爆某个风险点，导致系统性风险。当前，我国各领域风险链已经在衍生，并交叉形成风险网，为“灰犀牛”风险形成提供了条件。尤其是在经济和社会领域，资产价格交叉下跌风险链、民营企业破产与失业率上升风险链，以及金融资产缩水、实体经济困境与结构性失业交织风险网等链状“灰犀牛”已经长大，难以经受风吹草动。国际经济商品、金融和汇率等方面的因素也构成了我国风险链中的内在环节，在“灰犀牛”风险处于危机的临界点状态，一点小的变化可能都是致命的。

（二）各国向外转移风险使全球不确定性倍数放大，互利变互害格局下我国积累的“灰犀牛”风险极容易被引爆

当今世界处于百年未有之大变局，且全球经济进入“新平庸时代”。以美国、欧洲部分国家为中心，西方国家内部经济结构失衡、社会两极分化等诸多

矛盾累积。加上新技术革命及气候危机等因素的影响，未来国际经济和全球治理面临极大不确定性。

在上述背景下，各国尤其是一些发达国家，试图将风险和不确定性转移给其他国家。例如，英国脱欧，法国、意大利等国的民族主义、民粹主义上升，特朗普“美国优先”战略和贸易保护主义大行其道等，都是试图将风险转移给其他国家的表现。全球风险的分担机制变成风险的互害机制，使得全球风险呈几何级数放大。处在这样一种格局下，我国积累的“灰犀牛”风险极容易被引爆。

（三）经受贸易摩擦和化解债务双重考验，产生政策失误的风险大幅增加

针对最近的经济冲击（美国关税政策），中国发布了一系列货币和财政措施，试图保持经济增长和稳定金融市场。但是，在中长期内，信贷增长将继续受到巨额存量债务和政府承诺去杠杆化的限制。如果与美国的贸易紧张局势升级并且经济增长受到严重破坏，政府的刺激措施可能会变得更加激进。贸易摩擦和化解债务使中国的政策空间越来越小，在这种情况下很容易出现政策失误风险，政策稍有不当可能造成无可挽回的损失。

（四）民粹主义传染性和危害性大，财税问题非常敏感

当下，民粹主义在各国盛行，其传染性和危害性大，美国的“美国优先”和英国的“脱欧”等都是民粹主义的表现。尤其是法国的“黄马甲”抗议活动，已经对法国的政治经济产生了深刻影响。而且，这些民粹主义事件或者直接与财税有关，或者影响着国家的财政运行。法国的“黄马甲”抗议活动是因政府上调燃油税引发的，并将抗议演变成了对马克龙政策以及法国统治阶级精英主义的谴责。面对愈演愈烈的抗议，马克龙政府一再妥协，宣布提高最低工资和相关税收减免措施等，但抗议浪潮并未平息。

在中国，财税问题也是各方关注的焦点。在当前形势下，在企业各项成本已经较高的情况下，税收和社保等问题处置不当，可能会对企业的实际成本负

担和心理预期产生重大影响。“厂租暴涨、人工也涨、社保又要来添乱”曾一度是企业间流传的说法。在这种情况下，企业会选择停产或者减员，这将会进一步加剧我国经济下行和社会失业风险。

三、在外部冲击中维护国家经济安全，财政大有可为

在全球经济的不确定性中，找到自身发展的确定性，防止外部冲击引爆我国“灰犀牛”风险链，要有战略思维和忧患意识，居安思危、未雨绸缪、有守有攻。财政是国家治理的基础和重要支柱，也是应对外部冲击的中流砥柱，在当前复杂的国际形势中维护国家经济安全，必须注重发挥财政的作用。

（一）发挥财政的风险分散机制作用，陷外部冲击于人民对抗风险斗争的汪洋大海

在应对外部冲击过程中，防风险最有效的方式是分散风险。习近平曾指出：“中国经济是一片大海，而不是一个小池塘。狂风骤雨可以掀翻小池塘，但不能掀翻大海。”狂风骤雨之所以不能掀翻大海，是因为大海能分散风险。对于中国经济整体来说，目前的外部风险冲击是可以抵抗的。但对于局部来说，如果不合理分散风险，则可能会造成严重后果。合理分散风险是实现风险综合平衡的艺术，在应对外部冲击过程中，要综合平衡国家、企业和个人之间的风险，综合平衡实体部门与虚拟部门之间的风险，综合平衡短期与长期风险。

对抗外部冲击，仅靠政府或某一方面的力量是不够的，必须发挥多元主体的积极性，这也是我们讨论“治理”时常有的题中之意。财政在调节各种关系中发挥着基础性作用，因此也是配置和分散风险的基础性制度安排。财政通过预算、税收和财政政策，可以调节政府与市场以及政府与社会的风险配置关系；通过财政体制，可以调节政府间的风险配置关系。财政通过上述风险配置关系的调节，形成应对风险冲击的治理结构，将各种力量的作用发挥到最大，构筑起应对外部冲击的“人民防线”。

（二）借鉴“三线建设”战略思维，强化国家经济治理核心能力建设

“三线建设”是中共中央和毛泽东主席于20世纪60年代中期作出的一项重大战略决策，它是在当时国际局势日趋紧张的情况下，为加强战备，逐步改变我国生产力布局的一次由东向西转移的战略大调整，建设的重点在西南、西北。20世纪60年代的“三线建设”的三线是地理空间纵深意义上的“三线”。

借鉴“三线建设”战略思维，抵御外部风险冲击、维护国家经济安全应该有多道防御线。但新的“三线”并非地理空间纵深的概念，而是经济形态纵深的概念。从经济形态纵深来看，“一线”是商品市场和贸易，是看得见摸得着的经济，是传统上讲的“实体经济”；“二线”是金融市场和汇率，是看得见摸不着的经济，是传统上讲的“虚拟经济”；而“三线”实际上是国家经济治理核心能力，表现为经济动员能力和资源配置能力。“一线”容易受到国际贸易摩擦的影响；“二线”容易受到国际金融危机的冲击；“三线”则既是“一线”和“二线”的战略支撑，又是“一线”和“二线”的后台系统。即便“一线”和“二线”受到毁灭性打击，但只要“三线”足够强大，“一线”和“二线”就可以迅速重建。

强化“三线”（国家经济治理核心能力）建设是一项系统工程，其中财政是枢纽和转化器。增强国家经济治理核心能力，表现为增强经济发展动员能力和经济资源优化配置能力。利用财政作为政治、经济和社会的转化器，可以将中国特色社会主义的政治优势和中国共产党的组织优势转化为经济优势。因此，构筑国家经济安全体系，关键是完善基本财政制度，更好地发挥财政的转化功能。

（三）在进攻中防守，利用大国财政“合纵连横”，扩大人类命运共同体“统一战线”

变局中危和机并存，世界经济发展有不确定性因素，但也有确定性因素，即绝大多数国家和人民是反对逆全球化趋势的，反对一些国家中的某些政治势

力挑起贸易争端和经济冲突。即便在发达国家内部，甚至某些超级国家内部，也不是铁板一块。我们一定要在国际经济较量中，争取主动权，利用我国的经济体量和市场优势等，积极参与和引领国际经济和贸易相关规则的制定。同时，通过深入开展“一带一路”等倡议，在国际上争取更多的国家和组织与我们共建、共享，把支持开放合作共赢的人“搞得多多的”，把支持逆全球化的人“搞得少少的”。

中国构建人类命运共同体的构想已经赢得了世界的共识。要坚信在快速发展的全球化进程推动下，在日益严重的全球问题特别是生态环境问题的倒逼下，自我中心主义的发展模式正步入“死胡同”，以“命运共同体”思想为价值理念基础的共生主义的发展模式必将胜利。从财政的角度来说，命运共同体强调的是一种更高形态的利益共同体，也就是说，世界各国之所以能成为命运共同体，关键在于各国之间具有共同利益，面临共同的公共风险。致力于构建新型大国关系，大国财政要主动作为促进形成命运共同体，在国际经济和财政金融问题上寻求更广泛的共识，通过合作共赢实现利益最大化和风险最小化。

（四）深化体制机制改革，更好发挥财政应对外部冲击的基础性作用

着力提升财政的站位和定位，准确把握当前面临的风险挑战，应超越财政作为政策工具和手段的传统认识，超越“部门意识”，强化财政在应对外部冲击、维护国家经济安全中的基础性作用。在美国，财政部处理国际金融、反恐、情报、债务的机构非常庞大，这对美国推行其国际战略和秩序发挥了重大作用。反观中国，受到体制机制和机构设置等的影响，我们的相应功能在部门之间严重分散，职能被肢解和弱化，难以有效协调、统筹行动和灵活出击。因此，必须尽快推动整体上应对外部冲击的“大国财政”体制机制建设，强化统筹协调，必要时从机构优化的角度对相关职责进行整合。

（五）提升风险识别和处置能力，避免“合成谬误”

在防范外部冲击中，关键在于避免政策失误。政府自身能力不足是政策失

误的重要根源，因此需要提高政府的战略定力、风险识别能力，把握政策措施力度和节奏的精准性，提升政策之间的协调性。

防范化解风险，重要的是避免在防范化解金融风险的过程中无意触发风险链中的风险点，同时要对风险进行分隔，防止风险传递相互叠加。对政府或财政来说，重要的是观察而不是出手，不是将所有的风险都揽到政府或财政手中。不是去防范微观领域的风险，个体风险要尽量使其内部化。需要做的是观察监测微观领域的风险、个体的风险，以及各个机构的风险、市场参与者的风险等之间是怎么关联的，它们的交叉传递会不会引发系统性风险或公共风险。发现系统性风险，就要对既有的规则进行完善，通过规则切断风险在链条中的传递，避免引发“多米诺骨牌”效应。

在防风险的过程中，从某个部门或者从局部来看，一项措施可能是对的，但是各个部门或者各个方面从自身角度认为是对的措施整合在一起，从整体和长远来看则很可能是错的。这就是风险管理的“合成谬误”。避免风险管理“合成谬误”的关键在于推动政府治理改革，实现风险管理在更高层次上统筹，避免防风险“各守一摊”，要分工协同行动，对每个部门出台的改革和政策事项都应该进行公共风险评估，避免无意动作引爆风险，或者遮盖风险导致风险隐性聚集扩大。

合理增加公共消费，加快释放国内市场需求

丁元竹*

【导语】2020年是“十三五”规划的收官之年，也是“十四五”规划编制之年，面对国际国内错综复杂的经济社会环境，加快释放国内市场需求是当前和“十四五”时期的重要任务之一。2020年3月27日，中共中央政治局会议强调，要加快释放国内市场需求，扩大居民消费，合理增加公共消费。这是党中央针对疫情冲击，加快恢复生产，维护社会稳定，推动国家经济社会中长期持续健康发展作出的重要部署。面对新冠病毒传播快、易感染、全球化、不确定等特点，各国“封国”“封城”带来的全球经济停摆严峻形势，各类企业因停工停产带来的生产和就业压力，合理增加公共消费，对于完善收入分配制度，扩大国内需求，确保就业稳定，稳定生产生活，促进社会有序向上，缓解经济下行压力，都具有十分重要的意义。

一、合理增加公共需要与公共服务制度安排

公共消费是指由政府和为居民服务的事业单位、社会组织承担费用，对社会成员提供消费性物品和消费性服务的消费活动。公共消费具有再分配、扩大消费和扩大就业功能。在不减少个人消费投入、降低个人消费品质和减少企业就业前提下，适当扩大公共消费规模是推动社会健康发展的重要制度安排。政府通过扩大公共物品和公共服务支出来增加福利性消费，把公共财政花在包括

---

* 丁元竹，中共中央党校（国家行政学院）督学组督学，社会和生态文明教研部副主任、教授、博士生导师，十三届全国政协委员。

支付养老金在内的各项社会保障项目和基础设施改善上，推动经济社会协调发展。公共消费和私人消费在一定条件下、一定程度上、一定范围内相互支持，但超出一定条件、范围、程度，就会相互抑制。

现代政府的职能决定了政府通过扩大公共物品和公共服务支出增加公共消费，提供服务，配置物品，如社会保障、城市管理和规划、国防力量等。政府组织这类公共物品或公共服务的形式大致有以下几种：一是直接由税收支持，其产品直接由政府规定；二是与直接的行政机构有区别，拥有专门商业目的的公共所有企业（特别是制造业、国有企业），其产品一般不由政府直接规定，但其目标、经营条件等由政府规定；三是部分外包被视为公共部门模式，完全的外包或购买一般由私人公司代表政府提供全部服务，部分外包有私人部门参与，但公共部门拥有资产所有权。谈到公共消费还会涉及市民服务。市民服务有两个明确的含义：是政府服务的一部分，其中个人根据专业性质受聘，竞争上岗；雇员是在政府机构而不是军事机构。

国民收入分配过程中的消费和投资包含私人消费和公共消费、私人投资和公共投资。确定公共消费和公共投资的比例不仅依据经济学理论，尤其要依据经济社会发展客观现实，在对客观现实进行深入的理论研究和实地分析基础上来确定，其中，必须认真研究公共部门就业容量。从历史上看，城市化是公共服务供给过程，从农村转移出来的劳动力需要在城市服务业就业，自己及其家人也需要教育、卫生和医疗等服务。仅仅发展生产性服务不足以实现经济高质量发展的目的，必须通过公共服务和社会服务来适应生产性服务要求，在这过程中满足人们的公共服务需求，扩大公共消费。必须处理好生产性服务和公共服务的关系，否则其直接结果是造成生产过剩进而影响财富增长。

公共消费是历史发展的产物。根据公共管理理论，公共服务是政府在市场失灵情况下发挥作用的一种必要选择，是实现社会公平的重要手段。基本公共服务具有公共服务或公共物品的基本特性，包括非排他性和非竞争性，除此之外，“每个社会都会根据自己的经济实力、市场和制度环境，以及实际的公共需求，来做出合理的选择”[①]。考虑到公共财政支出能力，世界上一些国家在公共服务中划分出基本公共服务（见表1）。因此不同国家或地区，不同发展阶段或时期，基本公共服务的范围和特点不一样。这一方面取决于能够满足社会公共需求意愿，可以用于再分配的财政收入，还取决于政府失灵程度、市场发育程度、社会组织成熟状况、公共部门交易费用高低等诸多因素。国际上也有人把基本公共服务称为核心公共服务，如教育、保健、社会安全网等等。政府需要提供公共服务，但是政府不能提供所有的公共服务，在更大程度上，政府只能做出制度安排。

表1　公共产品、私人产品、准公共产品特征及其供应方式

	基本特征	供应方式	实例
公共产品	非排他性、非竞争性	政府提供、政府投资	社会救助
私人产品	排他性、竞争性	市场提供、向消费者直接收费	汽车、服装、日用品
准公共产品	非排他性与排他性、非竞争性与竞争性	市场提供与政府提供相结合的方式	森林、草原、博物馆、学校、收费公园

注：内容参见王雍君等：《地方政府投融资研究》，经济科学出版社2009年版。

公共服务在各个国家的发展状况有差异，大部分国家的公共服务包括警察、军队、公路、公共交通、基本教育和保健，等等。公共部门提供的服务很难把不付费者排斥在外，如路灯、义务教育等。很多公共部门是面向全社会提供服务的，旨在实现基本公共服务均等化。现代基本公共服务制度是工业革命基于对公共事务和社会问题处理而做出的制度安排，是指国家或社会依据一国宪法和法律，以政府作为责任主体，通过一定的制度安排和作用机制，为本国国民提供经济福利的国民生活保障和社会稳定系统。让所有的地方政府有能力为本地居民提供一定的、最低限度的公共服务是均等化背后的基本财政原则。在大

① 刘小玄、赵浓：《论公共部门合理边界的决定——兼论混合公共部门的价格形成机制》，《经济研究》2007年第3期。

部分国家，基本公共服务制度涉及地方政府、均等化体系和财政税收制度，尤其是转移支付制度。

二、公共消费与扩大就业

公共领域的经济功能主要表现于公共领域的就业和消费，涉及制度体系和服务体系。按功能定义："公共部门包括与公共管理、社会保障、法律和秩序、教育、医疗保健和社会文化服务相关的所有组织。"[①] 制度体系包括公共财产、法律法规、管理执行机构。比较典型的例子是社会保障，社会保障包括制度设计和服务体系。服务体系包括管理执行机构本身、服务供给组织，通常我们将其称为管理机构、经办机构。换句话说，公共领域至少包含了政府公共领域制度制定机构、制度执行机构、配合制度实施的服务机构，涉及政府自身、提供公共服务的社会组织和私人部门，还涉及人、财、物。由此就有公共消费和公共就业。

扩大公共就业是政府公共服务的重要内容，一方面确保每个人充分就业是保障个人享有公共服务的前提条件，只有个人有就业机会，才会有收入，才有能力消费公共服务；另一方面，通过扩大公共服务，加大与公共服务有关的基础设施、设备投入，才可能实施更多人力资源配置和创造更多就业机会。公共部门发展和公共服务扩张本身就是扩大就业。基层公共部门是劳动密集型部门。有公共消费就会有公共就业。公共消费增加和服务供给增加必然导致公共部门劳动力市场扩大。从国际经验看，公共部门劳动市场具有两个重要的特征：一是公共部门劳动市场巨大，在大部分发达国家占整个就业的15%以上，尤其是在公共服务需求扩张时期；二是公共部门劳动力市场与私人劳动力市场不同，例如，零点研究咨询集团董事长袁岳2019年曾发文指出，公益在美国，对整个GDP的贡献率是7%，对美国就业人数的贡献率是11%。

---

① 陈福今、袁曙宏等：《欧洲公共部门绩效评估》，国家行政学院出版社2005年版，第27页。

公共消费在大多数情况下是由地方政府推动的。依照法律，地方政府在自己的辖区行使职能，各个国家因历史和政治体制不同而采取不同的地方治理体制。在现代社会中，地方政府在中央政府规制下实施税收等政策。研究地方公共消费与就业，必须把地方政府和与地方政府发挥公共服务与社会管理职能相关的社区、社会组织联系在一起。它们共同组成国家和社会基层的基础。这个基础如何搭建、搭建得是否合理，决定着国家治理体系和治理能力，也决定了社会秩序。地方政府在多大程度上吸收就业还取决于这个国家的社会结构。以澳大利亚为例，澳大利亚地方政府的雇员仅占公共部门就业人数的10%，与大多数国家相比，澳大利亚的地方政府确实很小。在税收方面，加拿大和德国是澳大利亚的几倍以上，但是澳大利亚地方政府的基层性和地方性更加明显，社区发挥更加重要的作用。发达的社区组织和有效的社会服务功能可以减少地方政府负担，提供更加优质的公共消费物品和公共服务形式。一个国家基层政府架构和公共服务能力朝哪个方向发展，最初的目标设计非常重要。

有公共服务、公共消费就有公共支出。根据公共部门经济学，公共支出是国家发展的重要条件。公共支出的规模和结构随着经济发展的阶段性而显示出不同特征。在由传统经济到工业化初期，政府公共支出主要投向有形资本，诸如基础设施，包括铁路、公路、机场、生活供水、卫生设施等。随着后工业化的来临，政府更多向人力资本投入，诸如教育、健康、福利保障等公共服务领域。公共支出的变化不是政府任意决定的，而是由客观的工业化进程和城镇化进程决定的。当政府支出主要投向基础设施时，政府主要面对的是市场和企业，随着政府转向人力资本的投资，政府主要面向的是社会组织和公共服务机构。前者是市场和企业扩张阶段，后者是公共部门扩张阶段。

当前，我国经济社会发展进入新时代，这个阶段上的公共投资主要对人力资本和技术创新投入。在这个阶段上，要合理扩大公共消费，通过扩大公共投资来实现扩大公共就业。在此基础上，满足人民群众日益增长的公共服务需求，形成与高质量经济相适应的公共部门，配合高质量经济协调运行。合理增加公共消费，要在公共服务质量上下功夫。地方政府之所以在公共服务供给过程中发挥越来越大的作用，还在于其所具有的公共服务性质。我们把公共产品和公共服务略加区别，公共产品更具有资本密集型特征，而公共服务更具劳动密集型特点。排水、供水、道路交通等公共产品需要大量的资金投入。公共服务的质量高度依赖于服务人员与服务对象之间的人际关系质量，如老年护理，原则是不能采用技术密集型或资金密集型，必须采用劳动力密集型，需要一个人为几个老人服务，比如，长期护理的人员安排等，这是公共消费能够推动公共就业的缘由。

为了落实党中央作出的合理提高公共消费的战略部署，需要深刻认识当前我国公共消费面临的问题。除了人口和劳动力总量外，存在的问题是，公共领域消费不足、就业机会缺乏以及基层公共领域发育程度不高。造成这种局面的原因，一是对发展的阶段性把握不够。当一国经济发展到一定阶段，居民收入有了一定程度的提高，人民生活改善要求发展公共服务。随着公共服务扩张，公共消费和公共就业必然提上议程。二是混淆市场和公共领域的边界，纵容市场跨越边界进入不该进入的公共领域，不给公益部门足够的发展空间。政府向服务型政府转变，不仅仅是提供更多公共产品，减少对经济生活和经济运行的干预，更是要关注包括人财物等资源在中央和地方政府之间按照社会需求合理配置。实现经济高质量发展，必须使提供公共服务的地方政府拥有更多的资金和人力资源。要使地方政府拥有更多的公共服务资源必须推进行政体制改革，包括税收体制改革和人事体制改革。通过财政体制改革使地方政府拥有更大的财力；通过人事体制改革使地方政府能够按照公共服务需求配置人力资源，这样既缓解了就业压力，也为大中城市产业升级、自主创新和高质量发展提供更好的宏观环境。

历史经验值得注意。美国在应对20世纪30年代经济危机的过程中，发挥公共项目和公共消费的作用，尤其是聚焦于社会福利和社会保障及其相关服务体系建设。最初，时任总统胡佛认识到，公共建设和失业救助对于应对经济危机具有重要作用，但他的倡议没有得到地方政府的积极响应。后来，罗斯福“新政”开始，他在联邦层级上推进公共建设和社会保障体系。在罗斯福第一任期内，美国所得税最高税率升至63%，在其第二任期内升至79%。与此同时，政府对企业征收的联邦税的平均税率，从1929年的不到14%上升到1955年的45%以上。美国富人是“新政”的最大受害者，而蓝领工人，尤其是产业工人则成了最大受益者。另外，罗斯福在1932年的总统竞选中把建立民间资源保护队作为就业救济政策的一部分，并在当选后立即着手实施。民间资源保护队成立于1933年3月。1933年5月7日，罗斯福通过“炉边谈话”高度赞誉民间资源保护队：“我们将为100万失业人口中的25万人，特别是那些少有所依的年轻人创造就业机会，派他们投身到林业和防洪工作当中去。这个任务很重大，因为这意味着我们要为相当于常规军队人数两倍的人提供衣食起居。在组建民间资源保护队的过程中我们采取了一举两得的策略：既显著增加了国家资源的价值，又可缓解目前人们的贫困状况。”[①]民间资源保护队开办大量项目，诸如保护土壤、为湖泊蓄水、安装电话线路、输电线路、伐木、防火道建设、植树、养蜂、考古发掘、家具制造，等等。他们在城市公园建设的大量建筑至今还保留在一些国家或州的公园中。从1933年建立到1942年项目结束，总计有300万人参与民间资源保护队。民间资源保护队组织了美国历史上第一支山火消防队，植树50万株。民间资源保护队成为经济大萧条时期最有影响的新政项目，实施于每一州和每一块领土。民间资源保护队的兴起表明，公共服务由政府领域拓展到社会领域，公共消费和公共就业相互联系、不可分割。如弗雷德里克·刘易斯·艾伦所说，20世纪30年代，“罗斯福最得意的一项计划——让25万年轻人走进深山老林，从事资源保护工作——很快就得到了国会的批准，没过多久，CCC（民间资源保护队）的年轻人走出家门，走进了军营，然后去了深山老林”[②]。

2009年，我国为应对国际金融危机的冲击，中共中央和国务院及时出台政策，加速完善社会保障体系，为缓解国际金融危机冲击造成的压力，推动中国

---

① 富兰克林·罗斯福：《炉边谈话》，赵越、孔谧译，中国人民大学出版社2017年版，第12页。
② 弗雷德里克·刘易斯·艾伦：《大衰退时代》，秦传安译，新世界出版社2009年版，第113页。

社会保障制度完善及其服务体系建设发挥了重要作用。

应对疫情冲击和面向“十四五”规划，我国社会保障体系有待于进一步改革和完善，教育和医疗资源有待于更合理地布局，尤其是，随着包括5G在内的互联网技术快速发展，通过合理增加公共消费，可以推动经济社会健康发展。过去，人们认为，“一定数量的公共设施建设，如街道、桥梁、兵工厂、海军基地、议会大厦、警察局和消防队，是提供基本的公共服务所必需的。社会对这些公共建设本身有需要，需要就是其存在的理由”①。现在，面对严峻的就业压力、复杂的国际市场，把合理增加公共消费提上议程，不是简单重复过去的扩大基建投资，而是着眼民生，着眼长期发展，实现民族伟大复兴，尤其按照中央提出的“六保”要求和应对新技术革命挑战，有重点有选择地开展公共领域投资和扩大公共消费。一是扩大内需是扩大大部分人的需求，而不仅仅是满足少数人的奢侈需求。扩大内需是收入再分配过程，要通过公共投入让国民收入更多地进入广大工人和农民的口袋。必须始终记住：“生产出来的一切东西，只是由于能为人类的需要服务，才对人类具有价值，而这些需要只有用消费来满足。”②消费重要于生产。这就要求从历史发展的阶段性特征来分析现阶段居民的消费特征、消费需求。社会的幸福一方面建立在产品的极大丰富之后，另一方面建立在公平使用这些产品的基础之上。二是扩大内需必须由重点关注物质领域的投入转向对人力资本的投入。历史给我们的教训是，一些部门、个别地方政府、个别企业和社会组织在扩大基础设施投资的过程中，拼命争资金、争项目，却对项目建成后的运营缺乏深度考虑和谋划，项目建设和项目运营未能很好衔接起来，项目建成后缺乏足够的运营费用、合适的运营体制和足够的人力资源，造成资金浪费、资源闲置。这类现象，在基本公共服务、文化、环境保护、农田水利等基础设施建设中都曾发生过。一些地区利用国债和地方财政建设了大量的基础设施，由于财政困难，居民收入水平不高，缴费有难度，已

---

① 黑兹利特：《一课经济学》，蒲定东译，中信出版社2008年版，第20页。

② 何正斌：《经济学300年》，湖南科学技术出版社2000年版，第108页。

经建成的设备和设施处于闲置状态。因此，扩大公共投资，要妥善处理好设施投资、设备投资、人头费用、运营费的关系，真正实现和提高公共消费的目的。只有使项目运营起来，才能实现扩大就业、提高居民收入、扩大居民消费的目的。三是让广大居民获益是实现有效扩大内需的关键。实现这一目标，不仅需要有正确的财政政策、货币政策、税收政策和公共服务政策，还需建立和完善相应的人力资源配置体制和机制，把项目运营与就业、居民生活、居民需求有机结合起来。

三、合理提高公共消费的几点建议

（一）坚持以人民为中心的发展理念

公共消费必须以民众的现实需求为宗旨，不能搞形式主义——为发展公共部门而发展公共部门，为公共消费而公共消费，为就业而扩大公共就业。必须始终绷紧以人民为中心这根弦，以此为出发点安排人民群众的公共消费。一是必须使公共消费与私人消费保持协调，不能因为公共消费而损害私人消费，也不能因为公共部门就业而损害私人部门就业。二是不能因为扩大公共消费导致纳税人生产性投入不足，最终损害经济发展。“虽然经济学家对政府消费的含义和间接影响意见非常不一致，但是没有人会反对这样的观点，即政府的经济活动应该作为一个部门来分析，就像企业部门和家庭部门一样。”[①] 按照党中央的要求，合理增加公共消费必须在坚持发挥市场在配置资源中的决定性作用和更好发挥政府的作用之间拿捏好一个“度”。

（二）以在抗击疫情中发现的公共问题为切入点，聚焦合理提高公共消费

这次抗击疫情取得了决定性胜利，赢得了全国人民和世界人民的高度赞扬。

---

① 罗伯特·耐尔·海尔布伦纳：《经济学的秘密》，秦海译，海南出版社 2001 年版，第 117—118 页。

疫情中暴露的问题需要在疫情之后有序解决。一是积极探索大学生就业服务等的形式。2020 届 800 多万高校毕业生面临难适应线上面试、无法提前实习、企业招聘需求紧缩等挑战，可以采取公民服务等多种方式让应届毕业生先进入社会历练，积累经验，逐步进入就业领域。国家在公共财政上给予支持，教育部、人力资源和社会保障部、团中央等部门进行制度设计和方案制定。二是从财政上支持解决好养老服务问题。据民政部抽样调查，与同期相比，疫情期间民办养老机构收入减少 20% 左右，平均支出增加 20%—30%，压力非常大，必须给予支持和协助。三是加快补齐医疗、社区卫生、城市基础教育、农村教育等方面的民生短板，坚持以保障基本生活水平为导向，坚持精细化、小型化、普惠化的方针，使人民群众生活质量提升到一个新水平。四是针对这次疫情暴露出的我国在防疫、医护、医院等医疗卫生领域投入不足的问题，增加公共卫生领域的投入，缓解医疗卫生资源供给瓶颈。五是做好心理辅导。新冠肺炎疫情不仅带来了生命危险和经济挑战，还因失业、企业破产、亲人离去、社会隔离等带来了一系列心理问题，这类问题会随着时间推移逐渐显现出来，需要从体制机制、机构建设等方面加以解决。

（三）依据公共消费便利性特征安排公共消费

有效提升公共消费水平，必须尊重客观规律。公共服务的特点是地方性、便利性和扁平化。企业需要聚集效应，公共服务需要与居民居住方式匹配，适应居民居住方式。一是公共服务布局既要考虑效率，也要考虑消费者的便利需要。从历史上看，最初并不存在提供公共服务的基层行政机构，社区和家庭可以提供这类服务。私塾教育就是一个例证。随着城市化的推进，消防、警务、公共卫生、基础设施、教育等公共服务需要专门人员来提供，这在 18 世纪至 19 世纪的工业化进程中表现得尤为突出。[①] 二是公共服务的供给特性决定了它

---

① 参见理查德·C. 博克斯：《公民治理 ——引领 21 世纪的美国社区》，孙珀瑛等译，中国人民大学出版社 2005 年版。

必须与行政体制改革创新联系在一起。社区组织发展和社会组织出现，使这种分布发生变化。例如，社工组织深入基层，提供各类公共服务成为普遍形式。在这次抗击疫情的过程中，社区组织在社会隔离、社区治理、社区服务中发挥了前所未有的作用，要及时总结经验，看看哪些是可以成为常态化的，哪些是临时性的。深化基层治理体制和服务体制改革，把常态性的固定下来，加大公共财政投入，作为公共品或公共服务提供，满足居民需求。在抗击疫情过程中，网络公司、快递公司、网络平台发挥了不可替代的作用，要及时研究它们提供的服务的形式和特点，看看哪些属于市场服务，哪些可以进入基本公共服务或非基本公共服务，由政府做出进一步的制度安排。

（四）处理好公共消费中政府与市场之间的关系

进入新世纪，基本公共服务均等化战略的提出和实施是对教育和医疗卫生产业化反思和修正的结果。当前，合理增加公共消费，仍然需要谨慎处理市场和政府之间的责任划分问题。为了提高效率，过去在提倡“小政府、大社会”以及政府购买公共服务的过程中，很少有人考虑对就业可能产生的影响，原因之一是人们根本没有把公共领域作为一个重要的就业部门。公共部门私有化会给公共部门的本质带来侵蚀。以英国的公共卫生为例，“私有部门对英国国家医疗服务系统（NHS）的影响日益加深的一个特征就是：NHS 中的那些负责制定政策的部门与那些希望从外包中获利的私有部门间的人员流动变得更加频繁。如果提供公共服务的逻辑与满足私人消费没有区别，那么，将私人部门的方法引入公共服务的逻辑就非常明了了”①。保持各个部门之间的界限，按照各自规则行事会更有利于公共服务的供给，保持公共服务发展的公平性，合理实现提高公共消费的目标。必须切记，社会改革和社会创新需要特别小心慎重，一个小小的错误会影响到全社会和几代人。

---

① 安德鲁·格林（Andrew Glyn）：《放纵的资本主义》，孙杰、靳继东译，东方出版社 2009 年版，第 42 页。

（五）不断完善公共消费的体制机制

合理增加公共消费必须理顺与其有关的体制机制。一是在投资体制中，设备、设施的投资与人员配置将会涉及不同部门之间的责任划分与权责衔接，理顺分属不同部门的关系。一些部门只负责设施投资，而不负责设备和人头费用的投入；另外一些部门则负责设备和人员的费用，而不负责设施投资，部门之间在整个项目运行中缺乏衔接。因此，在投资规划和计划制定过程中，往往出现设施投资到位，设施建成，而设备和人头费用不能及时配备，造成固定资产投资闲置，居民难以获得更多就业机会和满足需要的公共消费。合理增加公共消费不仅要扩大投入规模，更要考虑资金使用的有效性。必须在中央政府、地方政府、政府各部门之间、政府和企业之间以及政府和社会组织之间形成有机协同机制，通过完善体制和机制，使公共投入真正有效，达到推动经济社会全面持续发展的目的。在合理增加公共消费的过程中，发展和改革必须有机结合起来。这里的改革涉及中央和地方、政府各个部门之间、政府与企业、政府与社会组织之间关系的协调与理顺。二是明确运营主体，完善配套政策。若是公共服务设施交给企业管理或社会组织管理而缺乏必要的配套政策，势必导致地方政府直接运营和管理项目运营效率不高。有的地区把项目交给企业运营，但政策不配套，企业运营困难。三是提高社会组织和社会服务组织对属于基本公共服务领域的投资的参与度。由于某些政策不到位，社会力量参与教育、科技、文化、卫生、体育、社会福利、生态环境、社区服务等存在一定难度。一些社会组织不能获得相应政策待遇，具体表现在申请立项、税收优惠、资格认定、人才引进、职称评定、继续教育、奖励表彰、证照办理、收费标准等方面，不能很好激发社会建设主体的活力。公共消费是整个国民经济消费的重要组成部分，具有重要战略意义，也可以说是战略性消费，因此必须放在战略位置上考虑。

（六）鼓励和支持公共部门创新

在过去几十年中，其他国家公共部门的管理和运行已经发生了根本变化，其核心是新公共行动的扩散——贷款、贷款担保、规制、合同、合作协定、补偿项目、税收补贴、代金券，以及更多——它们中的许多在一般意义上依赖于执行项目的第三方。公共部门采用一些工具，由服务提供者转变为安排者，推动了公共管理的深刻变革——社会组织、企业可以通过这些工具参与公共服务供给。这些工具包括：社会规制，例如食品安全和检查服务；政府保险，包括国家洪水保险项目；税收支出，包括慈善捐赠的减免税；政府合作和政府主办的企业；贷款和贷款担保，包括对小企业的贷款项目和对它们的贷款担保；等等。在各项公共支出中，社会保障是最大的项目。发展中国家和发达国家的社会保障的经办是有所不同的。当然，随着互联网，尤其是5G技术的应用，社会保障经办方式会发生深刻变革，这也是合理提高公共消费需要考虑到的问题之一。尤其在我国目前所处阶段，与发达国家建立社会保障发展情况有很多相似性，基本遵循着社会保障建设初期所遵循的两个基本原则：一是社会保险需要逐步扩大规模，成为除个人储蓄之外唯一的，至少是最重要的退休收入来源；二是社会保险不是社会福利，它以雇主和雇员共同存入社会保险账户的储蓄基金为基础，当然，随着经济水平的提高和社会的不断进步，这种情况将会有所改变，个人将承担越来越大的责任。政府和社会组织参与提供公共服务，必然会发生服务支出和组织支出，包括运行支出和人员支出，必然涉及人员的布局和就业，形成公共消费规模扩大的态势。

参考文献

[1] 黑兹利特：《一课经济学》，蒲定东译，中信出版社2008年版。

[2] 伯特·耐尔·海尔布伦纳：《经济学的秘密》，秦海译，海南出版社2001年版。

[3] 雷德里克·刘易斯·艾伦：《大衰退时代》，秦传安译，新世界出版社2009年版。

[4] 何正斌：《经济学300年》，湖南科学技术出版社2000年版。

[5] 陈福今、袁曙宏等：《欧洲公共部门绩效评估》，国家行政学院出版社2005年版。

[6] 刘小玄、赵浓：《论公共部门合理边界的决定》，《经济研究》2007年第3期。

[7] 王雍君等：《地方政府投融资研究》，经济科学出版社2009年版。

［8］理查德·C. 博克斯：《公民治理——引领 21 世纪的美国社区》，孙珀瑛等译，中国人民大学出版社 2005 年版。

［9］安德鲁·格林：《放纵的资本主义》，孙杰、靳继东译，东方出版社 2009 年版。

［10］富兰克林·罗斯福：《炉边谈话》，赵越、孔谧译，中国人民大学出版社 2017 年版。

新一轮国际经贸规则中的大国博弈与对策

张茉楠*

【导语】当今世界正面临百年未有之大变局，第二次世界大战以来基于规则的国际贸易秩序遭遇全方位颠覆性挑战，全球正由“经济之争”转向“规则之争”“制度之争”。特别是新冠肺炎疫情正演变为经济全球化以来影响世界经济格局走向的一次重大外部冲击，加剧国家间的结构性洗牌，加速全球供应链、产业链本地化、区域化、分散化趋势，后疫情时代全球经贸格局与秩序重构恐难避免。因此，如何加快适应未来全球新一轮国际经贸规则变革重构的大趋势，推动我国开放型经济从要素型开放转向制度型开放，不断完善开放发展的制度环境，是构建更高水平开放型经济新体制的要义。

一、新一轮国际经贸规则格局变化及其主要特征

全球多边经贸规则框架遭遇“治理困境”。全球经贸格局走向的长期性、复杂性和不确定性加剧了全球新一轮经贸规则的调整与国家间的利益博弈。当前，多边、诸边与双边并行发展，但多边贸易体制对国际经贸规则重构的领导力在削弱，高标准自由贸易协定逐渐引领国际经贸规则的重构，并呈现出以下主要特征。

---

* 张茉楠，中国国际经济交流中心美欧所首席研究员（副所），博士后、研究员（教授）、硕士生导师，主要研究方向为全球宏观经济、全球价值链与国际贸易规则、中美经贸关系、数字贸易等。

（一）逆全球化严重冲击以 WTO 为主导的全球多边贸易体制

当前，随着美国不断挑起贸易摩擦，区域贸易合作出现新动向，围绕 WTO 的改革日益成为各方关注的热点和焦点。贸易保护主义既是经济牌，更是政治牌。近两年，美国先后挑起与中国、墨西哥、加拿大、欧盟以及印度等国家和地区的贸易冲突。摒弃多边贸易协议，惩罚性关税加进攻型的贸易政策成为美国极限施压的重要手段，其深度和广度远远超出贸易争端的范畴。尽管目前多数成员已提交了 WTO 改革方案，但各方立场分歧依然巨大，这也是考验 WTO 历经 25 年改革停滞后能否“大破大立”的关键。2020 年 3 月 27 日，在 WTO 贸易争端解决机制停摆的背景下，中国、欧盟等 16 个世界贸易组织（WTO）成员联合发表部长声明，同意设立一个多方临时上诉仲裁安排（Multi-Party Interim Appeal Arbitration Arrangement，简称“MPIA”）作为解决贸易争端的临时机制，以应对 WTO 争端解决机制上诉机构停摆的困局。

（二）超大型自由贸易协定引领全球新一轮经贸规则重构

多哈回合谈判陷入停滞以来，面对日益高涨的贸易保护主义，WTO 无力塑造适应全球经济新变化的多边贸易规则，导致近年来区域主义开始盛行，签订区域贸易协定（RTA）的国家数量激增且协定签署进程加快，并催生出大量的区域贸易协定。根据 WTO RTA Database 统计数据显示，截至 2020 年 1 月，全球累计报备 RTA 达 484 个，总有效 RTA 数量达 303 个，这其中大约有近 1/3 是跨区域国家间签订的。全球出现了众多既参与多边贸易规则框架，又参与区域贸易规则框架的具有“双重身份”的成员，全球贸易发展格局日趋复杂化，世界贸易正进入“碎片化时代”。

与此同时，自 2008 年国际金融危机爆发后，各种排他性区域经济整合如雨后春笋般涌现，甚至有规模越来越大的趋势，这种超大型自由贸易协定（Mega FTAs）遂成为 FTA 发展的新特征，也成为全球各大经济体经贸政策的主轴。目前 Mega FTAs 主导了新一轮国际经贸新规则，颇有支配全球经贸秩序的态势，并带动自由贸易和投资圈进一步扩大。它们不再是传统经济地理上相邻两国或几国之间的FTA，而是跨区域或跨洲际的巨型化FTA，故又被称为“Mega FTAs时代来临”。

2018年以来，Mega FTAs，诸如《全面进步的跨太平洋伙伴关系协定》（CPTPP）、《日本—欧盟经济伙伴关系协定》（EPA）、《美墨加贸易协定》（USMCA）等超大规模、跨区域的自贸区协定相继生效并加速，并呈现出高标准、全方位、广覆盖以及强排他性等特征。可以肯定的是，疫情引发的是一次结构性的冲击，疫情会加速世界的多极化趋势，区域分工将会加速替代全球分工，这些超大型区域贸易协定的签署也会进一步强化北美、欧洲、亚洲三大板块的区域化属性。后疫情时代我们将不可避免地迎来一个多中心的全球化分工格局，一个转型中的经济全球化。

（三）发达经济体与新兴经济体之间利益诉求与博弈增强

近年来，随着全球化发展，新兴市场和发展中经济体经济实力总体日益增强。一方面，新兴市场和发展中经济体在世界GDP中的份额超过发达国家，且差距不断扩大，这直接导致了话语权代表性与其实力增长严重不匹配。另一方面，发达国家对于“发展中国家身份”认定及涉及的“最惠国待遇原则”“差别待遇原则”开始新的调整，从而进一步强化了共识决策的困境与权力失衡的矛盾。特别是特朗普执政以来，强调“美国优先”，以单边/双边替代多边，甚至“另起炉灶”。围绕重新认定“发展中国家”身份，削减WTO成员特殊与差别待遇，消除产业补贴、国有企业补贴，不断抛出主张。2020年2月，美国贸易代表办公室公告称，在与贸易伙伴往来的“发展中国家名单”中剔除了包括中国、印度、南非、巴西在内的25个国家，这意味着美国未来将取消对这些发展中国家的WTO补贴优惠待遇。

此外，从跨太平洋伙伴关系协定（TPP）中规制国有企业条款，到扩大美国外资投资委员会（CFIUS）对美直接投资监管审查范围，再到USMCA要求缔约方对非市场经济国家贸易与投资进行限制，贸易保护的内容已经从早期的关税、进口配额、反倾销、反垄断补贴过渡到国家安全审查、国有企业和垄断企业条款、竞争中立等，新一代规则愈发关注“中国议题”。其中USMCA还新增了为中国量身定制的“日落条款”，即所谓的“毒丸条款”。该条款规定，若这三个国家中有一国与“非市场经济国家”签署自由贸易协定，则其他协议伙伴有权在6个月内退出USMCA协议。这意味着美国试图将这一当前覆盖内容最广泛的贸易协定作为未来双边贸易谈判的模板，“非市场经济国家”自贸区限制性条款可能被美国塞入美欧贸易协定、美日贸易协定，以及其他FTA谈判，这将巩固以美国范式为基础的国际贸易体系，并可能形成歧视性约束以及国际贸易规则的新壁垒。

因此，必须认识到美国等西方国家规则话语权背后是以维护和巩固其在技术与产业领域日益缩减的优势，强化自身利益最大化，甚至带有明显地抑制我国体制优势的战略意图。而以我国为代表的新兴经济体则主张改革并完善现行国际经贸体系，在不断强化以全球价值链为纽带的世界分工体系的同时，继续倡导以多边经贸规则为基础，以贸易自由化为发展方向，WTO发展中成员特殊与差别待遇权利须得到保障。我国立足于推动经济全球化、构建开放型世界经济与建设开放型经济新体制的要求，新一轮开放更具战略主动性，这反映了两类经济体的不同利益诉求及力量的博弈。

（四）经贸谈判重心从“边境措施”向“边境内措施”扩展延伸

“边境内措施”是全球前沿性议题。如今国际谈判的焦点已不再限于WTO架构下传统FTA的关税、非关税障碍、市场准入等“边境措施”（border measures），还延伸至与贸易投资相关的制度和法规开放的“边境内措施”（behind-the-border measures），本质上是一种“WTO +”模式。

传统经贸规则大都以商品或服务投资跨越关境的措施为主要对象，如关税、配额、数量限制、海关监管，以及非关税削减等“边境措施”，被称为“全球贸易政策1.0”。近年来，国际贸易协定与经贸规则覆盖面不断延展，不仅包括经济因素，更包含了众多非经济因素，其关注的重心正转向一国的经济社会政策、产业政策、投资政策、环境政策、监管框架等“边境内措施”，可视为“全球贸易政策 2.0”。其所涵盖的内容和范围不断涉及新议题，如服务贸易、TRIPS（知识产权协定）、竞争中性、电子商务、政府采购、国有企业和指定垄断、中小企业、透明度，以及投资者—国家争端解决机制（ISDS）等议题；更有甚者，还将政治体制、人权、反腐败等议题纳入协定。从 TTIP、TPP 到美韩 FTA、USMCA、EPA 以及 CPTPP 的谈判内容看，“边境内措施”内容均超过了“边境措施”。如，日本—欧盟经济伙伴关系协定（EPA）不仅是首份实现《巴黎协定》相关目标的贸易协定，对于“投资自由化”也做出了明示，并在第 2 条中明确限制投资者获得市场准入等方面的措施，如配额限制、专营权利等，规定双方不得在欧盟 / 日本的全部或部分领土内维持或采取此类措施。

（五）服务贸易 / 数字贸易成为新一轮国际贸易规则的竞争焦点

随着新一代技术革命快速发展，全球贸易模式发生了深刻改变。在传统贸易向数字贸易转型、产业价值链更依赖研发和创新、无形资产投入增加等新形势下，贸易不仅是货物贸易，背后更指向技术、金融、数据、知识产权等问题，服务贸易和数字贸易正成为全球贸易的新引擎。美欧等发达国家利用自身的服务贸易与数字贸易发展的竞争优势以及较为完善的法律法规，在新一轮国际贸易规则制定中积极抢占制高点，而与之相关的议题设置也成为大国战略博弈的焦点。

2011 年以来，服务贸易呈现快速增长态势，其增速远远超过商品贸易。在发达经济体中，当前服务业约占其 GDP 的 75%，高于 20 世纪 50 年代的 40%。服务贸易在国际贸易中比重持续上升。2018 年，服务贸易占全球贸易的比重为 23%，按附加值计算，服务贸易附加值在全球贸易附加值的比重已超过 50%。作为全球价值链中的重要一环，制造业服务化和服务业数字化趋势深度重塑传统业态和模式，为服务贸易创新发展提供强大动力。随之而来的就是围绕服务贸易自由化与便利化的经贸规则诉求，这些诉求绝大部分超出了原有的 GATS 项下的服务贸易承诺。

数字贸易及其规则也成为美欧等发达国家引领制定的区域贸易协定的前沿议题。在WTO公布的40多个多双边区域协定中，有32个协定将数字贸易或电子商务专设单独章节，其中涉及美国主导的13个，欧盟7个，其他协定也基本上由已与美欧签署协定后的国家或地区之间互相签署。在新型贸易协定，如TPP、TISA、TTIP中对知识产权保护、跨境数据自由流动以及数据隐私保护都有重点涉及。美国不仅是数字贸易强国，同时也是规则制定引领者。美国一直致力于打造一个具有约束力的全球数字贸易规则体系。在美国主导的区域贸易协定中，数字贸易规则不只局限在电子商务章节，在投资、知识产权、信息技术和跨境服务贸易等章节中也有所体现。

此外，与美国主导的USMCA明确提出跨境数据自由流动、数字产品的非歧视待遇、禁止强制性本地化等诉求不同，欧盟在数据跨境流动和数据本地化方面相对更为保守和谨慎。如日本—欧盟经济伙伴关系协定（EPA）对是否将数据自由流动纳入协议设置了3年过渡期。不过，这并不意味着欧盟对此持消极态度，为落实“单一数字市场战略”并推动欧盟数字经济，通过2018年生效的《一般数据保护条例》（GDPR）消除成员国数据保护规则的差异性，在“欧洲数据自由流动倡议”框架下消除非个人数据在储存和处理方面的地域限制，推动欧盟范围内的数据资源自由流动，这很可能成为一个国际合作机制范本，进而引领建立全球跨境数据流动标准。

二、当前我国开放型经济新体制面临的问题与挑战

（一）与国际高标准规则对标还有较大差距

新一轮国际经贸规则对我国形成强大外部挑战，我国与国际高标准规则体系对标还有较大差距。大国之间的战略博弈，已不限于市场规模竞争和技术优势竞争，更多的是制度设计竞争和规则制定竞争。当前，全球国际贸易投资新体系在全球范围内出现重构——面向全球的多边贸易体系WTO被逐渐边缘化，取而代之的是以美国为首的西方经济体建立的区域性贸易服务规则，如跨

太平洋伙伴关系协议（TPP）、跨大西洋贸易和投资协议（TTIP）、多边服务业协议（PSA）——这些区域性规则有一个共同特征，即“ABC 规则”（anyone but China）。特别是近几年，全球正遭遇百年未有之大变局，国际经贸规则变化正是全球经济秩序大调整大变革的突出体现。2018 年以来，全球范围内先后有 CPTPP、EPA、USMCA，以及欧盟与南方共同市场（Mercosul）等超大自贸协定签署。在新一轮国际经贸规则构建过程中显现的全方位覆盖、多元化领域、高质量 / 高标准等特点，以及在原产地规则、知识产权保护、服务业开放、数字贸易、环保劳动、竞争政策和国有企业等方面的变革趋势，对我国应对内外部变化形成全新挑战。

（二）开放型经济新体制发展水平还有待提高

这主要表现在：我国贸易自由化尚未完成，也就是说按照多边贸易体系 1.0 时代货物贸易自由化的要求，我国只完成了高于一般发展中国家水平的自由化（关税大大低于发展中国家的平均水平），但按照动态发展来看，与中高收入国家且即将迈入高收入国家行列所应有的关税水平还存在不小的差距。如与发达国家相比，我国关税平均水平仍为发达国家一倍以上，还有较大的降税空间。按照新一轮多边贸易规则的要求，我国服务贸易自由化水平整体较低，特别是金融服务业自由化滞后，开放任务极为艰巨，在知识产权保护方面有待进一步提升，还需要尽早加入政府采购协议等。此外，在营商环境和市场准入方面，中国国内规则以及法律法规尚不完善，国际社会对中国方案的透明性和开放性也存在质疑。以更大力度实施结构性改革、进一步优化营商环境还需要做出大量努力。

（三）维护国家安全利益的制度体系与能力还很薄弱

当前，国际格局持续发生错综复杂的深刻变化，世界力量对比演变态势已进入从“量变”到“质变”的历史进程。近年来“美国优先”、“英国脱欧”、弱化 WTO 等，已对全球经贸格局产生严重冲击。与在国际金融危机期间不同，全球协力应对危机的信任基础已今非昔比，一些国家在危机面前采取“以邻为壑”的策略，供需失衡局面更加凸显，保护主义更为猖獗。而美国对华遏制战略基本确立对我国而言更意味着系统性风险，加快推动与我国经贸、产业科技、人才等方面进一步“脱钩”，甚至拉拢盟友“去中国化”。因此，如何在“开放”中维护国家安全（如经济安全、产业安全、科技安全、金融安全、供应链安全等）成为一个重大命题。事实上，美国对全球经济的控制力也体现在对全球价值链、产业链、供应链等关键领域的控制上。中国虽是价值链 / 供应链大国但非强国，在全球化价值链、供应链安全建设上缺乏完善的保障措施和体系。

（四）中国利用 WTO 多边规则框架维护自身利益仍有不足

WTO 依然是中国保护自身利益的渠道，但中国尚未充分利用，在这方面仍有发展空间。比较一下其他世界主要贸易大国，中国加入 WTO 以后起诉 22 次，远小于同时期的美国（131 次）、欧盟（86 次），甚至小于加拿大（39 次）、墨西哥（25 次）、日本（25 次）、印度（25 次），相较之下，中国已经应诉 43 次，明显主动出击不足。尤其与美国相比，作为全球最大的进口国，美国与其他大国贸易纠纷频繁，在 WTO 框架下频繁起诉与应诉，例如对欧盟（起诉 20 次、应诉 34 次）、加拿大（起诉 8 次、应诉 20 次）、巴西（起诉 4 次、应诉 11 次）、墨西哥（起诉 7 次，应诉 10 次）、日本（起诉 6 次、应诉 8 次）、印度（起诉 7 次、应诉 11 次）、韩国（起诉 6 次、应诉 14 次）、中国（起诉 23 次、应诉 15 次）等。各国依靠 WTO 这一平台保护自身利益，相较之下中国仍然运用不足，尤其是应诉居多，主动出击较少，且集中于针对美国、欧盟，并未在全球范围内充分保护自身利益。

（五）“中国议题”可能成为国际施压中国及“规则合围”焦点

自特朗普执政以来，美国对华战略框架开始迅速从传统的“接触 + 遏制”向单纯“遏制”转型。以 2018 年开始的中美经贸和高科技领域摩擦为标志，这一转型进入高潮，并成为中美建交以来两国关系最为深刻的变化，美国用权力逻辑取代市场逻辑，开始试图对中国进行权力而非经济控制，并在一些 Mega FTA 规则中打造“ABC 规则”。不排除疫情之后美欧日对中国形成新一轮的“规则合围”。

首先，“非市场经济地位问题”。“非市场经济地位问题”是我国与发达国家博弈的核心问题之一。非市场经济地位导致我国出口企业在贸易争端以及对外反倾销应诉中处于极为不利地位。根据商务部统计，目前全球已有包括俄罗斯、巴西、新西兰和澳大利亚等在内的八十多个国家承认我国具备市场经济地位。然而，美国、欧盟和日本，多年来一直拒绝认可。在解决中美经贸摩擦和争端的过程中，我国加快了开放步伐。“非市场经济国家”自贸区限制性条款可能被美国塞入美欧贸易协定、美日贸易协定以及其他 FTA 谈判。

其次，“竞争中立问题”。澳大利亚、欧盟、OECD、美国对“竞争中立”的定义基本是一致的，认为“竞争中立”原则意味着国有企业需要按照市场原则，与民营企业、外资企业在市场上公平竞争，国有企业不会受到特殊优待。中国方面的“竞争中立”则强调不同所有制的企业竞争一律平等，这不仅仅针对国有企业而言，而是适用于不同所有制的所有企业，也即非歧视原则，既不歧视民营企业、外资企业，也不歧视国有企业，所有企业一律平等非常关键。不过，从现实来看，我国在政府财政补贴、政府信用支持、行政垄断、市场准入等方面都距离“竞争中立”有较大差距。

再次，产业补贴问题。2020 年 1 月，美日欧发表联合声明，指出 WTO 规则所禁止的现行补贴规定，不足以解决某些地区扭曲市场和贸易的补贴现象，因此必须在 WTO 框架下强化产业补贴领域的国际规则，此声明虽未点名，但被解读为直指中国。由于补贴牵涉政府管理经济的方式问题，因此，不仅是贸易争端的核心，也是我国在多边贸易谈判中必须要面对的重大议题。近年来，我国加快改革进程逐步消除市场扭曲行为贸易当中的扭曲，已极大地降低政府补贴的幅度和范围，然而，不同程度的政府补贴现象依然存在，这其中违反世贸组织规则的补贴有相当部分是由省级和地方政府相关机构提供给出口商的。未来我国产业补贴政策的变革应重视 WTO 义务的履行，按照 WTO 框架下

《SCM 协议》调整补贴政策或者取消补贴政策，最大限度地降低与 WTO 补贴规则冲突的风险，新出台的补贴措施应该尽量具有非专向性特征，也要严格避免采用禁止性补贴（即出口补贴和进口替代补贴）。

最后，市场 / 制度壁垒问题。目前，从 TTIP、TPP 到美韩 FTA、USMCA、日本—欧盟 FTA（EPA）以及 CPTPP 的谈判内容看，谈判议题向边界后规则转移，这对我国贸易政策、产业政策、投资政策以及经济发展模式带来巨大挑战。如果不积极参与制定和接受新规则，很可能被美欧日形成的规则同盟体系排斥在新一轮全球化之外，面临各种形式的规则壁垒的可能将显著上升。因此，对于与我国改革方向一致的规则，要顺势而为，加大“接轨”与“融入”力度。

三、未来中国参与并引领国际经贸规则的主要思路

未来的大国博弈是规则之争，也是主导权之争。特别是在全球保护主义不断升级，以及美国加紧对中国战略围堵的背景下，规则之争更成为前沿阵地。目前，包括美国、欧盟、日本、中国在内的国家或地区正竞相塑造新一轮规则框架，中国应有超越当下的新思路，实施更为系统性、前瞻性、战略性的政策体系，全面扩大全球多边规则框架的影响力和主导权。

（一）围绕推动贸易投资自由化、便利化优化营商环境

中美贸易紧张局势加剧全球投资者忧虑，要想突围必须继续向世界表明中国全方位开放的态度依旧坚定不移。在这样的背景下，中国更应该加大力度进一步积极促进自主开放进程，放宽外资准入限制，努力推动投资自由化和贸易便利化，增强吸引外资的国际竞争力。

1. 完善《外商投资法》相关配套政策

一方面，调整与《外商投资法》不一致的相关规定，改进现有国际经贸法律法规体系。《外商投资法》将原来的外资三法合而为一，成为规范中国吸引外资和外向型经济发展的一部基本法律。除影响国际投资之外，此法的通过和实

施也可能影响到涉及国际贸易、金融、技术转让、数据流动等内容的一系列规则，从而促进中国国际经贸法律法规体系的完善。另一方面，以《外商投资法》及其配套法规的实施为契机，引入“竞争中性”原则，优化市场经济的整体制度环境。在外资领域引入“竞争中性”原则是很重要的，这有利于在企业运营阶段真正贯彻国民待遇和公平公正待遇原则，避免对外资企业的歧视，实现不同所有制企业间的公平竞争。

2. 完善准入前国民待遇加负面清单管理模式

应持续推动破除市场准入隐性壁垒，积极排查清理各种形式的市场准入不合理限制和隐性壁垒。全面确立公开透明、法治规范、有限管理的治理理念，进一步完善市场准入负面清单和外商投资负面清单制度体系，实行全国统一的市场准入负面清单制度。深化“证照分离”改革，提高管理质量和效率，降低经济运行成本，实现投资便利化。

3. 以“竞争中性”推动国有企业改革等市场化改革

建议实施竞争性国企和具有国家战略性国企分类，从要素获取、市场准入、经营运营、政府采购与招标等方面构建中国版的“竞争中性”规则体系。

（1）在要素获取方面争取三方面中性原则：一是政府补贴中性，提高国有企业透明度，明确国有企业和公共机构的关系；对公益类国有企业进行明确的界定或列明清单，采取对公益类国有企业进行排除性规定的模式来实现所有企业享有公平待遇，并兼顾国有公益性企业的实际运作。二是税收中性，对现行税法的实体性条款和程序性条款做合理的结构安排，提升税收的确定性。三是贷款中性，要求对国有企业提供融资应当保证融资条件与市场利率相一致。

（2）在市场准入方面，构建内外资企业一视同仁、公平竞争的营商环境。进一步界定政府与市场的边界，划分政府与市场的权利和责任，对所有市场主体公平公正、一视同仁，减少自由裁量权，在市场准入、审批许可、投资经营等方面，打破各种形式的不合理限制和隐性壁垒。

（3）在经营运行中性方面，借鉴国际条约中的“商业考量因素”，在价格、质量、供应度、实销性等方面构建法律法规。要求国有企业成为真正的市场主体，按照非歧视原则和商业考量同非国有企业开展公平竞争，并受到竞争法的同等监管。在国企改革中，平等对待所有股东和其他投资者，避免国家作为占有支配地位的股东滥用权利。

（4）在政府采购和招标中性方面，应当通过增强国有企业的透明度，健全信息披露制度，体现竞争性、非歧视性，对政府采购的程序进行披露。建议对国有企业的经营、财务以及股权分布等状况进行公示，企业盈亏状况、财务审计状况等也都对社会公众公开。

（5）建议中国积极参与 OECD 关于“竞争中性”的研究工作和指南制定；另一方面，在“一带一路”倡议中，中国与沿线国家签订或更新自由贸易区协议时，应主动就“竞争中性”规则的内涵及判断标准达成共识。

（二）建立系统完备、科学高效的开放型经济安全保障体系

1. 完善外商投资国家安全审查机制

中国在创造更加开放的制度环境的同时，也需要从法律、规则、规范等诸多层面保障国家核心利益不受到重大威胁。中国在促进产业开放、市场开放的同时，也需要在外商投资负面清单制度以及产业指导目录的框架下，加快完善国家经济安全保障制度。

一是建立动态的国家安全审查修正机制，使国家安全审查制度成为应对国际经贸摩擦的有效手段。动态的、有针对性修正的国家安全审查机制可以成为应对国际经贸摩擦的有效手段，而且不会被认为是提高外资准入壁垒。

二是细化外资并购国家安全审查的标准。我国国家安全审查的标准可以考虑对国防安全所需的国内产业造成的影响，该产业满足国防安全需要的能力及其重要性，是否与国家政策、产业政策和经济政策相一致，外国投资者对国内产业和商业活动的控制是否对我国国家安全造成影响，对我国国家安全领域中的国际技术领导地位的潜在影响等因素，进而细化我国国家安全审查的可操作的具体标准。

三是建立我国外资并购国家安全审查的专门机构。建议我国设立“国家安

全审查委员会”，负责协调各部委工作，保证国家安全审查有效进行，其常设机构可设在商务部或国家发展改革委，而相关单位可由多个部门构成，如国防部、国家安全部、国家发展和改革委员会、商务部、财政部、国务院国有资产监督管理委员会司法部等。

2. 建立完善海外投资安全审查机制

从制度设计上应全面完善我国海外投资安全审查机制，加快推动建立我国海外投资利益保护体系、海外投资保险制度，以及国际投资争端解决机制等重大制度改革。完善海外投资并购的真实性核查与审计制度，积极构建海外投资和并购的信用制度。在监管机构方面，应借鉴其他国家经验，国际上对海外投资实行审批或核准制的，通常是由一个政府部门或机构来行使审批权。例如，韩国海外投资的审批是经财务部长委任，韩国银行行长执行的，具体审批归由韩国银行下设的“海外投资事业审议委员会”负责。这样有利于政府对境外投资实行统一管理，提高管理效率。此外，应健全和完善境外投资企业的信息披露制度、境外投资活动的动态监管制度、境外投资的财务和税收管理制度、境外投资国有资产评估与监管制度等。同时，加强各国监管当局的合作，进行跨境监管协调。

3. 建立新安全观下的安全清单保障制度

一是进一步完善“不可靠清单制度”。在具体实施手段上可参考美国出口管制经验，加强在金融支付、物流、产品信息追溯编码等多个渠道的监控，以及最终用户核查、参与国际多边管控组织进行信息互换等。

二是全面完善国家技术安全管理清单制度。建议将国家技术安全管理清单制度与《中国出口管制法》统筹协调。根据出口管制政策，综合评估国家安全、技术发展、国际市场供应、国际义务、对贸易和产业竞争力的影响等因素，制定和调整国家技术安全管理清单和出口管制清单。

三是建立与完善知识产权对外转让审查机制。从国际通用做法看，美国外资投资委员会负责对知识产权对外转移转让的审查监管。欧盟知识产权对外转让的特点是受双重监管，不仅有欧盟的统一机构进行监管，还有各国自己的相关机构对各国分别进行监管。日本的做法则是向特许厅提交权利人变更的登记手续，在特许厅办理完登记之后还需要办理其他的行政许可才能转让给其他国家的购买方。

4. 构筑“三链”及其关键领域的安全保障体系

首先，避免“断链”风险，加快实施“进口替代”战略。保持价值链、供应链的稳固和韧性，应加快实施“进口替代”战略，加快某些产业进口替代，提高附加价值比重，全面提升中国全球价值链水平，将“危机”转化为一次真正的“机遇”。

其次，强化高科技、能源、金融等关键领域的安全保障体系。应按照总体国家安全观，将这些关键领域的安全纳入国家总体安全范畴，加强安全保障体系顶层设计。一是强化能源安全保障体系。重点是理顺能源价格，加强油气资源海外布局，充分保障工业能源供给，提升各类金属资源集约利用水平，建立和充实各类战略资源储备库。二是强化高科技安全保障体系。持续加大国家投资力度，突破重大颠覆性技术领域的技术瓶颈，消除技术代差，牢固掌控科技链和创新链的核心环节。三是强化金融保障体系。在金融制度方面，坚持金融体系和资本账户的国际化、市场化开放方向，但要坚持循序渐进、有节奏地开放和推动资本项目自由化，并全面加强风控体系建设；在金融主体方面，要提高中国金融机构的竞争力，重视微观审慎管理；在金融监管方面，提高监管能力、改革监管体制，特别对于区块链、数字货币等金融科技领域要创新监管模式，利用高科技实施监管。

（三）推动区域双边和多边 FTA 发展

1. 将自贸区战略视为中国新一轮全球化战略布局的重要路径

我国把自由贸易区建设上升为国家战略，提出了建设立足周边、辐射“一带一路”、面向全球的高标准自由贸易区网络，自由贸易区建设不断加速发展，布局逐步完善。中国在扩大 FTA 的过程中，应遵循“全面规划、突出重点”的指导原则，加快建立与周边国家的自贸区平台，特别是将亚太地区作为与中国经济联系最密切的区域之一。同时，通过以建构亚太自贸区（FTAAP）为长远目标，以推动区域全面经济伙伴关系协定（RCEP）的签订为加速器，围绕“一带一路”倡议，切实促进亚太区域经济一体化的快速发展。在此基础上应逐步向拉美、非洲、欧洲地区扩散，逐渐形成“稳固周边、扩展全球”的自贸区网络体系，通过建立高标准、宽领域的自贸区，可以加快区域内贸易、投资自由化和便利化，促进“跨边界”区域互联互通，改善“边界后”商业环境，实现新一轮全球化战略布局。

2. 以重点大国和地区为核心，加快推动大型自贸协定达成落地

一是对标高标准国际经贸规则，加快推动 RCEP、中日韩自贸区协定谈判尽早达成，并启动加入 CPTPP、中欧 FTA 可行性研究。特别是 RCEP、中日韩经济合作机制，CPTPP 对提升区域竞争力的战略性需求更为紧迫。以高标准为目标推进中日韩自贸协定谈判有助于三国间贸易壁垒的降低和取消，将促进三国经济和产业链全面融合，并有助于探索适合亚太地区的贸易投资规则体系。

二是主动倡导以中间品贸易为主导的诸边贸易谈判。构建和完善贸易增加值统计体系，降低中间品进口关税，完善中间产品知识产权制度等对中国而言意义重大。因此，可以将中间产品贸易作为在国际贸易规则框架下中国主动发起的诸边谈判的议题之一。

三是加强服务贸易谈判进程。积极融入并参与制定服务贸易的国际话语权显得尤为迫切。大力发展高附加值服务业，如金融、知识产权和生产业服务，积极承接服务贸易项下的价值链分工，形成与发达国家和发展中国家双向拓展的全球战略布局。

（四）主动参与新的国际经贸规则制定

1. 对标国际高标准经贸规则积极改革完善边境后措施

一是在产业政策方面，在追赶性领域，可以规定技术路径，但在未知领域，不要规定技术路径，而只规定目标和质量、安全和环保标准。政府应更多从需求侧进行支持，更多向基础领域倾斜，适当将外资企业纳入其中。更加注重支持行为的精细化。二是在合规、竞争政策、知识产权、投资政策、海关通关、政府采购、标准等领域以及民用航空、信息通信技术、医疗医药行业，要更多借鉴发达国家相关做法的合理元素，增强我国相关政策的科学性、有效性、公平性和便利性。三是在金融保险领域，除了落实宣布的各项开放承诺外，逐步减少影响外资金融机构非有机增长和有机增长的各种限制因素。四是减少项目建设在安全、环保等领域的前置许可，代以严厉的事中事后监管。五是在医疗、教育、文化、工业设计等专业服务领域，加强和国际通行规则的互认制度。

2. 积极参与构建全球数字贸易与服务贸易规则新框架

应充分发挥我国数字经济大国的优势，把握数字贸易规则制定的主动权，积极参与构建面向未来的数字贸易规则框架体系。我国在跨境电子商务、数据存储与传输方面发展迅速，具有相对竞争优势，企业正在拓展国外市场，构建基于地区与全球的数据网络。比如在“一带一路”建设中，“数据基础设施”的建设至关重要，应在“减少消除阻碍数据跨境流动的部门规章”“改进数据监管技术对数据进行分类管理”等方面做出努力。中国应加强对数字贸易规则最新发展趋势的研究，开展关于数字贸易壁垒、知识产权保护、数字贸易统计、争端解决机制、新型数字贸易规则等一系列重要问题的研究，发挥自贸试验区和自由贸易港的先行先试作用。

3. 参与推动全球投资规则框架的建立与完善

中国应坚持“前瞻性、发展性、包容性和灵活性”四大原则，在区域投资协定或综合经贸协定谈判中采取高位战略与灵活安排相结合的策略，减少投资壁垒，加快同其他国家洽谈协议，达成更多双边及区域规则共识，维护开放的国际经济秩序和互惠的规则制定基础，在新一轮国际规则制定中争取下一代投资规则的主动地位。当前，联合国贸易和发展会议（UNCTAD）准备在贸易增加值核算基础上研发新一代投资政策框架，建立能够促进跨国投资可持续增长的投资争端解决机制，为外商投资法、双边投资协定、自贸区改革，进而为面向未来的全球投资协定及其新规则的制定提供方向性指引。

4. 积极推动"一带一路"高质量规则体系建设

"一带一路"倡议的提出顺应了国际规则体系调整的时代背景。一方面，从"一带一路"的实践来看，这一倡议并不寻求推翻现行国际制度体系的各类规则，而是对标全球高标准经济规则，进而成为国际规则体系的完善者和创新者。同时，作为一种发展导向的国际合作倡议与实践，"一带一路"尝试通过与沿线国家共享规则制定权的方式对现行规则体系中不合理的部分进行修补，"一带一路"规则体系要遵循以规则为导向的全球治理架构和多边自由贸易体系，并遵循国际法基本原则，如透明度原则、非歧视原则、公平性原则，等等。另一方面，"一带一路"所秉承的共建、共商、共享理念，并不仅仅是发展成果的共享，更是规则制定权和规则主导权的共享。这一倡议以高度灵活性、极强操作性和广泛适用性的走廊模式吸引更多国家自愿参与、主动进行发展战略对接，并非美欧等高标准的区域贸易协定，制定适合新兴国家利益需求的区域经贸规则。

推动"一带一路"规则标准对接将成为"一带一路"国际合作的重要方向。"一带一路"应逐步纳入"21 世纪新议题"，需要从国际贸易、国际投资、国际金融等规则方面进行对接与完善；加快形成更加自由化、便利化的"一带一路"贸易规则，标准统一、自由便利的"一带一路"投资规则，更加公平、高效、开放、安全的国际金融规则，以及包括知识产权、技术标准、绿色环保标准、贸易争端解决机制、投资贸易便利化措施、全球公共产品等在内的规则与制度建设；进而逐步形成高质量高标准的全球合作新模式。因此，高质量的"一带一路"建设对内有助于推动中国制度型开放和开放型经济新体制的建立，对外则有助于构建开放型世界经济。

参考文献

［1］陈德铭：《全球化下的经贸秩序和治理规则》，《国际展望》2018 年第 6 期。

［2］Office of the United States Trade Representative, "Joint Statement on Trilateral Meeting of the Trade Ministers of the United States, Japan, and the European Union", https://ustr. gov/about-us/policy-offices/press-office/press-releases/ 2018/september/joint-statement-trilateral, 2019-09-25 .

［3］Congressional Research Service, “The United States-Mexico-Canada Agreement (USMCA)”, https://fas.org/sgp/crs/row/R44981.pdf, 2019-02-26.

［4］Office of the United States Trade Representative, “Agreement between the United States of America, the United Mexican States, and Canada 7/1/20 Text”, https://ustr.gov/trade-agreements/free-trade-agreements/united-states-mexico-canada-agreement/agreement-between, 2018-11-30.

［5］尹政平、杜国臣、李光辉：《多边贸易体制与区域贸易安排的关系与前景》，《国际贸易》2017 年第 7 期。

［6］黄建忠：《WTO 改革之争——中国的原则立场与对策思路》，《上海对外经贸大学学报》2019 年第 2 期。

［7］Luisa Kinzius, “Global Trade Protection and the Role of Non-Tariff Barriers”, *Review of World Economics*, 2019, vol. 55, no. 4.

［8］张茉楠：《全球数字贸易战略：新规则与新挑战》，《区域经济评论》2018 年第 5 期。

［9］World Trade Organization, “World Trade Report 2018: The Future of World How Digital Technologies are Transforming Global Commerce”, https://www.wto.org/english/res_e/publications_e/world_trade_report18_e.pdf, 2019-01-10.

［10］Office of the United States Trade Representative, “Joint Statement on Trilateral Meeting of the Trade Ministers of the United States, Japan, and the European Union”, https: //ustr. gov/about-us/policy-offices/press-office/press-releases/2018/September/joint-statement-trilateral, 2019-09-25. https://voxeu.org/article/global-trade-protection-and-role-non-tariff-barriers. 2019-12-16.

［11］欧阳俊、邱琼：《〈美墨加协定〉的目标、原则和治理机制分析》，《拉丁美洲研究》2019 年第 1 期。

［12］王学东：《从〈北美自由贸易协定〉到〈美墨加协定〉：缘起、发展、争论与替代》，《拉丁美洲研究》2019 年第 1 期。

［13］洪朝伟、崔凡：《〈美墨加协定〉对全球经贸格局的影响：北美区域价值链的视角》，《拉丁美洲研究》2019 年第 2 期。

［14］日本外务省：Japan-EU Economic Partnership Agreement (EPA), https://www.mofa.go.jp/ecm/ie/page4e_000875.html, 2019 年 12 月 19 日。

［15］高维和、殷华、张懿玮：《国际“竞争中立”国有企业条款与中国实践》，格致出版社 2019 年版。

［16］盛毅、陈东：《竞争中立原则及对国有企业规制的研究进展评述》，《经济体制改革》2019 年第 4 期。

［17］雷蒙：《诸边谈判：推动贸易自由化的良方？》，《WTO 经济导刊》2018 年第 7 期。

后疫情时代国际经济格局与人民币国际化战略

王雪磊*

【导语】2009 年以来，人民币国际化程度显著提升。一方面，当前国际形势面临百年未有之大变局，中美脱钩标志着全球贸易和投资环境的恶化，新冠肺炎疫情又加速了国际经济体系的“逆全球化”进程，美元体系面临储备货币多极化和数字货币的挑战，人民币国际化发展危中有机。另一方面，以互联网、产品和服务数字化为特征的数字全球化方兴未艾，中国在平台经济、移动支付网络、数字货币等领域的创新和领先，将为中国经济注入新的动能，为人民币国际化使用提供新通道和新引擎。

人民币国际化是中国主动应对国际金融危机的产物。自 2009 年中国启动人民币跨境贸易投资便利化政策以来，人民币国际化经历了从经常项目到资本项目，从银行企业到个人客户，从简单到复杂业务逐步发展的过程。截至 2019 年年底，人民币已连续十年成为中国第二大国际收付货币，全球第三大贸易融资货币、第五大支付货币、第五大储备货币和第八大交易货币，与中国发生跨境人民币收付的国家和地区达到 242 个，人民币国际化程度显著提高。当前国际形势面临百年未有之大变局，中国既定的发展战略和经济政策面临挑战和调整的压力，人民币国际化发展如何适应这种变化，正是本文研究的主要内容。

---

* 王雪磊，经济学博士，现任中国建设银行纽约分行副行长、建行大学纽约学院副院长，主要工作和研究领域为商业银行管理、国际金融和金融科技。

一、2009年以来人民币国际化战略实施情况

（一）人民币支付功能不断增强

经常项目下人民币跨境收付金额从2009年度不到4000亿元，增加至2019年年末的6万亿元，占中国对外贸易总额的16.1%。资本项目下人民币跨境收付从无到有，2019年年末超过了13万亿元，收入大于支出。在跨境支付基础设施建设方面，2015年人民币跨境支付系统（CIPS）第一期投产使用，截至2019年年底，CIPS直接和间接参与者达到934家，覆盖全球94个国家和地区。2019年，CIPS与SWIFT（环球同业银行金融电讯协会）合作，推动人民币成为SWIFT产品和服务除美元、欧元之外的第三种计价货币，提升了跨境交易的效率，标志着人民币作为国际支付货币进入了更高阶段。

与此同时，我国先后与39个国家和地区的央行签署了双边本币互换协议，总金额超过3.7万亿元；在25个国家和地区建立人民币清算行制度，将人民币现钞出境和回流渠道逐步延伸至全球范围。这对于便利中国与相关国家贸易投资、促进人民币国际使用、维护地区间金融稳定发挥了积极作用。

（二）人民币投融资和交易功能持续深化

中国金融市场双向通道逐渐开放，人民币跨境融资、资金池等金融产品不断创新；RQFII①、RQDII、“沪深港通”、“沪伦通”、基金互认、“债券通”和黄金国际板等投资渠道逐步开放。2019年，中国472家A股公司被纳入明晟MSCI指数，人民币债券被纳入全球三大重要债券国际指数，充分反映了国际投资者对于中国经济发展和金融市场开放的信心。截至2019年年底，境外主体持有境内人民币股票、债券、贷款等金融资产合计6.41万亿元，持有债券托管量占比2.3%，持有股票市值占A股总市值的3.6%。

---

① 2019年国家外汇管理局取消针对人民币合格境外投资者（RQFII）和合格境外投资者（QFII）的投资额度限制。

随着境外人民币的不断积累，市场自发形成了以香港和伦敦为主的离岸人民币中心，截至 2020 年一季度末，离岸人民币存款余额超过 2 万亿元，境内机构向境外人民币贷款余额合计超过 5300 亿元，离岸人民币债券余额 4227 亿元。市场对人民币信心明显增强，人民币离岸汇率围绕在岸价格波动，离岸人民币计价的权益类投资产品更加丰富。全球人民币外汇交易日益活跃，日均交易量占全球外汇市场份额从 2% 上升至 4%，其中 95% 是人民币对美元的交易。从 2010 年开始，人民币陆续对欧元、英镑、卢布、韩元等 27 个国家和地区的货币直接挂牌交易。上海外汇交易中心已成为世界第八大外汇交易中心，与人民币的交易货币地位相匹配。

（三）人民币计价功能有所突破

2013 年以人民币计价结算的中国铁矿石期货上市，目前大连的铁矿石期货市场已发展成为全球第一，对国内钢厂锁定利润、稳定经营具有重要意义。2018 年，以人民币计价的 INE 原油期货在上海挂牌交易，目前已成为亚洲交易量最大、全球第三的原油期货合约，仅次于美国 WTI 原油期货和英国 BRENT 原油期货。人民币计价的精对苯二甲酸（PTA）期货交易和期铜交易也分别于 2018 年和 2019 年上市，同时引入境外交易者，其交易合约报价将成为全球或区域基准。推动人民币成为大宗商品的计价结算货币，是我国扩大对外金融开放的重要举措，缓解了中国作为全球最大的原材料进口国但缺乏定价话语权的困境，在人民币国际化进程中具有里程碑意义。

（四）人民币储备货币功能逐步显现

2016 年 10 月，人民币正式加入国际货币基金组织（IMF）特别提款权货币篮子，权重为 10.92%，在篮子货币中排名第三。截至 2019 年年底，IMF 官方外汇储备货币构成中人民币储备规模为 2176.7 亿美元，在主要储备货币中排名第 5 位。据中国人民银行统计，已有 70 多个国家和地区的中央银行将人民币纳入外汇储备。

但是通过比较我们也可以看出，人民币的国际地位与中国的经济实力仍然不匹配。据 SWIFT 统计，2019 年中国的 GDP 占全球 GDP 的 20%，但是人民币主导的交易占比仅为 1.16%，美国 GDP 约占 25%，但美元交易却占 44%。资本项下可兑换和人民币汇率市场化是制约人民币国际化的根本原因，国内金融市场开放程度、境外使用人民币的网络效应和宏观经济政策调整是当前影响人民币国际化的主要因素。

二、国际经济格局的大调整要求加速人民币国际化

（一）面临着国际经济体系“去中国化”的严峻风险

特朗普政府的“美国优先”战略对“二战”以后形成的国际经济合作体系造成了巨大的冲击，同包括中国在内的各主要经济体掀起“贸易战”，多边贸易体系被美国的双边贸易协议所替代，世界贸易组织（WTO）的运转处于半瘫痪状态，全球的产业链和供应链被迫调整。中国是经济全球化最大的受益者，2019 年中国出口总额占国际市场的 13.1%，中国已成为世界第二大外资流入国和对外投资大国。相比之下，2008 年国际金融危机削弱了美国的整体经济实力，其国内贫富差距加剧、产业空心化以及失业严重等社会问题，被美国的政客们归罪于中国的崛起，中国的强大已经威胁到美国的国家安全和在国际治理体系中的老大地位。中美在贸易、科技、外交领域的矛盾和冲突造成了“中美脱钩”的现实，这是当前国际关系最主要的背景和不稳定因素。

中国成为“去全球化”最主要的受害者，全球美元体系的“去中国化”迹象明显。一是 2020 年新冠肺炎疫情在全球大暴发造成了全球范围内的“美元荒”，凸显了美元作为避险货币的重要性，美联储在 3 月份与 14 个国家央行建立了美元流动性互换安排，总计 4500 亿美元，人民币被排除在外。二是中国正面临美国金融制裁的严峻挑战，美国利用其美元霸权和长臂管辖权，对中国特定个人和机构的制裁不断升级，冻结其在美国的账户和资产，禁止使用美元交易，严格限制美国机构投资中国市场和中国企业到美国上市融资，等等。更为

严重的是，将香港踢出 SWIFT 系统的说法屡见不鲜。三是美国重新考虑加入跨太平洋伙伴关系协定（TPP），与其印太军事战略一唱一和，目的就是要把中国排斥在美国所构建的新的贸易投资联盟之外。只有持续深化与世界经贸的交往和联系，坚定推进人民币国际化，才能打破美元体系的包围和垄断。

（二）面临着后疫情时代和经济"逆全球化"的挑战和机遇

新冠病毒可能与人类长期共存，引发了全球范围内的经济衰退，尤其是美国"面临着 1929 年以来最严重的经济危机"。这导致本国国内政治的极端主义和民粹主义盛行，对外交往上的孤立主义，本国优先主义和思想上的保守主义大行其道，预示着以人员、货物等物理空间流动为特征的全球化出现倒退。有着相似宗教信仰和文化背景、经济联系紧密、地域临近的国家相互合作共渡难关的区域化特征将成为趋势之一。"一带一路"倡议发出以来，2013—2019 年中国与沿线国家货物贸易累计总额超过了 7.8 万亿美元，对沿线国家直接投资超过 1100 亿美元，但是大部分仍然是以美元计价，而且"一带一路"沿线国家人民币跨境收付金额只占不到 15%，域内 66 个国家只有 8 个国家主权货币与人民币直接挂牌交易。

另一方面，中国在控制疫情蔓延和感染死亡病例方面表现较好，经济复苏已经走在世界前列。根据 IMF 最新预测，2020 年全球 GDP 增长预期为－3.0%，除印度外，中国是全球十大经济体里唯一保持正增长的国家。未来几年的主要经济体中，中国的基准利率将仍然保持 2%—3% 的正数，中国的稳定和经济增长将是未来世界经济复苏的引擎和发动机，也为人民币国际化创造了良好的基础。

（三）面临着美元衰弱和国际社会"去美元化"的新趋势

"9 · 11"事件以后，美国将金融制裁升级成一种重要的国际权力工具频繁使用，这种单边主义色彩浓厚的暴力手段实施成本低而且破坏力巨大。比如 2012 年，美国为迫使伊朗放弃核计划，通过 SWIFT 向伊朗施压，禁止伊朗金融机构通过 SWIFT 进行资金交易，迫使日本、希腊等 11 个国家大幅度减少从伊朗进口石油；2014 年对俄罗斯国有银行和石油、天然气公司进行制裁，导致俄罗斯企业海外债券损失超过 400 亿美元；等等。此外对海外金融的巨额罚单成为 2008 年以来美国金融制裁的新现象，2008—2017 年，美国监管机构对银行的罚款总计超过 3500 亿美元。这种将美元武器化的做法激起美国的对手甚至是盟友的强烈反对，俄罗斯抛售 1000 亿美元国债作为对美国制裁的回应，并推动卢布国际化，摆脱对美元的依赖；欧盟 2019 年成立新的欧盟—伊朗交易支付渠道 INSTEX，使用欧元计价，不通过 SWIFT 系统，以继续支持伊朗履行核协议。全球“去美元化”之路已经开启。

另一方面，为应对疫情而重新启动的量化宽松政策，使美联储的资产负债表从 4 万亿突增到 7 万亿，一手发债、一手印钞的做法，势必导致全球美元流动性泛滥，加剧了美国和全球经济长期衰退的风险，影响美国巨额债务偿还的可持续性，如果美国国债违约，将会严重削弱美元的信用基础。其次，美国贸易长期处于逆差的地位决定了美元能成为全球使用的货币。特朗普政府的“制造业回归”和“再工业化”的政策，虽是国际贸易平衡的产物，但是“特里芬难题”的存在，也会影响将来国际贸易中美元的使用，美元的衰弱不可避免。

（四）面临着数字货币冲击国际货币体系的不确定性

2019 年，美国互联网科技巨头 Facebook 联合众多大公司推出了跨国界流通的超主权数字加密货币 ——Libra（天秤币），其匿名性、低成本交易、币值稳定以及 Facebook 等社交媒体的亿级用户和巨大应用场景，吸引了全世界的目光和期待，未来很有可能对主权国家货币形成“挤出效应”，未来 Libra 取代美元成为数字交易的主要媒介，就如同当前美元取代“二战”后的金本位一样变为可能，这将颠覆现有国际货币体系，因此遭到了各国货币监管当局的担忧和阻击。当然，也不排除 Libra 会成为美国信用输出的一种渠道，通过 Libra 的使用扩张，迫使其他主权国家接受美元信用作为其主权货币信用的替代和补充。

面对这种不确定性，一部分国家央行也顺应数字时代转型，推出了本国的主权数字货币。其中，中国人民银行的DC/EP（数字货币 / 电子支付）最先完成测试，2020年4月开始在苏州、深圳、雄安以及成都试点使用。目前主要是在国内零售终端使用，数字货币的天然跨境特点，也助力人民币在跨境支付交易上更易被人接受和使用。

三、中国的科技创新成为人民币国际化的新引擎

（一）平台经济模式的成功有利于中国经济的持续增长

一国货币的国际化最终取决于国家的经济实力，以阿里巴巴、腾讯、京东为代表的互联网平台经济已经成为市场经济的重要组成部分。平台企业能够很好地整合消费者、服务企业、支付机构等不同组织的信息，促进主体间的信息流动并形成和创造海量数据，通过大数据算法能够显著降低产品和服务在供给与需求之间的匹配成本，影响中国人的消费模式，也创造出更多的价值增值。目前我国市值超100亿美元的平台公司就有20多家，证明了国家扩大内需战略对中国经济的巨大推动作用。

平台公司创造的消费生态系统提升了中国普惠金融水平。得益于生物特征识别、人工智能、区块链等技术贯穿消费金融贷前、贷中、贷后的全生命周期风险管理，互联网消费金融放贷规模从2014年的0.02万亿元增长至2018年的7.8万亿元，增幅近400倍，信用卡发卡量到2018年年末累计9.7亿张创历史新高，激发了新中产、年轻一代群体的巨大消费潜力。

5G和物联网作为技术支撑的、以信用为核心的产业互联网新生态正在成为下一个发展方向。我国目前有60余个万亿级的产业集群，仅在航空、电力、医疗保健、铁路、油气这五个领域启动数字化转型，估计可以拓展10%的产业价值空间，每年就可以多创造2000亿美元以上的价值。人工智能和区块链的率先应用能够帮助中国银行业成为与中国制造相关的全球产业链金融、供应链金融服务提供商，助力中资银行国际化为人民币国际化提供金融服务支撑。

（二）移动支付工具的创新有利于中国引领新一轮数字全球化

物理空间的“逆全球化”阻挡不住信息社会数字全球化的潮流。数字全球化是数字技术 + 传统国际贸易 + 创新产品服务 + 全球化，不仅是将传统产品贸易的线下跨境流动部分转移至线上，还挖掘出数字产品出口等服务贸易的广阔空间，更是通过手机 APP 等网络平台服务和产业物联网的平台企业推动的数字全球化。未来国际贸易竞争的主要表现为平台和流量的竞争，未来的合作体现为数据的有偿合作。

在数字全球化经营过程中，相比传统的收购或新设机构的方式跨国经营，开放 API 接口与业务拓展国家的服务平台进行无缝对接，帮助阿里巴巴、腾讯等科技企业拓展全球电子商务版图，推动支付宝和微信等移动支付工具在全球范围的使用。截至 2019 年 5 月，支付宝已与 250 多个金融机构建立合作，一方面为海外商家和用户提供在线收付款服务；另一方面在全球 54 个国家和地区为中国消费者提供境外线下支付服务。同时，还在 9 个国家和地区获得数字钱包牌照，服务当地用户，集合了衣食住行玩乐等各个领域的全球数十万商家，并且全球有超过 80 个机场，在使用支付宝进行即时退税。随着海外数字钱包规模的增加，蚂蚁金服（支付宝）可以把海外的数字钱包串联起来，构成全新的跨境支付网络，解决了行业痛点，为全球金融体系建立新的小额支付解决方案，也为人民币在更大范围、更多客户群体中使用提供了便利。

（三）数字货币的跨境流通有利于推动中国加快金融市场开放

相较于第三方支付机构的银行账户模式，中国人民银行数字货币只需开立 DC/EP 钱包，如果双方的手机里都有数字货币钱包，只要手机有电，无须网络，手机碰一碰，就可以方便地完成转账或支付，而且是直接持有中国人民银行的负债，方便、快捷、安全且匿名。配备了 DC/EP 的支付宝或微信支付将在海外市场如虎添翼，极大地方便国外用户使用人民币的兴趣和意愿。DC/EP 对离岸人民币市场的建设也有积极意义。不但可以替代纸币，缓解境外人民币现金调运的矛盾；同账户模式相比，能够更好地预防和监控各种跨境洗钱行为，对于中国人民银行的货币政策执行和调控而言，也更为有利和可控。

一旦 DC/EP 的境外流通被官方、企业和居民认可并自愿持有以后，就会对 DC/EP 的可兑换提出需求，境外金融机构和企业在使用 DC/EP 的过程中，激发对于人民币数字资产的兴趣，其中一些具有创新精神的企业还会尝试持有数字货币的资产，这可能会衍生出更多的人民币数字业务模式，而且对债券、股票等资产交易的金融基础设施也提出了新要求，推动中国监管部门不断完善 DC/EP 的境外流通政策，深化境内外人民币金融市场的广度和深度。

四、人民币国际化发展的政策建议

（一）金融市场逐步稳步开放，人民币软实力建设是基础

坚持人民币国际使用的市场化原则，继续引进人民币对其他国家货币直接交易，扩大双边货币互换范围、推动国际大宗商品人民币计价和结算。继续推进利率和汇率市场化改革，逐步实现资本项目可兑换。完善多层次资本市场体系，方便境外投资者使用人民币投资境内债券和股票，放松外汇市场参与者准入限制，丰富风险对冲产品和工具，鼓励非储备货币区域交易发展，建立健全开放的、有竞争力的外汇市场。同时，要加强对跨境资金流动的监测、分析和预警，做好逆周期调节，防范跨境资金流动风险。保留一定的资本管制功能，维护金融稳定是人民币国际化发展的底线。

进一步完善人民币在政府涉外统计、核算、管理中的计价功能，推动我国税收、会计、评级等制度与国际接轨，发挥金融机构和企业的“主力军”作用，改善国内外投资者对中国的投资环境、法制环境及软实力的信心，形成推动人民币国际使用的政策合力。

（二）发挥上海国际金融中心和香港离岸中心的枢纽作用

上海国际金融中心的建设对于人民币国际化的作用，就如同纽约之于美元，

伦敦之于英镑。上海的税收、落户等优惠政策要能吸引世界一流的金融机构和金融人才来此扎根，目标就是要把上海建设成为人民币流动性中心、资产管理中心和风险管理中心，不断提升上海国际金融中心的资源配置效率和网络辐射效应。其中，流动性管理至关重要，让外国投资者进得来、出得去，愿意越来越多地持有人民币计价的金融产品，可以考虑在现有的银行间债券市场的基础上，逐步建立面向全球合格投资者的人民币主权债务市场，更加积极地接入国际主要评级机构的债务评级体系，推动人民币债券纳入欧美主流市场合格担保品。

发挥香港在众多离岸人民币中心的“中心”作用，针对目前人民币离岸证券产品受追捧但流动性不足的情况，需要监管部门不断完善清算体制安排、人民币流动性和金融产品开发和跨境同业政策。可考虑在香港建立类似美国的国债回购市场，扩大人民币的境外循环；逐步增加境内人民币资金的跨境流动，活跃市场流动性并得以完善离岸人民币利率曲线。

作为香港与内地经济融合的深度和美国制裁香港的对策之一，可以考虑改革目前的联系汇率制度，由港币盯住美元改为盯住离岸人民币（CNH）。等到时机成熟，离岸人民币（CNH）可取代港币，成为香港的法定流通货币。这一设计通过香港设立缓冲带，既保护了境内人民币（CNY）现有的汇率制度和金融体系改革不易受外部冲击，又能鼓励离岸人民币在全世界范围内的流通使用。一个央行，两种货币，两套管理模式，离岸和在岸紧密联动，助力人民币在更高水平上的使用。最终的目标是实现人民币可自由兑换，CNY 和 CNH 自然就合而为一。

（三）推动数字全球化的标准制定和基础设施建设

在投资“一带一路”国家和地区基础设施和项目投融资安排上，推动人民币取代美元成为主要计价货币，支持以信息网络为主的新基建，帮助发展中国家能够在科技驱动的普惠金融中受益，在参与数字产业链的重新整合中，共享发展成果。

鼓励中国的科技企业为全球金融体系建立全新数字支付网络。重点支持一批大型科技企业走出去，鼓励创新数字产品和服务的出口，国家在出口准入、数字税收等配套政策上要大胆尝试，先放开再规范。跨境电子商务综合试验区和跨境电商出口监管试点成熟后尽快向全国推广，加快跨境电商的技术标准和信息化建设。要重点关注跨境物流普遍存在的成本高、运输效率低、效益差等问题，从财政、税收、法律等方面的政策上提升跨境物流的效率。

鉴于数据将在全球价值链中发挥重要作用，数字企业国际化可能面对的最大风险就是数据服务中的侵犯隐私行为，以及平台服务中的垄断行为。目前各国政府正在制定数据本地化法律以限制数据的跨境流动，并为国内数据的处理制定严格的规则。目前可行的一种解决方案是：出口企业做出数据监管承诺，保护海外消费者的利益，以换取进口国的市场准入承诺，最近一些关于数据流动的协议就体现了这种模式。

（四）加强国际合作，坚持国际储备货币多元化

人民币国际化的目标不应该是替代美元，在全球范围内树立新的货币霸权，而是寻求中国在国际货币体系中，与全球经济金融合作中的广度和深度相匹配的货币地位。尊重并相互支持其他国家的货币国际化战略，加强与利益一致的各国央行合作，对 Libra 等超主权数字货币加强监管，既要避免其紊乱本国货币制度和金融稳定，又要防止其成为美国在数字全球化时代树立美元垄断地位的新工具。尤其注意的是，中国人民银行的 DC/EP 在境外的推广要坚持市场行为，水到渠成，否则有可能引发货币主权的争议，令其他国家对人民币产生不必要的戒心，最终导致人民币国际化进程事倍功半。

参考文献

［1］世界银行发展报告 2020。

［2］中国人民银行历年《人民币国际化报告》。

［3］中国建设银行历年《人民币国际化报告》。

［4］中国银行历年《离岸人民币指数》。

稳定产业链供应链面临的挑战与应对

安森东*

【导语】稳定产业链供应链是做好“六稳”工作、落实“六保”任务的重要内容。2020年4月17日，中共中央政治局召开会议，在重申“六稳”的同时首次提出“六保”。“六保”体现了经济运行和社会发展的底线思维，“保产业链供应链稳定”是“六保”的重要内容。分析我国产业链供应链面临的新形势、新挑战，研究稳定产业链供应链政策措施，是做好“六稳”工作、实现“六保”成效的必然要求。

新冠肺炎疫情暴发以来，习近平总书记对维护产业链供应链稳定作出一系列重要论述和指示批示，强调要实施产业基础再造和产业链提升工程，巩固传统产业优势，强化优势产业领先地位，抓紧布局战略性新兴产业、未来产业，提升产业基础高级化、产业链现代化水平。按照党中央、国务院的战略部署，有关部门制定出台了一系列工作措施和政策文件，为稳定和巩固产业链供应链发挥了重要作用。

一、稳定我国产业链供应链压力空前

当前全国疫情防控形势总体向好，但同时境外疫情形势严峻复杂，国内防范疫情反弹任务仍然艰巨繁重。世界范围内人流、物流、资金流受阻，国际市

---

* 安森东，国家市场监督管理总局发展研究中心高级经济师，湖南师范大学思想政治教育研究所研究员，中国行政体制改革研究会理事，主要研究领域为行政体制改革、市场监管、人力资源管理、应用经济。

场波动明显、订单交付风险加大、生产成本持续上涨等多重因素叠加交织并加速向国内传导，稳定我国产业链供应链压力增大。

（一）从国际看，全球经济进入“寒冬”，对稳定产业链带来冲击

一是经济全球化时代，各经济体在全球产业分工合作中命运与共。当前，新冠肺炎疫情诱发全球产业链供应链出现多点“梗阻”。联合国贸易和发展会议报告显示，疫情可能导致 2020 年全球对外直接投资最高下降 40%。产业链供应链稳定是国际竞争中基础性、决定性的一环，是做好疫情防控、维持经济增长的关键所在。二是新冠肺炎疫情全球大暴发大流行给全球经济按下“暂停键”。新冠肺炎疫情已波及 210 多个国家和地区，对中国和全球经济带来多方面的深刻影响。近期，全球资本市场、大宗商品市场受到严重冲击。国际油价暴跌，企业债务风险攀升。各行业均受到不同程度冲击，特别是旅游娱乐、餐饮酒店、航空运输等服务行业遭受重创，制造业也面临产业链供应链循环受阻甚至断裂的风险，各种服务贸易既有跨国争端困扰，也受到产业链供应链不畅带来的煎熬。众多机构和专家预言，新冠肺炎疫情将导致部分国家经济深度衰退，甚至需要警惕全球经济危机和经济衰退。三是高度警惕个别大国“以邻为壑”政策带来的全新挑战。近期，个别国家一些人借疫情炒作“经济脱钩”，鼓噪转移产业链，甚至试图人为切断全球产业链供应链。如果各国缺乏协调合作甚至“以邻为壑”，就会导致全球产业链供应链“休克”式中断。目前，危机正从产业链供应链的供应端向需求端扩散。疫情会影响生产要素自由流动，产业链供应链断裂，工厂停工、倒闭，导致供应端崩溃，大量人员失业，人口流动受到限制，失去工作缺少收入的人员将大大削减生活需求，需求端也会更加萎靡。缺少供应与需求，全球经济活动必将陷入停摆状态。在经济极端衰退的情况下，个别国家采用非经济甚至极端化手段以转嫁国内危机的可能也是存在的，我们必须坚持底线思维，时刻保持高度警惕。

（二）从国内看，受海外影响，稳定产业链供应链面临严峻挑战

2020 年一季度，我国 GDP 同比下降 6.8%，承受住了新冠肺炎疫情带来的严峻考验。3 月份以来，各地复工复产复市步伐加快，生产生活秩序逐步恢复，经济企稳回升态势明显。同时也要看到，一些行业因受疫情影响复工率还不高，不少企业产能利用率还有待恢复，境外疫情多点暴发、快速蔓延又带来了新的挑战和不确定性。中共中央政治局会议提出“六保”，指出了当前宏观调控的着力方向，划定了经济安全的生命线。要精准识别、精准施策，把财政、货币、金融等政策着力点用在链条薄弱环节，尽快修复、尽早达产。经济运行的细胞是企业，企业运转起来才有流通和消费。一件服装的背后有纱线、面料、辅料、商标等多个链条，一台汽车的生产涉及上万个零部件。可见，制造业发展有赖于相关产业链供应链的维系，企业复工复产也依托于这个“生命线”。复工复产复市，考验的是产业链供应链的协同能力。要加快恢复和进一步稳定产业链供应链，打通产业链供应链上的“堵点”、补上“断点”，保障企业尽快“转”起来，跑出复工复产复市加速度；要组织梳理企业复工达产存在的主要困难，特别是产业链上存在的主要问题、薄弱环节，简化工作流程，主动服务指导，统筹解决人员返工返岗、物资运输、防疫物资保障等问题，哪里不通打哪里，让产业链供应链上的每个环节都不“掉链子”。

二、学界代表性观点综述

全国政协委员、中共中央党校（国家行政学院）马克思主义学院院长、一级教授张占斌认为：一方面，共同维护全球产业链供应链稳定是治本之策。新冠肺炎疫情全球大暴发大流行给全球经济带来衰退的危险性是“二战”后全球经济体面临的最大最严重的整体威胁。全球产业链供应链品性和特点决定共同维护的重要性。各国联合抗击疫情，共同维护全球产业链供应链稳定是关键，是核心的核心，是治本之策。另一方面，国际社会需要共同维护全球产业链供

应链稳定。理由和建议主要有：联合抗击疫情有利于维护全球产业链价值链稳定；维护全球产业链供应链需要采取多方面的举措；消除、降低关税和非关税贸易壁垒；建立和完善维护全球产业链供应链的有效机制。

北京大学国家发展研究院党委书记、长江学者、特聘教授余淼杰认为：制造业完全回流欧美是不可能的。疫情是否会导致逆全球化的进一步推进，应该从两个方面看：一方面，疫情过后，发达国家可能会更加以邻为壑，采取更高的关税及非关税壁垒，并且鼓励部分制造业回流，这是发达国家的政府可能会做的事情，有逆全球化的态势。但是，全球化的趋势并不由这些措施的落地而发生根本变化。另一方面，制造业没有办法从中国或其他发展中国家回流到欧美等发达国家，尽管一些国家的政府例如美国提出给这些企业“搬家费”，但是这些制造业是没有办法回流的，美国等国家的企业也不会同意，核心原因是这不符合这些企业利润最大化的核心诉求。

武汉大学中国发展战略与规划研究院副院长、经济与管理学院教授吴传清建议：一要推动产业链协同复工复产。聚焦重点产业链，以龙头企业带动上下游核心配套企业，实现以大带小、上下联动、内外贸协同，在全链条上提高企业复工率、复产率。二要在固链、补链、强链上下功夫。梳理重点、优势、特色产业的产业链条企业名单，掌握企业的核心政策诉求，完善响应机制，加强资金等方面的政策支持，落实落细相关政策。三要重视龙头企业发展。促进相关企业集聚发展，培育优势特色产业集群，加强创新链、产业链、资金链、人才链、政策链“五链统筹”，完善、整合战略性新兴产业集群政策、创新型产业集群政策、先进制造业集群政策，形成政策支持的合力。四要实施新动能培育行动。加快新旧动能转化，培育发展壮大新一代信息技术产业、高端装备制造业、生物产业、新材料产业、新能源产业、节能环保产业、新能源汽车产业等战略性新兴产业。五要发挥数字技术在保产业链供应链稳定方面的重要作用。实施制造业智能化改造行动、中小微企业数字赋能行动，支持企业依托工业互联网平台梳理产业链上下游配套企业。六要加强政策落实和储备。发挥好“政策工具包”的作用，推广企业“网格员制度”，为企业提供精准服务。

中国市场监管（质量）研究与教育联盟专家金国强、邓壮认为：首先，疫情后全球供应链重新洗牌趋势将会强化。疫情冲击带来各国产业发展的此消彼长，世界制造业格局会有较大调整，美欧日印等国会对供应链战略与政策做出重大调整，全球供应链格局会发生重大变化。其次，不少国家推进制造业向母国回流基本上事与愿违。以美国为例，美国一般制造业已经不是其优势，很难再回到本土复兴。就算回来了，也没有便捷的基础设施和大量经过培训的熟练工人去支撑。第三，疫情在全球持续蔓延，全球产业链深度调整对我国产业链安全影响深远。全球产业链会减少对中国的依赖，我们一定要警惕全球产业链“去中国化”。

中国服务质量智库专家成员、正略集团董事长赵民认为，在今后的新全球化阶段，世界经济地图将发生众多的改变，世界经济格局将产生重大的变化，全球产业链、价值链、供应链将重新布局和重新建设，那些在这次新冠肺炎疫情中吃了全球生产、全球供应苦头的国家，将不仅仅从成本、效率和经济效益原则出发，安全等也将被作为重要变量和因素加以考虑。因此，开放的市场对世界游资、全球投资的吸引力将下降，除了市场开放之外的其他生产要素和产业背景因素都将成为新一轮新全球化中改变格局的重要自变量。经济萧条、世界经济大萧条及由此引发新的大范围战争，都不可预测，都有可能。

三、确保我国产业链供应链稳定的几点建议

基于上述观点，结合自身研究思考，以下从加快完善国家宏观政策、重点扶持中小微企业发展、有效发挥市场监管作用三个方面提出政策建议。

（一）在加快完善国家宏观政策方面

1. 抢抓产业链重构新机遇

既要科学应对疫情冲击，积极化解产业链供应链风险，又要抢抓全球产业链重构调整契机，主动作为、化危为机，加快产业转型升级。一是用足用好新

基建机遇提升产业链供应链现代化水平。积极推动以5G、人工智能、工业互联网、物联网为代表的新基建项目落地，提高新技术、新产业、新业态比重，扩大供应链投资，对冲疫情影响；密切关注产业体系存在的短板，以创新为引领，加大科技攻关力度，推动传统产业改造优化升级，围绕重点产业实施补链和强链工程，提升产业链供应链现代化水平。二是加快打造一批战略新型产业链集群。加快创新培育新技术、新产业、新业态，以夯实供应链基础为主线，以提升价值链层次为核心，以培育产业链生态为平台，以推进区块链应用为抓手，继续提升中国产业链供应链的引领力和控制力，按照国家九大战略性新兴产业的指引，努力打造一批空间上高度集聚、上下游紧密协同、供应链集约高效的战略新型产业链集群，增强我国和全球经济安全，在全球产业链价值链深度分工调整和创新发展中有更大作为。三是加快制造业数字化、网络化、智能化步伐。充分利用我国高等教育规模大、学科结构新的教育红利，充分利用我国工业体系完整、综合实力持续增长的优势，鼓励企业加大科技投入，集中力量攻克智能制造领域的一系列技术难题，在战略性新兴产业领域形成一批有重大国际影响的创新产品，稳步提升我国制造业在全球价值链中的地位。

2. 开辟经济增长新空间

一是加快激活国内消费市场。在国际疫情出现恶化的背景下，进出口受到影响，更要注重开发国内市场，扩大内需，刺激消费。二是加快商业模式创新。此次疫情催生一些新的消费模式和消费业态，要借机推进商业模式创新，积极培育线上消费业态，加快形成新的消费增长点。线上经济的全球化将是大风口，线上经济活动将成为全球经济的新增长点和制高点，如视频办公、云上开会等方式便捷高效、经济实用，可大力推广。三是推进新一代信息基础设施建设。构建“智能+”消费生态体系，促进线上线下融合等新消费模式快速发展，开辟出经济增长新空间。如可大力发展无人配送、无人零售等新零售平台。将智能化、品牌化连锁便利店纳入城市公共服务设施体系，推进“一刻钟便民生活圈”建设。加快发展城市“最后一公里”智能配送，推进智能快件箱（柜）进社区；加快布局建设城市末端智能冷链配送设施，完善面向居民消费的冷链物流配送网络。

3. 确保产业链供应链不断链

一是加强与海外供应链合作。支持产业链体系建设，遴选一批供应链领域核心企业及重点项目，加强与海外供应链合作，将疫情防控向海外产业链供应链前端延伸。二是加快推出稳定产业链供应链的配套政策。推出招工稳岗奖励、物流补贴、电费补贴等措施，助推制造业企业复工复产。三是为产业链供应链稳定提供精准服务。以产业链条整体视角开展，确保每一环节供应到位。摸清上下游产业链，准确发现哪个环节出了问题、难题在哪里、政府需要做什么，以全局意识谋划，在用工人员、原材料供给、基础配件供应、物流运输、金融资金、行政审批、跨区域跨行业协调等方面做好精准保障。四是发挥产业链重点行业的龙头带动作用。着力推动产业链上下游企业协同复工复产，推动重点行业及龙头企业尽快复工复产，发挥产业链条中重点行业的带动作用。优先支持汽车、电子、流通等产业链长、带动能力强的产业，为其提供绿色复工复产通道。

4. 提升产业链供应链稳定性

一是向优化市场环境挖潜。供应链特别是低端供应链的转移是产业升级的必然结果，不必纠结于供应链的部分转移，而应锤炼自身，不断优化市场环境和发挥市场潜力，吸引更多处于供应链中高端的优质企业在华扎根。二是重点抓好龙头企业及其配套企业复工复产。为了扩大中国供应链的内在优势，当务之急，是要加大对在全球供应链中有重要影响的龙头企业及配套企业复工复产的服务和支持，提振企业信心、帮助企业减损。三是多措并举优化营商环境，打造市场化、法治化、国际化营商环境。

5. 推动产业链供应链高级化

一要为产业链供应链向中高端延伸创造良好环境。鼓励企业通过科技创新向产业链供应链中高端方向发展，巩固和提升中国在全球产业链供应链中的优势地位，增强产业链供应链的弹性和韧性。二要注重产业链供应链的本土化打造。通过本土化打造，早日实现重要产品特别是核心技术的自主可控，真正提升产业链供应链的完整性、安全性。

6. 推动产业链供应链向贫困地区延伸

一是因地制宜助力脱贫攻坚，聚焦重点帮扶领域、优势特色产业链供应链薄弱环节，着力加大对深度贫困地区的政策、资金支持力度。二是加大贫困地区农产品、中药材、矿产、生态等资源市场开发力度，带动贫困地区相关配套产业发展和就业增长，增强贫困地区经济“造血”功能。三是加快构建集智慧农业、电商平台、智慧物流为一体的农产品产业链供应链体系，提高农产品附加值。四是加强易地搬迁后续扶持，因地制宜发展乡村产业，精心选择产业项目，从产业扶持、金融信贷、农业保险等方面出台政策，确保成功率和可持续发展。

（二）在重点扶持中小微企业发展方面

1. 为中小微企业量身定制优惠政策和服务

复工复产难在中小微企业，稳定产业链供应链重点也在中小微企业。一是加大对中小微企业的信贷支持。既为企业复工复产提供低成本、普惠性的资金支持，又关注行业差异，为中小微企业量身定制惠企政策，及时跟踪政策落实情况，积极推动金融机构和地方政府配合，引导金融机构发放符合要求的优惠利率贷款。二是为中小微企业提供社会保障支撑。对受疫情影响面临暂时性生产经营困难，确实无力足额缴纳社会保险费的中小微企业，可停缴一定期限的养老保险、失业保险和工伤保险费，同时不影响参保人员个人权益。对不裁员或少裁员的参保企业，可返还其上年度实际缴纳的一定比例的失业保险费。允许企业停缴一定期限的住房公积金，允许企业在疫情防控期间与员工协商薪酬。三是提供更加便捷的平台服务。运用互联网平台，建立中小微企业服务专栏，使各项政策易知易办。通过多渠道采购，统筹资源，保障中小微企业持续快速健康发展。

2. 加强对中小微企业的创新支持

一是支持企业数字化转型。推广面向中小微企业的互联网平台服务，推行网上办公、视频会议、远程协作和数字化管理。帮助提供线下服务的企业创新商业模式，拓展线上服务。推广一批适合中小微企业的工业软件应用，支持中小微企业提升敏捷制造和精益生产能力。支持产业集群内中小微企业以网络化协作弥补单个企业资源和能力不足，通过协同制造平台整合分散的制造能力，实现技术、产能与订单共享。二是支持企业提升智能制造水平。引导大企业及专业服务机构，面向中小微企业推出云制造平台和云服务平台，发展适合中小微企业智能制造需求的产品、解决方案和工具包。推动中小微企业业务系统云化部署，对接工业互联网平台，引导有基础、有条件的中小微企业加快生产线智能化改造，推动低成本、模块化的智能制造设备和系统在中小微企业部署应用。

3. 提升对中小微企业金融服务水平

一是推动融资对接，提高中小微企业“首贷率”和信用贷款占比。二是优化中小微企业贷款运营流程，加大续贷支持，提高审批发放效率，支持企业融资周转“无缝衔接”。三是积极运用大数据、人工智能、云计算等科技金融手段，促进银企信息对称，增强中小微企业融资可获得性。

4. 发挥中小微企业服务平台作用

一是为中小微企业提供线上服务。在各级服务平台征集设立一批互联网服务专业子平台和一批信息化服务产品，做好对中小微企业的线上服务。支持地方公共服务示范平台等优秀服务机构，在平台网络提供线上培训、法律援助、管理诊断等服务活动。二是开展线上培训工作。组织协助企业参加“企业微课”、建行金融服务中小微企业“微课堂”等线上培训。三是加强相关法律服务。积极为中小微企业提供法律援助和法律咨询公益服务，帮助中小微企业解决受疫情影响造成的合同履行、劳资关系等法律问题。

（三）在有效发挥市场监管作用方面

1. 切实守住安全底线

市场监管工作是稳定企业产业链供应链的重要环节，创造良好的安全环境，是促进企业产业链供应链稳定的重要前提。在疫情防控常态化条件下，安全这根弦必须更加绷紧，安全监管工作必须毫不放松，安全底线必须牢牢守住。一要突出抓好食品安全监管。落实生产经营者主体责任，对食品安全问题“零容忍”；督促学校和供餐单位落实主体责任，严防发生校园群体性食源性疾病事件；落实网络订餐平台责任，严查无证入网经营、线下餐饮店环境卫生脏乱差等问题，让群众买得放心；严厉打击保健食品虚假宣传问题；加大对食品生产企业、餐饮单位、商场超市的监督检查力度，严厉打击以次充好、非法添加、过期翻新、篡改生产日期和保质期等违法行为；加大抽检力度，防范化解食品安全风险。二要切实抓好特种设备安全和工业产品质量安全监管，加强复工复产特种设备隐患排查，加大对日用消费品、重点工业品、危险化学品等的质量监督抽查力度。要针对当前“三大安全”监管中的薄弱环节和突出问题，深入排查各类安全隐患，完善各类应急预案，提高应急处置能力，切实防范和化解重大安全风险。

2. 加大对市场主体服务支持力度

一要着力帮扶企业特别是中小微企业、个体工商户渡过难关。组织开展涉企收费检查，落实好减免租金等价格收费优惠政策，减轻企业负担；优化行政审批服务，实施包容审慎监管，激发市场主体活力；加强和改进竞争执法和公平竞争审查，释放平等准入、公平竞争、公正监管信号，提振市场信心；强化质量技术服务，深入开展“计量服务中小企业行”活动、“小微企业质量管理提升”行动等。二要推动协同复工复产达产。注重发挥参与“三保”行动的企业和“中国质量奖”获奖企业的龙头带动作用，推动产业链协同复工复产达产。改进市场监管方式，净化市场消费环境，有序推动各类商场、市场复商复市，促进国内市场需求加快释放。

3. 实现政务服务事项全流程网上办理

一流的营商环境和优质的政务服务是稳定产业链供应链的重要条件。一是梳理政务服务事项所需提交的申请材料，除法律法规明确规定要求提交的纸质材料外，申请材料要支持以电子文件方式提交。二是依托“数字政府”一体化在线政务服务平台，做好政务大数据中心的统一电子印章、电子证照、数据共享、身份认证服务，加强电子证照共享应用和数据在线核验，通过电子证照和共享数据获取的信息，不得要求申请人另行提供。三是支持申请人网上“实名”“实人”“实证”核验，让数据“多跑路”、客户“少跑腿”。四是推广“互联网+政务服务”模式，各类政务服务事项均可通过一体化政务服务平台和政务服务应用程序进行申报，力争实现所有事项“网上办”、随时随地“掌上办”、双向快递“邮寄办”、特殊情况“预约办”、全部流程“不见面”，进一步压减政务服务的环节、时间和成本。

优化口岸营商环境的中国实践

朱　振*

【导语】优化口岸营商环境、促进跨境贸易便利化，是党中央国务院的决策部署，是一项需要持续推进的系统性的长期任务。本文重点介绍了优化口岸营商环境的重要意义，近年来推进优化口岸营商环境的实践做法和主要成效，对标国际先进水平进行客观分析，提出进一步优化口岸营商环境、促进跨境贸易便利化的对策建议。

一、充分认识持续优化口岸营商环境的重要意义

众所周知，营商环境是企业生存发展的必备土壤，是影响企业活动的政务、市场、法律、社会、服务、人文环境等诸多要素的总和。良好的营商环境是一个国家、一个地区、一个城市的经济软实力和综合竞争力的重要体现，是招商引资、扩大开放、利企惠民、盘活经济的重要条件。各国长期以来的发展实践证明，经济社会发展的动力源于市场主体活力和创造力，营商环境作为一个国家（地区）的顶层设计和制度性安排，其优劣直接影响市场主体的兴衰、生产要素的聚散、发展动力的强弱。

持续优化口岸营商环境具有重大的现实意义和深远的历史意义。当前，我国已经进入中国特色社会主义新时代，我国经济已由高速增长阶段转向高质量发展阶段。良好的营商环境是经济实现高质量发展的重要基础。持续优化口岸营商环境就是解放生产力和提高竞争力，是以改革开放为动力推动高质量发展

* 朱振，海关总署国家口岸管理办公室处长，经济学博士、博士后。

的重要举措，是面向全球打造我国竞争新优势、提升国际竞争力的内在要求，是充分激发市场活力、顶住国内经济下行压力的关键行动。

党的十八大以来，以习近平同志为核心的党中央高度重视优化营商环境。习近平总书记反复强调优化营商环境，指出“营商环境只有更好，没有最好”，“中国开放的大门只会越开越大，营商环境只会越来越好”，要求“营造国际一流营商环境”，“打造市场化、法治化、国际化营商环境”，“要对标国际一流标准改善营商环境”。习近平总书记关于优化营商环境的一系列重要论述，为当前和今后持续推进优化营商环境指明了前进方向，提供了根本遵循。

近年来，国务院将优化营商环境作为深化“放管服”改革、扩大对外开放、转变政府职能、实现“六稳”“六保”的重要举措之一，围绕持续打造市场化、法治化、国际化营商环境，持续部署、坚持不懈、深入推进。在党中央国务院的决策部署下，我国优化营商环境力度持续加大，极大地激发了市场主体活力、增强了市场主体竞争力、释放了国内市场的巨大潜力。同时，我国营商环境全球排名不断上升，得到国际社会普遍认可。2020 年 7 月，世界银行专家团队发布《中国优化营商环境的成功经验——改革驱动力与未来改革机遇》专题报告，高度肯定我国在优化口岸营商环境方面取得的显著成效，引起国际社会和国内各界的广泛关注。

二、近年来我国优化口岸营商环境的实践做法及其成效

海关总署作为优化口岸营商环境、促进跨境贸易便利化的牵头部门，深入贯彻落实党中央、国务院的决策部署，会同国家相关部门和地方政府，凝心聚力、协同发力、主动作为、改革创新，取得了显著成效，受到社会各界一致赞誉。

（一）建立健全行之有效的机制性做法

一项事业、一项工作要想取得持久成效，必须有相应的长效机制作为保障。优化口岸营商环境作为一项长期任务，需要与时俱进、持续推进。

近年来，海关总署在优化口岸营商环境、促进跨境贸易便利化方面已经形成了一套行之有效的机制性做法和成熟工作经验，主要体现在以下方面：一是国家层面建立工作机制，统筹推进优化口岸营商环境工作。二是国家层面协同研究部署，定期组织开展专项行动。期间，通过多种形式加强督促检查，推进各项既定工作任务落实到位。三是加强对地方政府口岸工作的指导协调。深入推进、协调做好优化口岸营商环境，促进跨境贸易便利化工作。四是重视加强政策措施宣传培训，提升进出口企业参与度和获得感。五是对标国际先进水平，及时总结试点经验并向全国复制推广借鉴，使改革创新举措更大范围地实施推行。六是聚焦市场主体关切，推动解决进出口通关“堵点”“痛点”和难点问题。各相关部门共同采取有效措施，协同配合、主动作为、强化监管、优化服务，不断促进通关便利化，进一步提高进出口通关效率，推动降低进出口环节合规成本，积极推动通关便利化措施由海运口岸向空运、陆运口岸延伸，着力促进稳外贸稳外资，为实现“六稳”“六保”目标任务做出应有贡献。

（二）协同出台一系列政策文件和改革创新举措

深入贯彻党中央、国务院的决策部署，为适应新形势新要求，深化“放管服”改革，进一步优化口岸营商环境，实施更高水平跨境贸易便利化措施，促进外贸稳定健康发展，会同相关部门协同推动出台国务院优化口岸营商环境文件，提出明确具体的工作目标和完成时限，推动实现口岸治理体系和治理能力现代化，形成更有活力、更富效率、更加开放、更具便利的口岸营商环境。

（三）近年来优化口岸营商环境的主要成效

1.“减单证”方面

进出口环节监管证件和随附单证进一步精简，截至2019年年底，进出口环节需要口岸验核的监管证件从86种精简到44种。积极推动精简进出口环节需提交的单证并推动实现单证无纸化、电子化，全面推广电子报关委托，明确告知企业在进出口申报环节无需提交的随附单证，实现《海关专用缴款书》企业自行打印、出口原产地证网上申报及自助打印。加大港航物流单证无纸化推进力度，大力推动单证无纸化，减少企业与企业、企业与政府间纸质单证的流转。

2.“优流程”方面

全国海关深化通关一体化改革，已实现统一申报单证、统一作业系统、统一风险研判、统一指令下达、统一现场执法“五统一”要求，关检业务全面融合，进出口通关流程进一步优化。“双随机、一公开”在执法领域实现全覆盖。创新海关税收征管模式，关税保证保险试点推广至全国海关。简化强制性产品认证（CCC 认证）免办条件和手续，在申报时实施“先声明、后验证”。推广机检集中审像作业模式，扩大智能审图作业覆盖范围。扩大进口大宗矿产品“先验放、后检测”适用范围。同时，国际贸易“单一窗口”功能进一步拓展，实现与 25 个部委系统对接和信息共享，包含 16 大类基本功能、598 项服务事项，覆盖全国所有口岸类型及区域。

3.“提时效”方面

近年来，国务院对压缩整体通关时间有明确的工作要求，全国海关加大改革创新力度，合理压减通关环节，减少企业通关时间，尊重企业通关选择，鼓励企业采取“提前申报”办理通关手续，完善容错机制；扩大“两步申报”试点，实现进口货物“两步申报”和“两轮驱动”风险防控方式、“两段准入”监管作业方式相衔接，在各方共同努力下，进出口货物整体通关时间进一步压缩。特别是 2020 年以来，面对突如其来的新冠肺炎疫情对全球经贸的严重影响，各地各部门克服困难，主动作为，继续推进压缩货物整体通关时间，采取针对性措施尽可能减少疫情对整体通关时间影响，取得了积极成效。据统计，2020 年 6 月，全国进口、出口整体通关时间分别为 39.66 小时和 2.28 小时，较 2017 年分别压缩 59.28% 和 81.46%。

4.“降成本”方面

各有关部门共同清理规范口岸收费行为，在全国所有口岸实施公开收费目录清单，实现口岸收费明码标价，实行“阳光价格”，积极推广“一站式阳光价格”收费模式，通过信息公开倒逼口岸规范收费，推动降低港口等环节收费，同时依法查处和公开曝光部分港口航运环节的违规收费案例，进出口环节合规成本进一步降低。据世界银行向全球发布的营商环境报告显示，我国跨境贸易出口合规成本已从2017年的568.7美元降至2019年的330美元，降幅达到42%；进口合规成本从2017年的915.9美元降至2019年的318美元，降幅达到65.3%。

三、对标国际先进水平的客观分析

（一）近年来我国营商环境跨境贸易指标全球排名分析

世界银行2019年10月发布的《营商环境报告》（2020）显示，我国整体营商环境得分77.9分（满分100分），排名较上年提升15位，由全球第46位上升到第31位，连续两年被列为全球营商环境改善幅度最大的十大经济体之一。其中，跨境贸易指标得分从82.59提高到86.5（满分100分），排名由全球第65位跃升至全球第56位，较上年提升9位，两年大幅提升41位（由第97位提升至第56位）。该报告显示，中国跨境贸易全球排名已超过日本（中国为第56位，日本为第57位）；在运输方式同为海运的全球经济体中，中国排名由第20位上升到第7位。

从近5年世界银行《营商环境报告》跨境贸易指标排名变化情况（见表1）可以看出：2018年度以前，我国跨境贸易指标排名较为滞后；2018年度以来，我国跨境贸易排名连续大幅跃升。

表1　我国跨境贸易指标近年排名情况表

营商环境报告年度	2015	2016	2017	2018	2019	2020
跨境贸易排名（位）	98	96	96	97	65 ↑	56 ↑

从世界银行《营商环境报告》(2018—2020)评估数据变化(见表 2)可看出,近 3 年我国进出口边境和单证合规时间、合规成本均实现了较大幅度压缩。世界银行《营商环境报告》较好地反映了我国持续优化口岸营商环境、促进跨境贸易便利化工作成效。

表 2 2018—2020 年我国跨境贸易分项指标变化对比

《营商环境报告》年度	出口单证合规时间(小时)	出口边境合规时间(小时)	出口单证合规成本(美元)	出口边境合规成本(美元)	进口单证合规时间(小时)	进口边境合规时间(小时)	进口单证合规成本(美元)	进口边境合规成本(美元)
2018	21.2	25.9	84.6	484.1	65.7	92.3	170.9	745
2019	8.6	25.9	73.6	314	24	48	122.3	326
2020	9	21	74	256	13	36	77	241

(二)我国与其他发达经济体的比较分析

为了更好地对标国际先进,查找自身不足,实现迎头赶上,进一步了解掌握我国跨境贸易与排名靠前国家间的差距,结合跨境贸易涉及境内外、参与方较多、运输方式多样等特点,这里选取进出口运输方式与我国一致(海运)的韩国、新加坡、马来西亚、日本,以及运输方式不同的美国、德国进行对比分析。(见表 3)

表 3 我国与部分国家的运输方式、贸易对象、标的商品对比

比较项目		中国	韩国	新加坡	马来西亚	日本	美国	德国
运输方式(贸易对象)	出口	海运(中国香港)	海运(中国)	海运(中国)	海运(中国香港)	海运(中国)	陆运(加拿大)	海运(中国)
	进口	海运(德国)	海运(中国)	海运(泰国)	海运(日本)	海运(泰国)	陆运(墨西哥)	陆运(捷克)
标的商品	出口	机电产品	机械产品	机电产品	机电产品	机电产品	机械产品	机械产品
	进口	汽车零部件	汽车零部件	汽车零部件	汽车零部件	汽车零部件	汽车零部件	汽车零部件

根据世界银行《营商环境报告》（2020），我国与其他 6 个经济体的跨境贸易 8 个分项指标比较情况见表 4。就海运方式，我国出口边境合规时间仅高于新加坡、韩国，进口边境合规时间仅高于韩国、新加坡，与马来西亚持平，这既说明我国近年来持续压缩整体通关时间取得积极成效，又表明对标国际先进水平还有很大差距。进口边境合规成本已经低于韩国、日本，出口边境合规成本低于日本、新加坡、德国，说明我国大力推行减税降费政策措施已取得明显成效。进口单证合规成本低于日本、美国，高于德国、韩国、新加坡、马来西亚；出口单证合规时间低于马来西亚，出口单证合规成本在相比较的经济体中属最高，说明在进一步对标国际、压缩出口单证合规成本等方面还有较大差距。

表 4　2020 报告年度我国与部分经济体跨境贸易分项指标比较

经济体	跨境贸易排名（位）	出口单证合规时间（小时）	出口边境合规时间（小时）	出口单证合规成本（美元）	出口边境合规成本（美元）	进口单证合规时间（小时）	进口边境合规时间（小时）	进口单证合规成本（美元）	进口边境合规成本（美元）
韩国	36	1	13	11	185	1	6	27	315
新加坡	47	2	10	37	335	3	33	40	220
马来西亚	49	10	28	35	213	7	36	60	213
日本	57	2	27	54	272	3	40	107	315
美国	39	2	1.5	60	175	8	1.5	100	175
德国	42	1	36	45	345	1	0	0	0
中国	56	9	21	74	256	13	36	77	241

（三）世界银行营商环境跨境贸易指标评估体系的局限性

《营商环境报告》是世界银行年度旗舰报告之一，受到全球各经济体的广泛认可，有值得借鉴之处。但是，通过对世界银行《营商环境报告》深入分析，可以发现其存在一些不足之处。

1. 问卷调查样本质量有待提高

指标评价数据源于问卷调查，受答卷人外语水平、专业素养、实务操作等诸多因素影响，每份问卷填答和数据来源都具有较强的主观性；此外，世界银行对每个经济体发放问卷数量不一、答卷人身份多样、有效问卷数量不足，导致仁者见仁，智者见智，降低了评估数据的准确性、可信性。

2. 评估方法设计存在一定缺陷

世界银行没有对全球各经济体按照海运、陆运进行科学分类，而是将全球海运、陆运两种运输方式直接进行对比并排名，不具备科学性。

3. 仅以合规时间、合规成本两类指标来衡量跨境贸易水平有其不合理之处

可能会导致一些经济体在改革中过度追求压缩合规时间和成本，而忽视企业获得感和真实意愿，违背改革初衷。

针对世界银行《营商环境报告》跨境贸易指标存在的固有缺陷，对其应理性对待、科学分析，坚持"拿来主义"、为我所用，而不宜过度"迷信"、奉为圭臬。应积极借鉴世界银行营商环境评估体系的有益经验和成熟做法，探索建立符合中国国情的口岸营商环境评价体系，为建设国际一流口岸营商环境提供重要抓手。

四、有关对策建议

为了更好地持续打造市场化、法治化、国际化营商环境，继续优化口岸营商环境、促进跨境贸易便利化，提出如下政策建议。

（一）全面深化海关业务改革

准确把握统一执法、分类施策、精准监管、协同高效的原则，在"两步申报""两轮驱动""两段准入""两类通关""两区优化"等方面加大改革创新力度，完善海关监管体制机制，打通脉搏、畅通循环、协同推进，提升海关制度创新和整体治理能力水平。

（二）继续推动精简进出口环节监管证件和随附单证

在确保进出口环节监管到位的前提下，依法合规推动精简进出口环节监管证件。对口岸现场保留验核的监管证件进行再梳理。同步推进，进一步精简进出口环节需要企业提交的随附单证，进一步推动实现进出口环节监管证件和随附单证的无纸化、电子化。

（三）推进口岸物流信息电子化

进一步推动集装箱设备交接单、装箱单、提货单、电放保函、换单委托书等进出口环节物流类单证的无纸化，提升全流程电子化程度，通过电子信息传输压缩单证流转耗时，提升货物进出港效率。鼓励国际班轮公司（船公司）运用区块链等先进技术试行电子化提单，鼓励国际贸易其他各方接受电子化提单，推动出口提单在线签发和企业自主打印试点，鼓励企业进口提前换单。

（四）提升口岸检查检验智能化水平

聚焦市场主体关切，通过提升科技应用水平，进一步提高进出口通关效率，把市场主体的获得感作为衡量改革措施成功与否的标准，持续提高进出口外贸企业的实际获得感和满意度。

（五）进一步拓展国际贸易“单一窗口”功能

着眼于进一步优化营商环境、更好服务市场主体，继续拓展“单一窗口”功能，由口岸通关执法向口岸物流、贸易、服务等全链条拓展，依托“单一窗口”实现口岸收费标准公开、在线查询、在线缴费，方便企业自主选择、阳光收费。除安全保密等特殊情况外，积极推动进出口环节监管证件原则上全部都通过“单一窗口”一口受理、一窗通办，积极打造“一站式”贸易服务平台。

（六）进一步推动降低进出口环节合规成本

进一步完善口岸收费公示和收费目录清单制度，加强目录清单动态管理，推动精简收费项目。清理规范口岸经营服务性收费，加强行业管理和行业自律，鼓励竞争、破除垄断，引导口岸经营服务企业诚信经营、合理定价。通过市场引导、行业规范、市场监管等方式，引导口岸经营服务单位进一步规范和降低口岸服务收费。同时加强口岸收费检查，依法处理各类违法违规收费行为。

（七）进一步加强口岸和海关国际合作交流

深化口岸国际合作，支持有条件的边境口岸创新通关管理模式。会同毗邻国家在具备条件的边境口岸开通农副产品快速通关“绿色通道”。深化海关国际合作，扩大海关“经认证的经营者”（AEO）国际互认范围，争取与已建立AEO制度且有意愿的“一带一路”国家海关早日实现AEO互认。

（八）研究探索建立优化口岸营商环境和综合绩效评估机制

着眼长远发展，借鉴世界银行营商环境评估等经验，根据我国口岸实际状况和跨境贸易便利化需求，加强调查研究，在专题研究基础上理论联系实际，研究探索建立综合性的优化口岸营商环境和口岸综合绩效评估机制，推动口岸综合治理水平提升。

参考文献

［1］《习近平主持召开中央全面深化改革领导小组第十四次会议并发表重要讲话》，中央政府门户网站（www.gov.cn），2015年7月1日。

［2］习近平：《决胜全面建成小康社会　夺取新时代中国特色社会主义伟大胜利——在中国共产党第十九次全国代表大会上的报告》，《人民日报》2017年10月28日。

［3］《习近平主持召开中央全面深化改革委员会第七次会议》，新华网，2019年3月19日。

［4］《习近平在二十国集团领导人峰会上关于世界经济形势和贸易问题的讲话》，新华网，2019 年 6 月 28 日。

［5］习近平：《习近平谈“一带一路”》，中央文献出版社 2018 年版。

［6］李克强：《在全国深化“放管服”改革　优化营商环境电视电话会议上的讲话》，新华网，2019 年 7 月 28 日。

［7］《强化监管优化服务　推动外贸促稳提质（权威访谈）——访海关总署署长倪岳峰》，《人民日报》2020 年 8 月 12 日。

［8］倪岳峰：《筑牢口岸检疫防线　大力促进外贸稳增长》，《求是》2020 年第 10 期。

我国的区域开放合作与区域经济空间布局研究

李　娣*

【导语】受新冠肺炎疫情影响，世界经济及全球范围内的国际大循环体系面临极大的不确定性，贯彻落实中央精神，必须从持久战的角度加以认识，加快形成以国内大循环为主体、国内国际双循环相互促进的新发展格局。本文重点研究我国区域对内对外开放合作演进过程，分析我国区域开放的基础条件和发展态势，以及我国区域开放进程中存在的问题，以便更好地顺应开放条件变化，优化区域开放空间和经济空间布局，推动形成优势互补、高质量发展的区域经济布局，坚持开放合作与全面深化改革，完善全国统筹协调的区域开放合作体系，加快形成国内国际双循环新格局。

区域开放是中国整体开放的一个重要组成部分，改革开放40多年来，我国区域开发不断取得新进展。中国是一个区域经济发展水平差距明显的大国，各地区实际情况差别很大，从空间分布上看，区域开放水平自东向西逐步降低，与区域经济发展水平呈现高度相关关系①，对内对外开放都存在不同的诉求，各地区开放的步伐客观上存在不同要求。在世界经济形势异常复杂的局面下，研究开放型经济体系的区域经济空间布局，更好地顺应开放条件变化，优化区域开放空间和经济空间布局，对推动形成优势互补高质量发展的区域经济布局，

---

* 李娣，中国国际经济交流中心经济部副研究员，博士后，研究领域为宏观经济、产业经济、营商环境、财政理论与政策。本文系中国国际经济交流中心重大基金课题“加快落实区域发展战略、完善区域政策和空间布局研究”阶段性研究成果。

① 张应武、李董林：《基于动态因子分析法的区域开放型经济发展水平测度研究》，《工业技术经济》2017年第3期。

加快形成国内国际双循环新格局，具有重要的现实意义。

一、我国区域对外对内开放合作演进过程

我国对内对外开放是一个长期的演进过程。从对内开放来看，改革开放40多年来，随着改革不断深化，我国对内开放合作不断走向深入。在国家制度层面上，党的十六大强调“加强东、中、西部经济交流和合作，实现优势互补和共同发展”，“打破行业垄断和地区封锁，促进商品和生产要素在全国市场自由流动”。党的十七大提出，要“推动区域协调发展”，“加快形成统一开放竞争有序的现代市场体系”。党的十八大进一步强调“促进沿海内陆沿边开放优势互补”。党的十九大在区域合作方面强调“实施区域协调发展战略，建立更加有效的区域协调发展新机制”；在改革举措上，要求“打破行政性垄断，防止市场垄断”；在区域开放上，强调“优化区域开放布局”，“形成陆海内外联动、东西双向互济的开放格局”。随着制度安排、政策设计等核心层面的区域合作不断推进，涉及资源要素流动、基础设施建设、产业布局安排、生态环境保护、基本公共服务供给等经济社会各领域的区域合作不断拓展并全面深入展开。实践中，在国家行政力量和市场机制的共同作用下，区域间横向交流增加，东部沿海发达地区和中西部地区逐步建立跨区域合作关系，以“飞地经济”为典型代表的区域经济合作模式开始打破行政壁垒，探索跨空间的经济开发，并取得积极成效。为缩小区域发展差距，国家支持和鼓励沿海发达地区产业向中西部地区梯度转移，随着一部分产业梯度转移，承接产业转移示范区、东中西合作示范区等区域合作平台不断涌现，对口支援、对口协作等合作方式不断创新发展，在一定程度上促进了人才、技术、资金等跨区域流动。

从对外开放来看，我国的对外开放从沿海设立经济特区、开放城市起步，然后逐步向沿江、沿边、内陆形成了全方位、多层次、宽领域的开放格局。1988年，中央提出沿海开放地带特别是沿海各大开放城市着重发展外向型经济的沿海发展战略，利用劳动力、土地等低成本优势，参与国际分工和国际经济

大循环。2001 年我国加入世贸组织后，加快融入全球的经济体系，并通过参与国际分工不断提高在全球价值链中的位置，并逐步成长为世界工厂。同时，欧美等发达国家和地区利用先发优势，积极推动全球化，向发展中国家输出技术、资金和管理等优势；发展中国家利用劳动力、土地等低成本要素优势进行加工生产，再把所生产的中间品、消费品出口到发达国家，形成了由欧美发达国家主导的国际循环。在参与这一进程中，我国不断面临资源环境约束、进出口贸易中的大出大进、国内经济过分地依赖外资外贸以及投资等问题。同时，欧美等西方国家的制造业空心化、贸易保护主义和民粹主义等愈演愈烈，而 2020 年新冠肺炎疫情进一步加剧了全球经济的不确定性，也使得原来的国际循环模式面临极大挑战，甚至走向终结。

为应对这一演进过程中的一系列变化，党的十六大提出“坚持‘引进来’和‘走出去’相结合，全面提高对外开放水平。适应经济全球化和加入世贸组织的新形势，在更大范围、更广领域和更高层次上参与国际经济技术合作和竞争，充分利用国际国内两个市场，优化资源配置，拓宽发展空间，以开放促改革促发展”。党的十七大要求“深化沿海开放，加快内地开放，提升沿边开放，实现对内对外开放相互促进”。党的十八大提出“创新开放模式，促进沿海内陆沿边开放优势互补，形成引领国际经济合作和竞争的开放区域，培育带动区域发展的开放高地”。党的十九大报告要求“以‘一带一路’建设为重点，坚持引进来和走出去并重，遵循共商共建共享原则，加强创新能力开放合作，形成陆海内外联动、东西双向互济的开放格局”。为应对新冠肺炎疫情对全球经济和全球产业链供应链的冲击，2020 年 5 月，习近平总书记主持召开中共中央政治局常务委员会会议指出，充分发挥我国超大规模市场优势和内需潜力，构建国内国际双循环相互促进的新发展格局。尤其是在深刻认识到当前经济形势仍然复杂严峻，不稳定性不确定性较大情况下，7 月 30 日，中央政治局会议提出，必须从持久战的角度加以认识，加快形成以国内大循环为主体、国内国际双循环相互促进的新发展格局。从我国对内对外开放合作制度的建设来看，随着我国开放水平的提高，我国对内对外开放从单纯利用国际国内两个市场，引进来和走出去相结合，到中国开放的大门越开越大，引进来和走出去并重，形成陆海内外联动、东西双向互济的开放格局，再到加快形成国内国际双循环相互促进的新发展格局，我国对内对外开放的路径越来越清晰明朗，步伐愈加稳健，同时，我国对内对外开放合作也在不断适应全球化发展新趋势和新变化。

二、我国区域开放的基础条件和发展态势

党的十一届三中全会做出改革开放的决策之后，逐步打开中国对外开放的大门。截至2019年年底，我国已建立了18个自贸区，正在建设海南自贸港；从建设浦东新区开始，我国已推动建立了19个新区；以及覆盖全国的保税区、综保区等特定经济功能区，初步奠定了我国全方位对外开放的基础条件。

（一）我国自贸区与海南自贸港发展情况

自2013年我国批准设立了中国（上海）自由贸易试验区以来，我国已相继批准设立广东、天津、福建、辽宁、浙江、河南、湖北、重庆、四川、陕西、海南、山东、江苏、广西、河北、云南、黑龙江等18个自由贸易试验区。从区域分布来看，东部地区9个、中部地区2个、西部地区5个、东北地区2个。东部地区除北京以外都在建设自由贸易试验区，中部地区6个省份仅2个自由贸易试验区，西部地区12个省份中有5个自由贸易试验区，东北三省有2个自由贸易试验区。从地理上看，自由贸易试验区更多地设在沿海沿边，内陆省份主要是河南、湖北、重庆、四川、陕西有自由贸易试验区。据商务部统计，2019年，我国18个自贸区落地外资企业6242家，实际利用外资1436亿元，占全国比重超过15%。2020年6月1日，《海南自由贸易港建设总体方案》正式出炉。6月3日上午，海南自由贸易港11个重点园区在海南多地同步挂牌，标志着海南自贸港建设正式拉开序幕。

（二）我国国家级新区建设的总体情况

截至2020年6月，我国已批准成立了上海浦东（1992年10月）、天津滨海（2005年10月）、重庆两江（2010年6月）、浙江舟山群岛（2011年6月）、甘肃兰州（2012年8月）、广州南沙（2012年9月）、陕西西咸（2014年1月）、贵州贵安（2014年1月）、青岛西海岸（2014年6月）、大连金普（2014年6月）、四川天府（2014年10月）、湖南湘江（2015年4月）、南京江北（2015年7月）、福建福州（2015年9月）、云南滇中（2015年9月）、哈尔滨新区（2015年12月）、吉林长春（2016年2月）、江西赣州（2016年6月）、雄安新区（2017年4月）等19个新区。其中，中央和国务院直接决定的有上海浦东、深圳经济特区、雄安新区，行政级别属于副省级，是国家战略的一种体现。而其他的国家级新区均是省（直辖市）主动向国务院申请后，获得批复设立的，主要是为成为政策"洼地"。从分布来看，东部地区有8个，中部地区有2个，西部地区有6个，东北地区有3个。

（三）我国特定经济地区的总体情况

自20世纪70年代末，我国建立特殊经济功能区——经济特区以来，不同类型的经济功能区的设立和发展成为我国改革开放40多年来经济改革开放的一个最为显著的特征。截至2019年年底，特殊经济功能区的建设已覆盖了中国31个省，224个地级市。综合试验区、保税区、出口加工区、跨境工业园区、保税物流园区、保税港区、综合保税区、保税物流中心（B型）、国际边境合作中心等也是我国经济特区的重要形式，这些不同形式的特殊经济功能区设立的目的各有不同，也有相互重叠现象。主要包括：发展区域经济增长极、促进对外贸易、促进特定行业的发展、促进科技创新、推动经济综合改革、促进跨国经济合作等。从各类特定经济地区在全国各省市分布情况（见表1）可见，我国约50%的特定经济地区分布在东部地区。这与我国长期以来实施"东部地区率先发展"的区域发展战略紧密相关，同时东部地区在区位上处于沿海等开放前沿，也为东部地区率先开放创造了好的条件，东部地区抓住开放发展机遇，在全国经济发展中发挥引领作用，创造的进出口贸易总额占全国的 80% 以上，是我国对外开放的主要窗口。自党的十九大以来，我国不断增加中西部地区的综保区和保税物流中心（B 型），这不仅是全面贯彻落实新时代区域协调发展战略的重要举措，也是着力推动形成陆海内外联动、东西双向互济的开放格局的有力手段。2019 年这两类特定经济地区（实际运营的）进出口额增长率分别为 12.3% 和 51.8%。

表 1　我国实际运营的特定经济地区分布情况（截至 2020 年 4 月）

	综保区（个）	出口加工区（个）	保税区（个）	保税物流园区（个）	保税港区（个）	保税物流中心（B 型）（个）
全国	97	18	11	4	13	79
内蒙古	2	1				4
广西	3	0			1	1
重庆	3				1	3
四川	3	1				5
贵州	3					
云南	2					2
西藏						
陕西	4	1				1
甘肃	1					1
青海	1					1
宁夏	1					1
新疆	3					1+1 个国际边境合作中心
西部地区合计	26	3	0	0	2	20
河北	3	1				3
北京	1					1
天津	1	1	1	1	1	2

续表

	综保区（个）	出口加工区（个）	保税区（个）	保税物流园区（个）	保税港区（个）	保税物流中心（B型）（个）
山东	8	1			2	5
江苏	20	0	1		1	6
上海	6	1	1	1	1	2
浙江	4	2	1		1	6
广东	4	2+1个跨境加工园区	4	1	2	7
海南	1				1	
福建	1	1	2	1	1	3
东部地区合计	49	10	10	4	10	35
山西	1					2
河南	2	1				3
安徽	3	1				4
湖北	2	1				5
江西	3	1				2
湖南	5					2
中部地区合计	16	4	0	0	0	18
黑龙江	2					2
辽宁	3	1	1		1	3
吉林	1	0				1
东北地区合计	6	1	1	0	1	6
香港						
澳门						
台湾						

数据来源：中国海关总署。

（四）我国口岸建设的总体情况

截至2018年12月31日，我国共有经国家批准的对外开放口岸306个，水运口岸 135 个（其中河港口岸 54 个，海港口岸 81 个），陆路口岸 97 个（其中铁路口岸 21 个，公路口岸 76 个），空运口岸 74 个。[①] 从区域分布来看，全国各省市都有空运口岸，公路和铁路口岸主要分布在沿海、沿边省市。水港口岸主要分布在沿海沿江省市。相对而言，中西部地区口岸基础设施建设远落后于东部地区，口岸通关效率、便利化水平也相对落后于东部地区。

三、我国区域开放进程中存在的主要问题

我国传统的区域开放多是给特定区域更多优于其他区域吸引外商投资、对外贸易便利化的优惠政策，以便于特定区域在对接国际市场、推动国内改革等方面形成有积极意义的体制机制探索，从区域协调发展的角度来看，这也导致了我国区域差距拉大、区域发展不平衡、区域不公平竞争、资源错配等问题。

（一）外商投资、对外贸易向东部地区高度集聚

20 世纪 80 年代，伴随我国外贸体制改革以及沿海地区率先对外开放，设立经济特区和国家级经济技术开发区等各类对外开放政策，我国中央和地方政府为东部沿海开发区制定了大量的优惠政策，吸引外商投资，发展外向型经济。外商投资大量涌向东部地区，带动这些区域对外贸易发展。2000—2010 年，东部地区创造的进出口贸易额占全国比重 87% 以上，其中广东在很长一段时间内该占比达到全国的三分之一（见表 2），多数外商投资企业也聚集在东部地区。1998 年亚洲金融危机后，国家才允许中西部地区设立经济技术开发区，尽管中西部地区加速赶超，但开放理念及综保区、口岸建设等开放基础并没有同步跟进，同时开放发展也受制于区位优势，中西部地区的开放进展非常缓慢。2013 年后，得益于“一带一路”建设，我国着力构建陆海内外联动、东西双向互济的开放格局，中西部地区对外开放速度明显提升。从进出口贸易额占全国比重

---

① 中国口岸协会网站：http://kouanxiehui.langye.net/kaifangkouan/gaishu/。

来看，与2010年以前相比较，2015—2018年，西部地区占比提升了3—4个百分点（见表2）；中部地区该占比提升了3个百分点以上。2000年后，即便是拥有大连这样条件优良的沿海港口城市及最早开放地区，东北地区（主要是辽宁）进出口贸易额占全国比重呈现明显的下降趋势。东部地区内部进出口贸易额占全国比重也同样出现分化，长三角地区该比重在2000年后有明显的攀升，到2016年后总体稳定在35%，珠三角、京津冀地区总体表现为下降趋势。从外贸依存度来看（见表3），我国北京、上海、广东的外贸依存度是全国最高的，意味着这些城市参与国际竞争和国际分工的能力相对是最强的。就珠三角而言，随着“一带一路”建设以及一些产业向中西部地区梯度转移，广东省进出口贸易额占全国比重呈现明显下降，但2014、2015年广东省GDP占全国比重始终保持在9.8%，2016年后攀升到10.8%。广东的外贸依存度从2000年的145.7%调整下降到2018年的73.6%（见表3）。这与广东省的贸易结构相关。改革开放初期，广东以来料加工为主，作为引进外资扩大出口，发展外向型经济的启动模式，此后，发展以进料为主的劳动密集型加工贸易，加工贸易企业追逐低要素成本，在国际贸易中表现为中间品的大出大进，以及较高的外贸依存度。2008年，广东开始实施“腾笼换鸟”，即实施产业和劳动力的“双转移”战略，到2016年一般贸易占比首次超越加工贸易，逐步实现了以外资为主的加工贸易企业向以民营经济为主体的一般贸易企业转型。民营企业通过建设自有品牌，以自有资金链，积极参与国际分工，融入全国乃至全球产业体系，也造就了广东省在生产要素供求关系不断趋紧、成本持续攀升的情况下，依然保持了对外贸易总额、经济规模的稳定增长，是外贸依存度缓慢下降的成功转型。

表2　我国各区域按收货人所在地分进出口贸易额占全国比重

	2000年	2005年	2010年	2015年	2016年	2017年	2018年
内蒙古	0.55%	0.34%	0.29%	0.32%	0.32%	0.34%	0.34%
广西	0.43%	0.36%	0.60%	1.29%	1.29%	1.41%	1.35%
重庆	0.38%	0.30%	0.42%	1.88%	1.70%	1.62%	1.71%

续表

	2000年	2005年	2010年	2015年	2016年	2017年	2018年
四川	0.54%	0.56%	1.10%	1.29%	1.34%	1.66%	1.95%
贵州	0.14%	0.10%	0.11%	0.31%	0.15%	0.20%	0.16%
云南	0.38%	0.33%	0.45%	0.62%	0.54%	0.57%	0.65%
西藏	0.03%	0.01%	0.03%	0.02%	0.02%	0.02%	0.02%
陕西	0.45%	0.32%	0.41%	0.77%	0.81%	0.98%	1.15%
甘肃	0.12%	0.18%	0.25%	0.20%	0.19%	0.12%	0.13%
青海	0.03%	0.03%	0.03%	0.05%	0.04%	0.02%	0.02%
宁夏	0.09%	0.56%	0.07%	0.09%	0.09%	0.12%	0.08%
新疆	0.48%	0.56%	0.58%	0.50%	0.48%	0.50%	0.43%
西部地区合计	3.62%	3.66%	4.32%	7.36%	6.97%	7.55%	7.98%
北京	10.46%	8.83%	10.15%	8.08%	7.66%	7.89%	8.92%
天津	3.62%	3.75%	2.76%	2.89%	2.79%	2.75%	2.65%
河北	1.10%	1.13%	1.41%	1.30%	1.27%	1.21%	1.38%
山东	5.27%	5.40%	6.36%	6.09%	6.36%	6.44%	6.33%
上海	11.53%	13.10%	12.41%	11.36%	11.77%	11.59%	11.16%
江苏	9.62%	16.03%	15.66%	13.80%	13.82%	14.38%	14.36%
浙江	5.87%	7.55%	8.53%	8.77%	9.13%	9.20%	9.35%
广东	35.86%	30.10%	26.39%	25.87%	25.92%	24.51%	23.46%
海南	0.27%	0.18%	0.29%	0.35%	0.31%	0.25%	0.28%
福建	4.47%	3.83%	3.66%	4.27%	4.26%	4.16%	4.05%
东部地区合计	88.09%	89.89%	87.61%	82.79%	83.28%	82.40%	81.95%
山西	0.37%	0.39%	0.42%	0.37%	0.45%	0.42%	0.45%
河南	0.48%	0.54%	0.60%	1.87%	1.93%	1.89%	1.79%
湖北	0.68%	0.64%	0.87%	1.15%	1.07%	1.13%	1.14%
湖南	0.53%	0.42%	0.49%	0.74%	0.71%	0.88%	1.01%
江西	0.34%	0.29%	0.73%	1.07%	1.09%	1.08%	1.04%
安徽	0.71%	0.64%	0.82%	1.21%	1.21%	1.32%	1.36%

续表

	2000 年	2005 年	2010 年	2015 年	2016 年	2017 年	2018 年
中部地区合计	3.11%	2.92%	3.93%	6.41%	6.46%	6.71%	6.79%
辽宁	4.01%	2.88%	2.71%	2.43%	2.35%	2.43%	2.48%
吉林	0.54%	0.46%	0.57%	0.48%	0.50%	0.45%	0.45%
黑龙江	0.63%	0.67%	0.86%	0.53%	0.45%	0.46%	0.57%
东北地区合计	5.18%	4.02%	4.14%	3.44%	3.30%	3.34%	3.50%
香港							
澳门							
台湾							

数据来源：中国统计年鉴。

表 3　我国各区域外贸依存度比较

	2000 年	2005 年	2010 年	2015 年	2016 年	2017 年	2018 年
全国	39.2%	62.2%	48.7%	35.7%	32.7%	33.7%	33.9%
内蒙古	15.5%	10.3%	5.1%	4.7%	4.2%	5.8%	6.0%
广西	8.2%	10.4%	12.5%	18.9%	17.2%	21.1%	20.2%
重庆	9.3%	11.5%	10.6%	29.5%	23.3%	23.2%	25.6%
四川	5.3%	8.8%	12.9%	10.6%	9.9%	12.5%	14.6%
贵州	5.5%	5.8%	4.6%	7.2%	3.2%	4.1%	3.4%
云南	7.7%	11.2%	12.6%	11.2%	8.9%	9.7%	11.0%
西藏	9.2%	6.7%	11.2%	5.5%	4.5%	4.5%	3.2%
陕西	10.7%	10.2%	8.1%	10.5%	10.2%	12.4%	14.4%
甘肃	4.8%	11.1%	12.2%	7.3%	6.2%	4.4%	4.8%
青海	5.0%	6.2%	4.0%	5.0%	3.9%	1.7%	1.7%
宁夏	13.8%	13.1%	7.9%	8.0%	6.8%	9.9%	6.7%
新疆	13.7%	25.0%	21.3%	13.1%	12.1%	12.8%	10.9%
西部地区合计	8.5%	11%	10.7%	12.6%	10.8%	12.4%	13.2%
北京	165.7%	149.3%	144.7%	86.4%	72.7%	78.3%	89.7%

续表

	2000 年	2005 年	2010 年	2015 年	2016 年	2017 年	2018 年
天津	86.6%	118.0%	60.3%	43.0%	37.9%	41.2%	43.0%
河北	8.5%	13.0%	14.0%	10.8%	9.6%	9.9%	9.9%
山东	24.2%	33.9%	32.7%	23.8%	22.8%	24.7%	25.2%
上海	99.5%	166.7%	145.5%	111.4%	101.7%	105.3%	104.1%
江苏	44.0%	102.0%	76.1%	48.5%	43.4%	46.6%	47.3%
浙江	38.2%	65.5%	61.9%	50.4%	0.1%	49.5%	50.7%
广东	145.7%	156.7%	115.5%	87.5%	78.0%	76.0%	73.6%
海南	20.6%	23.3%	28.4%	23.5%	18.4%	15.7%	17.6%
福建	44.8%	67.9%	50.0%	40.5%	35.9%	36.0%	34.5%
东部地区合计	67.8%	95.2%	76.0%	54.7%	44.0%	51.2%	51.8%
山西	8.9%	10.9%	9.3%	7.2%	8.4%	7.5%	8.1%
河南	3.7%	6.0%	5.2%	12.4%	11.6%	11.7%	11.5%
湖北	6.2%	11.4%	11.0%	9.6%	8.0%	8.8%	8.9%
湖南	5.6%	7.5%	6.2%	6.3%	5.5%	7.2%	8.4%
江西	6.7%	8.2%	15.5%	15.8%	14.3%	15.1%	14.4%
安徽	9.1%	13.9%	13.3%	13.5%	12.0%	13.5%	13.8%
中部地区合计	6.2%	9.1%	9.2%	10.7%	9.8%	10.6%	10.8%
辽宁	33.7%	41.9%	29.6%	20.8%	25.7%	28.8%	29.9%
吉林	11.7%	14.8%	13.2%	8.4%	8.2%	8.4%	9.0%
黑龙江	7.6%	14.2%	16.7%	8.7%	7.1%	8.1%	10.7%
东北地区合计	20.9%	27.3%	22.2%	14.6%	15.3%	17.1%	18.8%
香港							
澳门							
台湾							

数据来源：中国统计年鉴。

（二）内陆亟待培育开放型经济新体制

从经济外向度来看，内陆地区的外向度远低于东部沿海，经济外向度低已成为长期制约内陆地区经济持续快速发展的“短板”。从表 2 可见，贵州、甘肃、青海、宁夏、山西等省份，长期以来，进出口贸易额占全国比重都处在 1% 以下，有的省份甚至不足 1‰。从内陆省份外贸依存度来看（见表 3），2000 年河南省的外贸依存度是全国最低的，为 3.7%；2005 年，除西藏以外，我国外贸依存度低于 10% 的主要是贵州、青海、河南、湖南、江西、四川等内陆省份；2010 年，外贸依存度低于 10% 的省份有内蒙古、贵州、陕西、青海、宁夏、山西、河南、湖南等，这其中，除内蒙古为边境省份外，其他均为内陆省份；2018 年，外贸依存度低于 10% 的省份有内蒙古、贵州、西藏、甘肃、青海、宁夏、河北、山西、湖北、湖南和吉林等 11 个省份。这些年，外贸依存度从未超过 10% 的省份主要是湖南、贵州、青海等 3 个内陆省份。一方面由于地处内陆，在区位上使得内陆地区发展外向型经济受物流运输成本、资金、信息、人才等诸多因素制约；另一方面与内陆省份的产业基础、资源禀赋等高度相关。从 2000—2018 年我国各省外贸依存度变化来看，突破过 10% 的内陆省份，比如山西、内蒙古（边境省份）有煤炭等资源型产品出口，重庆、河南等利用人力资源优势，引进电子类劳动密集型产业实现突破。可见，内陆地区要参与国际分工，必须坚持从自身特点和资源禀赋出发，不断培育适应国内发展需要的产品，推进产业集群化，逐步形成有国际竞争力的主导产业，以主导产业为基础，积极引入符合主导产业需要的外资企业，拓展产业链，丰富产品结构，逐步争取国际市场话语权，这样才能逐步走上内生增长和外向发展互补的开放型经济新路。

（三）区域开放合作中依然存在恶性竞争和无序竞争

传统上，我国对外开放普遍存在“要项目、要政策”思想，在新一轮对外开放进程中，各地实施举措主要集中在争取在本地区设立自贸区、保税区、国际港区，举办博览会、贸易洽谈会甚至使领馆等方面，在争取外商投资、国家重大项目等方面争相出台土地、税收等各类优惠政策，忽视产业发展需要技术、人才等要素基础。忽视了产业集聚需要围绕产业链布局进行一个较长的时间招商才能逐步形成，且一旦形成较短时间又难以转移的客观规律。导致一些企业利用国内地方政府间的竞争，在一个地方政府提供的各类优惠政策到期后转移到给予更多优惠政策的另一个地方。从整体上来看，这不仅造成了国内资源浪费，也难以形成有国际竞争力的产业集聚区，还可能造成新一轮的重复投资和产能过剩。

（四）对外对内区域开放合作机制依然相对欠缺

在国际层面，WTO 等国际经贸多边合作机制面临前所未有的挑战，改革势在必行，亟待构建互利共赢、开放包容、公平合理的多边合作机制。传统的双边或多边经贸合作服务体系、保障机制以及纠纷协调解决机制、法律合作机制也亟待加快完善和与时俱进地改革，贸易和投资便利化机制不健全、投资贸易法律体系不健全等现象需要各国共同推动解决。在“一带一路”框架下，我国已在涉及的国家间、区域间成功搭建了上海合作组织、“一带一路”国际合作高峰论坛、中阿论坛、中巴自由贸易区、中国—中东欧国家合作论坛、中欧全面战略伙伴关系等多个平台，但这种合作机制较为松散，亟待强化建设深层次的合作协调机制。我国已与 26 个国家和地区相继签署了 19 个自贸协定，区域全面经济伙伴关系协定（RCEP）已于今年签署，正持续释放坚定支持双边和多边贸易体制、推动区域一体化和促进区域内经济发展的明确信号。但目前 RCEP 还面临成员国之间巨大的分歧和矛盾，协调好成员国之间的矛盾和分歧是协议落地实施的前提。

我国在各区域对外开放进程中，尚缺乏对全球各区域板块，各国的政治、经济、安全及文化政策的统筹协调体系，比如各省在对接“一带一路”建设中，沿线省、市、部门、机构及公司在开展经济外交或经济活动中各自为政，相互竞争。以中欧班列为例，中欧班列是贯穿欧亚大陆的陆上快速通道，是“一带一路”的桥梁和纽带。2011—2016年，中欧班列开行数量为3453列；2017年，开行3673列，同比增长116%，超过过去6年的总和；2018年中欧班列开行6300列，同比增长72%，其中返程班列2690列，同比增长111%；2019年中欧班列开行8225列，同比增长29%。截至目前，货源范围已经从国内中西部地区辐射到全国乃至整个亚欧大陆，但因往返货源紧张，各地纷纷以补贴争抢货源，导致恶性竞争。事实上，中欧班列开行之初，各地政府通过财政补贴的方式，将运价压低到接近海运价格来支持企业从海运市场抢夺货源。国家提出“一带一路”倡议后，各地将中欧班列作为政绩，争相通过补贴和优惠政策来抢夺市场。据有关人士统计，哈尔滨哈满欧补贴大约3000美元/柜，每班列补贴约12.3万美元；重庆渝新欧以划拨土地、企业所得税退税及物流环境优化的名义给当地企业及物流平台补贴；郑州郑新欧以土地加资金的方式对班列公司予以补贴；广东省东莞石龙，广州大朗班列省、市分别补贴班列每柜0.125美元/公里；深圳每列中欧班列省市补贴总额范围为112750—133250美元；等等。中欧班列每标箱运输成本约6000美元，有的班列为争抢货源只收取成本一半的运费。低价竞争造成资源浪费与错配。财政部从2018年开始，要求地方政府降低中欧班列补贴标准：以全程运费为基准，2018年补贴不超过运费的50%，2019年补贴不超过40%，2020年补贴不超过30%。同时，还需建立有效统筹体系，进一步扩展货源辐射范围，完善多式联运，加强各区域间货源协调，避免恶性竞争。

为更好地实施区域协调发展战略，2018年11月，我国出台了《中共中央国务院关于建立更加有效的区域协调发展新机制的意见》，标志着“加快形成统筹有力、竞争有序、绿色协调、共享共赢的区域协调发展新机制”正式成为国家政策性文件，指导区域协调发展。但区域协调发展新机制的实施要取得积极成效，还需各方面在实践中共同努力，不断总结经验和创新完善，使新机制在推动跨区域、跨流域的重大区域发展战略实施，深化区域开放合作发挥好重要协调作用。但目前在协调国际国内两个市场、两种资源，推动“走出去”与“引进来”并重，加快形成国内国际双循环新格局方面，我国依然缺乏统筹有力的顶层协调机制。

四、坚持开放合作构建国内国际双循环新格局

近些年，国际上的反全球化浪潮愈演愈烈，受全球新冠肺炎疫情影响，“脱钩论”更是甚嚣尘上，国际循环体系面临极大的不确定性。习近平总书记强调，“以开放、合作、共赢胸怀谋划发展，坚定不移推动经济全球化朝着开放、包容、普惠、平衡、共赢的方向发展，推动建设开放型世界经济。同时，要牢固树立安全发展理念，加快完善安全发展体制机制，补齐相关短板，维护产业链、供应链安全，积极做好防范化解重大风险工作”。由此可见，兼顾经济效率和经济安全，坚持对内对外开放合作，加快形成稳健的国内国际双循环体系，对我国有效化解重大战略风险，保持经济长期健康稳定发展具有重要意义。

（一）夯实“一带一路”倡议完善国际循环体系

2013 年以来，我国提出的“一带一路”倡议得到了国际社会的广泛参与和支持，截至目前，“一带一路”沿线国家包括中国、东亚的蒙古国、东盟 12 国、西亚 18 国、南亚 8 国、中亚 5 国、独联体 7 国、中东欧 16 国等 60 多个国家和地区，这些国家和地区大多属于发展中国家和转型经济体。“一带一路”倡议把过去排除在国际循环体系之外的发展中国家纳入进来，通过搭建开放包容、共建共享平台，吸纳欧洲发达国家的参与，开辟比南北向更具有包容性的东西向国际循环新体系。并且这个新体系本身是一个开放的大平台，与原有的国际循环体系不存在排斥关系，是原有体系开放空间的有效拓展，是全球循环体系的有益补充。当前，沿线国家和地区在经济水平、消费能力、科技实力等方面后发优势强劲，并与我国经济具有良好的互补性，加强与这些国家和地区的合作，已成为我国参与国际循环的新渠道。同时，我国正在建设陆海新通道，实施新的西部发展战略，加快建设海南自由贸易港，18 个省份正探索建设自贸区，已成功举办两届中国国际进口博览会，积极搭建国内参与国际循环的重要平台。

从这个角度来看，我国存在国际国内两个互补的循环体系，通过国际国内双循环体系，我国可强化与全球各国的联系，进而将中国的发展与整个世界的发展紧密联系起来，为全球经济发展注入新动力。

（二）加强开放合作促进国际区域循环良性发展

改革开放以来，特别是邓小平南巡讲话后，中日韩经济来往越来越频繁，产业合作与转移持续深化，制造业合作基础不断强化。中国与日本、韩国要素禀赋的互补性及需求的相似性，中日韩企业国际化经营，三国之间呈梯度分布的良好分工体系，以及区域相对稳定的政治环境与积极的贸易自由化政策等多种因素，推动了包括中日韩在内的东亚地区生产网络稳定发展。自 2012 年以来，东亚地区制造业出口额占全球的比重超过 32%，其中，中间产品贸易是中日韩三国制造业贸易总额增长的主要推动要素，以 2015 年为例，中日韩三国初级产品、中间产品与最终产品占制造业贸易额的比重分别为 2%、61% 和 37%，而其中中国出口日韩、日本出口中韩、韩国出口中日的零部件出口值分别占各国出口东亚地区的比重为 26.95%、49.17%、64.9%，三国是东亚地区生产网络中心，中日韩零部件贸易额占三国全部贸易额比重逐年升高，总体反映了三国产品内分工程度不断提高，制造业依存越来越紧密，意味着三国制造业生产网络不断走向稳定成熟，中日韩在制造业领域形成紧密的产业链和供应链。

据海关总署数据统计，2019 年，中国在亚洲地区的进出口贸易占进出口贸易总额的 51.72%，其中，中国与东南亚国家联盟之间的进出口贸易占中国在亚洲地区贸易额的 27.12%，中韩、中日之间的双边贸易额占 25.34%。自全球金融危机后，尤其是 2010 年中国—东盟自由贸易协定（ACFTA）正式生效后，中国成为东南亚地区最重要的贸易伙伴，在东南亚地区对外贸易中的份额不断上升，而作为该地区的传统贸易伙伴美国、欧盟和日本等的份额逐步下降。据商务部统计，2020 年 1—5 月，我国与东盟进出口 1.7 万亿元，同比增长了 4.2%。其中对东盟出口 9366.2 亿元，增长 2.8%，自东盟进口 7598.6 亿元，同比增长了 6%，均高于同期我国外贸进出口整体增速。东盟成为中国第一大贸易伙伴，这充分体现了双方贸易发展的潜力和韧性。从我国的地理位置以及在东北亚和东南亚的贸易地位来看，中国应进一步加强与东北亚和东南亚的合作，在链接东北亚和东南亚建立区域产业链和供应链体系中发挥积极作用，要进一步完善东盟 10+3 的合作框架以及国际陆海新通道建设，推动区域全面经济伙伴关系协定（RCEP）如期签署，积极推进中日韩自贸区（FTA）和自由贸易体系建立，在国际经济大循环中建立东亚地区区域循环和中日韩小循环，积极推进国际区域循环平台建设。东亚各国要致力于解决现有合作机制的漏洞，不断探索和完善具有地域特征的东亚区域合作机制，在加强区域经济合作的同时，构建东亚地区多层治理体系，在其他公共领域的合作上形成行动上相互依赖、目标上协调一致的新东亚区域合作机制体系。

（三）全面深化改革助力构建国内国际双循环

当前，全球疫情形势依然严峻，市场需求恢复尚需时日，保护主义、单边主义等对全球产业链、供应链运行的干扰依然不断，疫情后世界经济深度衰退、国际贸易投资萎缩的趋势难以改观，且还将面临因疫情带来的国际金融市场动荡、国际交往受限等不利局面，地缘政治冲突对 RCEP 年内签署计划也将形成影响，中国发展的外部环境面临长期的严峻挑战，中国依然要坚持把自己的事情做好，更加需要依靠自身的力量谋发展。加快形成国内国际双循环新格局是一项长期的战略。这其中，市场是基础，产业链是根本，营商环境的国际化、法治化、市场化是方向，核心技术创新补齐短板是关键，深化改革开放是核心，只有多管齐下，才能加快形成国内国际双循环新格局。站在新的历史起点，中国开放的大门只会越开越大，坚持以开放促改革、促发展、促创新，持续推进更高水平的对外开放，以更高水平的对外开放倒逼国内改革全面深化。要加快完善市场经济制度，积极稳妥推进市场化改革，完善市场监管体系，建设高标准市场体系。世界银行发布的《全球营商环境报告 2020》显示，中国营商环境在全球排名跃升至 31 位，较上一年提升 15 位。下一步要按照国际最高标准打造营商环境和采用国际最佳实践，加大改革开放力度，加强体制机制创新，进一步完善机会平等、权利平等、规则平等的市场环境，为各类企业提供平等竞争的环境，打造稳定、公平、透明、可预期的营商环境。不断完善相关法律制度，保证各种所有制经济主体依法平等使用生产要素，公开公平公正参与市场竞争，同等受到法律保护。目前我国在全球产业链和供应链中已经占据中心的位置，从产业配套服务、融资、生产性服务、开放性研发，到高素质劳动力和完善的基础设施体系供给等方面，为企业在全生命周期内开展的各项商业活动提供了完整的解决方案，围绕产业链形成了全球最为完整的供应链、服务链、价值链体系和强大的企业生态系统，这是吸引各类企业投资最强的黏合剂。要充分发挥现有完整产业链和产业生态优势，进一步完善宏观调控体系，尤其是构建与国内国际双循环相适应的国内宏观调控体系和提高国际宏观经济政策协调能力，维护国内产业安全和全球产业链、供应链稳定，提高现代经济体系的治理能力。要积极推进科技研发和教育体制改革，加大研发投入，加强科技研发领域的国际合作，加大各类“卡脖子”领域的科技攻关力度，积极补齐生产和供应链的高端环节“短板”。推动以5G、大数据、人工智能为核心的新兴基础设施建设，为加快形成国内国际双循环新格局提供基础性支撑。

（四）完善全国统筹协调的区域开放合作体系

加强战略统筹与务实的政策支持。要坚持从全国一盘棋来统筹，根据我国各板块的区位优势、资源禀赋、战略定位，着眼未来，贯穿产业主线，进行区域产业开放发展布局，以产业来串联区域开放。长三角、粤港澳大湾区、海峡西岸、环渤海等东部沿海地区要继续在我国区域经济中发挥积极引领和驱动作用，率先向基本实现现代化的目标迈进。要继续贯彻全面对外开放的战略，以技术创新为导向，更为有效地利用国内国外两个市场、两种资源，推进国家级科技创新中心建设，推动上海、北京、深圳等城市在关键领域的国际分工中逐步攀登最高技术梯度，创造新的比较优势，推动产业、贸易结构协调化、高端化发展。要发挥好该区域地处我国开放前沿阵地、开放基础好等优势，积极试点制度型开放，坚持引进来和走出去并重，为加快形成国内国际双循环新格局积累更为有效的经验。建设好海南自贸港。中部及内陆地区经济开放度远低于沿海地区，主要以传统的制造业为主，要在推动传统产业升级的同时，加大与东部地区产业对接，坚持以现有产业为基础，引导国内、国际相关企业向有产业基础和资源禀赋的区域集聚，不断补链强链，做大做强主导产业，推动中部及内陆地区积极参与国际分工，提高产业的国际竞争力。进一步完善综合路网建设，推进基础设施互联互通，推动中部及内陆地区借助于长江经济带和“一带一路”等陆海新通道建设，联通全球范围。支持航空航线开放，增加公路、铁路口岸设置数量，提高产品和企业“走出去”的便利性。支持中部及内陆地区重点城市承接国际大型会议、大型赛事。进一步推动这类地区建设与国际对标的营商环境，改善投资、融资、创新环境，建设全球制造业基础研究资源配置中心。要加快畅通长江水道，降低中部地区制造业发展的物流成本；简化通关手续，改革长江水道 12 个海关各自为政的局面，减少审批程序，降低通关成本，提高效率。西北、东北地区，新疆、内蒙古、黑龙江等边境地区开放条件已基本具备，但对外贸易额占全国比重依然很低，边境口岸的进出口贸易更多表现为“过路经济”，创造的经济效益有限。要继续发挥东部地区对口支援作用，发展“飞地经济”，优化“飞地港”布局，积极推进这类地区的工业化、信息化进程。支持这类地区发挥区位优势、综合文化优势，向西向北开放，发展好边境贸易，建设有区域特点且对外开放的生活服务类商贸中心和人文交流中心，支持与周边国家发展木材、畜产品、粮食等具有资源禀赋优势的加工业，推进与周边国家的经贸合作，积极参与东北亚区域经济合作。推进宁夏、青海、甘肃等西北内陆地区以及东北地区基础设施互联互通、公共服务共建共享，不断完善河西走廊，建设这类地区通达中亚、欧洲的大通道。支持西北、东北地区积极改善营商环境，推动高新技术开发区、综保区和保税物流中心升级改造，提升开放和服务水平，积极吸引和承接国际资本和国际国内产业转移。西南地区开放区位条件明显好于内陆地区，重庆、四川等西南内陆省份经济开放度不断提升，产业基础比较好。要加快西南及沿边地区基础设施互联互通，积极推进西部陆海新通道贯通粤港澳大湾区、海南自贸港，加强该地区与长江经济带、粤港澳大湾区等发达区域的联通对接。推动沿边地区积极参与大湄公河次区域、中国—中南半岛、孟中印缅等经济走廊建设，完善面向东盟区域的国际通道。进一步完善沿边对外开放政策，加大向东开放力度，提高广西、重庆、四川、贵州等地的口岸数量，提升口岸等级，探索有区域特点的服务业对外开放政策，推动西南地区成长为吸引国内外生产要素资源，带动周边地区经济增长的开放阵地。

引导探索以利益为纽带的区域开放合作机制。进一步贯彻落实《中共中央国务院关于建立更加有效的区域协调发展新机制的意见》，坚持问题导向，疏通区域开放合作中的堵点，积极破解各行政区在经济发展、要素流动、生态环境保护等领域各自为政状态，摒除各种隐性障碍和无形壁垒，加强制度创新，探索以利益为纽带的区域合作机制。创造性地开展对口支援和协作，完善和创新“飞地经济”合作模式，推动合作双方形成互惠互利长期合作机制，在此基础上，建立基于经济社会发展整体统筹、全方位联动与深层次融合的合作新形态。各省市要加强与国家重大战略对接，根据区位优势、产业基础、发展趋势等，做好本行政区内重点产业布局与规划，围绕重点产业、主导产业做好招商引资工作，拓展产业链、供应链，有计划、有目的地承接产业转移，在招商引资和承接产业转移进程中，要着力避免相互“挖墙脚”造成的资源浪费与无序配置。要加强中心大城市的培育，推动以城市群为单元的区域开放合作，制定城市群发展目标，要发挥强大的中心城市在促进区域开放合作、协调发展中的“主心骨”作用，为实现经济社会发展、生态环境保护、开放等区域共同目标，“主心骨”中心城市要主动在某些方面做出让步与牺牲，推动形成有活力、有合力、有包容的区域一体化。重点流域、重点区域、战略性产业布局等要建立有中央层面参与协调的省际合作机制，平衡各方利益，探索功能定位清晰、互利共赢、协调发展的跨省区域合作模式。推动全国范围内的检验检疫、认证认可、信息互换、监管互认等海关合作，完善内陆口岸设置，优化口岸布局，改善边境口岸通关设施条件，加快边境口岸“单一窗口”建设，降低通关成本，提升通关能力。要加强联动机制建设。要推进各级政府相关部门的联动，形成横纵向脉络清晰的高层次协调沟通机制；强化与各重要经济板块和战略功能区域的联动，形成相互支撑、有效借鉴和一体发展的推进机制；与社会各方面的联动，形成政府、企业、社会有机结合、同向发力的立体性促进机制[①]。

① 范恒山：《新时期对内开放合作的基本特点和主要任务》，长三角与长江经济带发展研究院微信公众号 2020 年 6 月 14 日。

加快建设现代预算国家

焦长权*

【导语】为应对“大政府”时代的挑战，中国建立了一个以部门预算为基础、以项目支出为核心的公共预算体制，并因此形成了一个以项目支出为核心的新的国家治理体制——项目制。但是，项目制并未能完全有效应对这一挑战，最典型的表现是公共财政的支出进度偏慢，支出效率较低，财政资金大规模沉淀。这一方面与政府公共预算管理体制不顺和公共预算能力不足有关；另一方面，公共财政中经济建设支出占比很高，也是导致公共支出效率低下的重要原因。进一步完善公共预算体制，增强公共预算能力，提高公共支出效率，是中国建立现代预算国家的必由之路。

分税制改革后，中国政府在短期内迈入了“大政府”时代，国家财政汲取能力不足问题得以初步解决。但是，政府在短期内快速“富裕”起来，也给政府治理体制和治理能力提出了新的挑战，对政府公共预算体制和预算能力提出了很大考验。最近几年，政府财政支出进度偏慢问题日益突出，沉淀资金规模越来越大，有效提高公共支出效率，成了当前财政支出过程中面临的重大挑战，也是建设现代预算国家的重要基础。

---

* 焦长权，北京师范大学中国社会管理研究院讲师，主要研究方向为政治社会学、公共财政与国家治理。本文系国家社科基金青年项目“项目制对县级政府行为的影响机制研究”（项目批准编号：17CSH068）的阶段性成果。

一、公共支出效率与财政资金沉淀问题

分税制改革后，中国政府的财政汲取能力和效率大为提高，政府公共收入规模急剧扩大，占 GDP 的比重迅速提高，近年已接近 40% 的水平，相当于 OECD 国家的平均水平，一个市场经济条件下的“大政府”迅速成长起来[①]，政府的再分配能力和提供公共品、公共服务的潜力大为增加。但是，当政府在短期内快速“富裕”起来之后，其是否有能力将集聚的巨量财政资金高效、规范和合理地支出出去，为社会提供必需的公共品和公共服务，而不是让财政资金闲置浪费，这对政府治理体制和治理能力提出了巨大挑战。

西方发达国家也普遍经历了“大政府”兴起的历史过程。[②] 为引导和约束“大政府”的行为，西方国家纷纷建立了现代公共预算体制，用规范化的预算体制将巨量财政资金有效、规范地支出出去，为社会提供公共品和公共服务，学界将之称为“预算国家”的建立过程[③]。

中国也试图通过公共预算改革、建立现代“预算国家”来回应“大政府”时代的挑战。自 1999 年起，中国开始进行一系列公共预算改革，逐渐形成了一个以部门预算为基础，以项目支出为核心的公共预算体系。项目支出既是部门预算的核心，也是公共预算体系的枢纽，在治理实践中，项目支出就体现为各种具体项目。结果，以各级政府部门的项目支出为核心，迅速裹挟了行政、人事等多重因素，形成了一个覆盖全面、结构严密的新的国家治理体制 —— 项目制；它既是公共预算体制的枢纽，同时也超越公共预算体制，成为政府运行中

① 焦长权、焦玉平：《大政府的兴起：经济发展与政府转型》，《开放时代》2018 年第 3 期。

② 参见坦齐、舒克内希特：《20 世纪的公共支出》，胡家勇译，商务印书馆 2005 年版；坦茨：《政府与市场：变革中的政府职能》，王宇等译，商务印书馆 2014 年版；约翰·沃克、哈罗德·瓦特：《美国大政府的兴起》，刘进、毛喻原译，重庆出版社 2001 年版。

③ 参见 F. A. Cleveland, “Evolution of the Budget Idea in the United States,” *Annals of the American Academy of Political & Social Science*, 1915, 62 (1)；王绍光：《美国进步时代的启示》，中国财政经济出版社 2002 年版；王绍光：《从税收国家到预算国家》，《读书》2007 年第 10 期。

“牵一发而动全身”的总体性治理机制[①]。因此，以项目制为核心的公共预算改革的直接目的就是回应“大政府”时代的挑战，增强政府对巨量财政资金的预算管理能力，提高公共财政支出效率，强化对政府行为的引导和约束，以推进政府治理的理性化进程。

但是，近年来的实践表明，以项目制为核心的公共预算体制并未完全成功应对“大政府”时代的挑战。比如，当前公共支出中的一个明显的悖论是：一方面，政府性债务规模迅速扩大。截至2015年，中国政府债务规模已经在36万亿元左右，约占GDP总量的60%，约为2015年全国财政预算收入的1.78倍[②]。另一方面，财政资金的支出效率却很低，形成了大规模结转结余资金（“沉淀资金”），未能有效支出出去，这种现象近年来越来越严重。公共预算改革后，政府部门财政支出可分为基本支出和项目支出两类。基本支出是定额定员支出，具有很强的刚性支出性质，基本不存在支出进度过慢问题，若产生部分结转结余，恰恰反映了部门节约用度，属于良性结余；造成财政资金大规模沉淀的主要是项目支出。比如，2015年，全国行政事业单位部门决算显示，当年共结转结余22954.83亿元，其中项目支出结转结余19829.88亿元，占总量的86.39%。项目支出的大规模“沉淀”，反映出公共财政支出的低效率，这是当前公共预算体制的关键问题之一。

大规模财政沉淀资金与财政支出进度太慢直接相关。从全国来看（见图1），1—2月由于处于年度预算批复之前，只能预拨资金支出，因此支出比重非常低，2009—2015年1—2月支出比重一直在10%左右，2013年甚至低于4%；第一季度支出比重也一直低于20%，2013年还不到12%。6月、9月是年中支

① 折晓叶、陈婴婴：《项目制的分级运作机制与治理逻辑》，《中国社会科学》2011年第4期；周飞舟：《财政资金的专项化及其问题》，《社会》2012年第1期；渠敬东：《项目制：一种新的国家治理体制》，《中国社会科学》2012年第5期。

② 《人大副委员长：警惕一些地方政府事实上“破产”》，http://finance.ifeng.com/a/20151225/14136901_0.shtml；比如，“2014年10月13日至12月17日，在库款从5373.89亿元持续增至11784.25亿元的情况下，财政部19次发行国债筹资共4601.92亿元”，2015年中央发行国债则高达2.1万亿元。参见《国务院关于2014年度中央预算执行和其他财政收支的审计工作报告》。

出比重较大的月份，分别在10%左右，但二、三季度的支出进度除少数年份外仍然慢于时间进度（25%）。11、12月支出比重却一直很高，尤其是2008年、2009年，12月支出比重分别高达27%和26%，2010—2014年12月的支出比重也在17%—20%之间，2015年下降到了15%以下；2008—2012年，第四季度支出比重均在35%以上，2008年、2009年甚至高达40%[①]。从2013年开始，财政支出进度明显加快，但2014—2015年，第四季度支出占比仍然高达31%以上。第四季度财政支出占比较其他季度略高是可以理解的，因为一些政府财政支出项目集中到了年末结算，但是第四季度占比过高，则表明支出进度太慢，会导致部分财政资金不能在年度内有效支出，从而形成资金沉淀。

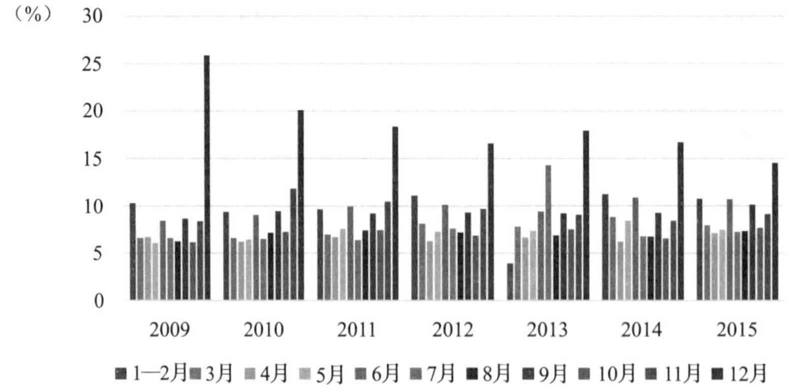

图1　全国各月财政支出比重（2008—2015年）

资料来源：财政部网站，http://gks.mof.gov.cn/zhengfuxinxi/tongjishuju/201512/t20151214_1613357.html。

财政资金的大规模库存，极大降低了支出效率，造成了公共财政的巨大浪费。但是，由于这一问题长期处于隐性状态，随着2013年中央集中整治财政"沉淀资金"后才引起了理论界的重视。本文尝试从财政资金支出进度和支出效率切入，对沉淀资金的发生机制进行一个初步探索。

① 2008年数据系根据财政部网站公开数据计算，由于它只就1—6月做了总量公布，7—12月做了单月公布，因此未直接纳入图中。

二、公共预算体制与公共支出进度

财政支出进度太慢，及由此形成的大规模资金沉淀问题，与当前的公共预算体制密切相关。《中华人民共和国预算法》规定“中央一般公共预算包括中央各部门（含直属单位，下同）的预算和中央对地方税收返还、转移支付预算”，“地方各级一般公共预算包括本级各部门（含直属单位，下同）的预算和税收返还、转移支付预算”（第六、第七条）。从理想和规范意义上讲，以中央政府为例，最好是在年初将中央各部门的预算和中央对地方税收返还、转移支付预算全部细化到具体部门、地区和项目，一次性批复给中央本级支出部门和具体地区。政府各部门在年中根据年初预算报告予以执行，财政部门负责资金管理和监督，除特殊情况外一般不应大规模调整或追加预算。地方各级政府的预算也应如此。但是，实际上，当前各级政府年初预算的编制远未达到这一要求，最突出的表现就是年初预算到位率低。

（一）年初预算到位率

年初预算到位率，也称为年初细化预算到位率，是指各级政府预算经人大批准后，由财政部门批复到支出部门可直接进行预算执行的资金占年度预算总支出的比例。由于各方面因素的影响，政府年初预算报告编制非常粗糙，许多资金无法在年初细化预算到具体部门、地区和项目，而是切块预留在了财政部门或有预算分配权的部门，需要在年中予以二次预算和二次分配。因此，政府预算在年初就是一本不完整的预算，必然会迟滞财政支出进度。

部门预算改革以来，中央年初预算到位率就一直不高，尤其是在基本建设支出等特殊支出领域，年初预算到位率更低。比如，2011 年中央本级支出预算中，代编支出 982.65 亿元和据实结算政策性补贴等支出 1027.89 亿元未在年初细化落实到部门及项目，占预算总支出的 12%；发改委归口管理的中央本级基建支出，年初预算细化到位率仅 47%，未达到 75% 的要求；在批复的中央部门预算中，30 个部门代编的 85 个项目支出预算 874.5 亿元（占 45%）未细化，而是在执行中进行了二次分配。[①]

如果考虑上级转移支付等因素的影响，地方政府的年初预算到位率就更低。比如，银川市 2013 年年初批复到部门的基本支出和项目支出经费合计仅 17.01 亿元，仅占人大批准预算支出总额的 14.84%[②]，其中基本支出为 13.2 亿元，项目支出直接批复到部门仅 3.8 亿元左右，年初部门预算“名存实亡”。

显然，年初预算到位率低本质上是年初预算编制粗糙，大规模的切块预留资金，实际上是没有在年初纳入预算编制。由于大规模预留资金年初没有细化到具体项目，这会对财政支出进度产生很大影响，并可能造成大规模资金沉淀。

（二）财政转移支付与地方政府预算

分税制改革后，中央对地方专项转移支付规模越来越大[③]，占地方一般公共预算支出的比重也非常高，而且，越是中西部地区的基层政府，专项转移支付占地方支出的比重越高。但是，目前的专项转移支付预算管理体制，也会严重影响财政资金的支出进度。

税收返还和典型的一般性转移支付由于主要通过因素法分配，因此比较容易按时分配下达。专项转移支付却复杂很多，大部分需依赖项目法或“项目法+因素法”的混合办法予以分配，需要在上下级政府之间的多个财政、业务部门间不断来回协调，才能最终确定分配方案，因此在年初预算时很难细化到具体地区和项目，需要年中予以二次分配。结果，大量专项转移支付年初不能细化预算到具体地区和项目，由此导致专项转移支付下达时间普遍较晚，以致影响了资金支出进度。

比如，2011 年，在中央对地方的转移支付预算中，有 16309.69 亿元（占 50%）未细化落实到省区市，其中绝大多数是专项转移支付，专项转移支付总

---

① 《国务院关于 2011 年度中央预算执行和其他财政收支的审计工作报告》。

② 《银川市人民政府关于 2013 年度银川市本级预算执行和其他财政收支的审计工作报告》，2014 年 8 月 26 日银川市第十四届人民代表大会常务委员会第十四次会议通过。

③ 周飞舟：《财政资金的专项化及其问题》，《社会》2012 年第 1 期。

量的 80% 以上未细化到地区和项目。从 2013 年起，中央采取了多项措施加快财政资金支出进度，要求专项转移支付在年初要尽量预算到地区，情况虽有所好转，但仍然有很大比重的资金不能在年初细化到地区和项目，有些虽然明确到了具体地区，但未能细化到项目。

由于受财政转移支付（尤其是大规模专项转移支付）的影响，地方财政支出进度就明显比中央财政支出进度要慢，资金结转结余和沉淀问题也更加严重。而且，越是中西部地区，由于更加依赖上级转移支付资金，财政支出进度偏慢和资金沉淀问题就愈加凸显。

（三）公共预算体制和公共预算能力

无论是各级政府本级部门支出年初预算到位率低，还是专项转移支付预算年初细化到位率低，本质上都是年初预算报告编制的粗糙和“不完整”，它只对部分容易细化预算的项目支出在年初进行了预算，很大部分支出资金只是切块预留，等待年中进行二次分配。这反映出公共预算体制不完善和公共预算能力不强、效率不高。

目前，公共预算体制的一个突出缺陷是对中央（上级）对地方（下级）税收返还和转移支付预算的规范和实践不清晰。税收返还和转移支付预算属于中央（上级）政府预算，在预算执行中进入下级政府收入，由下级政府予以决算。但是，在实践中，为了提高转移支付支出进度和预算效率，中央又强调应尽可能地将更多专项转移支付预计数提前下达给地方政府，以利于地方政府将上级提前下达的专项转移支付预计数编入本级政府预算[①]；对于税收返还和一般

① 财政部应当在每年 10 月 31 日前将下一年度专项转移支付预计数提前下达省级政府财政部门，省级政府财政部门应当在接到预计数后 30 日内下达本行政区域县级以上各级政府财政部门，县级以上地方各级政府财政部门应当将上级政府财政部门提前下达的专项转移支付预计数编入本级政府预算。“提前下达的专项转移支付预计数与其前一年度执行数之比原则上不低于 70%。其中：按照项目法分配的专项转移支付，应当一并明确下一年度组织实施的项目；按因素法分配且金额相对固定的专项转移支付预计数与其前一年度执行数之比应当不低于 90%”。参见《关于印发〈中央对地方专项转移支付管理办法〉的通知》，财预［2015］230 号，第十九条。

性转移支付，中央更是要求尽可能精确地提前下达给地方政府，以利于地方政府纳入年初预算。从提高预算和支出效率的角度看，确实应该尽可能将更多的转移支付纳入地方政府年初预算，这实际是要求中央（上级）转移支付预算拉长预算时间和周期，即在地方政府进行年初预算之前，将绝大部分转移支付提前细化到具体地区和项目。显然，中央对地方的转移支付预算，不得不高度依赖地方政府的参与，是中央和地方共同参与预算出来的结果，因此需要进一步理顺这一多层级政府共同参与的预算管理体制，提高转移支付预算的年初预算到位率。

同时，当前核心预算机构（各级财政部门）的预算管理能力也明显不足，统筹公共预算的力度不够。在美国等西方预算国家，政府核心预算机构不仅地位特殊，而且组织力量非常强大。而中国各级政府的财政部门，虽然看似是各层级政府中的强势部门，但实际上却是“外强中干”[①]。从形式上看，它掌握了财政资金，对其他政府部门形成了很大制约关系；但是，实际上，它作为核心预算机构，却深受发改委等其他有预算分配权部门的肢解，财政预算分配权仍然不集中和不统一。更关键的是，财政部门作为核心预算机构，其预算管理能力也严重不足。比如，虽然中央公共预算改革不断提出要制定中长期财政支出规划、更早启动年度预算编制、拉长预算编制时间和周期、细化项目支出审核等一系列要求，但由于各级财政部门作为核心预算机构的统筹能力有限，很难统筹动员同级其他政府部门一起来不断强化部门预算编制和制定有效的中长期财政支出规划。

于是，各级政府年初公共预算编制就非常粗糙，无论是本级部门支出预算还是对下级政府转移支付预算，都有大量资金无法在年初细化到部门、地区和项目，公共预算的权威性和约束性也大打折扣。

---

① 马骏、於莉：《中国的核心预算机构研究 —— 以中部某省会城市为例》，《华中师范大学学报（人文社会科学版）》2007 年第 2 期。

三、公共支出结构与公共支出进度

改革开放以来，中国财政支出结构一直在不断变化（见图2）。1978—2011年，经济建设支出比重由1978年的64.1%下降到2006年的26.5%，降幅非常大；但自2007年开始[①]，经济建设支出占比又开始重新回升，2011年达到39.4%，重新回到20世纪90年代末期水平[②]。社会文教支出则持续保持上升的趋势，由1978年的13.1%上升到2006年的26.6%，2011年则达到了36.4%，其中，2006—2008年还超过了经济建设支出的比重。国防支出比重基本保持下降趋势，由1979年的17.4%下降到2006年的7.4%，2011年的5.5%；行政管理支出1978年占比为4.7%，增长非常快，1990年即达到了13.4%，2006年达到了18.4%，2008年后略有下降，2011年为16.1%，占比还是比较高。其他支出则由1978年的3.2%上升到2006年的20.5%，此后不断下降，2011年下降到了2.6%。

显然，改革开放以来，中国公共支出中的经济建设支出占比虽然在不断下降（2007年之后又重新波动上升），但目前仍然是公共支出的主体部分。IMF的统计也显示，2011年之前中国政府经济事务支出占比仍然在30%以上[③]。

---

① 2007年，我国采用了新的财政收支分类体系，因此2007年前后的跳跃式变化在很大程度上是统计口径变化所致。2007年之前，其他支出占比越来越高，以致2006年超过了20%，主要是统计口径不严谨所致，将部分经济建设和公共服务支出粗略地统计为其他支出。2007年新的收支分类体系则更为严谨，也更为准确地反映了当前的公共支出结构。

② 2007年后，国家财政再未按照经济建设、社会文教、国防、行政管理和其他类支出予以统计，因此2007年之后这些支出类型各自占比的数据，都是不同研究者根据相关标准对新的财政支出分类体系予以重新统计的结果，结果仅供参考。此处2007—2011年的相关统计结果，直接参考了李文军的研究，参见李文军：《中国财政支出结构演变与转型研究》，《社会科学》2013年第8期。

③ 参见IMF，Government Finance Statistics Yearbook，2008卷，第30页；2009卷，第31页；2010卷，第42页；2011卷，第39页；2013卷，第33页。

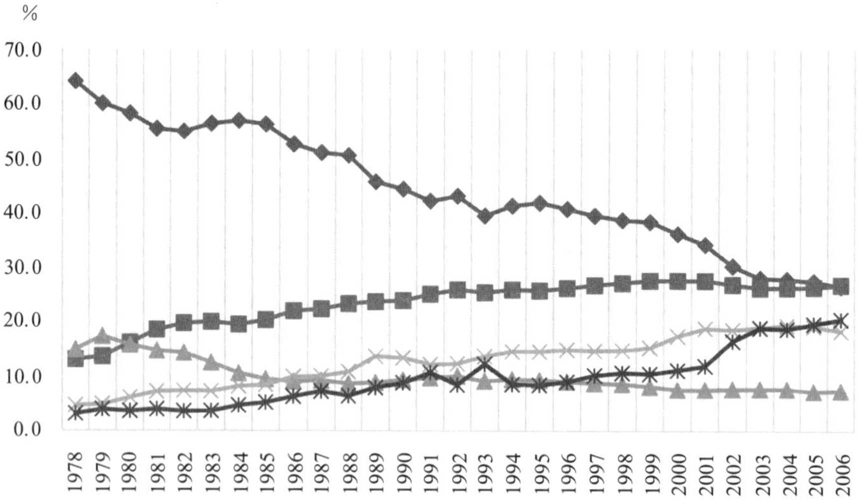

图 2　中国公共支出结构

经济建设　社会文教　国防　行政管理　其他

资料来源：《中国财政年鉴（2007）》，第 383—384 页。

西方发达国家则很不相同。它们大部分财政支出是具有很强支出刚性的权利性支出[①]，以社会保障、医疗卫生等公共服务支出为主体，经济建设支出占比非常低。权利性支出具有很强的支出刚性，很大部分是直接补助个人和家庭的支出，支出程序高度制度化，支出进度也容易控制。

比如，根据IMF的统计[②]，2012 年，社会保障是发达国家财政支出的绝对主体，奥地利、芬兰、法国、德国、意大利、丹麦、挪威、瑞典等国家，社会保

---

① 所谓权利性支出（Entitlement），即“要求从政府支出中受益的任何个人或政府单位都必须符合法定资格要求的立法，公民权利性支出是联邦政府必须履行的义务，若是这些义务没有得到履行，公民权利性支出的受益者具有法定追索权”。（阿伦·威尔达夫斯基、内奥米·凯顿：《预算过程中的新政治学》，邓淑莲等译，上海财政大学出版社 2006 年版，第 417 页）公民权利性支出所形成的预算被称为“以权利为基础的预算”或“赋权型预算”，它的核心和基础是“权利”，即任何符合法律规定条件的公民和法人都可以享受当地政府提供的某种福利。（马骏、赵早早：《公共预算：比较研究》，中央编译出版社 2011 年版，第 274 页）

② IMF,《Government Finance Statistics Yearbook》，2013 卷，第 33 页；2011 卷，第 39 页。

障支出占比都超过了40%，此外，医疗卫生和教育是两类占比较高的公共支出。社会保障、教育和医疗卫生三项支出之和，在大多数发达国家的公共支出中占比超过了60%，丹麦、挪威、芬兰、法国等国家甚至接近或达到70%。与之相对应的是，经济事务支出占发达国家财政支出的比重很低，除韩国高达21.6%之外，其余大部分国家都在10%左右，典型福利国家则基本在10%以下。

显然，与发达国家（经济体）相比，中国当前的公共支出结构与之差异很大。发达国家公共支出的绝对主体是以社会保障、教育和医疗为代表的公共服务支出。在中国，以社会保障、教育和医疗为代表的公共服务支出占财政支出的比重则要低很多，而经济建设（事务）支出占财政支出的比重则远远高于发达国家（经济体）。

不同类型的财政支出，其支出效率和支出进度差异很大。西方发达国家公共支出占GDP的比重虽然很高，公共支出规模也很大，但是，其公共支出的主体是以社会保障支出为代表的权利性支出，大部分根据因素法（公式法）即可在年初精确预算到位，年中只需要根据实际情况执行即可，支出进度也容易控制；同时，其占比较小的经济事务支出，大部分又是对农业的补助支出①，这也是通过因素法予以预算，支出效率也能够得以保证。中国的社会保障基金支出，就是这种典型的权利性支出，也可以根据相关数据予以精细的预算，支出进度也很容易控制；我国教育、医疗等领域的不少支出，也具有类似性质，比如农村义务教育中的免除学杂费、午餐补助支出等。

中国公共支出中的经济建设支出，由于不能简单地用因素法预算，支出进度就难以保证。经济建设支出中最典型的就是政府投资类的基本建设支出，这在公共支出的各种类型中都存在。比如，2000—2006年，基本建设支出占全国一般公共预算支出的比重一直在10%以上，基本建设支出占中央支出的比重则一直在15%以上，有些年份甚至高达20%②。基本建设支出在中央对地方专

① 陈颂东：《财政支出结构的国际比较与我国财政支出结构优化》，《改革》2004年第1期。

② 财政部国库司：《财政统计摘要（2012）》，第150、152页。

项转移支付中的占比也很高，比如，2015 年，基建支出占中央对地方专项转移支付总量的 17%，在公共安全、城乡社区和其他支出中，基建支出占比超过了 70%，在住房保障和资源勘探信息等支出中也达到了 30% 以上[①]。

综合来看，在地方支出中，在基本支出占比更高的教育、医疗卫生、公共安全等领域，由于人员工资福利性支出占比高，因此往往支出进度更快；在社会保障和就业等“权利性支出”占比更高的领域，支出进度也更容易保证。反之，在基础设施建设、产业政策支出等经济建设支出占比更高的领域，由于难以在年初细化预算到项目，同时需要一系列繁复的审批程序，还需要根据具体情况灵活变化，支出进度要慢很多，以致最终形成了大规模资金沉淀。尤其是，在中央对地方的专项转移支付中基本建设支出比重高，农林水事务支出等经济建设支出的比重也很大，对资金支出效率和进度提出了很大挑战。

四、结论和讨论

实践表明，以项目制为核心的公共预算体制并未能完全有效应对“大政府”时代的挑战，典型表现就是公共财政支出进度偏慢，财政资金支出效率很低，造成了财政资金的大规模闲置浪费。

当前，政府公共预算体制不顺和公共预算能力不足是导致财政资金大规模沉淀的重要结构性原因。一方面，作为核心预算机构的财政部门预算能力严重不足，不能有效统筹政府各部门高效地编制中长期财政支出规划和年度部门预算，导致公共预算的年初预算到位率很低，大量财政资金不能细化预算到具体部门和项目，需要等待年中二次分配，年初部门预算实际上成了一本“残缺”预算。另一方面，中央（上级）对地方（下级）转移支付的预算管理体制尚处于摸索阶段，导致中央对地方转移支付年初预算到位率低，大量专项转移支付不能及时下达到地方政府，严重影响了地方本级公共预算编制和财政支出效率。

---

① 财政部：《2015 年中央对地方税收返还和转移支付决算表》。

政府公共预算体制的不完善和预算能力不足，使政府年初预算编制质量粗糙，既导致大量财政资金切块预留未能细化，也造成年中频繁调整预算，政府预算的权威性和约束性大打折扣，财政支出效率和支出进度大受影响。

政府公共支出结构是影响财政支出进度，造成资金大规模沉淀的深层次因素。西方发达国家（经济体）虽然公共支出占 GDP 的比重也很高，但主要支出类型是以社会保障、医疗卫生和教育为代表的权利性支出，它主要通过因素法（公式法）进行预算，支出效率和进度容易控制。改革开放以来，中国公共支出结构虽然已发生很大变化，但是，当前经济建设支出仍然是政府财政支出的主要组成部分，与公共服务支出旗鼓相当，而且，即使在教育、医疗等公共服务支出中，政府投资类基础设施建设支出占比也非常高。财政支出中的经济建设支出，尤其是政府投资类基本建设支出，其预算和支出程序极为繁复，很难保证支出进度；政府财政支出中对农业和其他产业政策的经济建设支出，则因为要根据地方和市场具体情况灵活应变，预算和支出难度也很大。因此，在当前的公共支出结构下，财政支出进度偏慢，财政资金大规模结转结余问题就有一定的必然性，支出效率的提高也绝非一日之功。

公共财政资金的一个重要特性是，它必须在财政年度内全部有效支出，发挥其应有的社会功能。若大量资金在财政年度内不能有效支出，形成沉淀资金，既是对财政资金的浪费，也是对社会的一种“过头税”。因此，在“大政府”时代，当公共财政收支规模越来越大，占国民收入的比重越来越高之后，公共财政支出进度和支出效率问题就日益凸显。尤其是在中国，政府是在很短的时间内由一个捉襟见肘的“穷政府”快速迈入了“大政府”时代，这对政府公共预算体制和公共预算能力提出了更大挑战，也正是在这个过程中才出现了复杂的公共支出效率问题。

如何进一步完善公共预算体系，增强公共预算能力，优化公共支出结构，提高公共支出效率，建立一个规范、高效的公共支出体制，并最终建设一个现代预算国家，将是中国当前和今后很长一段时期内国家建设的重要命题。

参考文献

［1］阿伦·威尔达夫斯基、内奥米·凯顿：《预算过程中的新政治学》，邓淑莲等译，上海财政大学出版社 2006 年版。

［2］布坎南、马斯格雷夫：《公共财政与公共选择：两种截然对立的国家观》，类承曜译，中国财政经济出版社 2000 年版。

［3］财政部国库司：《财政统计摘要（2015）》，经济科学出版社 2016 年版。

［4］财政部国库司：《中国财政情况（2014—2015）》，经济科学出版社 2016 年版。

［5］陈颂东：《财政支出结构的国际比较与我国财政支出结构优化》，《改革》2004 年第 1 期。

［6］焦长权、焦玉平：《大政府的兴起：经济发展与政府转型》，《开放时代》2018 年第 3 期。

［7］李文军：《中国财政支出结构演变与转型研究》，《社会科学》2013 年第 8 期。

［8］马骏、赵早早：《公共预算：比较研究》，中央编译出版社 2011 年版。

［9］马骏、於莉：《中国的核心预算机构研究 —— 以中部某省会城市为例》，《华中师范大学学报（人文社会科学版）》2007 年第 2 期。

［10］渠敬东：《项目制：一种新的国家治理体制》，《中国社会科学》2012 年第 5 期。

［11］坦齐、舒克内希特：《20 世纪的公共支出》，胡家勇译，商务印书馆 2005 年版。

［12］坦茨：《政府与市场：变革中的政府职能》，王宇等译，商务印书馆 2014 年版。

［13］约翰·沃克、哈罗德·瓦特：《美国大政府的兴起》，刘进、毛喻原译，重庆出版社 2001 年版。

［14］王绍光：《美国进步时代的启示》，中国财政经济出版社 2002 年版。

［15］王绍光：《从税收国家到预算国家》，《读书》2007 年第 10 期。

［16］王绍光、马骏：《走向“预算国家”——财政转型与国家建设》，《公共行政评论》2008 年第 1 期。

［17］折晓叶、陈婴婴：《项目制的分级运作机制与治理逻辑》，《中国社会科学》2011 年第 4 期。

［18］周飞舟：《财政资金的专项化及其问题》，《社会》2012 年第 1 期。

［19］Allen Schick, *Capacity to Budget*, Washington: Urban Institute, 1990.

［20］F. A. Cleveland, "Evolution of the Budget Idea in the United States", *Annals of the American Academy of Political & Social Science*, 1915, 62(1), 15-35.

［21］IMF, Government Finance Statistics Yearbook (2009/2010/2011/2013).

国有企业参与公共产品生产的PPP模式

陈家浩*

【导语】国有企业参与PPP模式是解决现阶段我国公共产品生产的重要方式。一方面，由于我国目前的经济结构，国有企业数量大，很多已经在城镇综合开发、基础设施和公用事业领域从事准公共品的生产；另一方面，国有企业在资金、技术和人才方面有一定积累，在新城镇开发、大型公共工程和公用事业领域，国有企业有其优势，国有企业成为社会资本中重要和活跃的参与者。由于国有企业和政府之间的特殊关系，在将其引入PPP模式中时，应对其参与角色做出合理定位。

当前我国改革已进入深水区，经济发展进入"新常态"，社会对公共产品和服务的需求越来越大，但是传统的公共产品生产模式日益呈现出数量不足和质量欠佳的问题。在这个前提下，政府与社会资本合作模式即PPP（Public-Private Partnerships）模式，以其公私合营的特点受到了实践和学界的关注，为解决当前我国公共产品生产问题提供了一种新的实现思路。基于中国的现实，在探索和推进公共产品供给机制改革的今天，国有企业参与PPP模式成为解决现阶段公共产品生产问题的实现方式。由于我国目前的经济结构，一方面国有企业数量大，很多已经在城镇综合开发、基础设施和公用事业领域从事准公共品的生产；另一方面，国有企业在资金、技术和人才方面有一定积累，在新城镇开发、大型公共工程和公用事业领域，国有企业有其优势，国有企业成为社会资本中重要和活跃的参与者。但基于国有企业和政府之间的特殊关系，在将

* 陈家浩，中国中信集团有限公司党委组织部主管。

其引入 PPP 模式中时不能等闲视之，应该对其参与角色做出合理定位，更不能挤占民营资本的发展空间，在完成当前阶段发展任务后应关注如何合理退出，真正发挥多主体合作模式的内在优势，有效解决公共产品的生产问题。

一、PPP 模式的内涵与机制

PPP 模式，即“公共—私人伙伴关系制”，这一模式最早兴起于 18 世纪的欧洲收费公路建设计划，随着公共管理理念的更新，公共管理部门开始进行引入私人部门的市场化改革。1970 年以后，西方国家为了解决财政资金缺口、债务危机等问题，纷纷在公共产品和服务供给领域引入私人资本，PPP 模式不断发展和完善。目前很多国家在城市建设、基础设施建设等方面陆续推行 PPP 模式，其逐渐成为国际上重要的项目合作模式。

可以说，PPP 模式至今还是一个比较宽泛的概念，对 PPP 模式还没有一个公认的定义，不同领域的专家会根据自己所在的领域特性对 PPP 模式下定义，世界各国也会因为其法律环境、经济环境、政策环境和意识形态上的差别，对其做出不同定义。整体而言，PPP 模式有广义和狭义之分，广义的 PPP 模式强调的是一种合作的关系，而狭义的 PPP 模式更强调的是一系列项目建设模式的总称。在现实中，PPP 模式依托于契约基础之上，促成政府资源和社会资源二者间的非零和竞争与合作，以最大限度地实现公共利益，其主要机制包括以下四个方面：

一是公共部门与私营部门二者间的合作伙伴机制。伙伴关系是 PPP 模式的首要特征，该合作伙伴关系强调的是不同类型参与主体间的平等地位和协商机制，在契约关系框架下合作建设公共基础设施、提供公共产品和公共服务。建立伙伴关系的目的是用最少的资源提供尽可能多的优质公共产品或服务，良好的伙伴关系的建立是 PPP 模式顺利实施的基础。

二是公共部门与私人部门之间的利益分配共享机制。在多元主体合作生产公共产品和公共服务的过程中，通过优势互补和共享项目所带来利润的分配机制，以达成多方共赢的局面。公、私部门客观上存在目标差异，但任何一方都难以只靠自身能力实现目标。政府部门放开传统上由其控制的基础设施和公共服务领域，私营部门可开拓新的投资领域并获得商业利益；政府提升了公共管理能力并获得公众支持。不过，因为PPP模式提供的是公共产品及服务，所以私营部门获得的是合理经济回报而非超额利润。

三是公共部门与私营部门的风险管理分担机制。这一机制意在达成多元主体之间关于项目合作风险的最优应对和最佳分担，以最小化公共产品和公共服务生产过程中的风险程度。PPP项目合作期限长、投资规模大、复杂的融资结构和公共性使其面临多重风险。一般来说，私营部门应承担融资、建造、运营、技术等风险，政府则应承担政治、法律和政策等风险。在PPP项目中，公私部门合理分担风险是其区别于公共部门与民营部门其他交易形式的显著标志。

四是主体间合作关系的长期性。PPP模式中合作关系是持久且关联的，从公共管理角度来看，公共部门致力于发展PPP模式与私营部门一起为社会长期提供优质公共产品。从合作时间来看，我国PPP模式中特许经营项目合作期限可长达数十年。因此，PPP模式提供的是具有连续性的合作框架，各方的决策无须每次都从头开始，可以基于最初确立的原则来有效管理相互间的关系。在长期合作中，私营部门会主动考虑资产长期维护与翻新成本，资本面临的长期绩效风险激励私营部门按时按预算完成项目，长期绩效的监管使双方采用长远眼光和密切合作。而且，长期合作有助于改变“重短期轻长期”“重融资轻管理”的不良倾向，从而促进公、私双方实现良性互动。①

二、PPP模式是当前国有企业参与公共产品生产的主要方式

PPP模式生产公共产品是一种非常灵活的方式，包括政府与私人部门不同

① 郑传军等：《PPP的定义、内涵与特征再认识》，《建筑经济》2016年第9期。

程度的合作关系（租赁、特许经营、BOT、BOOT、DBFO、DCMF[①] 以及合资公司等）。“更多依靠民间机构，更少依赖政府来满足公众的需求。……在产品、服务的生产和财产拥有方面减少政府作用，增加社会其他机构作用的行动。PPP 模式引入公共服务领域后，政府在保证公众利益的前提下，允许私人部门在这些投资有一个合理的回报。……以授权、提供部分财政支持、指导和监督等方式，确保公众获得所需要的服务和基础设施，而不是直接提供服务。”[②] PPP 模式泛指政府和私营部门之间的任何协议，除了政府内部生产和私有化外，政府和私营部门在公共产品或服务的提供过程中的各种合作形式和制度安排都可以称为“公私合作伙伴关系”，如签约外包、各种形式的特许经营和凭单制等。政府主要通过特许经营、合同外包、使用者付费等制度安排引入多元主体参与公共产品生产，应该说，这些机制并非仅仅用于 PPP 模式，在实际使用中也经常结合起来，PPP 模式在形式上包括特许经营、合同外包等，回报机制既包括使用者付费，也包括可行性缺口补助和政府付费等。

国际上将 PPP 界定为市场（私营部门）起着基础的资源配置作用，而政府（公共部门）提供公共服务，两者结合可以有效地实现公共服务的市场化运作。国外的市场主体，更多的是以私营企业为主，主要是由其社会经济制度决定的。在我国，由于传统上国有企业在基础设施和公共服务领域占据主导地位，民营企业参与公共产品和服务的潜力尚未得到充分发掘。因此，财政部将我国的私营部门演绎为社会资本，既包括境内资本也包括境外资本。其中，境内社会资本既包括民营企业也包括国有企业。中国的 PPP 模式，不是照搬国外“private”作为“私营部门”的概念，用“社会资本”表示更加贴切，而“社会资本”中既包括私营企业，也包括国有企业。

在当前社会经济发展阶段，PPP 项目的社会资本方以国企为主，同时也在

① BOT 即建设—经营—转让模式，BOOT 即建设—拥有—经营—转让模式，DBFO 即设计—建造—投资—运营模式，DCMF 即设计—施工—管理—融资模式。

② E. S. 萨瓦斯：《民营化与公私部门的伙伴关系》，周志忍等译，中国人民大学出版社 2002 年版，第 341—342 页。

运作管理中存有许多问题。国有企业作为社会资本方参与PPP模式是中国特色，也是PPP模式在我国发展的过渡形式。

（一）国有企业是PPP模式现阶段的主要社会资本方

在PPP模式中，社会资本泛指可参与PPP项目建设的社会关系资源，主要分为三类：国有资本、民间资本和混合资本。[①] 据PPP综合信息平台项目库统计，前两批财政部示范项目共232个，总投资8025.4亿元，其中105个项目已落地，总投资额3078亿元，其中有82个项目已录入社会资本信息。签约的社会资本共119家（含28个联合体参与项目），其中国有企业65家，民营企业43家，混合所有制和外资企业共11家。在119个签约项目中，国有企业所占比例为55%，在PPP模式中占据了主导地位；民营企业所占比例为36%，私人资本对PPP项目的参与度是会继续提升还是反转下降，与国家相关的政策和法律法规的颁布有着密切关联。在54个已落地的单家社会资本参与项目中，国有企业参与项目33个、民营企业17个、混合所有制4个。但从项目签约额方面看，透露出不同信息。其中混合所有制企业的签约金额最多，为989.1亿元；国有企业紧随其后，为726.2亿元；民营企业的签约金额仅为224.5亿元。在项目数量上，国有企业占比61%，民营企业占比32%，国有企业数量为民营企业的2倍；从投资额而言，混合所有制企业仅有4个项目，投资额却占了51%，国有企业投资额占比37%，民营企业为12%，国有企业投资额是民营企业的3倍多，可见与民营企业相比，目前国有企业是PPP项目中的主要社会资本方，而混合所有制企业是我国PPP模式中民营企业参与的重要方式。[②]

结合财政部PPP中心公布的报告中的数据，2016年10月到2018年6月，PPP示范项目数量、签约社会资本方数量及国企占比情况如图1所示。截至2018年6月底，财政部PPP中心项目管理库累计项目7749个，均已完成物有

① 谭婧、邓英：《我国PPP模式发展现状、问题及对策》，《经济研究参考》2017年第44期。

② 资料来源：全国PPP综合信息平台项目库。

所值评价和财政承受能力论证的审核，投资额 11.9 万亿元；累计落地项目 3668 个，投资额 6.0 万亿元；累计落地示范项目 866 个，共签约社会资本 1516 家，其中国有企业 821 家，占比 54.1%。这表明在通过 PPP 模式推进公共产品生产机制的改革中，现阶段国有企业发挥着重要作用。

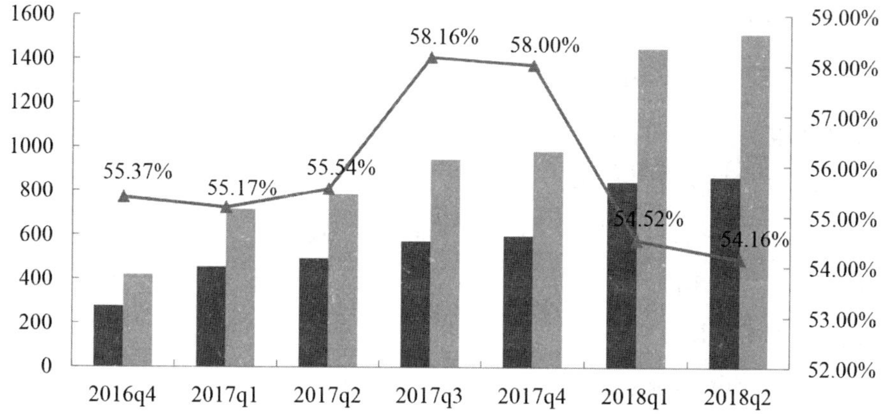

图 1 PPP 示范项目数量、签约社会资本方数量及国企占比

（二）国有企业成为主要社会资本方的焦点问题

现行 PPP 模式对于社会资本的定位是基于我国国情和经济结构现状产生的，同时也必须认识到国有企业在 PPP 模式中的角色也为我国现行 PPP 模式的管理带来了困难，主要体现在以下五个方面。

第一，政府的多重角色难以监督管理。国有企业在一定程度上也代表着政府角色，这就使我国的 PPP 模式缺乏私人部门的参与，更多体现为政府与其下属之间的合作。政府扮演着 PPP 模式的双方主体，使原本公私双方互相监督管理的职能难以实行，PPP 项目的管理难度增加，PPP 模式可能变为政府解决融资的工具，难以实现真正意义上的公私合作。推进 PPP 模式的缘由之一是引入私营部门高水平的管理技术，提高项目的管理效率，而国有企业的管理效率并无绝对的优势，这也使以国企为社会资本方的 PPP 模式是否真正物有所值充满了疑虑。

第二，利益机制的局限性。私营企业在参与 PPP 项目建设运营过程中，其目的是为了获得私人回报，以实现私人股东利益的最大化，因而就会努力和公共部门合作，改善经营管理，节能降耗，提高经济效益。而国有企业参与 PPP 项目的建设运营虽然也是为了取得合理回报，其收益和企业员工及管理人员相关，但股东权益归国家所有，纳入各级财政的国有资本经营预算。这就导致国有企业在和公共部门合作的过程中对自身利益的维护不像私营企业那样“精打细算”[①]，在利益机制上存在一定的局限性。

第三，委托代理链条的约束。私营企业在决策时根据股权直接做出决策，能够较快适应市场供求关系的变化，决策效率较高。而国企在参与 PPP 项目建设运营过程中，是根据委托代理管理和授权决策的，决策环节较多、效率较低，有时难以适应市场的变化，影响项目建设的顺利进行。委托代理关系背后还深藏着国有企业和政府千丝万缕的关系。国有企业由各级政府持股，其在参与 PPP 项目建设运营过程中，难免受到政府相关部门的干预，政府与企业的合作在一定程度上演变为政府与政府之间的博弈、合作。如出现此类情况，就难以达到通过公私合作，利用私营企业的机制，以及在管理、技术方面的优势，提高公共服务供给质量与效益的目的。

第四，缺乏可借鉴的制度和规范。国有企业是我国的特色之一，我国现行的 PPP 模式与国际上通行的公私合作模式相比存在特殊性和差异性。这导致我国的 PPP 制度体系建立缺乏相关基础和借鉴资料，PPP 模式的完善和规范都十分困难。此外，目前国有企业在建设方面经验和实力足够，但对国外运营管理的借鉴和吸收还不足，缺乏运营管理能力，但 PPP 项目合约期的绝大部分是在进行运营维护工作，因此，目前大量国有施工企业的参与使 PPP 项目以前期建设为主，后期运营管理难以维系。大部分项目将运营部分再委托给其他运营商，

---

① 温来成：《国有企业参与 PPP 项目建设和运营的思考》，《中国财政》2017 年第 3 期。

使运营阶段的管理存在更多不可控因素，增大了项目风险。

第五，公众质疑公私合作的本质。国有企业与政府合作，会使公众认为项目仍是由政府全面主导，PPP 模式并未真正引入私人资本，公私合作只是噱头，没有实质性的进展。[①] 例如，认为国有企业更多是通过无偿占有国有资源、政府扶持、利用国家政策优势等途径，而不是通过管理效率、企业精神等市场方式将自己做大做强。若政府和国有企业合作，作为公有性质的国有企业与政府合作改变了公私合作创制时的基本属性，从政府提供到国有企业生产提供仅是左手换右手，难以发挥公私合作的优势互补作用，难以实现 PPP 模式的基本目标和基本理念。

三、国有企业参与 PPP 模式的发展建议

国有企业作为社会资本方是中国特色，也是 PPP 模式在我国发展的一个过渡形式。为使多主体合作关系在我国今后公共产品供给中发挥更大的作用，根据我国现有 PPP 模式应用现状、特点、优势及其存在的问题，应该在保证充分发挥符合国情的现有 PPP 模式优势下，引入私人资本促进竞争，释放 PPP 模式的竞争效应和公共产品的产出效果。

（一）发挥现阶段引导性和过渡性作用

国有企业参与 PPP 项目是对国家新型城镇化政策的响应和推动，是国家经济所处发展阶段的选择与要求，也是当前我国国情对公共产品和服务供给的现实需要。在我国，由于传统上国有企业在基础设施和公共服务领域占据主导地位，民营企业参与公共产品和服务的潜力尚未得到充分发掘。在目前的经济结构条件下，能够承担社会资本投资主体角色的企业主要仍然是国有企业。因为

① 中国施工企业管理协会行业发展部：《央企参与 PPP 项目遇到的主要问题及建议》，《施工企业管理》2017 年第 5 期。

PPP 项目主要适用于基础设施和社会事业投资建设领域，由于历史原因，能源、交通、资源、环境、生态等适宜开展 PPP 模式的行业领域，其资金积累、专业知识、管理经验、人才队伍主要集中于国有企业，这些领域中规模较大且技术复杂的项目主要由各类国有企业来承担，投资项目也主要由国有企业来承担。因此，在我国当前推广运用 PPP 模式的背景下，国有企业仍然会成为这些领域参与 PPP 模式的主体。

目前，在 PPP 法律制度不健全、地方政府信用水平不高等不利环境下，私营企业因担心投资风险而不敢投资、不愿投资。随着国家法律制度的完善，地方政府信用水平的提高，这种局面就会逐渐改变，私营企业参与 PPP 项目建设运营的优势逐步显现，其所占比例就会提高，能够和国有企业开展竞争。当前拉动经济增长、缓解地方政府债务还需要国有企业积极参与 PPP 项目建设运营，但要在项目甄别、准备、采购、建设、运营和终止各个环节规范管理，防范和治理由于国有企业自身的缺陷、不足给 PPP 项目建设带来的消极影响，促进我国 PPP 模式的健康发展，为社会提供较为充足的优质公共产品，满足社会公共需要。

（二）规范参与主体的范围

为了使国有企业从事 PPP 项目建设运营能够取得和私营企业相似、相应的效果，需要对哪些国有企业能够参与 PPP 项目建设运营，哪些国有企业不能参与做出明确规定。目前财政部和国家发改委等部门的规定不完全一致。根据我国现行国有资产管理体制、行政管理体制和 PPP 项目管理的特点，就某个地方的 PPP 项目而言，中央部门所属国有企业和外地国有企业可以作为社会资本方发起 PPP 项目或者成立项目公司参与当地政府发起的 PPP 项目。但本级政府及其辖区政府所属的国有企业、城投公司（原投融资平台公司）不得作为社会资本方参与 PPP 项目建设和运营，但可以作为本级政府的出资方参与项目。在 PPP 项目公司中，政府股份一般不占控股地位。如果允许本级政府及其辖区政府所属的国有企业、城投公司作为社会资本方发起 PPP 项目建设和运营，就和传统的公共产品垄断生产模式没有根本的区别，也不会改变公共产品的生产机制，难以达到 PPP 项目的预期目的。且在一定辖区内，对于公共部门而言，国有企业参与 PPP 项目建设并没有增加公共部门的资源配置总量，只是结构调整而已。[①]

（三）明确作为社会资本方的准入条件

从弥补公共服务类国有企事业单位管理效率相对较差的需要看，无论民营企业、外商投资者还是外地的国有企事业单位，必须具备的 PPP 市场准入条件应该是差不多的，即要么是符合工程建设相关资质要求的承包商，要么是项目关键技术和设备供应商或者是项目管理运营商，同时还应具备较好的同业经验和经营业绩以及较强的投融资能力。[②] 不具备相关公共服务行业技术、管理和人才等优势，纯粹作为财务投资者的社会资本方，尽管其国有主体的资金能力能够满足 PPP 项目的融资需求，也不应该作为现阶段国家政策鼓励支持的 PPP 项目的社会资本方。目前这类财务投资者包括国有保险机构、信托机构、基金等参与 PPP 项目的积极性较高，但原则上其应该联合建设承包商、项目关键技术和设备供应商或项目管理运营商共同投资参与 PPP 项目，否则很可能导致 PPP 项目变成一个明股实债或变相债务融资的项目，从而有违运用 PPP 模式的初衷。

（四）鼓励民营资本积极参与

由于现有社会资本方主要为国有企业，国有企业与私营部门高水平的管理技术相比，在管理效率上并无绝对的优势。政府部门可以通过采取管理合同、租赁特许经营权及将承担城市基础设施建设的国有企业转化为私营或混合制企业的方式，引进私人部门参与城市基础设施投资和经营，通过竞争全面引入和所有制形式的多元化来提高城市基础设施项目的效率、效益。回顾 PPP 模式在

---

① 温来成：《国有企业参与 PPP 项目建设和运营的思考》，《中国财政》2017 年第 3 期。

② 吴亚平：《明确 PPP 项目的社会资本方范围和准入政策》，《中国投资》2016 年第 5 期。

我国的发展历程可知其处于推广阶段时，民营企业参与市政公用事业特许经营曾取得较好成效，却在PPP模式处于调整阶段时因为应对2008年金融危机而出台的4万亿经济刺激计划导致“国进民退”，从而改变政府与民营资本合作的生态环境。[①] 当前，政府要激发民间资本和发挥市场作用稳定经济增长和强化政府治理能力。如果经过政府部门的职能转变和制度建设，民营企业仍然未能广泛参与进来确实有违PPP的理念和目标。这一点，从国务院办公厅2016年5月9日发出通知要求对促进民间投资政策落实情况开展专项督查，重点围绕推广PPP模式的9个方面也可以看出来。[②] 一方面，政府要激活私营部门，“激活”的含义即出台引导性政策，对民间资本进行进一步的鼓励和支持，对其产生激励效应；另一方面，在政府与市场的关系中，政府不能代替市场机制配置资源，要继续发挥市场在资源配置中的决定性作用，推进简政放权，深化商事制度改革，打破行政垄断，这也是对民间资本参与公共产品生产提供的保障。

① 郑传军等：《PPP的定义、内涵与特征再认识》，《建筑经济》2016年第9期。

② 《国务院部署促进民间投资，政策落实情况专项督查》，《经济参考报》2016年5月11日。

家庭融资行为对农户创业的影响

张抗私*

【导语】文章运用2018年中国家庭追踪调查（CFPS）数据，采用二值选择模型、工具变量模型、普通最小二乘模型研究了家庭融资对农户家庭创业决策和创业质量的影响。结果表明，家庭融资行为可以弥补金融约束从而促进劳动者进行创业，并且家庭融资规模越大，劳动者越有可能做出创业决策。正规融资和非正规融资影响程度存在差异；非正规融资相较于正规融资对农户创业的促进作用更大。进一步研究发现，家庭融资行为对创业规模和创业盈利状况影响显著，也就是说融资规模对农户创业质量的提高有促进作用。

一、问题的提出

乡村振兴战略鼓励和支持农民就业创业，农户成为推动农村经济发展的实践者，也是农村生产要素实现有效配置、整合的关键因素（蔺楠和包颉，2020）。乡村振兴、共享经济、社会创业、三农变化、城乡互动等诸多因素共同激发农户的创业活动的积极性（张玉利和冯潇，2019）。党的十九大报告指出“激发和保护企业家精神，鼓励更多社会主体投身创新创业”。创新创业成为党中央、国务院的一项重要战略部署，推动“大众创业、万众创新”有利于高质量发展、发挥创业带动就业的作用。国务院下发的《关于推动创新创业高质量发展打造“双创”升级版的意见》明确指出：“促进就业机会公平和社会

---

* 张抗私，经济学博士，东北财经大学经济学院教授、博士生导师，主要研究领域为宏观经济、就业等。

纵向流动，实现创新、创业、就业的良性循环。”创业作为一种重要的就业形式，有助于提高劳动生产率、促进经济增长、解决失业问题、扩大就业提供途径（周广肃和樊纲，2018；李宏彬等，2009；Li & Wu，2014）。创业企业可以有效吸纳大量的农村劳动力，以农户创业带动当地就业，提高了农民收入，在一定程度上缓解农村就业压力和各种社会问题（张玉利和冯潇，2019）。

资金短缺是制约农户创业的关键因素，家庭自有资金不能满足需求，需要来自金融市场的扶持（李祎雯和张兵，2016）。信息不对称、道德风险和逆向选择问题造成了创业者较难获得正规金融机构的信贷支持（孙浩男和夏咏，2020；丁骋骋和周群力，2012）。《2019年中国城镇居民家庭资产负债情况调查》指出中国家庭资产存在负债率高、违约风险高等特点，其中富裕家庭的负债主要来自银行贷款，较低资产家庭的负债主要依赖于民间借贷。农户的投融资意愿受到金融机构制度要求的影响，当农户无法获得足够的资金时其金融参与受到抑制，从而削弱了农户的创业动机，导致了农村市场创业参与度与活跃度不高的情况（张畑等，2020）。一般来讲，正规融资存在贷款手续复杂的问题，由于缺乏有效抵押物和担保人致使农户难以获得贷款，随着以新型社会网络为基础的非正规融资的崛起，农户可以更便捷、更高效地获取创业资金支持和技术指导（刘雨松和钱文荣，2018）。

因此，拓宽融资渠道，实现便捷融资，降低创业门槛，对解决农户创业融资难而言具有重要的现实意义。家庭融资行为是否影响农户的创业决策？如果有影响，不同的融资形式和规模会呈现出怎样的差异？家庭融资行为对创业者的创业质量又有怎样的影响？以上问题是本文研究的重要内容。对于家庭融资行为对创业决策的影响及其传导机制的研究有助于深入解释影响创业决策的家庭因素，为相关部门制定和实施创业融资政策提供经验和借鉴，为农户创业者指出实现可持续创业的有效路径。此外，研究农户创业行为对促进农户持续增收、优化农村经济结构影响深远。

二、文献综述

国内外学者对于创业决策影响因素的研究主要包括宏观、中观和微观三个层面，其中影响创业决策的微观因素包括性别、年龄、人力资本、社会资本、认知能力、非认知能力、风险偏好等；中观因素包括家庭经济状况、家庭结构和家庭社会关系等；而宏观因素则包括政策和社会环境等。（王询等，2018；李涛等，2017）例如，除了企业家自身特质、产权制度、税收环境等因素外，金融资源和金融制度对创业同样非常重要（Djankov 等，2006）；个人的认知能力中的数学能力能够显著促进创业，而且在管制水平低的行业中聪明人更愿意创业（李涛等，2017）；政府简政放权有助于提升我国创业活力，增加就业机会，促进社会公平（陈刚，2015）。

已有文献对于家庭融资行为的影响因素研究包括直接影响因素和间接影响因素两种，其中直接影响因素为家庭背景和人口学特征，间接影响因素则为外部金融环境（柴时军，2019）。具体的家庭背景和人口学特征包括职业、金融素养、健康状况、人均土地面积、人均住房面积、工资性收入等，外部金融环境特征则包括金融产品、金融机构贷款政策和宏观经济形势等。（柴时军，2019；丁志国等，2011）家庭融资的渠道分为以银行贷款为主的正规融资和以亲友借贷、民间借贷为主的非正规融资。我国创业家庭面临流动性约束（蔡栋梁等，2018），由于信息不对称、道德风险和逆向选择问题正规融资供给不足，创业者融资大量依赖非正规融资（孙浩男和夏咏，2020；丁骋骋和周群力，2012）。尽管非正规金融对正规金融具有替代作用，农户对于正规融资的需求依然强烈（陈鹏和刘锡良，2011）。由于信息不对称、交易成本、保险需求、利率水平等方面的差异，农户更倾向于选择非正规融资，具体顺序分别为亲戚朋友、银行、信用社以及高利贷（马晓青等，2010）。其中，社会资本指数每提高 1%，家庭选择正规融资的概率就上升 2.7%，个人声望、社交网络增强正规融资的概率，而家庭关系增强非正规融资的可能性（王金哲，2019）。

家庭普惠金融水平对家庭创业决策有显著的促进作用，并且农村家庭受到的影响更大（张正平和石红玲，2018）。金融环境确实对农户的创业行为有积极促进作用，它不但有助于农户创业，而且有助于已经创业的农户扩大规模成为企业家（张海洋和袁雁静，2011）。制约职业选择的金融约束形成原因包括道德风险和有限责任两个方面，究其根本是信息不对称下的金融市场不完善（平新乔等，2012；张龙耀和张海宁，2013）。由于信息不对称造成了创业者与金融机构之间的信贷配给不平衡，降低了创业者融资服务的可得性，从而抑制了创业行为的可能性（李磊等，2014；彭克强和刘锡良，2016）。然而，信贷约束不会直接抑制不需要较大的资金规模的创业行为，但是信贷约束的限制影响了创业的规模和层次（程郁和罗丹，2009）。家庭创业面临着金融约束，尤其是经济欠发达地区和农村地区受到的影响更大，在缓解金融约束的作用中非正规融资具有对正规融资的替代作用（张龙耀和张海宁，2013）。正规金融和非正规金融对农户创业决策和创业绩效皆有显著促进作用，其中非正规金融影响更大，并且二者之间存在替代效应。家庭融资不仅影响创业决策，对创业质量也有影响（刘雨松和钱文荣，2018）。从货币、非货币回报衡量创业者个人效用可以发现，创业者收入满意度显著高于非创业者，机会型创业者的非货币回报显著高于非创业者（冯大威，2018）。

以往文献大多关注获得家庭融资的劳动者是否会创业，但是鲜有文献细分家庭融资行为对创业的影响，并且对于创业结果和创业质量的研究仍有不足。为了对现有研究进行补充和推进，本文使用 2018 年中国家庭追踪调查（CFPS）数据进行经验分析。本文结构安排如下：第一，基于职业选择模型分析家庭融资如何影响劳动者创业决策；第二，从家庭融资异质性角度出发，考察不同融资渠道对创业决策和创业质量的影响；第三，以农户所在地区平均融资水平作为工具变量控制内生性问题；第四，提出总结与政策建议。

三、理论分析

农户创业选择行为是一个复杂的过程，影响因素较多，具体的作用机制分析如图 1 所示。

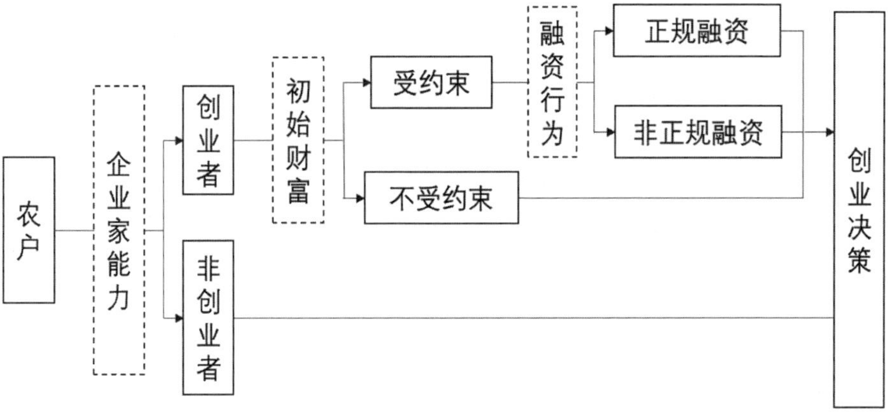

图 1　农户创业的作用机制

家庭财富对个体劳动供给行为以及职业选择与规划的影响深远。具有较多家庭财富的劳动者具有较高的非劳动收入，具有较高的保留工资，相较具有较少家庭财富的劳动者可能提供更少的劳动时间，选择更多闲暇。劳动供给行为包括参与劳动与退出劳动力市场，其中参与劳动包括受雇佣和创业行为。职业选择理论对于劳动力决策的解释主要包括四个维度：风险规避、企业家能力、金融约束以及企业家能力和金融约束相结合（张舰和 Rozelle，2018）。其中，静态职业选择模型（Evans 和 Jovanovic，1989）认为，创业决策是由企业家能力和家庭财富共同决定的，然而由于企业家能力难以观测、度量，该模型被认为是研究家庭财富与创业关系的基准模型。拥有强企业家能力的个体，初始财富对于其创业具有显著促进作用，而对于企业家能力弱的个体，不论初始财富的多少，他们都更倾向于受雇佣。这是因为企业家能力弱的个体创业可能获取的利润低于工资水平，而企业家能力强的个体可以获得的企业利润高于受雇工资水平，即便受到金融约束他们也可能选择创业，但是家庭财富越多创业可能性越大。动态职业选择模型认为财富对创业的影响不是单一时期的，它从动态视角重新研究了财富积累迭代与创业，个人当期就业决策会影响下一期的家庭财富分布，且家庭财富与创业之间呈现非线性关系（Buera，2009；Cagetti 和 De Nardi，2009；盖庆恩等，2013）。在不考虑创业农户的企业家能力差异的情况下，创业收益大于被雇佣时的工资性收入时农户才会做出创业决策（董晓林等，2019），并且由于农户家庭初始财富的差异，部分农户面临金融约束。目前学界认为金融约束对农户创业决策存在折中或者抑制作用（刘雨松和钱文荣，2018），其中“折中论”认为金融约束对创业决策的影响非线性，即金融约束的缓解不一定能促进创业，而“抑制论”则认为金融约束降低创业行为发生的可能性，抑制了创业者的创业热情，本文认同金融约束抑制了农户的创业决策的观点。不受金融约束的创业者在其他条件具备时可以实施创业决策，与此同时受到金融约束的农户创业者产生融资需求，需要通过正规融资或者非正规融资来解决创业启动资金问题。当金融供给体系完善、法制法规健全时，农户会通过正规融资来募集资金，缓解金融约束并启动创业。正规融资能够满足农户创业的大额借贷需求，为创业企业扩大生产经营规模提供资金支持、增强创业升值预期和禀赋效用，激励农户创业热情。然而，由于信息不对称、道德风险和逆向选择的存在，农户在获得正规融资时面临办理贷款手续复杂、缺乏有效抵押物和担保人等问题，导致正规融资获取困难。因此，农户会选择亲戚朋友或者民间借贷等非正规融资方式来获取创业启动资金，非正规融资替代正规融资成为农户创业获得金融支持的重要途径，在满足资金需求后农户顺利进入创业阶段。

四、数据来源、变量选取与模型设定

（一）数据来源

本文使用的数据为北京大学中国社会科学调查中心（ISSS）发布的 2018 年中国家庭追踪调查（CFPS）数据。目前该调查分别于 2010 年、2012 年、2014 年、2016 年和 2018 年进行了 5 次调研，具体涵盖我国 25 个省、市、自治区 16000 户家庭，分为个体、家庭和社区三个层面。本文主要研究家庭融资行为对农户创业决策的影响，具体的人口特征数据来自成人问卷，家庭融资、家庭创业决策等数据来自家庭问卷。根据家庭代码对数据进行匹配、剔除缺失和无效值，本文有效样本数量为 11828 个，其中创业者 1547 个，非创业者 10281 个。

（二）变量选取

本文的被解释变量是创业决策和创业质量。本文参照王询等（2018）的做法将 CFPS 问卷中的问题“过去 12 个月，您家是否有成员从事个体经营或开办私营企业”作为衡量创业决策的标准，回答为“是”的样本视为创业家庭并赋值为 1，回答为“否”的样本视为非创业家庭，赋值为 0。本文借鉴刘雨松和钱文荣（2018）的做法使用经营规模和盈利状况作为创业绩效即创业质量的替代指标，在 CFPS 中的问题是“过去 12 个月，您的家庭成员从事几项个体经营活动或开办几家私营企业”和“扣除成本，过去 12 个月您家所有的个体经营或私营企业税后净利润多少钱”，并以被调查者的回答作为实际取值。

本文的解释变量是家庭融资，分别包括正规融资和非正规融资。借鉴以往文献的做法进行定义（刘雨松和钱文荣，2018；温涛等，2011；林建浩等，2016），正规融资包括待偿房贷本息和待偿其他银行贷款之和，在 CFPS 问卷中对应的问题分别是“您家还欠银行多少房贷没还清”和“除了房贷外，您家现在还欠银行多少贷款没有还清”。非正规融资包括购房建房装修借款、亲友借款和待偿民间借贷的总额，在 CFPS 问卷中对应的问题分别是“为购买和建造、装修住房，您家欠亲友或银行以外的其他组织或个人总共多少钱没有还清”，“除购房或建房借款外，您家还因为其他原因欠亲戚朋友多少钱”和“除购房或建房借款外，您家还因为其他原因欠其他组织或个人多少钱”。

具体的控制变量包括农户的性别、年龄、受教育年限、婚姻状况、家庭规模、住房情况、车辆拥有情况和所在地区。本文将男性、已婚、拥有住房和拥有汽车的样本分别赋值为 1，其他赋值为 0。对于受教育年限，将从未上过学 / 文盲 / 半文盲、小学、初中、高中 / 中专 / 技校 / 职高、大专、大学本科、硕士及以上分别赋值为 0、6、9、12、15、16、19。年龄和家庭规模按照实际取值。此外，本文按照国家统计局的划分标准将样本划分为西部、中部、东部和东北四个区域，分别赋值为 0、1、2、3。

（三）描述性统计

表 1　变量描述性统计

变量名称	样本总体		创业农户		非创业农户	
	平均数	标准差	平均数	标准差	平均数	标准差
创业决策	0.1308	0.3372	1	0	0	0
家庭融资（万元）	5.6127	16.4403	11.8492	28.2165	4.6743	13.5826
正规融资（万元）	3.5240	13.7026	7.5674	20.4802	2.9156	12.2519
非正规融资（万元）	2.0887	7.8010	4.2819	16.8653	1.7587	5.1386
年龄（岁）	35.4374	13.8775	34.2307	12.3039	35.6189	14.0906
性别	0.4975	0.5000	0.4906	0.5001	0.4985	0.5000
受教育年限（年）	8.0279	4.6959	9.0472	4.1256	7.8745	4.7572
婚姻状况	0.7056	0.4558	0.7479	0.4344	0.6993	0.4586
家庭规模（人）	4.6208	2.1129	5.0155	2.1445	4.5614	2.1018
住房情况	0.8079	0.3940	0.8093	0.3930	0.8077	0.3941
车辆情况	0.3556	0.4787	0.6542	0.4758	0.3107	0.4628
所在地区	1.0954	1.0178	1.1584	0.9758	1.0859	1.0237
样本量（件）	11828		1547		10281	

表 1 为变量的描述性统计。创业农户样本为 1547 个，约占样本总量的 13%。样本总体家庭融资规模为 5.61 万元，其中创业农户的家庭融资规模为 11.85 万元，非创业农户则为 4.67 万元，创业农户的融资规模为非创业农户的 2.53 倍，其中创业和非创业农户的正规融资额分别为 7.56 万元和 2.91 万元；非正规融资额分别为 4.28 万元和 1.76 万元。样本总体的平均受教育年限为 8.03 年，创业农户的受教育年限为 9.05 年，略高于非创业农户的 7.87 年。从车辆

拥有情况来看，创业农户汽车拥有率为 65.42%，略高于非创业农户的 31.07%。创业农户和非创业农户在年龄、性别、婚姻状况、家庭规模、住房情况和所在地区等变量之间无明显差异。

（四）模型设定

本文主要研究家庭融资行为与农户创业行为，具体研究分为三个部分：一是家庭融资行为对创业决策是否有显著影响；二是家庭融资行为与创业决策内生性问题的处理；三是家庭融资行为对创业质量是否有显著影响。

1. 家庭融资行为对创业决策的影响：二值 Probit 模型

本文采用二值选择模型来研究家庭融资行为对农户创业决策的相关关系，假设创业 =1，非创业 =0，事件发生的概率取决于一系列解释变量，即 Prob（Y=1）= f（X），Y=1 的概率是一个关于 X 的函数，其中 f（X）服从标准正态分布。具体模型设计如下：

$$\text{Prob}(Y=1)=f(\alpha_0+\alpha_1X_1+\alpha_2X_2+\mu)$$

其中，Y 表示农户创业决策；X_1 表示创业者的家庭融资行为；X_2 表示控制变量；α_0 是常数项；α_1、α_2 表示估计参数；μ 表示随机误差项。

2. 家庭融资行为与创业决策内生性处理：IV-Probit 模型

家庭融资行为与创业决策之间可能存在内生性问题。一方面，可能存在反向因果，即创业的农户更需要通过融资的方式缓解金融约束；另一方面，可能存在遗漏变量问题，即可能存在一些未观测到的变量同时影响到家庭融资和农户创业决策。因此，本文使用 IV-Probit 模型来处理内生性问题，具体模型如下：

$$X_1=\gamma X_{1\_}IV+\lambda X_2+v$$

其中，$X_{1\_}IV$ 是家庭融资行为的工具变量，本文选取的工具变量为农户所在地区平均融资规模。μ、v 服从二维分布$\begin{pmatrix}u\\v\end{pmatrix}\sim N\left[\begin{pmatrix}0\\0\end{pmatrix},\begin{pmatrix}1&\rho\sigma_v\\\rho\sigma_v&\sigma_v^2\end{pmatrix}\right]$，当 $\rho=0$ 时不存在内生性问题。

3. 家庭融资行为对创业质量的影响：多元线性回归模型

为了研究家庭融资行为对农户创业质量的影响，本文建立如下多元线性回归模型：

$$Y = \beta_0 + \beta_1 X_1 + \beta_2 X_2 + \varepsilon$$

其中，Y 表示农户创业质量；X_1 表示创业者的家庭融资行为；X_2 表示控制变量；β_0 为常数项；β_1、β_2 表示估计参数；ε 则表示随机误差项。

五、实证检验

（一）融资行为对创业决策的影响

本文首先采用二值 Probit 回归对家庭融资行为、正规融资与非正规融资的创业决策方程分别进行回归，以比较不同融资形式对创业决策的影响。具体结果如表 2 所示。

表 2　家庭融资对农户创业决策的影响：Probit 结果

	Ⅰ	Ⅱ	Ⅲ	Ⅳ	Ⅴ	Ⅵ
家庭融资	0.0069*** （8.9641）			0.0194*** （7.9653）		
正规融资		0.0053*** （6.1463）			0.0186*** （6.2787）	
非正规融资			0.0189*** （9.1847）			0.0245*** （5.2280）
家庭融资 × 受教育年限				－ 0.00104*** （－ 5.4497）		
正规融资 × 受教育年限					－ 0.00107*** （－ 4.6812）	
非正规融资 × 受教育年限						－ 0.000577 （－ 1.3405）
受教育年限	0.0185*** （4.2161）	0.0195*** （4.4397）	0.0219*** （4.9909）	0.0261*** （5.6465）	0.0242*** （5.3569）	0.0235*** （5.1653）
年龄	0.00205 （1.3313）	0.00220 （1.4273）	0.00237 （1.5343）	0.00236 （1.5252）	0.00245 （1.5886）	0.00238 （1.5436）
性别	－ 0.0203 （－ 0.6573）	－ 0.0197 （－ 0.6385）	－ 0.0244 （－ 0.7890）	－ 0.0207 （－ 0.6694）	－ 0.0191 （－ 0.6180）	－ 0.0245 （－ 0.7913）

续表

	Ⅰ	Ⅱ	Ⅲ	Ⅳ	Ⅴ	Ⅵ
婚姻状况	－0.0211 （－0.5481）	－0.0212 （－0.5513）	－0.0101 （－0.2617）	－0.0194 （－0.5033）	－0.0207 （－0.5374）	－0.00987 （－0.2555）
家庭规模	0.0468*** （6.0298）	0.0481*** （6.2206）	0.0442*** （5.6881）	0.0454*** （5.8306）	0.0472*** （6.0897）	0.0440*** （5.6577）
住房情况	－0.113*** （－2.7642）	－0.108*** （－2.6503）	－0.115*** （－2.8207）	－0.109*** （－2.6499）	－0.105** （－2.5641）	－0.114*** （－2.7855）
车辆情况	0.689*** （21.4188）	0.700*** （21.8007）	0.714*** （22.3236）	0.675*** （20.8792）	0.686*** （21.2599）	0.713*** （22.2734）
所在地区	0.00369 （0.2324）	0.00248 （0.1564）	0.00665 （0.4194）	0.00323 （0.2033）	0.00248 （0.1569）	0.00619 （0.3897）
常数项	－1.823*** （－19.541）	－1.826*** （－19.603）	－1.867*** （－19.980）	－1.906*** （－20.0824）	－1.877*** （－19.9621）	－1.882*** （－19.9855）
样本量（件）	11828	11828	11828	11828	11828	11828

注：***、** 和 * 分别表示在 1%、5% 和 10% 水平上显著；括号内数值为 z 值。

表 2 是家庭融资行为对农户创业决策影响的实证结果。第一，方程Ⅰ表示家庭融资行为对农户创业决策具有显著正向影响，家庭融资每增加 1 万元，农户创业的概率会增加 0.69%。这与董晓林等（2019）的研究结果一致，获得融资意味着创业者的金融约束得到一定程度的缓解，有利于实施创业活动。由此表明，由于创业启动资金的需求，农户是否创业取决于是否能够获得资金帮助，家庭融资行为从一定程度上降低创业门槛。第二，从方程Ⅱ和Ⅲ可以看出，正规融资和非正规融资皆对创业有促进作用，正规融资每增加 1 万元，农户创业的概率会增加 0.53%；非正规融资每增加 1 万元，农户创业的概率会增加 1.89%，非正规融资的影响大于正规融资。这是因为在面对金融约束时，农户更容易从非正规渠道获得资金，农户创业主要依靠自身筹措、亲朋好友借款、民间借贷等非正规金融的融资渠道。需要注意的是，以银行为主的正规融资形式同样是农户创业者迫切需求的，增加机器、设备抵押贷款，信用担保贷款可以为农户创业者提供融资便捷。第三，从控制变量来看，受访者的受教育年限、家庭规模、住房情况、车辆情况、所在地区对创业决策影响均显著。其中，受教育年限越多，农户的创业可能性越大，在 1% 水平上显著。综上所述，家庭

融资行为可以弥补金融约束从而促进劳动者进行创业。第四，方程Ⅳ、Ⅴ、Ⅵ显示加入交叉项后并未对核心解释变量的显著性产生影响，交叉项的加入是合理的。然而，交叉项的系数为负且在 1% 水平上显著，表明融资和受教育年限对农户创业决策存在替代效应。

（二）异质性分析

基于家庭融资行为的异质性角度，为了深入探究异质性的家庭融资行为差异，本文按照性别和样本所在区域差异进行分样本回归，具体结果如表 3 所示。

表 3　家庭融资行为对创业决策的影响：分样本回归

	Ⅰ	Ⅱ	Ⅲ	Ⅳ	Ⅴ	Ⅵ
	男	女	中部	西部	东部	东北
家庭融资	0.0066*** （6.0623）	0.0072*** （6.5287）	0.0086*** （4.7852）	0.0183*** （7.9568）	0.0028*** （2.7188）	0.0299 *** （5.8743）
控制变量	控制	控制	控制	控制	控制	控制
样本量（件）	5884	5944	2726	4530	3486	1086

注：***、** 和 * 分别表示在 1%、5% 和 10% 水平上显著；括号内数值为 z 值。

表 3 的回归结果显示，家庭融资行为对于女性的创业影响更为显著，其显著性大于男性。家庭融资作为创业启动资金的重要渠道更能促进农村女性创业，其促进比率为 0.72%。获得家庭融资的规模越大，对女性农户创业的促进作用越大。可能的解释是：一方面，创业具有灵活性，弹性的工作时间让女性可以兼顾家庭（居凌云和梅强，2014）；另一方面，女性与男性相比在融资和人脉的获取上具有劣势，寻求资本时面临的困难更大，当女性农户获得来自政府、银行等渠道的融资时，其创业动机更加强烈（李朋波等，2017）。

家庭财富对于中部、西部、东部、东北部地区的样本创业决策影响均显著，但是其影响程度存在一定差异。由于金融约束的存在，为了缓解创业初始资金压力，家庭融资行为与农户创业决策显著正相关。不同地区金融发展水平和金融市场开放程度的差异导致创业农户获得融资的难度不同。建立以银行和信贷机构为基础的基层区域金融服务市场，为创业者提供专业、务实、可信的金融服务有助于促进区域经济发展。

（三）内生性检验

表 2 的结果表明，家庭融资能够显著促进农户的创业选择，但是农户创业与家庭融资之间可能存在反向因果关系，即创业农户融资的规模可能更大。因此，本文使用工具变量回归解决内生性问题，具体结果如表 4 所示。

表 4　家庭融资对农户创业决策的影响：工具变量回归

第一阶段回归		第二阶段回归	
地区平均融资水平	0.6873***（4.1718）	家庭融资	0.0523*（1.9159）
F 值	50.5200	控制变量	控制
Wald chi 2(9)	570.7200	观测值	11828

注：***、** 和 * 分别表示在 1%、5% 和 10% 水平上显著；括号内数值为 z 值。

为了验证家庭融资对农户创业决策的影响具有稳定性，本文参照董晓林等（2019）的方法寻找工具变量作为家庭融资的替代变量来验证结果的稳健性，本文将所在地区平均家庭融资规模作为家庭融资规模的工具变量。地区平均家庭融资规模与受访者是否决定创业不相关，与受访者家庭融资规模有较强的相关性，所以本文认为该变量是替代家庭融资规模的较好工具变量，表 4 是用 IV-Probit 进行内生性检验的结果。第一阶段检验显示，所在地区平均家庭融资规模与被访者家庭融资规模高度相关，F 统计值为 50.52，表明工具变量不是家庭融资规模的弱工具变量。第二阶段回归结果显示，所在地区平均家庭融资规模与农户创业决策相关，且在 10% 的水平上显著，表明了以上回归模型的结果稳健可信，其他变量的回归结果与前面的基准模型结果基本一致。

（四）融资行为对创业质量的影响

表 5　家庭融资对农户创业质量的影响：多元线性回归结果

	Ⅰ	Ⅱ	Ⅲ	Ⅳ	Ⅴ	Ⅵ
	经营规模			盈利状况		
家庭融资	0.0030*** （9.9711）			0.0977*** （6.4649）		
正规融资		0.0038*** （9.1609）			0.1270*** （6.0775）	
非正规融资			0.0027*** （5.3312）			0.0846*** （3.3596）
控制变量	控制	控制	控制	控制	控制	控制

注：***、** 和 * 分别表示在 1%、5% 和 10% 水平上显著；括号内数值为 t 值。

本文用经营规模和盈利状况作为反映农户创业质量的指标，经营规模反映创业企业的大小，主要按照企业的总资产、主营业务收入或者是从业人员数量来确定的；盈利状况则是企业获取利润的能力和经营结果的具体表现。从表 5 的结果可以看出，家庭融资、正规金融和非正规金融的影响系数始终为正，并在 1% 水平上显著，融资对农户的经营规模和盈利状况影响显著。家庭融资有助于扩大创业企业的经营规模，也会使创业企业盈利状况变好。无论是对于经营规模还是盈利状况，正规融资的影响程度都大于非正规融资的影响程度。农户创业者对于正规融资的需求迫切，但是由于融资门槛过高只能更多地选择非正规融资，因此，构建完善的金融服务平台，为创业农户提供融资便捷通道，对促进创业质量具有重要作用。

六、结论与政策建议

本文使用 2018 年中国家庭追踪调查（CFPS）数据，在理论分析家庭融资影响农户创业行为的基础上，运用二值 Probit 模型、OLS 模型实证检验了家庭融资对农户创业决策和创业质量的影响，并用 IV-Probit 模型克服家庭融资内生性问题和创业决策导致的样本选择问题。本文的研究得出以下三个结论：

第一，家庭融资行为促进农户创业。家庭融资行为可以弥补金融约束从而促进劳动者进行创业，并且家庭融资规模越大，劳动者越有可能做出创业决策。因为创业需要启动资金，农户创业者通过融资这种方式获取资金帮助，创业行为得以实施。

第二，非正规融资对创业的促进作用大于正规融资。正规融资和非正规融资对于创业的影响程度存在差异是因为以银行为代表的正规融资的贷款抵押、贷款者条件要求较高，农户创业者只能通过以民间借贷、亲友借款等为主的非正规融资渠道获得创业的启动资金。

第三，融资规模对农户创业质量的提高有促进作用。家庭融资行为对创业规模和创业盈利状况影响显著，也就是说融资规模的增加促进创业质量的提升。创业企业的运营和发展离不开资金支持，融资规模一定程度上决定了创业质量的高低。

对于创业决策问题的研究不仅直接关系到创业者的福利，而且有助于创业扶持政策的细化，同时对新技术、新经济背景下经济高质量发展具有十分重大的促进作用。目前农户创业者大多面临“融资难，融资贵”的问题，因此实现便捷融资、降低创业门槛，无论对金融市场还是创业者而言都具有重要的现实意义。综上所述，本文提出以下三个政策建议：

第一，提供便捷融资渠道。完善要素市场、金融支持政策、基础设施建设，加速推进村镇银行等新型农村金融机构发展；加强政府有效监管、合理进行风险控制，切实保证促进农户家庭创业的同时保障金融体系的正常运转。

第二，增加正规融资方式。同时保证非正规金融对农户创业有效的扶持。在正规融资方面，加大对机器、设备抵押贷款额度，增强信用担保贷款；扩大对有市场、有前景的新兴创业企业的资金投放力度。在非正规融资方面，增加市场开放程度、完善文化和社会规范、推进金融市场化建设，关注农村资金互助社、小额贷款公司发展，有效地缓解农户家庭创业的资金需求，促进社会资源有效配置。

第三，降低创业门槛。营造创新文化氛围，鼓励政府财政对好的创业项目进行补助；建立创业信息发布平台，宣传政府对农户创业的各项优惠政策，从而增加农户对创业扶持政策的认知程度。促进农村产业融合发展、加强农村基础设施建设，为农户创业者营造更加优质的营商环境，为提高劳动者整体的就业质量提供有效途径。

参考文献

［1］孙浩男、夏咏：《信贷排斥对农民非农创业的影响》，《金融与经济》2020 年第 4 期。

［2］柴时军：《信任视角下的家庭融资渠道偏好研究》，《经济与管理研究》2019 年第 11 期。

［3］杜两省、郝增慧：《家庭金融研究的现状、脉络与趋势 —— 基于 WoS 与 CNKI 期刊论文的可视化分析》，《西南民族大学学报（人文社科版）》2019 年第 2 期。

［4］张正平、石红玲：《家庭普惠金融水平对家庭创业决策的影响：基于 CHFS 数据的实证研究》，《北京工商大学学报（社会科学版）》，2019 年第 1 期。

［5］王金哲：《社会资本影响家庭融资渠道选择了吗？—— 基于 CHFS 调查数据的实证研究》，《财经论丛》2019 年第 1 期。

［6］周广肃、樊纲：《互联网使用与家庭创业选择 —— 来自 CFPS 数据的验证》，《经济评论》2018 年第 5 期。

［7］蔡栋梁、邱黎源、孟晓雨、马双：《流动性约束、社会资本与家庭创业选择 —— 基于 CHFS 数据的实证研究》，《管理世界》2018 年第 9 期。

［8］冯大威：《家庭财富、创业行为与个体效用》，暨南大学 2018 年博士学位论文。

［9］王询、岳园园、朱晨：《非认知能力与创业 —— 来自中国家庭追踪调查的经验分析》，《财经论丛》2018 年第 11 期。

［10］刘雨松、钱文荣：《正规、非正规金融对农户创业决策及创业绩效的影响 —— 基于替代效应的视角》，《经济经纬》2018 年第 2 期。

［11］陶春生：《家庭金融学的构建与进展》，《管理世界》2017 年第 11 期。

［12］李涛、朱俊兵、伏霖：《聪明人更愿意创业吗？——来自中国的经验发现》，《经济研究》2017 年第 3 期。

［13］彭克强、刘锡良：《农民增收、正规信贷可得性与非农创业》，《管理世界》2016 年第 7 期。

［14］李祎雯、张兵：《非正规金融对农村家庭创业的影响机制研究》，《经济科学》2016 年第 2 期。

［15］陈刚：《管制与创业——来自中国的微观证据》，《管理世界》2015 年第5 期。

［16］李磊、郑妍妍、刘鹏程：《金融发展、职业选择与企业家精神——来自微观调查的证据》，《金融研究》2014 年第 6 期。

［17］张龙耀、张海宁：《金融约束与家庭创业——中国的城乡差异》，《金融研究》2013 年第 9 期。

［18］盖庆恩、朱喜、史清华：《财富对创业的异质性影响——基于三省农户的实证分析》，《财经研究》2013 年第 5 期。

［19］丁骋骋、周群力：《信用评级与农户正规融资：温州案例》，《财经论丛》2012 年第 5 期。

［20］平新乔、张海洋、郝朝艳、梁爽：《农民金融约束的形成原因探究》，《经济学动态》2012 年第 4 期。

［21］丁志国、朱欣乐、赵晶：《农户融资路径偏好及影响因素分析——基于吉林省样本》，《中国农村经济》2011 年第 8 期。

［22］陈鹏、刘锡良：《中国农户融资选择意愿研究——来自 10 省 2 万家农户借贷调查的证据》，《金融研究》2011 年第 7 期。

［23］张海洋、袁雁静：《村庄金融环境与农户创业行为》，《浙江社会科学》2011 年第 7 期。

［24］马晓青、朱喜、史清华：《信贷抑制与农户投资回报——云南、宁夏农户调查案例分析》，《上海经济研究》2010 年第 9 期。

［25］程郁、罗丹：《信贷约束下农户的创业选择——基于中国农户调查的实证分析》，《中国农村经济》2009 年第 11 期。

［26］李宏彬、李杏、姚先国、张海峰、张俊森：《企业家的创业与创新精神对中国经济增长的影响》，《经济研究》2009 年第 10 期。

［27］李朋波、王云静、谷慧敏：《女性创业的研究现状与展望——基于典型文献的系统梳理》，《东岳论丛》2017 年第 4 期。

［28］居凌云、梅强：《女性创业的现状与需求分析》，《软科学》2014 年第 4 期。

［29］张烟、刘正阳、孔荣：《金融知识、正规信贷约束与农户创业选择——基于宁、陕、鲁入户调查数据》，《农业现代化研究》2020 年第 3 期。

［30］蔺楠、包颉：《文化价值观对农民创业融资影响的研究——来自“中国千村调查”的数据分析》，《外国经济与管理》2020 年第 6 期。

［31］林建浩、吴冰燕、李仲达：《家庭融资中的有效社会网络：朋友圈还是宗族？》，《金融研究》2016 年第 1 期。

［32］温涛、董文杰：《财政金融支农政策的总体效应与时空差异——基于中国省际面板数据的研究》，《农业技术经济》2011 年第 1 期。

［33］张玉利、冯潇：《三农创业实践驱动的学术问题与研究建议》，《南方经济》2019 年第 7 期。

［34］张舰、Scott Rozelle：《人们为什么会创业？——基于风险、企业家能力与金融约束的影响因素研究》，《中央财经大学学报》2017 年第 8 期。

［35］S. Djankov, Y. Qian, G. Roland, et al., “Who Are China’s Entrepreneurs?”, *The American Economic Review*, 2006, 96 (2).

［36］L. Li, X. Wu, “Housing Price and Entrepreneurship in China”, *Journal of Comparative Economics*, 2014, 42 (2).

［37］M. Cagetti, “De Nardi M. Estate Taxation, Entrepreneurship, and Wealth”, *The American Economic Review*, 2009, 99 (1).

［38］D. S. Evans, B. Jovanovic, “An Estimated Model of Entrepreneurial Choice under Liquidity Constraints”, *Journal of Political Economy*, 1989, 97 (4).

［39］F. J. Buera, “A Dynamic Model of Entrepreneurship with Borrowing Constraints: Theory and Evidence”, *Annals of Finance*, 2009, 5 (3).

新冠肺炎疫情对我国财政经济的影响及其应对之策

冯俏彬 *

【导语】新冠肺炎疫情的发生对我国财政经济造成巨大冲击。本文基于当前疫情发展信息，初步评估其对2020年财政收支的影响程度。研究发现，新冠肺炎疫情将导致2020年财政减收增支在1.2万亿—1.7万亿元之间，做好2020年的财政平衡工作压力很大。因此本文提出，要财政收入、财政支出、赤字债务“三管齐下”、多措并举，一方面调整支出结构，提高赤字率和债务规模，另一方面积极挖掘收入侧的潜力，提高财政对于政府收入的统筹安排能力，努力谋求2020年财政收支基本平衡，全力支持国民经济实现“六稳”，保持经济社会稳定。

新冠肺炎疫情是2020年最大的“黑天鹅”事件，发生时点极具特殊性。从国际上看，正值世界进入百年未有之大变局之时，中美签订了第一阶段贸易协议但还没有正式执行，疫情让本来已按下暂停键的中美经贸之争再添变数，也给刚刚出现复苏势头的全球经济增添了巨大的不确定性。从国内看，近年来我国正处在转变发展方式、优化经济结构、转换增长动力的攻关期，结构性、体制性、周期性问题相互交织，“三期叠加”影响持续深化，经济下行压力加大。新冠肺炎疫情的发生，令本已步履沉重的中国经济遭到重大打击，也将极大地冲击2020年的财政平衡工作。

* 冯俏彬，国务院发展研究中心宏观经济研究部副部长，中共中央党校（国家行政学院）博士生导师，主要研究领域为财政与税收、宏观经济等。

一、新冠肺炎疫情的基本情况与发展走势预估

2020年年初，新冠肺炎疫情猛烈袭击我国，对我国经济社会秩序造成重大危害。有研究称，这是新中国成立以来我国发生的传播速度最快、传染范围最广的一次流行病。截至3月24日，全国累计报告确诊病例81747例，累计死亡病例3283例[①]，就传播速度和感染人数而言，远远超过2003年的“非典”。不仅如此，全球各大洲的近两百个国家和地区都已发现新冠肺炎疫情，累计感染人数已经超过50万人，而且还在不断增长之中。世卫组织宣布，新冠肺炎疫情已经构成全球性大流行。

疫情发生后，我国政府集全国之力，调集了四万多名医务工作人员齐聚武汉，打响了一场特殊的武汉保卫战。全国其他地区纷纷向湖北伸出援手，通过派遣医疗队、提供防疫与生活物资、捐款等方式共同抗击疫情。中国人民解放军启动了和平时期最大规模的非战争军事行动。全国人民向湖北捐款捐物，万众一心，众志成城，共同抗击这一巨大的突发公共卫生事件。截至本文成文之时，我国境内的疫情已基本得到控制，全国大部分地区已经是中低风险区，疫情“震中”湖北（武汉市以外地区）、武汉也已确定于3月25日和4月8日“解封”，工作重点已经转向“外防输入，内防反弹”。但考虑到传染病的流行规律以及国际疫情正处于大暴发的阶段，新冠肺炎疫情对我国经济社会的影响仍在快速衍化之中，深度、广度和方向都具有很大的不确定性。但可以确定的一点是，新冠肺炎疫情的影响将远远超过2003年的“非典”，将对全球经济、社会、生产、生活、政府治理和国家关系产生广泛而深远的影响[②]。

---

① 数据来源：国家卫健委网站：http://www.nhc.gov.cn/。

② 托马斯·弗里德曼，美国著名作家和未来学家，曾因《世界是平的》一书享誉世界。2020年3月17日，他在谈到新冠肺炎疫情时，将其称为“新的历史分界线”。新冠肺炎疫情对世界产生的深远影响，由此可见一斑。

二、新冠肺炎疫情冲击我国财政经济的主要发生机制

国民经济是一个相互依存、不断循环的有机系统，其中任何一个环节断链、缺环，都将对其他环节、领域产生连带影响，这种影响还将反馈回来，并进一步作用于相关主体……如此往复循环，各部门、各领域、各环节之间相互激荡，由点到面，由局部到整体，最终形成对国民经济的全局性影响。具体到此次新冠肺炎疫情，在静态推演的情形下，可能形成五波冲击。如图 1 所示。

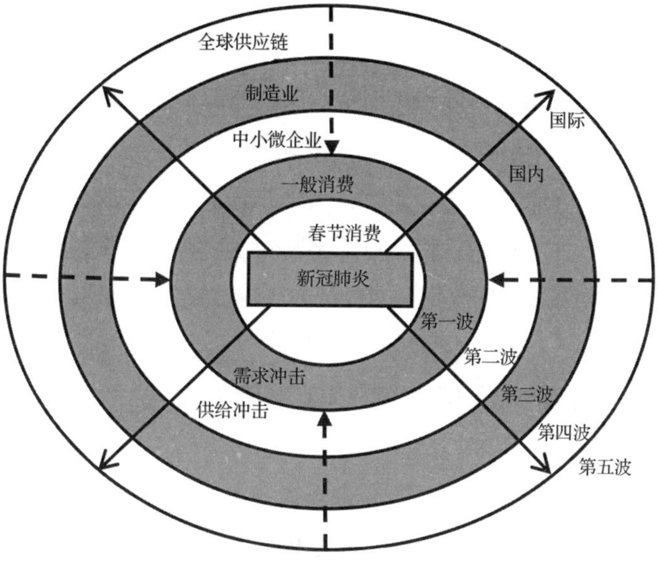

图 1 新冠肺炎疫情的经济冲击波示意图

第一波，疫情发生之初（2020 年 1 月 23 日—2 月 10 日左右），首先受到冲击的是春节消费，如交通、旅游、餐饮、影院、酒店、零售等。以餐饮为例，以 2019 年全国餐饮收入 4.67 万亿元，其中 15% 发生在春节期间来计算，2020 年春节期间我国餐饮业损失约 7000 亿元营业收入。有专家测算，1—2 月消费

收入减少高达 1.38 万亿元[①]。

第二波，疫情冲击波由春节消费扩大到一般消费（2 月 10 日—2 月底），特别是那些需要面对面向消费者提供的商品与服务。尽管各类线上消费有所增加，但远不能弥补损失。

第三波，疫情冲击波由消费扩大到生产，由需求冲击转向供给冲击。由于疫情期间各地出台了严格的管控措施，外出务工人员不能按时返岗，物流不畅通、供应链碎片化，大量制造加工企业不能正常复工复产，产出大幅下降。

第四波，疫情冲击波由企业部门掉头回来，重新冲击家庭部门，生产与需求双双下降，企业倒闭与员工失业同时发生，家庭部门收入下降，消费需求进一步萎缩。

第五波，疫情冲击波由国内到国际，震荡冲击全球经济，并反过来影响我国经济。

以上过程能否全部发生以及影响程度到底有多大，在很大程度上取决于疫情持续的时间、所采取的防控措施以及国际合作应对的力度。现在看，已经处于第四、五两波相互激荡的时期，对经济的影响已经开始显现。

三、新冠肺炎疫情对 2020 年财政收支的影响测算

新冠肺炎疫情对我国经济运行带来重大冲击。据国家统计局最新公布的数据，2020 年 1—2 月，我国社会消费品零售额下降 20.5%（其中，餐饮收入下降 43.1%，汽车销售下降 37%，房地产销售面积下降 39.9%），投资下降 24.5%（其中基建投资下降 26.9%，制造业投资下降 31.5%，房地产投资下降 16.3%），出口下降 17.2%，进口下降 4%，商品贸易由上年同期顺差 414.5 亿美元转为逆差 70.9 亿美元。从生产侧看，规模以上工业增加值下降 13.5%，服务业生产下

① 清华大学国家金融研究院院长、IMF 原全球副总裁朱民表示，估计新冠肺炎疫情会影响 2020 年 1—2 月消费减少 1.38 万亿元人民币。其中，预计度假休闲旅游消费下降 9026 亿元，餐饮业消费下降 4211 亿元。

降 13%。与此相应，1—2 月累计全国一般公共预算收入同比下降 9.9%，其中税收收入同比下降 11.2%，18 个税种中除个人所得税、印花税取得正增长之外，其余税种全部负增长。2020 年财政工作压力很大。为了综合判断疫情对于 2020 年财政收支的影响，下面对疫情导致的财政减收增支情况进行一个大概的测算。

（一）用于防疫、救治等方面的财政直接支出金额

疫情发生后即 1 月 23 日，中央财政在第一时间下拨湖北省疫情防控补助资金 10 亿元，1 月 27 日预拨各省市区第一批疫情防控补助资金 44 亿元，保证不因资金问题影响防疫工作的开展。截至 3 月 24 日，全国各级财政安排的疫情防控投入已经达到了 1226 亿元[①]。疫情发生后，财政部、国家医保局很快出台政策，将所有确认、疑似患者的救治费用纳入国家医保范围，其中个人部分由财政承担，估计这方面的支出应该在 200 亿元[②]。疫情发生后，全国范围内的口罩、防护服等物资严重短缺，为此国家出台了支持重点防疫物资生产企业的相关紧急政策，中央银行设立了 3000 亿元专项再贷款，中央财政提供一年期 50% 的财政贴息。按企业实际获得这部分贷款的利率为 1.28%[③] 计算，中央财政负担的贴息支出为 38.4 亿元。根据现在疫情的发展情况，再加上后期与各地据实结算的一线医务人员的津贴、补贴支出，预计直接财政支出在 2000 亿元。

（二）受新冠肺炎疫情冲击和宏观经济下行所导致的财政减收金额

疫情发生后，国内外多家研究机构针对疫情对 2020 年中国经济的影响进行了量化评估。由于疫情还在快速发展变化之中，因此很多预测也在不断调整。一般认为，如果没有疫情影响，2020 年我国 GDP 增长率为 6%。在发生疫情的情况下，最乐观的情形是 2020 年我国经济将下行一个百分点到 5% 左右，最悲观的是下行到 2.6%，居中的情形是 3.5%。以 2019 年我国 99.0865 万亿元的

---

① 数据来源：财政部网站。

② 数据来源：国家医疗保障局网站。这部分资金由中央财政承担 60%，地方财政承担 40%。

③ 数据来源：2020 年 2 月 27 日国务院联防联控机制新闻发布会。

GDP 总值，近年来我国财政收入占当年 GDP 的比重大致稳定在 19% 左右计算，三种情形下 2020 年财政减收金额分别为 1903.45 亿元、4758.63 亿元和 6471.73 亿元。如表 1 所示。

表 1　三种情形下 2020 年的财政减收情况

	2020 年 GDP 增速	2020 年减少的 GDP 总值（亿元）	2019 年财政收入占 GDP 的比重	2020 年财政收入减收（亿元）
乐观	5%	9908.65	19.21%	1903.45
中间	3.5%	24771.63	19.21%	4758.63
悲观	2.6%	33689.41	19.21%	6471.73

数据来源：作者整理计算所得，小数点后四舍五入，保留两位。

（三）应对疫情出台的阶段性减税政策所造成的财政减收金额

疫情发生后，为了减缓对经济社会的冲击，打赢防疫阻击战，财政部门已先后出台了一系列减税降费政策。一是对重点防疫物资的生产、进口、收储提供的税收减免与财政贴息支持。二是对受到重创的交通运输、餐饮、住宿、旅游等行业调整了企业所得税政策。三是出台对防疫一线工作人员补助免征个人所得税的政策。四是对和群众生活密切相关的公交运输、生活服务、快递收派等行业，出台了免征增值税的措施。五是阶段性减免个体工商户的增值税，如对湖北省境内的小规模纳税人，免征 3—5 月的增值税，其他地区将征收率由 3% 降至 1%。六是出台了鼓励公益捐赠的相关财税政策。七是鼓励各地适当减免房产税和城镇土地使用税。这些政策在减缓疫情对经济冲击的同时，也会相应地带来财政减收。这部分减收估计在 2000 亿元。

（四）阶段性减免社保、医保费所造成的财政减收部分

为了减轻企业负担，2 月 18 日国务院常务会议决定阶段性减免企业社保费用。2020 年 2 月至 6 月，各省份可以对中小微企业的养老、失业、工伤保险三

项社保的单位缴费实行免征，湖北省可将免征范围扩大到各类参保企业；湖北以外的其他省份对大型企业等其他参保单位的三项社保单位缴费可减半征收，减征的期限不超过 3 个月；受疫情影响生产经营出现严重困难的企业可申请缓缴，缓缴的期限原则上不超过 6 个月，其间免收滞纳金。财政部、人力资源和社会保障部预计，此项阶段性减费可使企业少缴费约 5100 亿元[①]。

与此同时，国家还出台了减征医保费的相关政策。从 2 月份开始，阶段性减半征收单位缴纳的职工基本医疗保险费，期限最长不超过 5 个月。据国家医疗保障局初步匡算，该项减征措施最多可为企业减负约 1500 亿元。以上两项相加预计将减收 6600 亿元[②]。

（五）阶段性减免民航发展基金的财政减收金额

航空业是受此次疫情打击最重的部门之一。据飞友科技发布的研究数据，2—3 月疫情已导致中国民航至少损失 720 亿元的营业收入。为精准扶持民航企业，国家决定免征 2020 年民航企业缴纳的民航发展基金，预计在 100 亿元。由于取消航班，旅客大幅度减少，本应向旅客收取的民航发展基金相应减少。以 2019 年为基数，按 6 个月的疫情期计算，这部分减收的基金大约为 167.5 亿元[③]。以上两部分合计预计为 267.5 亿元。

将以上各项相加，新冠肺炎疫情对 2020 年我国财政造成的增支减收总额在 1.2 万亿—1.7 万亿元之间，而这还没有算上对于军队参加防疫工作的财政补助、对于应急征用的后期补偿支出以及可能出台的后续支出政策。

---

① 数据来源：3 月 3 日国务院联防联控机制新闻发布会。

② 在现行制度下，这部分资金并非由财政全部负担，而可以通过提高基础养老金的中央统筹比例、运用历年结余等方式适当分担。但根据这几年的情况，财政有责任对出现的社保、医保缺口进行补充。假设按财政承担一半来匡算，大约需要财政增加支出 3300 亿元。

③ 以 2019 年为例，全年共收取民航发展基金 478 亿元，其中 143 亿元由航空企业缴纳，335 亿元由旅客缴纳。按疫情持续 6 个月计算，减收旅客部分的民航发展基金收入为 167.5 亿元。

四、多管齐下，全力做好2020年财政平衡工作

受2019年“减税降费”政策的后续影响，2020年仅“落实落细减税降费政策”为社会减负的金额仍将在6000亿元左右。这部分因素再加上新冠肺炎疫情导致的减收增支，合计在1.8万亿—2.3万亿元之间，相当于又搞了一次“更大规模的减税降费”，做好2020年财政平衡工作压力很大。由于疫情导致经济下行，地方财政运行的压力显著增加。2020年2月，全国一般公共预算收入下降21.4%，其中中央下降19.3%，地方下降23.4%，但同期地方财政支出仍然保持了高位运行。由于一些基层财政支出刚性强，可调剂的空间小，2020年地方财政紧运行的特征更加明显，基层“三保”压力更加突出。有鉴于此，应当财政收入、财政支出、赤字债务“三管齐下”，调动一切可以调动的力量，全力做好2020年的财政平衡工作。

（一）将财政赤字率提高到3.5%，支持地方实现“三保”

2019年我国公共财政赤字率为2.8%，不仅低于世界很多国家，而且也低于3%这一公认的安全线。面对新冠肺炎疫情前所未有的冲击，美国、英国、法国、日本、澳大利亚等国都开启了数额巨大的财政刺激计划，甚至连十多年始终坚持“黑零”和“债务刹车”[①]的德国也转向了宽松的财政政策，计划推出一套高达3560亿欧元的经济援助“组合包”，用于应对疫情给德国经济造成的负面影响。结合目前我国经济下行的严峻形势，2020年可将赤字率至少提高到3.5%，由此可多释放出5000亿元的公共资金，用于弥补一般公共预算收支缺口，支持地方实现“三保”，稳定经济社会运行。

（二）扩大地方专项债务规模，发行中央特别建设国债

在进出口趋弱、民间投资不振的情况下，政府投资必须及时“补位”，才

---

① 德国两大财政准则，“黑零”（black zero）即零赤字，“债务刹车”条款将联邦预算赤字限制在GDP的0.35%。

能稳住对于经济增长至关重要的总需求。为此，以时间换空间、以债务换基建是当下不得不为之的一项选择。进一步地，这也并非完全是疫情冲击之下的权宜之计，而是立足当下，着眼长远，进一步夯实我国经济高质量发展基础的长远举措。为此，可将地方政府专项债务规模从 2019 年的 2.15 万亿元提高到 3.5 万亿元左右，与此同时，中央政府还要适当“加杠杆”，发行部分中央特别国债，启动一些全国性重大建设项目。具体而言，中央财政投资的重点是与国家长远发展相关的战略性、网络型基础设施建设，如川藏铁路、长江黄河流域生态环境保护、5G 建设、自然灾害防治重大工程等。地方财政投资的重点是市政管网、城市停车场、冷链物流建设、农村公路、信息、水利设施建设等方面。只有这样，才能在经济面临国内外、供给与需求多重压力的同时，维持和启动我国庞大的内需市场，全面激活生产、消费，保持经济社会的正常运行。当然，在增发地方专项债的同时，要加强管理提高效率，如改革专项债在全国不同地区之间的配置结构、适当放宽使用条件、扩大使用范围，使地方政府专项债真正能够发得出、用得好。为了抑制政府投资的“挤出效应”，还要创新专项债的使用和管理方式，尽量用政府投资带动民间投资，“四两拨千斤”，找到一条新形势下政府与社会资本合作的新道路。

（三）大力优化财政支出结构，实行全面绩效预算

为缓解财政收支之间的压力，还要进一步优化、调整我国的财政支出结构。除了大力压减一般性支出，控制人员经费和公用经费增长之外，要特别注意适应我国发展阶段的变化，切实将财政支出的重点向基本公共服务、民生领域倾斜，防止出现明显的短板，造成巨大危害。此次新冠肺炎疫情是一个代价极高的警示，提醒我们在中国经济社会进入中高收入阶段之后，财政支出结构要更多转向社会安全网建设。要实行全面绩效预算，提高财政资金的使用效率。比如，在当前保障防疫工作巨大资金需要的同时，也要严格财经纪律，提高财政资金管理的规范程度和资金使用绩效。

（四）从收入侧进行挖潜，拓宽财政收入渠道

我国政府收入的口径远大于财政收入。值此非常时期，应当加大财政对于不同类别政府收入的统筹力度，缓解财政收支之间的压力。具体而言，一是可考虑将基础养老金的中央调剂比例再提高 0.2—0.5 个百分点。实现养老保险全国统筹是明确的改革方向，继 2019 年提高基础养老金的中央调剂比例之后，2020 年已再次提高到 4%。下半年可在此基础上再提高 0.2—0.5 个百分点，集中的资金专项用于补充各地养老保险，此举可从侧面缓解财政收支压力。二是全面落实将国有资本经营收益上缴公共财政的比例提高到 30%。当前，各类国有资产经营收益上缴公共财政的比例，按企业类别不同，共有 0、10%、15%、20%、25% 五个档次。按照党的十八届三中全会《关于全面深化改革若干重大问题的决定》，到 2020 年要提高到 30%，2020 年可将这一举措全面落实。三是收取部分行政事业单位国有资产经营收益。2018 年，全国行政事业性国有资产总额 33.5 万亿元，负债总额 9.9 万亿元，净资产 23.6 万亿元。根据相关规定，这部分资产收益要向财政上缴 10%。但由于种种原因，行政事业性单位经营性资产几乎没有向财政上缴过收益。2020 年可结合支出结构调整和经费压缩，按 10% 收取国有资产经营收益。四是鼓励地方政府加大土地使用权收入调入一般公共预算的力度。前不久国务院出台了《关于授权和委托用地审批权的决定》，预计 2020 年土地使用权出让收入可能迎来明显增长。可鼓励地方政府加大将其调入一般公共预算的力度，平衡好财政大账。

总之，新冠肺炎疫情对我国经济带来了巨大影响，必须千方百计予以应对。财政作为国家治理的基础和重要支柱，值此“国家大考”之际，不仅要发挥好理财的高超本领，努力争取实现 2020 年财政收支平衡，还要放眼国际国内、经济社会的全局，及时调整财政政策的方向和力度，与其他宏观政策共同发力，实现“稳就业、稳金融、稳外贸、稳外资、稳投资、稳预期”，共同支撑起中国经济的明天，为实现中华民族的伟大复兴做出贡献。

参考文献

［1］冯俏彬：《中国财政可持续之道：基于政府收入体系视角的研究》，《地方财政研究》2019 年第 3 期。

［2］冯俏彬：《读懂中国经济基本面》，《中国党政干部论坛》2010 年第 1 期。

［3］财政部：《2020 年 1—2 月财政收支情况》，http://www.gov.cn/xinwen/2020-03/24/content_5495068.htm。

［4］国家统计局：《1—2 月份国民经济经受住了新冠肺炎疫情冲击》，http://www.stats.gov.cn/tjsj/zxfb/202003/t20200316_1732232.html。

第三编　提升国家治理效能

中国特色社会主义行政体制综论

许耀桐*

【导语】“坚持和完善中国特色社会主义行政体制”是中共十九届四中全会通过的《决定》提出的一个新命题，包含着深刻、丰富的内涵。中国特色社会主义行政体制，现已成为13个中国特色社会主义制度体系之一，改变了以往行政体制从属于政治体制、行政体制改革是政治体制改革的一部分的情况，使中国特色社会主义行政体制获得了独立的地位。中国特色社会主义行政体制不但体现了社会主义的鲜明性质，更重要的是具有了创新特点。中国特色社会主义行政体制的建设重点，集中体现为“10个政府”。同时，通过改革，优化行政决策、行政执行、行政组织和行政监督的“四维体制”。

“坚持和完善中国特色社会主义行政体制”①，是中共十九届四中全会通过的《决定》提出的一个新命题。自1978年中国实行改革开放以来，在中央文件中常出现“行政管理体制”或“行政体制”的提法，而“中国特色社会主义行政体制”则是一个新概念。中国特色社会主义行政体制，不仅是中国共产党提出的一个新概念，而且是一个新的制度体系，包含深刻、丰富的内涵，值得学界展开认真的探究。本文拟就中国特色社会主义行政体制的定位、性质特点、目标和使命以及深化改革与发展等若干问题，作一些粗浅的探索，以就教于方家。

---

* 许耀桐，福建师范大学马克思主义学院院长、特聘教授，中共中央党校（国家行政学院）一级教授，中国行政体制改革研究会副会长，主要从事马克思主义理论、政治体制与行政体制改革研究。本文为国家社会科学基金重点项目“国家治理体系跨界协同能力建设问题研究”（项目批准编号：20AZD006），中国行政体制改革研究会2020年度行政改革基金项目“健全决策机制研究”阶段性成果。

① 《中共中央关于坚持和完善中国特色社会主义制度、推进国家治理体系和治理能力现代化若干重大问题的决定》，人民出版社2019年版，第15页。

一、中国特色社会主义行政体制的科学定位

中国特色社会主义行政体制，现已成为13个中国特色社会主义制度体系之一，列在党的领导制度体系、人民当家做主制度体系和中国特色社会主义法治体系之后的第四位，与人民代表大会制度、党领导的多党合作和政治协商制度、民族区域自治制度、基层群众自治制度等并立相论。这是党的十九届四中全会的一个重大决策，它改变了以往行政体制从属于政治体制、行政体制改革是政治体制改革的一部分的情况，使中国特色社会主义行政体制获得了独立的地位。

“体制”一词，在中国改革开放之前鲜少使用，它是随着1978年改革开放的兴起而开始广泛应用的。究其原因在于，体制与制度有相同的一面，两者都有system的含义，即规章、法则、条款等，而且不仅是单个的，还是一套的、系列的。因此，过去使用“制度”一词，也就在一定的意义上代表了体制。但体制与制度又有明显的区别，体制更侧重于关注“组织、结构、设置”（organization；structure；setup）等情况，而这些意思在“制度”一词中难以得到恰当的表达。因此，在当代学术界，都把体制从制度的大范畴中划分出来，作为一个独立的、专有的术语来使用。

改革开放40多年来，中国的行政体制改革和其他诸多的体制改革一样，在改革开放中取得了重大成效。在中国，使用体制改革还有着特殊的国情。新中国走上社会主义道路后，对于社会主义制度存在的问题，毛泽东做了分析：生产关系和生产力、上层建筑和经济基础之间的矛盾，仍然“是推动社会主义社会向前发展的基本矛盾”[①]，基本矛盾有相适应的一面，也有不相适应的一面，不相适应的一面“可以经过社会主义制度本身，不断地得到解决”[②]，解决的手段就是改革，“社会制度还要改革”[③]。但是，究竟哪些是不相适应的社会制度呢？当时并没有做出区分。因而，若笼统提出社会制度改革，容易被误解为针

① 《毛泽东选集》第五卷，人民出版社1977年版，第356页。

② 《毛泽东选集》第五卷，人民出版社1977年版，第373页。

③ 《毛泽东选集》第五卷，人民出版社1977年版，第318页。

对的是整个制度，就会遭到阻力和反对。改革开放之初，邓小平解决了这个棘手的问题，他说："党和国家现行的一些具体制度中，还存在不少的弊端，妨碍甚至严重妨碍社会主义优越性的发挥。如不认真改革，就很难适应现代化建设的迫切需要。"①而这些具体制度的问题，就是体制的问题。邓小平明确地把制度分为根本制度和具体制度两类，又把具体制度与体制联系起来。他提出了要维护和完善根本制度、改革具体制度或体制的主张，由此开启了经济、政治、行政等体制的改革，也从根本上纠正了把体制改革看成是破坏、摧毁社会主义根本制度的错误思想观念。同时，邓小平指出，对具体制度即针对体制的改革，不是一桩小事，而是一件大事，因为体制不改革，根本制度也就无法得到坚持和完善。

正是基于体制的重要性和各个体制相互独立性的考量，现在把中国特色社会主义行政体制确立为 13 个中国特色社会主义制度体系之一，这一新变化，顺应了全面深化改革的需要，彰显了新的意义，具有必然性和合理性。

一是对行政体制作出独立的定位与行政学作为一门独立的社会科学是相匹配的。行政学最早由德国学者施泰因提出，1865 年他撰写了《行政学》一书，以行政法的观点阐述行政问题。1887 年美国学者威尔逊发表《行政学之研究》一文，主张建立独立的学科。1900 年美国学者古德诺出版《政治与行政》一书，明确提出行政与政治分离的观点。此后，行政学成为一门独立的学科。行政学学科的独立性，早已为行政体制的独立地位提供了理论基础。

二是对行政体制作出独立的定位有利于推动行政体制改革的发展。自改革开放始，行政体制改革历来归属于政治体制改革的范围之内。由于政治体制改革情况较为特殊，矛盾复杂，任务艰巨且繁多，难免影响到行政体制的改革。把行政体制改革从政治体制改革中分离出来后，由于二者界限清晰，行政体制改革的需求和任务，就会得以凸显，得到更好的满足和实现。

三是对行政体制作出独立的定位有利于行政体制自身的健全完善。中国特

① 《邓小平文选》第二卷，人民出版社 1994 年版，第 327 页。

色社会主义行政体制作为一个制度体系，其发展和完善的路程相当漫长。现在，确立了中国特色社会主义行政体制的专门领域后，必然可以专注于行政体制自身的建设和定型，使其愈加成熟完善，担负起新的历史使命，更好地发挥作用。

二、当代中国特色社会主义行政体制的创新特色

毫无疑问，中国特色社会主义行政体制是属于社会主义的行政体制，体现了社会主义的性质。中国特色社会主义行政体制的历史和思想源头，来自巴黎公社的实践和马克思主义的国家行政管理理论。

在社会主义发展史上，巴黎公社是无产阶级建立的第一个国家政权。巴黎公社的行政体制正如马克思、恩格斯指出的，是“工人阶级的政府”[①]。巴黎公社政权的国家机构以及内在关系，就像马克思分析的：“公社是一个实干的而不是议会式的机构，它既是行政机关，同时也是立法机关。”[②]也即是“议行合一”的政体结构。巴黎公社“议行合一”的国家结构是：公社委员会是立法机构；在公社委员会之下设有 10 个工作委员会，是其行政机构。这 10 个工作委员会是：执行委员会，军事委员会，粮食委员会，财政委员会，司法委员会，治安委员会，劳动、工业与交换委员会，社会服务委员会，对外联络委员会和教育委员会。巴黎公社行政体制的特点是：行政与立法同体，在公社委员会直接领导下负责办理日常行政事务；行政与立法实行两块牌子、一套人马，公社委员兼任各工作委员会的代表，是其领导者，公社委员会决定的事情，工作委员会立即落实执行；立法权高于行政权，人民是国家的主人，立法权是人民主权的体现，国家权力不可分割，行政机构直接向立法机构负责。以“议行合一”为指导原则的社会主义国家行政体制，与以“三权分立”为理论基础的资本主义国家行政体制是截然不同、完全对立的行政体制。从本质上说，“三权分立”学

---

① 《马克思恩格斯选集》第三卷，人民出版社 2012 年版，第 102 页。

② 《马克思恩格斯选集》第三卷，人民出版社 2012 年版，第 102 页。

说背离了人民主权的立场，而以巴黎公社为代表的社会主义国家，则坚持了人民主权的宗旨和原则。

中华人民共和国成立后，中国即建立了遵循马克思主义行政管理的基本原理和承继巴黎公社传统的社会主义行政体制。宪法规定，全国人民代表大会是最高国家权力机关，行使国家立法权；国务院即中央人民政府，是最高国家权力机关的执行机关，也是最高国家行政机关；国家监察机关，人民法院和检察院是国家司法机关。国家行政机关以及国家司法机关都由人民代表大会产生，对它负责并受它监督。不难看出，中华人民共和国的行政体制以马克思主义为指导思想，完全体现了社会主义的鲜明性质。

当代中国特色社会主义行政体制不但体现了社会主义的鲜明性质，更重要的是，具有了超越巴黎公社行政管理实践经验的创新特点。

中国特色社会主义行政体制具有功能齐全的、独立的机构。虽然巴黎公社设有议事立法和行政执行两个机构，但两个机构基本上是重叠在一起的，人员也都相互交叉兼职，既参加公社委员会制定法律、政策，又负责公社工作委员会的行政执行，行政机构实际上成为议事立法的附属机构；另外，巴黎公社也不再设专门的法院和检察院，审判及监察权由公社委员会兼管负责。而当代中国则是完整地设立了立法、行政、司法三大独立的机构，三大机构各领其职，各司其职，其常设机关的工作人员也不再相互兼任职务。尤其是在三大机构中，行政机构相对于立法和司法机构来说，日常事务更多，工作节奏更快。这表明，中国特色社会主义行政体制在坚持巴黎公社议行合一精神实质的前提下，又突破了议行合一的机构设置体制，形成了自己独立的、有着法定编制的机构。

中国特色社会主义行政体制成为国家结构的重要制度体系。在巴黎公社的议行合一体制中，实际上议事立法居于首位，公社委员会成为国家政权的中心，10 个行政性的委员会围绕着公社委员会而工作。这虽然有利于公社决策能够得到坚决、快速的执行，但也影响了行政机构体系的成长和机能的健全完善，行政权无法构成国家的一个制度体系，成为国家结构的一个组成部分。而在当代中国，行政工作有着完整的行政法规体系，作为最高国家行政机关的国务院可以根据宪法和法律，实行行政措施，制定行政法规，发布决定和命令。中国特色社会主义行政体制本身构成了国家的重要制度体系。

中国特色社会主义行政体制有共产党的坚强领导。巴黎公社革命是主要由激进的工人派别组织发动的，而不是由马克思主义指导、成熟的工人阶级政党领导的，没有先进的工人阶级政党的领导，是巴黎公社失败的一个重要原因。在当代中国，《中国共产党章程》明确规定，“党是中国特色社会主义事业的领导核心”，“中国共产党的领导是中国特色社会主义最本质的特征，是中国特色社会主义制度的最大优势。党政军民学，东西南北中，党是领导一切的”。为了加强党对国家政权组织的领导，苏联和中国的共产党都在各个国家机关包括行政机关中建立了党组织，使所有的国家机关都在党的坚强领导之下。

三、中国特色社会主义行政体制下的政府建设

中共十九届四中全会《决定》指出：“国家行政管理承担着按照党和国家决策部署推动经济社会发展、管理社会事务、服务人民群众的重大职责。必须坚持一切行政机关为人民服务、对人民负责、受人民监督，创新行政方式，提高行政效能，建设人民满意的服务型政府。”[①] 毫无疑义，建设优良政府是建构中国特色社会主义行政体制的重点。当代中国的政府建设，肩负着繁重的任务，有着崇高的目标。概言之，中国特色社会主义行政体制要打造的政府，可以用党和国家反复提出来的、集中地建设“10个政府”来表述之。

——建设法治政府。法治政府是指，政府在行使权力、履行职责过程中，始终坚持法治原则，严格依法执政、依法行政，使政府的各项权力都在法治的轨道上运行。政府要坚持“法定职责必须为、法无授权不可为”。政府不得在法外设定权力，在没有法律法规依据的情况下，做出减损公民、法人和其他组

① 《中共中央关于坚持和完善中国特色社会主义制度、推进国家治理体系和治理能力现代化若干重大问题的决定》，人民出版社2019年版，第15—16页。

织合法权益的事情，或者做出任意增加其义务的决定。各级政府的领导者及工作人员，要严格遵守宪法和法律的规定，自觉地并善于运用法治思维和方式推动工作。各级政府也要依法接受同级人大及常委会的监督，接受人民政协的民主监督、接受人民和社会舆论的监督，把权力关进制度的笼子。

——建设创新政府。创新政府，即是为了提高行政效率和增进公共利益而不断进行创造性改革的政府。创新政府有着三层基本含义：一是将政府发展的立足点放在创新手段上，改变过去主要靠资源、人力物力和资金投入的方式途径，转变为主要靠创新驱动。二是在思想观念上破除那些僵化的、不合时宜的制度和措施，通过不断的学习更新思想观念和行为方式。三是在政府自身建设上，只有通过创新挖潜，才能够降低政府成本、提高政府效能。为此，必须克服政府创新发展中资源不足、动力不足等问题，解决行政体制机制方面存在的弊端。

——建设廉洁政府。廉洁政府，要求政府必须坚持廉洁自律、倡俭治奢，深入进行党风廉政建设和反腐败工作，对腐败分子零容忍、严查处，无论是出现在领导机关，还是发生在群众身边的腐败，都要严加惩治。廉洁政府建设一要始终保持高压态势治腐惩贪，以毫不留情的铁腕手段震慑各种职务犯罪；二要加快廉政制度建设，扎紧廉政篱笆，明确公职人员可以做哪些事、不能做哪些事，减少自由裁量和消除“模糊地带”；三要增强理想信念，提升职业操守，政府工作人员，特别是领导干部必须涵养道德操守，明辨是非，怀德自重，谨言慎行，慎独慎微，不要有任何非分之想，心无旁骛地为老百姓做事。

——建设责任政府。责任包括法律责任、经济责任、政治责任。责任政府要求政府机关和公职人员在行使职责之前，向公众和社会解释这样做的理由，在完成职责过程后，针对出现的差错或损失，选择适合的责任形式，做到罚当其责。责任政府的关键在于实行问责制，公民按照法定程序，拥有对政府及其官员行使责任追究的权利。党的十八大报告指出：“健全质询、问责、经济责任审计、引咎辞职、罢免等制度，加强党内监督、民主监督、法律监督、舆论监督。”[①] 责任政府促使公务员提高责任意识，政府树立向公众和社会负责的理念和形象。

——建设透明政府。所谓透明政府，就是政务公开。政务公开，包括政府组织的公开、政府决策的公开、政府管理的公开、行政行为的公开，政府制定的公共政策和实施的管理措施须及时公开，不公布的政策不得实施。党的十八大报告提出明确的要求：“推进权力运行公开化、规范化，完善党务公开、政务公开、司法公开和各领域办事公开制度。”“让人民监督权力，让权力在阳光下运行。”[②] 阳光是最好的消毒剂，是促进政府敬业和防治腐败的一剂良药。

——建设诚信政府。所谓诚信政府，就是以政府及其工作人员为主体的诚信，政府部门要依法行政，按章办事、信守承诺。诚信政府要求政府部门及其工作人员坚决抵制和克服弄虚作假、违法违纪等行为作风，做到按规则办事，信守社会承诺，办事有章，言而有信，激励守信，制裁失信，做诚信的模范。规范行政许可行为，确立行政许可信用，让所有的政府行为都置于国家法律法规的监控之下。加强政府诚信道德建设，加强政府优良政风建设，打造高素质的公务员队伍，强化公务人员的宗旨意识，通过政府管理为社会提供诚信环境。

——建设绩效政府。绩效评估是改进政府治理的重要环节，它有利于降低行政成本，提高行政效能，改进政府管理流程，提升公共服务质量。建构绩效型政府，需要改变“重决策、轻执行、轻评估”的现状，拓展公民参与途径，规范绩效评价指标和程序，引入第三方参与绩效评价机制，完善绩效评价体系。对于一些重大和突发的公共管理事件，可引入外部评价机制，提高绩效评估的科学性和独立性。

——建设数字政府。数字政府是指在现代计算机、网络通信、云计算、大数据等技术支撑下，政府机构的日常办公、信息收集与发布、公共管理等事务

① 《坚定不移沿着中国特色社会主义道路前进　为全面建成小康社会而奋斗》，《人民日报》2012年11月18日。

② 《坚定不移沿着中国特色社会主义道路前进　为全面建成小康社会而奋斗》，《人民日报》2012年11月18日。

处于数字化、网络化的环境下进行的国家行政管理形式，形成“用数据对话、用数据决策、用数据服务、用数据创新”的政府治理模式。政府数字化建设的本质是，实现政府履职理念、方式、流程、手段、工具的全局性、系统性和根本性重塑；树立整体治理理念，运用整合和协同的方式，把分散的政府各部门整合为一个整体、一个平台，让群众只进一扇门就能办成不同领域的事项；通过对海量数据的采集、加工、整合等，推进政府决策科学化、社会治理精准化、公共服务高效化。

——建设服务型政府。服务型政府，就是以为人民服务的思想为指导，以公民利益为本位，以公共需求为尺度，把公共服务职能作为主要的或核心的职能，尽最大可能地，公正、有效地为公民提供满意的、高质量的公共产品和公共服务。服务型政府在政府的职能结构中，公共服务职能更加突出和重要，并逐步成为政府的主要职能或核心职能；在政府组织结构上，公共服务部门不仅占有相应的比重，而且占有重要的地位；在政府财政支出结构中，公共服务支出所占比例逐渐增大，并成为政府主要支出，建立健全惠及全民的公共服务体系，实现基本公共服务均等化。

——建设人民满意的政府。政府要树立以人为本、人民至上的理念，主动有所作为，切实做到执政为民，勤政为民。政府公务员特别是领导干部要始终以人民为中心，把为人民谋发展、增福祉，作为最大的责任，始终把现代化建设使命扛在肩上，始终把群众的冷暖、忧乐放在心头。各级政府应立足于人民的需求，为人民办事，努力得到人民群众的称赞和喜爱。

四、优化行政决策、行政执行、行政组织和行政监督的“四维体制”

中共十九届四中全会全面规划了中国特色社会主义制度到2050年成熟完善的蓝图，要求在2035年时各方面制度更加完善，到新中国成立100年时更加巩固、优越性充分展现。全会通过的《决定》指出，要坚持和完善中国特色社会主义制度，必须“坚持解放思想、实事求是，坚持改革创新”①。中国特色社会主义行政体制作为13个中国特色社会主义制度之一，也要坚持不断地改革创新，才能实现完善与巩固。为了更好地完善国家行政体制，《决定》提出了通过改革，重点要优化行政决策、行政执行、行政组织和行政监督的“四维体制”。

一是改革和优化行政决策体制，实行科学民主依法的决策。当代中国的行政决策体制已由中央提出和建立，这就是民主、科学、依法的决策机制，即要“推进决策公开”，“把公众参与、专家论证、风险评估、合法性审查、集体讨论决定确定为重大行政决策法定程序”，以及“建立重大决策终身责任追究制度及责任倒查机制”。归纳起来为四个阶段、八个节点。四个阶段：谋划、决断、执行、监督；八个节点：在“谋划”阶段，包含“决策公开”“公众参与”两个节点，在“决断”阶段，包含“专家论证”“风险评估”“合法性审查”“集体讨论决定”等四个节点，在“执行”以及随之跟踪的“监督”阶段，包含“重大决策终身责任追究制度”及“责任倒查机制”两个节点。当前依法决策要解决的主要问题是，政出多门、“九龙治水”，造成政策效应的相互抵消。特别是要防止在齐抓共管的口号下，出现各自为政、各行其是的现象。防止多中心，出现谁都可以说了算的乱局，应坚持一类事项原则上由一个部门统筹，一个事情原则上由一个部门负责。科学民主依法决策体现了开放性和法治化，必须严格遵守、依法办事，就能有效防止政出多门、政策效应相互抵消。

二是改革和优化行政执行体制，健全强有力的行政执行系统。制度在于执行，没有执行，制度只是虚设。行政执行力是贯彻行政组织的战略意图，按照制度规定的要求，集聚行政团队的力量，完成既定的行政任务，达到预定目标的实际操作能力。当前，有不少官员不作为，或乱作为，影响了行政执行力。为此，“必须深化行政执法体制改革，最大限度减少不必要的行政执法事项。进一步整合行政执法队伍，继续探索实行跨领域跨部门综合执法，推动执法重心

① 《中共中央关于坚持和完善中国特色社会主义制度、推进国家治理体系和治理能力现代化若干重大问题的决定》，人民出版社2019年版，第5页。

下移，提高行政执法能力水平。落实行政执法责任制和责任追究制度，健全强有力的行政执行系统，提高政府执行力和公信力”[①]。要保证在上级下达指令或要求后，迅速做出反应，把上级的命令和想法贯彻或者执行下去，变成实际行动，行动变成结果，从而保质保量完成任务。

三是改革和优化行政组织体制，健全部门协调配合机制。行政组织体制是指国家行政组织内部的各层级之间，各部门之间的权责配置关系和结构体系的各种制度规范的总和。行政组织的结构首先取决于行政组织的基本要素和细胞，即通过职位与工作人员的排列组合，形成一个行政工作单位。其次，取决于各个工作单位的有机排列组合，并由此形成一个工作部门。再次，取决于各个行政部门之间的有机排列组合，由此构成各级政府组织。最后，取决于各级政府之间的有机排列组合，由此形成一个国家的政府系统。当前，在经过第八次机构改革之后，重点在于健全部门协调配合机制。对于先前职责重复的内设机构，可以组建设置大司局、大处室的大内设机构，增加管理幅度；对于执行性、监管性的内设机构，可作为相对独立的执行机构；还要组建综合性、协调性的机构，完善部门内协调机制，统筹部门内设机构的人力资源、组织资源配置，尽可能维护部门内平衡，从磨合融合原有机关文化到营造新的部门文化，实现机构整合。

四是改革和优化行政监督体制，深入开展反腐倡廉斗争。中国特色社会主义的行政监督体制，是以人民为中心的权力监督。从政府治理体系的角度看，行政监督与行政监察体制是国家制度体系中的重要环节，具有重要的制度定位。当前，推进行政监督与行政监察体制改革首先是由现实生活中的问题倒逼而来的，主要是一些领域党政机构重叠、职责交叉、权责脱节问题比较突出；一些政府机构设置和职责划分不够科学，职责缺位和效能不高问题凸显，政府职能转变还不到位。要构建起全方位行政监督体系，一是自上而下的组织监督。自

---

① 《中共中央关于坚持和完善中国特色社会主义制度、推进国家治理体系和治理能力现代化若干重大问题的决定》，人民出版社 2019 年版，第 16 页。

上而下的组织监督有利于最优管理，实现效率最优。自上而下的监督是以权力监督权力，正确理顺权力的授予关系，做好自上而下的监督，就能有效地施行监督。二是自下而上的民主监督。民主性的监督其本身并不具备权力的性质，其形式不具有法律的约束力，也常常伴随着群众情绪化的渲染。因而，既要发挥好民主监督的优势，又要正确利用好民主监督。三是同级行政间相互监督。加强同级行政间的相互监督，依靠本级组织的内部机制，监督权力运行，降低执政风险，提升执政绩效。创新同级监督模式、强化同级监督保障，需要积极探索创新模式，借鉴相关成功经验，推动同级监督的常态化。

城市公共安全风险治理的现实困境及其破解路径

孙金阳　龚维斌*

【导语】随着我国人口城镇化率超过60%，城市已经成为人口的主要聚集地，亦是国家经济社会稳定的重要基础和可持续发展的强大引擎。同时，由于城市的社会系统相对开放以及各类要素高频流动，公共安全事件日渐呈现出多样性、复杂性、扩散性、紧迫性和高度不确定性等特点，对国家安全、经济社会运行秩序和人民生命财产构成严重威胁。为实现对城市公共安全风险的有效治理，一方面需厘清关键环节、完善治理链条；另一方面要对现实困境进一步剖析、总结当前城市公共安全事件的新特征、新问题，进而构建高效协同、创新赋能、精细化城市公共安全风险治理的未来之路。

马克思曾指出："人是最名副其实的社会动物。"① 早在21世纪初，世界人口城镇化率已经超过半数。而我国人口城镇化率截至2019年也已接近60%。其直接结果有二：一方面，城市已经成为人口的主要聚集地，是国家经济社会稳定的重要基础和可持续发展的强大引擎；另一方面，由于城市的社会系统相对开放和各类要素高频流动，公共安全事件呈现出多样性、复杂性、扩散性、紧迫性甚至高度不确定性等特点，并主要集中在自然灾害、事故灾难、公共卫生事件、社会安全事件四个方面，对国家安全、经济社会运行秩序和人民群众生命财产构成严重威胁。

---

* 孙金阳，中共中央党校（国家行政学院）进修二部组织处副处长，博士，主要研究领域为公共政策、社会治理；龚维斌，中共中央党校（国家行政学院）社会和生态文明教研部主任，教授、博士生导师，主要研究领域为社会治理、应急管理等。

①《马克思恩格斯选集》第二卷，人民出版社1995年版。

一、城市公共安全风险治理的关键环节甄别

20世纪末以来，人类被认为是生活在由事故、技术错误、生态灾难、专业人员误判以及时空的科学发现所环绕的风险社会之中[①]。城市公共安全风险治理理念应运而生，其本质即为政府与其他社会主体通过整合资源和权力为社会公众提供公共安全产品和服务供给[②]，以消弭公共安全事件所带来的损失与伤害。2003年“非典”疫情后，我国开始建立集“对象上全灾种、过程上全过程、结构上多主体”于一体的综合应急管理体系，重点推动突发公共事件应急预案编制工作和应急体制、机制、法制建设工作（简称“一案三制”工作），形成了“统一领导、综合协调、分类管理、分级负责、属地管理为主”的发展格局。在2018年党和国家机构改革中，我国新组建应急管理部，从而形成由强力核心部门牵头的综合应急管理模式，从组织机构、管理制度和运行机制建设等诸方面为后续更好地推动城市公共安全风险治理进行机制创新和实践探索。

风险治理是对应急管理工作的“关口再前移”[③]，在具体的公共安全事件中按照发展进程可以大体划分为防控与识别、评估与决策、处置与行动三个主要阶段。一是防控与识别阶段。基于对城市公共安全事件的生命周期审视，对风险治理对象防控和识别是后续所有决策和实措的逻辑起点。防控是对风险治理的前期准备评判要素，识别是对公共安全事件影响情况和发展状态的分析基础。遗憾的是，可能存在的信息数据采集缺漏、管理交叉重叠、认知能力局限以及社会力量参与不足等诸因素，往往严重制约着前期风险防控的效能发挥[④]。二是评估与决策阶段。面对当前日益复杂的公共领域和庞大的政策系统，风险评估

---

① 皮金、卡斯帕森、斯洛维奇编著：《风险的社会放大》，谭宏凯译，中国劳动社会保障出版社2010年版。

② 曹惠民：《治理现代化视角下的城市公共安全风险治理研究》，《湖北大学学报（哲学社会科学版）》2020年第1期。

③ 薛澜等：《风险治理：完善与提升国家公共安全管理的基石》，《江苏社会科学》2008年第6期。

④ 林振：《突发公共事件网络舆情协同治理机制建构研究》，《华中科技大学学报（社会科学版）》2019年第2期。

因具备基于调查研究的规范性分析和实证性判断等科学性优势，往往作为决策和处置的重要依据之一。特别是在重大事件中，需要采取相当广泛诸如采样、测算、实验、估值、分析、评判、检验、评级、测试、建模以及督查等一系列行动进行概率计算，为科学决策提供必备参考。三是处置与行动阶段。风险治理的处置预案是采取措施的基本遵循，也会在具体事件中进行适度灵活调适。就烈性传染病等扩散性强、影响面广的重大公共卫生事件而言，国家的统一指挥和统筹协调是遏制疫情迅速蔓延的关键所在。

此外，防范灾害回流、灾后恢复重建同属风险治理后期不可缺少的环节。而将实际治理中所积累的重要经验转化为完善预警、参与、监督机制也是风险治理链条末端的重要任务。

二、当前城市公共安全风险治理的现实困境剖析

近年来，伴随着社会高度信息化、数字化、网络化以及社会各类主体间的高关联、高互动，城市公共安全的脆弱性随之加剧，有时甚至超越了当前所有的理性认知和控制范围。只有深度挖掘城市公共安全风险治理的困境及其根源，方能为未来科学构建其发展路径，进而为提升社会治理乃至国家治理能力，实现治理体系现代化提供理论积淀。因此，基于以下五个层面，探究当前城市公共安全风险治理新特征、新问题的需要更显迫切。

（一）公共事件“非线性突变”

所谓“非线性突变”是指，一个微小的初始条件变化可能引发一连串扩散性改变，最终导致与初始条件层级极度不匹配、远超事件本身的爆扩性后果[①]。由于城市运行是“一个具有内生复杂性、测不准性、脆弱性等特征的复杂系统”[②]，公

① 翟云：《网络舆情治理的未来愿景、现实困境与实现路径》，《行政管理改革》2015年第1期。

② 范如国：《“全球风险社会”治理：复杂性范式与中国参与》，《中国社会科学》2017年第2期。

共安全事件往往呈现出前期强隐蔽性、中期非线性突变乃至后期次生灾害叠加的发展样态。而且大量公共安全事件本身需要极强的专业甄辨、处置能力。这就要求，在城市公共安全风险治理的防控与识别阶段必须充分研究所有关联因素和相互作用实况，尽量缩短认知差距、降低非线性突变可能，从而将现有的行政管理范式转向适应更多复杂性、脆弱性情况的治理范式[①]。

（二）线上线下超导互联

虚拟世界与现实世界的超导互联是当前城市公共安全风险治理中亟须认识并加以重视的新型表征。信息社会的技术变革降低了包括时间、金钱、物力等社会交往成本，延展了地域、专业、年龄、层次等交往范围。如今的信息传播已不再简单等同于先前所研究的网络舆情发酵和普通群体性事件的触发因素，而是基于虚拟的信息互通即达网络（当下语境侧重于互联网）与现实中的交通物流网络所形成的一种新型的虚拟现实便捷、迅速、紧密互动互通方式。金融诈骗、公共卫生、食品安全等公共安全事件已经不再囿于某一特定区域或范围，线上线下的极速互通互动致使传播力和影响力明显增加，呈现出极强的扩散性、混沌性和对抗性。

（三）舆情热点动态离散

信息技术的发展和智能手机的普及创新了社会交往基本形态，实现从“熟人社会”的群体化、“陌生人社会”的离散化再到当前“网络社会”的转型过程，并重塑了社会成员的生活方式、价值观念以及互动形态。与之相应，社会舆情热点逐渐显现出“动态”和“离散”两大鲜明特征。人们不仅是社会舆论的知悉者和旁观者，更加成为社会舆论的评论者甚至推动者[②]。然而，社会舆情在风险治理中的影响巨大而深远。人们对纾解某一城市公共安全事件的认知

---

① Brian Uzzi, “Complex Systems—A New Paradigm for the Integrative Study of Management, Physical, and Technological Systems”, *Management Science*, 2007 (7).

② 安璐、陶延芳：《突发事件情境下政务微博的角色评估》，《情报工程》2019 年第 4 期。

和信心在很大程度上取决于其对政府风险治理能力的信任；换言之，如何应对某种风险、是否服从决策更取决于公众对政府权威的信心而非对风险的定量估计[①]。当相互矛盾、真假难辨的信息广泛流传时，即使经过官方辟谣和理性疏导，依旧能够产生“强晕轮效应”且诱导公众进行意象思考，其结果则是“塔西佗陷阱”在一定范围内的凸显以及社会合作的更加脆弱。

（四）次生灾害叠加效应

灾害链是由原生灾害及其引起的一种或多种“连带”或“延续”的次生灾害相互耦合形成的灾害系列[②]。次生灾害在自然灾害中较为多见。但是，城市重大公共安全事件由于受到源发性要素和促发性要素的“双要素驱动”[③]作用，在人口、资源、环境相互间矛盾加深的背景下也往往具备了次生灾害产生的初始条件，呈现出“耦合—聚变—衍生”的灾害链图景。部分次生灾害甚至可以跨越行政、功能、时间的边界，导致事故多发、并发甚至引发系统性危机。此外，还要警惕一些未被列入灾害等级却依然严重的社会问题，以及诸如污名化和“涟漪效应”引发的社会裂痕等所产生的负面叠加效应。

（五）风险治理协同耦合

城市公共安全事件的扩散性与复杂性加剧了府际协同治理的难度。就应对一般性城市公共安全问题而言，政府可以采取政治动员和自上而下的行政命令，对社会实现横向到边、纵向到底的防范与管控。彼时，不仅需要打通各部门各地区的“数据孤岛”，增强府际协同治理的合力[④]，政府、社会组织和公民多元

① 胡象明、张丽颖：《新中国70年社会稳定风险治理模式的探索与创新》，《行政论坛》2019年第7期。

② 葛敏、陈晓平、吴凤平：《基于灾害链情景下应急资源网络优化的配置策略》，《统计与决策》2017年第22期。

③ 曹惠民：《治理现代化视角下的城市公共安全风险治理研究》，《湖北大学学报（哲学社会科学版）》2020年第1期。

④ 边晓慧、张成福：《府际关系与国家治理：功能、模型与改革思路》，《中国行政管理》2016年第5期。

主体之间的协商协调和共建共治亦不可缺位。广泛的社会参与既可以充分激发社会成员积极性、主动性[①]，又能够有效缓解政府在人力、物力和财力方面的巨大压力，同时对潜在次生公共安全风险实施预控，从而形成广泛的社会动员和公共精神塑造。

三、建构城市公共安全风险治理的未来之路

经过十多年的探索与实践，我国城市公共安全风险防控从制度、法律、机构、人员和物资配给上已形成较为完整的体系和流程设计，初步实现从经验性响应到制度化响应的转型升级。但如上所述，鉴于重大城市安全问题的突发性、复杂性、普遍性以及预测困难，城市公共安全风险治理亟须在治理机制、治理主体、治理内容、治理路径上实现从粗放式阶段向规范化、精细化、智能化阶段的转化，加快建立健全动态防控、系统防控和主动防控的新型科学治理模式。

（一）确立高效“预警—预案”机制

风险治理从本质上讲是实现突发事件从被动型无序应对到“系统治理、依法治理、综合治理、源头治理”主动型有效治理的转换。具体而言，建立高效“预警—预案”机制应从以下四个方面着手：一是建立高效有序的风险治理体系。打通各部门之间信息壁垒，明确基本工作流程和信息沟通制度，以《突发事件应急预案管理办法》为依据，从责任体系、保障体系以及追责制度三个维度不断完善“预警—预案”机制。二是建立实时应急资源数据库管理系统。综合采取实物储备、协议储备、动态周转相结合的储备方式，完善应急资源的生产、采购、储备、调拨、征用和紧急配送体系，在避免重复建设的同时达成资源跨地区、跨部门的科学、有序、快速调度。三是探索扩展组合式治理。如在应对新冠肺炎疫情中所采用的全国范围内的调配资源、省对市的点对点支持以

① 高勇：《参与行为与政府信任的关系模式研究》，《社会学研究》2014 年第 9 期。

及方舱医院式的医疗资源迅速扩充，即是有效避免机构膨胀和重复建设的韧性治理模式的体现。这种探索和创新不仅拓展了风险治理的能力边界，而且实现了资源的高效利用转换，是今后风险治理研究十分值得关注的一个重要实践路径。四是要重视完善紧急情况下的征用和借用机制，明确紧急征用和借用的启动条件、基本程序以及基于市场原则的补助、补偿、赔偿标准和程序，在动态调整与功能优化中使政府运用各种应急社会资源的行为具有更高的透明度和更多的规范性。

（二）制定协同治理策略

协同治理是指在同一治理网络中的多元主体间建立有效的协调机制和有序的治理结构，共同促进预设公共利益的实现。协同治理要重视发挥三方面的作用：一是基层社会治理力量。要重视引导基层社会治理单位参与城市公共安全事件治理，对公众应广泛开展宣传教育，切实提升国民防灾素质、提高公众风险认知能力。在城市公共安全事件中要把社区真正打造成为街道、社区居委会、社区自治组织、社会组织、社工以及社区居民进行协同治理的平台，建立科学高效的良性合作机制，充分发挥“以小区为基本单元，政府主导，居委会和物业管理公司通力合作”的协同效应，形成“行政调控机制与社区自治机制结合、行政功能与自治功能互补、行政资源与社会资源整合、政府力量与社会力量互动”的良好格局。二是青年志愿者群体。当前，70 后和 80 后已经成为社会系统的中坚力量，而 90 后和 00 后也在开始发挥积极作用。正视新生代的创新能力和对公共事业的热情，有助于达成风险治理中不同合作主体的共同运作、快速反应及弹性调适，并主导促进由情感、观念、行为、思想等多重认同影响下的深层次发展。在新冠肺炎疫情阻击战中，年轻的社会成员进行了诸如爱心献餐、志愿接送、亲历者 vlog 记录等合作性、告知性、教育性、安抚性志愿活动，极大扩充了风险治理力量，弥补了可能出现的保障短板。三是具有社会服务意愿的各类企业。激发企业责任感与生产经营优势，组织有能力、有基础的企业迅速转产、增产短缺物资，支持研发缓解或抵御灾害的高科技产品。

（三）聚焦重点治理场域

社会信任是城市运行过程中有重要影响力的社会资本之一。换言之，低信任度的社会很难形成有效合作和社会动员。特别是在重大城市公共安全问题的风险处置过程中，灾害的破坏力和未知性更加需要社会具有超常的凝聚力、执行力甚至社会成员的奉献牺牲精神。为最大程度保持社会成员的理性与信任、提高全社会的支持包容程度，在进行风险治理时尤其要关注以下几个场域：一是社会舆论场域。积极引导社会舆论、应对热点议题，最大程度争取主动权。完善公共安全事件中的民意观察分析机制，客观公正评价社会现象，最大限度地减少谣言的滋生与蔓延。特别是要发挥新媒体优势，营造可以使信息和观点能以有意义的方式进行交换的良性互动模式。以新浪微博为例，人民网舆情数据中心发布的“2019 年政务指数 · 微博影响力报告”显示，截至 2019 年 12 月 26 日，经过微博平台认证的政务微博达到 179932 个，其中政务机构官方微博 138854 个，公务人员微博 41078 个。毋庸置疑，这类新媒体特别是政府新媒体是快速实现有效认知互动、情感互动、行为互动、信任塑造的重要可启用力量。二是新业态场域。近些年，微商和电商得到极速发展。然而，各类平台也成为物资短缺时高价卖出甚至虚假售卖的重灾区，其所带来的商品欺诈和金融诈骗等更加成为我国经济良性发展、社会稳定和风险治理的巨大隐忧，极可能加剧甚至演化成为城市公共安全事件本身。三是慈善团体和国际援助。从 2008 年汶川地震开始，我国社会组织和个人展现出强烈的社会责任感，越来越积极地参与到重大灾害发生时的志愿服务、物资捐赠和善款赈灾等各项工作之中。在城市公共安全风险治理中，要重视并发挥社会支援力量，保护社会成员的慈善热情和公共信任。四是各级各类监督。“你爸可能要大意失荆州了”等非主观举报或炫耀惹众怒的舆情事件成为非偶然，在城市公共安全事件发生时更是容易集中暴发。重视各级各类监督，客观上可以促使各级官员对权力边界有清醒认知，对决策风险与实施影响进行更全面的预判与评估，特别是对自身及家人言行举止有着更加严格的要求。

（四）善用信用奖惩机制

在城市公共安全风险治理中，信用奖惩机制是容易被忽视的治理方式。实施精准有效信用管理可以有效提升社会信任，亦有助于实现公共利益和提升风险治理绩效。一方面，可适度加强信用惩戒力度，以稳定社会正常生产生活秩序；另一方面，对公共事件风险处置期间表现突出的守信主体实施行政性、行业性、市场性、社会性等多种激励。除此之外，要注意体现人性化的关怀和实施救助原则，既强调企业社会责任又审慎开展失信行为认定，对企业受不可抗力等因素影响发生的偶发性轻微违约失信行为，可采取适当延长整改期等措施，引导和帮助企业及时纠正和修复信用缺失，鼓励金融机构基于信用信息创新开发信用贷款产品以支持中小微企业复工复产。

（五）强化科技赋能作用

互联网、大数据、云计算、人工智能等领域的智能革命正在建构一个实体社会同虚拟社会超导互联的社会形态，而这种科学技术与经济社会的高度融合业已深刻影响国家治理的基本理念和实现路径。正如党的十九届四中全会通过的《中共中央关于坚持和完善中国特色社会主义制度、推进国家治理体系和治理能力现代化若干重大问题的决定》中明确指出的："重视运用人工智能、互联网、大数据等现代信息技术手段提升治理能力和治理现代化水平。"很显然，正是现代信息系统的广泛应用打破了政府、社会和企业之间以及私人部门之间纵横信息壁垒，而逐渐演化成为重要的治理工具[①]。从这种意义上讲，科技与治理进行相互赋能：一方面是数字技术所带来的变革强化了组织协同、信息互通、决策落实甚至效果反馈，影响着变革治理方式和治理理念同向而行；另一方面，政府有力促进了数字技术的进一步发展、整合和协同。特别是对于城市公共安

---

① 韩兆柱等：《网络化治理、整体性治理和数字治理理论的比较研究》，《学习论坛》2015年第7期。

全风险治理，要切实发挥大数据的因果转化①和知识服务②、人工智能“头脑”③智慧化感知、区块链信用赋能作用④，实现数据共享、风险测算、态势感知、恢复重建以及后续跟踪，全面提升城市风险识别能力、公共服务水平、灾害预防能力和灾后恢复能力，使运作更高效、管控更精准、服务更到位。

（六）健全精细化保障体系

定量的风险评估和评价通常以抽象的表述（如数字）反映伤亡情况，这些数字虽然能够体现后果的严重程度，但几乎不涉及“伤亡人员姓甚名谁”等具体问题⑤。健全精细化保障体系的意义就在于此，即在应对、处置重大公共安全事件的同时也能做到保障每个人，特别是常规弱势群体，或由于灾害而产生的新困难群体的基本需求，最大程度上维护社会公平正义。譬如，在公共交通停用的时候，出台精准针对实际具有出行需求却无自我保障能力人员的补充措施；在停工停产期间，充分保障空巢、失能、失智、贫困群体的基本生活；在人员相对集中的机构，更加高标准阻断灾害蔓延；在某类物资严重短缺时，及时动员社会力量保障基本需求，避免奸商囤积居奇；在集中公共资源解决重大疫情防治工作的同时，采取更为灵活的措施保证肾透析等重症慢性病患者的基本治疗和药品供应等。

四、余论

涂尔干曾在《社会分工论》中探讨了作为社会凝聚力重要载体的社会团结

---

① 王天思：《大数据中的因果关系及其哲学内涵》，《中国社会科学》2016 年第 5 期。

② 钟义信：《人工智能：概念·方法·机遇》，《科学通报》2017 年第 22 期。

③ 胡海波、高鹏：《基于知识融合的电子政务知识服务模式及系统模型》，《情报工程》2018 年第 4 期。

④ 余益民、陈韬伟、段正泰等：《基于区块链的政务信息资源共享模型研究》，《电子政务》2019 年第 4 期。

⑤ 刘芳：《社会学视野下的社会组织与新移民社会融入》，《社会治理理论》2015 年第 5 期。

机制及其演进历程，剖析了社会团结模式由传统的“机械团结”向现代的“有机团结”的转化过程[①]。如今的城市公共安全治理亦正历经该过程，这既裹挟着多维度挑战，也给下一步深化城市公共安全风险治理带来了难得的历史机遇。从宏观层面来看，其为我国国家治理现代化提供了重要基础，极大地缩短了由制度建设转化为实践效能的过程，有效检验并推动了治理体系的完善和治理能力的现代化。从中观层面来看，城市公共安全风险治理是国家治理的重要组成部分，有助于最大限度地凝聚人心、集合力量形成坚固的社会公共价值，实现个人、群体与国家的价值观念重塑。从微观层面来看，基于风险治理视角研究城市公共安全有助于准确剖析城市公共安全风险治理面临的现实问题和内在症结，科学建构城市公共安全风险治理的发展路径，通过一系列的体制机制创新加以保障，方有助于解决城市治理进程中面临的诸多羁绊。同样不容忽视的是，城市公共安全风险治理不再是单向度治理过程，公众参与亦不可或缺，社会成员共建共治共享将成为最重要的底色，而有效的风险治理则将极大地提高全社会的治理韧性和抗逆力。

---

① 珍妮·卡斯帕森等编著:《风险的社会视野(上)》，童蕴芝译，中国劳动社会保障出版社 2010 年版。

夯实完善社会智库所需要的注册登记制度

石　伟*

【导语】建设中国特色新型智库是以习近平同志为核心的党中央立足党和国家事业全局作出的重要部署，要精益求精、注重科学、讲求质量，切实提高服务决策的能力水平。社会智库数量众多，是中国特色新型智库的重要组成部分，在当前我国智库建设格局中起着非常重要的作用。客观来说，社会智库的法治化建设水平还有待提升。特别是注册登记制度，亟须根据不同主体的法律定位，予以针对性地夯实完善。

《关于加强中国特色新型智库建设的意见》指出："社会智库是中国特色新型智库的组成部分。"当前我国社会智库，虽然数量众多，但是总体上还处于起步和探索阶段，面临不少困难和问题，特别需要制度方面的规范与保障，形成法治化氛围。从法律主体定位上看，我国现在的社会智库主要以"社会团体""民办非企业单位"或"基金会"等名义注册。除了《民法典》《慈善法》《企业所得税法》《个人所得税法》《关于促进慈善事业健康发展的指导意见》《全国性民间组织评估实施办法》等三者通用的国家法律、行政法规和部门规章外，三者还有各自使用的一些法律规范。以"社会团体法人"名义注册的社会智库主要由《社会团体登记管理条例》《关于规范社会团体开展合作活动若干问题的规定》《行业协会商会与行政机关脱钩总体方案》《全国性行业协会商会负责人任职管理办法（试行）》以及各部委、各地方制定的相关规定等行政法规、

* 石伟，中共中央党校（国家行政学院）报刊社要闻评论部主任、中共中央党校（国家行政学院）教学与智库建设创新工程执行专家、法学博士、副编审、硕士生导师，主要从事法理学、党的建设以及智库建设相关研究。

部门规章加以规范。以“民办非企业单位”名义注册的社会智库主要由《民办非企业单位登记管理暂行条例》《民办非企业单位登记暂行办法》《民办非企业单位名称管理暂行规定》等行政法规、部门规章等加以规范。[①]以“基金会”名义注册的社会智库主要由《基金会管理条例》《基金会名称管理规定》等行政法规、部门规章等加以规范。

一、以社会团体法人形式登记的社会智库

所谓社会团体法人，“是指中国公民自愿组成，为实现会员共同意愿，按照其章程开展活动的非营利性社会组织”[②]。当前，以此名义注册的智库，主要以中国国际经济交流中心、中国行政体制改革研究会、中国与全球化智库的中国国际人才专业委员会部分等为代表。

在登记管辖方面，以社会团体法人形式登记的社会智库，需要有相应的登记管理机关和业务主管单位。登记管理机关是指国务院民政部门和县级以上地方各级人民政府民政部门；业务主管单位是指国务院有关部门和县级以上地方各级人民政府有关部门、国务院或者县级以上地方各级人民政府授权的组织。全国性的社会团体法人智库，由国务院的登记管理机关负责登记管理；地方性的社会团体法人智库，由所在地人民政府的登记管理机关负责登记管理；跨行政区域的社会团体法人智库，由所跨行政区域的共同上一级人民政府的登记管理机关负责登记管理。登记管理机关、业务主管单位与其管辖的社会团体法人智库的住所不在一地的，可以委托社会团体法人智库住所地的登记管理机关、业务主管单位负责委托范围内的监督管理工作。

---

① 2017年2月6日中央全面深化改革领导小组第三十二次会议审议通过的《关于社会智库健康发展的若干意见》将为下一步推动社会智库法治化建设提供重要政策指引。相应地，民政部正在研究的《关于规范和引导社会智库健康发展的指导意见》，在出台后也将作为专门的行政法规起到关键作用。

② 1998年10月施行的《社会团体登记管理条例》（根据2016年2月6日国务院令第666号修正）以及民政部2016年8月1日发布的《社会团体登记管理条例（修订草案征求意见稿）》都如此规定。

在名称使用方面，以社会团体法人形式登记的社会智库的名称应当符合法律、法规的规定，不得违背社会道德风尚。社会团体的名称应当与其业务范围、成员分布、活动地域相一致，准确反映其特征。全国性的社会团体的名称冠以“中国”“全国”“中华”等字样的，应当按照国家有关规定经过批准，地方性的社会团体的名称不得冠以“中国”“全国”“中华”等字样。①

在登记程序方面，以社会团体法人形式登记的社会智库的成立，应当经其业务主管单位审查同意，并依照《社会团体登记管理条例》的规定，由发起人向登记管理机关申请登记。② 筹备期间不得开展筹备以外的活动。该类型智库成立时，应当具备下列条件：有 50 个以上的个人会员或者 30 个以上的单位会员；个人会员、单位会员混合组成的，会员总数不得少于 50 个③；有规范的名称和相应的组织机构；有固定的住所；有与其业务活动相适应的专职工作人员；有合法的资产和经费来源，全国性的社会团体有 10 万元以上活动资金，地方性的社会团体和跨行政区域的社会团体有 3 万元以上活动资金；有独立承担民事责任的能力。申请登记该类型智库，发起人应当向登记管理机关提交下列文件：登记申请书；业务主管单位的批准文件；验资报告、场所使用权证明；发起人和拟任负责人的基本情况、身份证明；章程草案。登记管理机关应当自收到上述文件之日起 60 日内，做出准予或者不予登记的决定。准予登记的，发给《社会团体法人登记证书》；不予登记的，应当向发起人说明理由。其登记事项包括：

---

① 设立于 2009 年 3 月的中国国际经济交流中心，比较特殊。另据了解，由于政策限制，中国与全球化智库，也仅是个“名牌”性智库，并没有以此名称注册。在法律意义上来说，中国与全球化智库是由中国国际人才专业委员会、北京东宇全球化人才发展基金会、南方国际人才研究院、北方国际人才研究院和中国与全球化研究中心等共同构成的智库联盟，其自身并没有独立的法律地位。

② 值得注意的是，下列团体不属于《社会团体登记管理条例》规定登记的范围：（一）参加中国人民政治协商会议的人民团体；（二）由国务院机构编制管理机关核定，并经国务院批准免于登记的团体；（三）机关、团体、企业事业单位内部经本单位批准成立、在本单位内部活动的团体。国家机关以外的组织可以作为单位会员加入社会团体。相应地，中国法学会这类的智库就不需要按照该条例进行登记。其年度检查也相对简化。

③ 这一条是以“社会团体”名义登记的社会智库与以“民办非企业单位”名义登记的社会智库的最大区别。前者，往往采取会员制，内部成员数量较多，有法定的最低限。由此引发的，两者的内部架构、决策程序、资金来源、外部监管等一系列相应要素都不同。

名称、住所、宗旨、业务范围、活动地域、法定代表人[①]、活动资金和业务主管单位。智库凭《社会团体法人登记证书》申请刻制印章，开立银行账户。同时，应当将印章式样和银行账号报登记管理机关备案。以社会团体法人形式登记的社会智库的分支机构、代表机构是智库的组成部分，不具有法人资格，应当按照其所属于的智库的章程所规定的宗旨和业务范围，在该智库授权的范围内开展活动、发展会员。智库的分支机构不得再设立分支机构。此类型的智库不得设立地域性的分支机构。另外，登记程序方面，还有一些禁止性情形，如果存在，登记管理机关不予登记：有根据证明申请筹备的智库的宗旨、业务范围不符合《社会团体登记管理条例》第四条的规定的；在同一行政区域内已有业务范围相同或者相似的社会团体，没有必要成立的；发起人、拟任负责人正在或者曾经受到剥夺政治权利的刑事处罚，或者不具有完全民事行为能力的；在申请登记时弄虚作假的；有法律、行政法规禁止的其他情形的。

在登记变更、注销方面，以社会团体法人形式登记的社会智库的登记事项需要变更的，应当自业务主管单位审查同意之日起 30 日内，向登记管理机关申请变更登记。智库修改章程，应当自业务主管单位审查同意之日起 30 日内，报登记管理机关核准。智库有下列情形之一的，应当在业务主管单位审查同意后，向登记管理机关申请注销登记：完成智库章程规定的宗旨的；自行解散的；分立、合并的；由于其他原因终止的。智库在办理注销登记前，应当在业务主管单位及其他有关机关的指导下，成立清算组织，完成清算工作。清算期间，智库不得开展清算以外的活动。智库应当自清算结束之日起 15 日内向登记管理机关办理注销登记。办理注销登记，应当提交法定代表人签署的注销登记申请书、业务主管单位的审查文件和清算报告书。登记管理机关准予注销登记的，发给注销证明文件，收缴该智库的登记证书、印章和财务凭证。智库处分注销后的剩余财产，按照国家有关规定办理。智库成立、注销或者变更名称、住所、法定代表人，由登记管理机关予以公告。

---

① 智库的法定代表人，不得同时担任其他社会团体的法定代表人。

二、以民办非企业单位法人形式登记的社会智库

所谓民办非企业单位，“是指企业事业单位、社会团体和其他社会力量以及公民个人利用非国有资产举办的，从事非营利性社会服务活动的社会组织”[①]。民办非企业单位根据其依法承担民事责任的不同方式分为民办非企业单位法人、民办非企业单位（合伙）和民办非企业单位（个体）三种。根据规定，由企业事业单位、社会团体和其他社会力量举办的或由上述组织与个人共同举办的，应当申请民办非企业单位法人登记。因此，社会智库注册，一般以民办非企业单位法人形式注册登记。[②]当前，以此名义注册的智库，主要以中国与全球化智库的南方国际人才研究院、北方国际人才研究院部分、江苏紫金传媒智库等为代表。值得注意的是，该类型的智库不得设立分支机构。

在登记管辖方面，此类型的智库，需要有相应的登记管理机关和业务主管单位。前者，是国务院民政部门和县级以上地方各级人民政府民政部门；后者是国务院有关部门和县级以上地方各级人民政府的有关部门、国务院或者县级以上地方各级人民政府授权的组织。登记管理机关负责同级业务主管单位审查同意的该类型智库的登记管理。登记管理机关、业务主管单位与其管辖的智库的住所不在一地的，可以委托智库住所地的登记管理机关、业务主管单位负责委托范围内的监督管理工作。

在名称使用方面，智库的名称应当由以下部分依次组成：字号、行（事）业或业务领域、组织形式。其名称应当冠以所在地省（自治区、直辖市）、市（地、州）、县（县级市、市辖区）行政区划名称或地名，但不能单独冠以市

---

① 1998 年 10 月施行的《民办非企业单位登记管理暂行条例》。

② 需要说明的是，2017 年 3 月全国人大审议通过的《民法总则》在“法人”部分，将法人分为营利法人、非营利法人以及特别法人。其中，非营利法人包括事业单位、社会团体、基金会、社会服务机构等。相比而言，过去的《民法通则》只规定了企业法人、机关单位法人、事业单位法人和社会团体法人四类，并没有规定民办非企业单位法人。这是当前在国家法律体系中不协调的部分。这种情况，在《民法总则》中得到了改变。民法非企业单位，属于非营利法人的社会服务结构之类。由于，在民政部门相应的管理条例中还未有相应修订，本书仍沿用民办非企业单位的用法。

辖区的名称或地名，应当与所在市的行政区划名称或地名连用。民政部登记的民办非企业单位法人智库，其名称一般不冠以行政区划名称或地名。智库的字号应当由两个以上的汉字组成。可以使用本地或者异地的地名作字号，但不得使用县以上（含县）行政区划名称作字号。智库应当根据其业务，依照国家行（事）分类标准划分的类别，在名称中标明所属行（事）业或者业务特点。名称中所标明的组织形式必须明确易懂，一般称学校、学院、园、医院、中心、院、所、馆、站、社、公寓、俱乐部等。不得使用“总”字。在名称管理方面，还有一些禁止性规定，比如不得含有下列文字和内容：冠以“中国”“全国”“中华”等字样；有损于国家、社会公共利益的，违背社会道德风尚，带有封建迷信色彩的；可能对公众造成欺骗或者误解的；政党名称、党政军机关名称、人民团体名称、社会团体名称、事业单位名称、企业名称及宗教界的寺、观、教堂（佛、道教的寺、观，伊斯兰教的清真寺，天主教、基督教的教堂）名称；已被撤销的民办非企业单位的名称；其他法律、行政法规规定禁止的。

在登记程序方面，申请注册登记时，智库要经业务主管单位审查同意；有规范的名称、必要的组织机构；有与其业务活动相适应的从业人员；有与其业务活动相适应的合法财产；有必要的场所。申请智库登记时，举办者应当向登记管理机关提交下列文件：登记申请书①；业务主管单位的批准文件②；场所使用权证明③；验资报告④；拟任负责人的基本情况、身份证明⑤；章程草案。准予登记的该类型智库，由登记管理机关登记智库的名称、住所⑥、宗旨和业务范围、法

① 智库的登记申请书应当包括：举办者单位名称或申请人姓名；拟任法定代表人或单位负责人的基本情况；住所情况；开办资金情况；申请登记理由等。

② 业务主管单位的批准文件，应当包括对举办者章程草案、资金情况（特别是资产的非国有性）、拟任法定代表人或单位负责人基本情况、从业人员资格、场所设备、组织机构等内容的审查结论。

③ 智库的活动场所须有产权证明或一年期以上的使用权证明。

④ 智库的验资报告应由会计师事务所或其他有验资资格的机构出具。

⑤ 拟任法定代表人或单位负责人的基本情况应当包括姓名、性别、民族、年龄、目前人事关系所在单位、有否受到剥夺政治权利的刑事处罚、个人简历等。拟任法定代表人或单位负责人的身份证明为身份证的复印件，登记管理机关认为必要时可验证身份证原件。

⑥ 智库的住所是指其办公场所，须按所在市、县、乡（镇）及街道门牌号码的详细地址登记。

定代表人或者负责人、开办资金、业务主管单位，发给《民办非企业单位法人登记证书》。登记成功后，智库可以凭登记证书申请刻制印章，开立银行账户。但应当将印章式样、银行账号报登记管理机关备案。

在登记变更、注销方面，该类型的智库登记事项需要变更的，应当自业务主管单位审查同意之日起 30 日内，向登记管理机关申请变更登记。[①] 智库修改章程，应当自业务主管单位审查同意之日起 30 日内，报登记管理机关核准。[②] 该类型智库自行解散的，分立、合并的，或者由于其他原因需要注销登记的，应当向登记管理机关办理注销登记。[③] 在办理注销登记前，应当在业务主管单位和其他有关机关的指导下，成立清算组织，完成清算工作。清算期间，智库不得开展清算以外的活动。智库法定代表人或者负责人应当自完成清算之日起 15 日内，向登记管理机关办理注销登记。办理注销登记，须提交注销登记申请书[④]、业务主管单位的审查文件和清算报告。登记管理机关准予注销登记的，发给注销证明文件，收缴登记证书、印章和财务凭证。智库的注销以及变更名称、

---

① 智库应向登记管理机关提交下列文件：法定代表人或单位负责人签署并加盖公章的变更登记申请书。申请书应载明变更的理由，并附决定变更时依照章程履行程序的原始纪要，法定代表人或单位负责人因故不能签署变更登记申请书的，申请单位还应提交不能签署的理由的文件；业务主管单位对变更登记事项审查同意文件；登记管理机关要求提交的其他文件。智库的住所、业务范围、法定代表人或单位负责人、开办资金、业务主管单位发生变更的，除向登记管理机关提交上述文件外，还须分别提交下列材料：变更后新住所的产权或使用权证明；变更后的业务范围；变更后法定代表人或单位负责人的身份证明；变更后的验资报告；原业务主管单位不再承担业务主管的文件。

② 智库修改章程，应当报原登记管理机关核准。报请核准时，应提交下列文件：法定代表人或单位负责人签署并加盖公章的核准申请书；业务主管单位审查同意的文件；章程的修改说明及修改后的章程；有关的文件材料。另外，智库需要变更业务主管单位，须在原业务主管单位出具不再担任业务主管的文件之日起 90 日内找到新的业务主管单位，并到登记管理机关申请变更登记。在登记管理机关作出准予变更登记决定之前，原业务主管单位应继续履行条例第二十条规定的监督管理职责。

③ 智库有下列情况之一的，必须申请注销登记：章程规定的解散事由出现；不再具备《民办非企业单位登记管理暂行条例》第八条规定条件的；宗旨发生根本变化的；由于其他变更原因，出现与原登记管理机关管辖范围不一致的；作为分立母体的民办非企业单位因分立而解散的；作为合并源的民办非企业单位因合并而解散的；原业务主管单位不再担当其业务主管单位，且在 90 日内找不到新的业务主管单位的（民办非企业单位的原业务主管单位须继续履行职责，至民办非企业单位完成注销登记）；有关行政管理机关根据法律、行政法规规定认为需要注销的。其他原因需要解散的。

④ 注销登记申请书应由法定代表人或单位负责人签署并加盖单位公章，法定代表人或单位负责人因故不能签署的，还应提交不能签署的理由的文件。

住所、法定代表人或者负责人，由登记管理机关予以公告。[①]

三、以基金会法人形式登记的社会智库

所谓基金会法人，是指“利用自然人、法人或者其他组织捐赠的财产，以从事公益事业为目的，按照《基金会管理条例》的规定成立的非营利性法人”。基金会分为面向公众募捐的基金会（以下简称“公募基金会”）和不得面向公众募捐的基金会（以下简称“非公募基金会”）。公募基金会按照募捐的地域范围，分为全国性公募基金会和地方性公募基金会。根据南京大学中国智库研究与评价中心联合《光明日报》智库研究与发布中心自主研发的“中国智库索引”（简称 CTTI）系统和相关网络检索，以“基金会”名义登记的智库还比较少。可以看到，以基金会法人形式登记的社会智库不是中国社会智库的主流。

在登记管辖方面，以基金会法人形式注册的社会智库，同样需要有相应的登记管理机关和业务主管单位。国务院民政部门和省、自治区、直辖市人民政府民政部门是以基金会法人形式注册的社会智库的登记管理机关。国务院民政部门负责下列基金会、基金会代表机构的登记管理工作：全国性公募基金会；拟由非内地居民担任法定代表人的基金会；原始基金超过 2000 万元，发起人向国务院民政部门提出设立申请的非公募基金会；境外基金会在中国内地设立的代表机构。省、自治区、直辖市人民政府民政部门负责本行政区域内地方性公募基金会和不属于前款规定情况的非公募基金会的登记管理工作。国务院有关部门或者国务院授权的组织，是国务院民政部门登记的基金会智库、境外基金会智库代表机构的业务主管单位。省、自治区、直辖市人民政府有关部门或者省、自治区、直辖市人民政府授权的组织，是省、自治区、直辖市人民政府民政部门登记的基金会智库的业务主管单位。以基金会名义注册智库，首先应当具备下列基本条件：为特定的公益目的而设立；全国性公募基金会的原始基金

① 公告须刊登在公开发行的、发行范围覆盖同级政府所辖行政区域的报刊上。公告费用由智库支付。

不低于 800 万元人民币，地方性公募基金会的原始基金不低于 400 万元人民币，非公募基金会的原始基金不低于 200 万元人民币；原始基金必须为到账货币资金；有规范的名称、章程、组织机构以及与其开展活动相适应的专职工作人员；有固定的住所；能够独立承担民事责任。

在名称使用方面，以基金会法人形式注册的社会智库名称应当反映公益活动的业务范围。基金会的名称应当依次包括字号、公益活动的业务范围，并以“基金会”字样结束。公募基金会的名称可以不使用字号。如果采用字号，其字号应当由 2 个以上的字组成。该类型的智库不得使用姓氏、县或县以上行政区划名称作为字号。公募基金会的字号不得使用自然人姓名、法人或者其他组织的名称或者字号。非公募基金会的字号可以使用自然人姓名、法人或其他组织的名称或者字号，但应当符合以下规定：使用自然人姓名、法人或者其他组织的名称或者字号，需经该自然人、法人或其他组织同意；不得使用曾因犯罪被判处剥夺政治权利的自然人的姓名；一般不使用党和国家领导人、老一辈革命家的姓名。基金会使用已故名人的姓名作为字号，该名人必须是在相关公益领域内有重大贡献、在国际国内享有盛誉的杰出人物。基金会智库名称应当使用符合国家规范的汉字。在自治区人民政府民政部门登记的基金会，其名称可以同时使用本民族自治地方通用的民族文字。基金会名称需译成外文使用的，应当按照文字翻译的原则翻译使用，不需报登记管理机关核准。以基金会法人形式注册的社会智库名称，不得含有下列内容和文字：有损于国家、社会公共利益的；可能对公众造成欺骗或者引起公众误解的；有迷信色彩的；外国国家（地区）名称、国际组织名称；政党名称、国家机关名称及部队番号；其他基金会的名称；外国文字、汉语拼音字母、数字；其他法律、行政法规规定禁止的。该类型的智库不得使用下列名称：已被登记管理机关撤销登记，自撤销登记之日起未满 3 年的基金会的名称；已注销登记，自注销登记之日起未满 3 年的基金会的名称；已变更名称，自变更登记之日起未满 1 年的基金会的原名称。

在登记程序方面，申请设立基金会智库，申请人应当在智库所在业务主管单位同意后[①]，向登记管理机关提交下列文件：申请书；章程草案；验资证明和住所证明；理事名单、身份证明以及拟任理事长、副理事长、秘书长简历；业务主管单位同意设立的文件。登记管理机关应当自收到《基金会管理条例》第九条所列全部有效文件之日起60日内，做出准予或者不予登记的决定。准予登记的，发给《基金会法人登记证书》；不予登记的，应当书面说明理由。基金会设立登记的事项包括：名称、住所、类型、宗旨、公益活动的业务范围、原始基金数额和法定代表人。基金会智库拟设立分支机构、代表机构的，应当向原登记管理机关提出登记申请，并提交拟设机构的名称、住所和负责人等情况的文件。登记管理机关应当自收到前款所列全部有效文件之日起60日内做出准予或者不予登记的决定。准予登记的，发给《基金会分支（代表）机构登记证书》；不予登记的，应当书面说明理由。基金会分支机构、基金会代表机构设立登记的事项包括：名称、住所、公益活动的业务范围和负责人。基金会智库分支机构、基金会智库代表机构依据智库的授权开展活动，不具有法人资格。以基金会法人形式注册的社会智库依法登记后，应当依法办理税务登记，并凭登记证书依法申请组织机构代码、刻制印章、开立银行账户。同时，还应当将组织机构代码、印章式样、银行账号以及税务登记证件复印件报登记管理机关备案。

在登记变更、注销方面，以基金会法人形式注册的社会智库登记事项需要变更的，应当向登记管理机关申请变更登记。修改章程，应当征得其业务主管单位的同意，并报登记管理机关核准。该类型的智库有下列情形之一的，应当向登记管理机关申请注销登记：按照章程规定终止的；无法按照章程规定的宗旨继续从事公益活动的；由于其他原因终止的。智库撤销其分支机构、代表机构的，应当向登记管理机关办理分支机构、代表机构的注销登记。智库自己注

① 《基金会管理条例》中并未要求向登记管理机关提交文件前，先由业务主管单位同意。但是，2017年5月公布的《关于社会智库健康发展的若干意见》明确规定：“业务主管单位负责社会智库登记前的审查。”

销的，其分支机构、代表机构同时注销。在办理注销登记前，应当在登记管理机关、业务主管单位的指导下成立清算组织，完成清算工作。其应当自清算结束之日起 15 日内向登记管理机关办理注销登记；在清算期间不得开展清算以外的活动。其设立、变更、注销登记，由登记管理机关向社会公告。

建立健全我国应急科普宣教体制机制

张文杰*

【导语】应急科普宣教是一项长期性战略性的基础工作，通过总结分析我国应急科普宣教工作特点及问题，提出建立健全应急管理科普宣教管理体制机制、强化协同联动机制、优化服务供给机制、完善人才培养机制、构建工作保障机制等政策建议，进一步促进应急管理科普宣教工作高质量发展，不断推进国家应急治理体系和治理能力现代化。

当前，我国发展面临的各种各样风险挑战日趋严峻复杂。新冠肺炎疫情的全球大流行，再次警示我们，面临世界百年未有之大变局，要充分做好应对重大风险挑战的准备。应急科普宣教是我国经济社会发展中的一个重大课题，对于增强人民群众的公共安全意识、社会责任意识和自救、互救能力，正确引导社会舆论，提高全社会应急管理水平，推进国家应急治理体系和治理能力现代化具有十分重要的意义。

一、应急科普宣教的基本情况和特点

在我国，应急科普宣教主要从属于国家应急管理体系建设并伴随发展。2005 年，国务院办公厅印发《应急管理科普宣教工作总体实施方案》，要求以国家总体预案为核心，以应急知识普及为重点，以典型案例为抓手，按照灾前、灾中、灾后的不同情况，分类宣传普及应急知识。2017 年，科技部、中宣部联

---

* 张文杰，就职于中国地震局，主要研究领域为政策变迁、风险管理等。

合制定《“十三五”国家科普和创新文化建设规划》，强调应急科普能力建设，要求各级政府结合重大突发事件，及时解读，释疑解惑，做好舆论引导工作。

多年来，我国各级政府持续开展应急科普宣教工作，各职能部门（如生态环境、卫生健康、应急管理、气象等）针对各自领域的应急工作内容面向公众开展应急科普宣教，并在全国防灾减灾日、科技活动周、安全生产月等关键时间节点，普及传播应急科学知识、思想、方法，对应急科普宣教工作进行探索，主要呈现出三个特点：第一，常态化平台日益增多。各级政府在科普基地、应急避难场所、安全体验馆等一大批面向公众开放的场所设置应急科普板块，在电视、广播电台、报纸开辟栏目、专栏，通过科普场馆和传统媒体开展常态化应急科普宣教。第二，新媒体运用日益普及。面对热点舆情或热点事件，创新应急科普传播方式，通过官方网站、政务微博、微信等途径及时发布权威信息，利用抖音、快手等渠道广泛传播，赢得公信力、扩大影响力。第三，人民群众应急科学素质日益提升。举行应急科普现场教育活动，邀请专家或依托社会公益科普组织，围绕与老百姓密切相关的安全急救、防灾减灾等热点、焦点问题举办讲座或开展现场实验，提升人民群众科学素质，展现应急科普应用价值，增强人民群众的获得感。

二、应急科普宣教存在的主要问题

当前，党和政府高度重视应急科普宣教工作，应急科普宣教能力建设成效显著，但也存在顶层设计不完善、协同联动不够、权威信息供需矛盾突出、缺乏保障机制等问题，突出表现在以下几个方面：

第一，缺乏制度支撑，顶层设计不完善。应急科普宣教属于应急管理的重要组成部分，但应急科普宣教在国家层面缺乏统筹协调的工作机制。我国应急科普法律法规内容比较分散、架构不够清晰。2002 年公布实施的《科学技术普及法》缺乏对应急科普机制建设的详细规定，其他涉及应急科普的相关规定散见于《突发事件应对法》《传染病防治法》《防震减灾法》等法律法规，“碎片化”比较严重。

第二，缺乏协同联动，平战转换不畅。目前应急科普宣教平时和战时相结合的工作机制有待进一步完善，特别是突发事件发生后，缺乏一个权威的牵头部门统筹协调，现有的应急、卫生健康、科协、专业社会组织等多是单打独斗，各自为战。同时，政府部门、科学共同体和各类媒体经常出现越位或缺位的问题。比如权威科学家的缺位，导致有些媒体充当了科普内容生产者的角色而发布了不准确的信息。

第三，缺乏统筹规划，资源亟待整合。长期以来，涉及应急科普有关职能部门分别在各自领域开展工作，投入力量分散，由于缺乏统筹规划，存在低水平重复建设。以线上应急科普资源建设为例，多数科普内容资源分散在各部门网站上，科普资源看似实现了开放普及，但不少优质资源受限于公众检索能力而闲置或浪费。

第四，缺乏权威平台，供需矛盾突出。应急科普产品来源渠道多元，并且发布审核不严，导致信息冗余且权威信息难以识别，公众面临一般性科普信息过载和权威性科普信息短缺的矛盾。类似“三峡水库泄洪帮倒忙加剧洪灾”“高层建筑火灾该往楼上跑还是楼下跑”等“科学谣言”和不科学的“专业建议”充斥媒体，造成信息混乱、公众恐慌，具有严重的社会危害性。

第五，缺乏保障机制，实施动力不足。由于应急科普是一种公共产品，见效慢且无显绩，地方政府在实施科普宣教方面缺乏动力。长期以来，应急科普宣教队伍不够健全和稳定，缺乏高水平人才，各级财政对应急科普投入有限，应急科普宣教基础设施不足，运行上存在困难。

三、创新应急科普宣教体制机制的政策建议

应急管理部组建，为落实责任、完善体系、整合资源、统筹力量、推进应急科普宣教工作提供了重要契机。要把应急科普宣教作为先导性、基础性工作来抓，发挥好应急管理部门的综合优势和各相关部门的专业优势，进一步健全

体制机制，强化协同联动，优化服务供给，完善保障机制，推进我国应急科普宣教事业高质量发展。

（一）着力健全应急科普宣教工作体制机制

强化应急管理部门统筹协调。充分发挥新组建的应急管理部门的综合优势，将应急科普宣教纳入国家应急管理体系，建议在国家减灾委或者国务院安委会内部设立应急科普宣教工作委员会及专家委员会，发挥对应急科普宣教工作的统筹协调作用，推动制定应急科普“十四五”规划以及相关工作预案，优化应急科普宣教工作模式。整合应急管理系统科普宣教资源，会同地震、煤监、消防、森林消防建立协同机制，建立健全应急系统科普宣教一盘棋、一体化工作格局。

明确应急科普宣教各主体职能作用。从保障国家安全和人民生命财产安全的高度，进一步强化应急科普宣教在政府应急管理体系中的重要地位，明确各级地方政府为应急科普宣教工作的责任主体，明确应急管理部门为当地应急科普宣教工作的统筹主体，宣传、教育、科技、卫生健康等行业部门为应急科普宣教工作的执行主体，社会各界为应急科普宣教工作的支持单位，不断完善依法履责、多元共治、合力推进的应急科普宣教工作体系，构建科普宣传、法治宣传、新闻宣传融合互动、相互促进的工作机制，不断满足人民群众日益增长的安全需求，提升国家综合应急能力。

（二）着力强化应急科普宣教协同联动机制

加强部门和行业协同。应急管理部门发挥统筹协调作用，在常态下，加大与科协、教育、自然资源、生态环境、卫生健康、气象等部门的科普资源共享力度，建立健全与科研院所和高校的合作机制，共建共享科普资源发布平台。重特大灾害事故发生后，组织系统内外各单位有序发声，加强与宣传、网信、公安、安全等部门沟通协调，密切与科研机构和新闻媒体的协调配合，针对谣言快速发声、澄清事实，采用科普方式将有关信息开诚布公，传播灾情常识、逃生避险技能、灾害心理干预等方面的信息，满足群众迫切需要，赢得信任和理解。

促进社会力量有序参与。随着经济社会发展，社会组织、社会公众参与应急的积极性不断提高。要着力构建“多中心、全社会”共同参与机制，支持引导专业科普机构、社会团体、科技型企业和志愿者积极参与应急科普宣教，发挥社会力量在内容创作、产品研发以及运作机制灵活等方面优势，开展大众化、社会化的科普宣教，以强化平时科普宣教和应急演练为突破口，促进人人参与应急科普宣教、人人提高应急素质和能力。

（三）着力优化应急科普宣教服务供给机制

创新应急科普产品和服务。适时开展应急科普需求调查，针对公众需要制作形式多样的科普产品，推出适合不同年龄和不同群体的系列化、高水平的影视、动画、漫画、图书等应急宣教产品，让人民群众能够通过各类载体接受应急科普宣教。建立应急科普权威资源库，不断更新完善应急科普作品储备，确保发生重大突发事件时拿得出、用得上、能见效。通过实施国家应急科普精品工程、举办产品博览会、交易会、建立产品交易平台等，推进应急科技成果转化。鼓励各地结合安全宣传“五进”工作，组织开展区域性应急科普宣教活动，进一步增强公众风险防范、安全应急意识和自救、互救能力。

推进“互联网 + 应急科普”。通过互联网、大数据等技术手段分析挖掘公众应急科普需求，实现精准推送、精准传播。以中国应急信息网及其客户端、小程序建设为重点，持续探索应急科普产品共享平台建设，健全科普产品创作、报送、共享机制，将众多应急科普信息系统集成，便于公众检索和浏览。建设辐射全国的科普信息分享与传播网络，实现权威优质应急科普内容面向全网分发、同步输出，通过平台建设和互联网传播的有效融合，形成全国上下一张网、应急知识传播畅通的科普格局。应急管理部门应充分利用官方网站、微博、微信、数字科普馆、科普 APP、搜索引擎等多类媒介、渠道，打造应急科普全媒体传播矩阵，扩散传播范围，提升传播效果。

（四）着力完善应急科普宣教人才培养机制

加强应急科普人才培养。建立专兼结合、高素质的科普人才队伍是顺利开展应急科普宣教工作的基础。要通过政府与市场相结合、官方与民间相结合、培养与培训相结合、专职与兼职相结合、在职与退休相结合，创新应急科普人才培养机制，探索应急科普宣教从业人员职称制度、激励机制，构建应急科普人才培养、管理和使用体系。建立应急科普宣教专家咨询体系，加强应急科普宣教志愿者队伍建设，加快建设结构合理、业务精湛、充满活力的应急科普宣教人才队伍。

推进国民应急科普教育。应急科普是一项长期工作，必须从基本教育入手、从娃娃抓起，推动应急科普纳入国民教育体系，持续提升国民防范和应对风险的素质和能力。坚持精准化与全覆盖相结合，在幼儿、小学、中学、大学等阶段，分区域、分类别、分层次开设应急科普课程，对不同年龄的学生开展不同内容的宣教活动。同时，要依托公共文化基础设施，进行应急科普主题场馆、设施设备的规划和投入，积极引入 AR、VR 等技术，打造沉浸式、体验式课堂场景，推进公众应急科普宣教常态化、便捷化、场景化。

促进国际合作交流。科学无国界，要强化人类命运共同体意识，树立国际化视野，着眼应急科普宣教共性问题，鼓励应急科普人员进行学术交流与专题研讨，交流借鉴应急科普国际经验，探索形成应急科普的国际合作机制。通过组织我国优秀的应急科普展品走出国门，开展与“一带一路”国家应急科普产品线上线下交流互展活动，引导企业和个人参与应急科普产品创作的积极性，形成互利共赢、相互促进、共同发展格局。

（五）着力构建应急科普宣教工作保障机制

强化制度保障。推进应急科普体系建设法治化、规范化，发挥规划、法律法规、预案、标准对应急科普宣教工作的引领、规范、保障作用。在制定应急管理、国家科普等“十四五”规划中，增加应急科普的内容和要求。整合“碎片化”应急科普法律法规，探索制定《国家应急科普条例》，明确应急科普工作主体、工作流程，制定可操作性的实施细则。加快在现有各类应急预案中补充应急科普具体工作内容。

落实经费保障。设立应急科普宣教专项资金，辅之以相应的预算结算机制。可先在部分特大城市进行应急科普宣教专项资金预算试点，取得经验后在全国范围内推广。建立以政府投入为主、社会投入为辅的公共安全应急基金，将基金的一部分用于应急科普宣教事业，加强对基金的管理和使用的监控。

建立有效评估。从应急科普宣教工作的过程监督和效果评估等方面，建立科学简便的考核评价指标和评估机制，构建应急科普宣教监测工作网络，及时了解和掌握地方、部门工作进展。通过评估提高主体参与积极性，及时总结经验教训，不断提高应急科普宣教工作水平。

建设我国新时代国家安全学科

杨华锋 *

【导语】一门新兴学科的建设与发展既意味着独特的问题意识和特定的研究范畴，也预示着具有不同于以往的方法论取向和预期目标。自国家安全学一级学科建设倡议提出以来，学科建设的试建试点、人才保障与研究路径，已有较多讨论，并形成初步共识，个别议题尚有一定分歧。以“本体论、认识论和方法论”作为分析国家安全学科建设的思维框架，结合学科建设的一般性条件，探讨了国家安全学科建设的若干基本问题。发现作为新兴学科的国家安全学，其本体论呈现总体性安全的问题意识，认识论源于对“国家安全阈值”的临界性假设，方法论意识表现为整体主义与个体主义的交互与辩证，在总体性本体论与临界性认识论的基础上，学科的建构方法主要呈现为已有学科间的协同与整合。

自2014年习近平同志提出“总体国家安全观”，及至十九大报告将其明确为新时代坚持和发展中国特色社会主义的基本方略之一，提高国家安全研究水平，推进国家安全治理现代化也就成为理论界与实务界共同的任务与使命。国家各部委办局、各大高校科研院所，通过探讨与论证国家安全学一级学科建设、试办国家安全学硕博士点、出版国家安全通识教育教材以及开展专业教育等方式积极参与其间，在国家安全学的研究领域、核心议题、研究方式、方法等方面做出了开拓性的、积极的贡献。

---

* 杨华锋，博士，副教授，硕士生导师，国际关系学院公共管理系副主任，研究方向为行政理论与国家安全治理。

一、问题提出

国家安全是国家生存发展的基本前提。但“国家安全”作为一个概念是比较晚近的事情，直到20世纪90年代方才出现“国家安全学”这一称谓。学科是特定领域相对独立的知识体系，具有相对稳定性与持续发展性。学科建设与经济社会的需求密切相关，随社会需求的变化不断发展。中国社会主要矛盾已经转化为人民日益增长的美好生活需要和不平衡不充分的发展之间的矛盾。在人民美好生活需要的要素体系中，除了传统的民主、法治、公平、正义外，“安全”需要成为新的内容。这对国家安全学的发展提出了迫切要求。

恐怕没有哪个学科在初创时，就像国家安全学这样，受到权力体系的特别关注，并得到多项政策扶持；恐怕也没有哪个学科在发展初期，即感受到高等院校如此的“热情”。自2014年“总体国家安全观”提出之后，部分高等院校、科研院所及其他社会智库大多将“国家安全”视为一门潜在的“显学”。特别是随着2018年4月教育部《关于加强大中小学国家安全教育的实施意见》的印发，其中明确要“设立国家安全学一级学科”。[①] 自此后，不论是试点院校、硕博士点的相继增设，还是“国家安全学院/研究院”的积极创办，都预示着其正逐渐成为炙手可热的领域。

任何一门新兴学科的问世与建构都有其自身发展的规律，任何有悖于或逾越规律的做法，都将南辕北辙、事与愿违。国家安全学一级学科的构建与讨论可谓是因时而生、循势而起，各种理论构想、学术理念、政策主张不可不谓之丰富。然而，对其学科构建基本要件的讨论却尚未形成系统共识，而该共识的缺乏意味着源于诸多学科的国家安全理念与主张，缺少共生共在的学理基础。人声鼎沸中不乏“各说各话”的尴尬，不利于知识积累与创新。一旦学科建设与发展缺少必要的理论共识，必将制约其纵深发展，难以满足国家安全的理论

① 《关于加强大中小学国家安全教育的实施意见》，http://www.moe.gov.cn/srcsite/A12/s7060/201804/t20180412_332965.html，2018-04-09。

与实践需要。如马方所言，“国家安全学一级学科的设置基于迫切的国家战略需要，但加快国家安全学一级学科建设是否具有基本的学科基础和条件，是当前一级学科建设必须解决的根基问题”[①]。

根据《学位授予和人才培养学科目录设置与管理办法》第七条[②]，一级学科的设置要满足四项基本条件：一是具有确定的研究对象；二是应有若干可归属的二级学科；三是已得到学术界的普遍认同；四是社会对该学科人才有较稳定的需求。马方从这个角度上对国际关系学院、西南政法大学等高校教材出版、学生培养、学术交流、社会需求等方面进行了系统回顾，认为国家安全学已经具备了一级学科的条件。[③]这一点毋庸置喙，不过理论界对国家安全学的本体论、认识论与方法论等维度的讨论仍不多见，因而在学科建设与发展的过程中也就导致概念体系、核心观点、建构路径均有不同程度的差异。如：有学者主张国家安全学一级学科应设在法学门类下，与公安学并立；也有学者主张将其设在管理学门类下，兼及情报学之内容；也有学者主张将其放在军事学门类下；还有学者认为，“国家安全学是安全科学发展的必然产物……国家安全学在安全科学中处于核心地位”[④]。亦有“激进者”，如刘跃进主张跳过一级学科设置的藩篱，直接将国家安全学设为一个新的学科门类。[⑤]此一说暂述及学科归类，倘若再细述各流派对二级学科或专业方向的设置，其内容必包罗万象、蔚为大观。

学术争论是思想市场发展的内在灵魂，是真理愈辩愈明的不二法门。但落地于学生培养、社会需求时，纷繁复杂的各种价值观念，极易销蚀该学科作为新兴学科生存与发展的合法性基础，容易造成教育培养过程中的无所适从、实务部门人才遴选录用中的进退维谷。究其症结，是当前对国家安全学这样一

---

① 马方：《加快建设国家安全学一级学科的路径研究》，《情报杂志》2018 年第 37 期。

② 《学位授予和人才培养学科目录设置与管理办法》（2009），http://www.cdgdc.edu.cn/xwyyjsjyxx/xwbl/zcfg/gzzd/262656.shtml。

③ 马方：《加快建设国家安全学一级学科的路径研究》，《情报杂志》2018 年第 37 期。

④ 王秉、吴超、陈长坤：《关于国家安全学的若干思考 —— 来自安全科学派的声音》，《情报杂志》2019 年第 38 期。

⑤ 刘跃进：《国家安全学学科建设的历程与新思考》，《北京教育（高教）》2019 年第 4 期。

门新兴学科的基本问题的讨论不够充分。参照库恩在《科学革命结构》中使用“异例”和“典范”的不可通约性来解释科学理论的发展与演变规律，及其在 1974 年的《再论典范》中改用“学科基体”取代“典范”一词的做法，我们也应审视国家安全学的“学科基体”讨论是否充分，其符号、模型、价值和范例基于何种世界观、价值观，其理论内核又凸显何种本体论、认识论和方法论，亟待予以回应。

二、国家安全学的本体论：总体性安全的问题意识

如历史唯物主义从历时性和共时性把握存在的总体性一样，总体国家安全观的理念也意味着从总体性的角度来理解与研究国家安全的实在性。国家安全作为一种普遍的社会现象和状态，是一种客观的社会存在，是社会科学研究的自然对象。开展国家安全学的研究工作是理论工作者不可推卸的责任。但“过去长期以来，我们对国家安全缺乏完整的理论研究，更谈不上建立专门的国家安全学和国家安全学科体系。国家安全工作的机密性，使国家安全的理论研究似乎成了禁区”①。这种认识与理解限制了该领域研究的进展。直到2014 年4 月 15 日“总体国家安全观”提出之后，国家安全理论和国家安全学的学科建设方受到学界和教育行政部门的高度重视。

总体国家安全观关键在“总体”，强调的是做好国家安全工作的系统思维和方法，突出的是“大安全”理念，涵盖政治、军事、国土、经济、文化、社会、科技、网络、生态、资源、核、海外利益、太空、深海、极地、生物等诸多领域，无所不在，而且将随着社会发展不断拓展。②传统意义上，安全是高度政治的问题，是政府讨论的核心议题，对安全议题的识别与优先次序是国家治理的核心内容。因此，作为一种政治语词，公共事务一旦被确认为安全问题，

---

① 刘跃进：《建立“国家安全学”初探》，《国家安全通讯》1999 年第 1 期。

② 《坚决维护国家主权、安全、发展利益》，《人民日报》2019 年 8 月 9 日。

那么大多由国家或政府垄断其治理方案。不过，随着经济全球化和信息全球化的推进，很多安全事务不仅关涉国家，更关涉个体自由与发展。同时，不同的安全议题间也存在相互影响、相互渗透和相互转化的趋势，特别是在“总体国家安全观”的视野中，国家安全的议题范围与关涉对象都史无前例地多元化、多样化，过去不在安全审视范围内的经济发展、金融秩序、贫困问题、食药安全等等，今天都开始纳入国家安全考虑的范围，体现了总体国家安全观的包容性。但与此同时，又因国家安全事务大多由政府垄断的传统，如果不加区分皆归为政府责任，则其难堪重负。因而国家安全实践所指称之内容与对象也要有具体的针对性，只有明确而清晰地对其加以界定，才能够将之纳入政府政策议程，否则只能沦为泛化的安全话语，无法成为治理内容。

另外，作为一种社会科学，特别是应用性、实践性显著的国家安全学，首要任务即是厘清该学科的问题意识与实践导向。承上所述，现代意义上的国家安全理论研究滥觞于学术界的静默探索，肇兴于习近平同志“总体国家安全观”的问世。其在发展之初，便具有强烈的包容性，也因安全议题本身的治理规律，要求其具有明确的针对性，二者不可偏废。这种包容性与针对性的融合，是国家安全研究的基本问题意识。因为当今任何安全议题都不再是单一的问题，如果抱守残缺，笃信唯有“政治安全”才是国家安全的正朔，那么必将陷入孤立境地，无法自拔。安全议题不仅在国内有着相互渗透、转化的可能，在国际社会上也存在诸多安全议题的交叉与转化。看似是科学技术领域的技术安全，如华为、中兴事件，其背后早已埋下各种“政治风险”“经济风险”，若缺乏对安全事务的“总体性”理解，将无法客观理性地理解当今时代所发生的许多问题。这种对安全事务建构性的总体性理解、系统性分析，并在协调过程中实现“认知包容性与治理针对性”的统一，呈现为间接实在论和建构实在论，其总体性安全的问题意识是国家安全理论研究与学科建设的意识自觉与问题导向，与其他学科发展轨迹有显著区别，有其独特性。

三、国家安全学的认识论：“国家安全阈值”的临界性假设

人们认识世界的努力被称之为“认识论”或“知识论”，具体到国家安全学的认知领域，首当其冲的即是国家安全学的研究范畴、研究对象为何。研究范畴与研究对象的设定与思维方式存在内在的统一性。当总体国家安全观将安全事务的总体性作为本体论时，就意味着告别确定性思维，尝试拥抱不确定性思维，并与复杂性与不确定性共生。这是源于影响国家安全的要素构成纷繁复杂，倘若将所有关联领域皆视为安全议题，则安全讨论又有泛化风险。

总体国家安全观作为一种思维框架和认知系统，其囊括众多事务领域，这是没有问题的。但一个学科倘若不假思索，直接将其嵌套在自己身上，那就绝非明智之举。国家安全学的研究对象不宜过于泛化、无所不包。在学科初创的讨论期，国家安全学的理论研究存在泛化风险，主要是因为之前对国家安全理论与实务的理解趋于狭义化。因此在面对新时代，诸如太空、极地、深海、网络等方面的安全挑战时，不得不采取广义上的界定，事实上表现出矫枉过正的“整体性”“总体性”。从强化对国家安全事务的重视程度、提高人民国家安全意识角度来看，这样的安排无可厚非。但如果从有效提升治理效能的角度而言，过于泛化的议题设置，容易造成微观治理环节无从下手，宏观治理环节权责交叉，不利于国家安全治理的推进，也容易造成国家安全学研究无从谈起。

所以，一级学科的设定首先要有明确的研究对象。尽管一门新学问的诞生之初未必有足够清晰与明确的概念来指引其研究对象，并框定其研究范畴，但一般都会随着其问题意识、价值目标的不断清晰明确、方法论的日益成型、研究成果的日积月累，而渐趋清晰化和明确化。清晰化与明确化的意义在于任何理论研究都有其边界，其研究对象不宜过宽过繁，一旦范围失据，则理论解释力与有效性也就式微。因此，虽然国家安全事务包罗万象，涵盖范围颇为广泛，但未必将所有议题的所有环节都纳入“国家安全学”的研究范畴。另则，择其一二不及其他也非国家安全学立意之初衷。在我们看来，一切政治、经济、社会、文化诸领域的安全议题如未构成“国家安全风险”，或未形

成诱致风险发生与演化的潜在风险，其依然应由各自学科领域所讨论，倘若出现安全风险的交互、渗透、扩散与蔓延迹象，并事实上构成冲击国家安全风险的临界值，也就是说诸如经济、社会、文化等领域中的公共事务潜在风险一旦通过渗透、演化转化为系统性国家安全风险，那么其就应纳入国家安全学研究范畴。

质言之，国家安全学的研究领域可以涉及政治、经济、文化、社会、资源、环境、网络等诸多方面，但其研究对象有“准入门槛”，也就是“国家安全阈值”。国家安全阈值的临界性假设在诠释学与批判理论的视角下意味着其认识论呈现出创造性论述与价值性论述的特点，核心认识论是“交互”与“主观主义”。不过，倘若这一观念能获得学术群体的关注与讨论，一旦形成一套针对不同安全事务的阈值体系，那么其在交互的认识论上也就可以逐步呈现客观主义的特征。当然国家安全的阈值是一种临界性假设，也就是假设存在一个事实上的安全风险边界或风险门槛，不同领域的治理问题，只要有着较好的治理成效，则其并不构成国家安全风险。倘若治理不善，其随着治理绩效不彰、人民不满情绪的蔓延，风险影响到或潜在威胁到政权、主权、统一和领土完整以及人民安全和经济可持续发展，构成对政治秩序、社会稳定或政治制度的巨大压力，这就意味着其已迈进国家安全学的研究门槛。除此之外，特定公共事务治理的理解与讨论，仍按照其议题归属与来源定义其问题属性。换句话说，国家安全研究的泛化与否，并不是指其涉及的领域广泛与否，而是说其不加区分地介入其他学科论域。尽管如何厘定众多安全议题的“阈值”范围难度较大，但也正因其界定困难，才需理论界不断探求，精练国家安全研究对象。形成一个具有一般性意义的“临界值”指标体系，避免国家安全议题泛化、扩大化的风险。

四、国家安全学的方法论意识：整体主义与个体主义的辩证

囿于国家安全事务的总体性、国家安全学构成的跨学科性、交叉性，其具

体研究方法，自然是多种多样的，这一点毋庸赘言。但作为一种方法论意识，则与具体研究方法有着本质区别。方法论意识关乎我们如何认识、理解与发展国家安全学。建设与发展国家安全学在明确国家安全事务临界值即“国家安全阈值”之后，紧随其后的就是如何理解与分析国家安全事务。国家安全实践是国家安全理论研究的基础，或曰理论研究的目的。因此，国家安全学的方法论意识与方法论自觉首先就要直面复杂性的国家安全事务，奠定系统、全面、客观、理性的理解与分析基础。

承前，国家安全学的本体论兼具间接实在论与建构实在论的特征，其认识论维度自然就存在客观主义与主观主义的交互，既有结构主义特征，也有诠释学、批判理论的特征。因此，在方法论上占第一位的就是“对话”与“辩证法”。这个对话与辩证的内容，具体到国家安全事务领域可以具化为整体与个体间的关系。就国家安全事务来说，“当前我国国家安全内涵和外延比历史上任何时候都要丰富，时空领域比历史上任何时候都要宽广，内外因素比历史上任何时候都要复杂，必须坚持总体国家安全观，以人民安全为宗旨，以政治安全为根本，以经济安全为基础，以军事、文化、社会安全为保障，以促进国际安全为依托，走出一条中国特色国家安全道路”[①]。以此为基础，有学者曾通过对国家安全学世界观、认识论的分析，提出“统筹性”的方法论观点，在“世界观层面，国家安全指向人类命运共同体，（是）整体的而不是割裂的；认识论层面，指出人民安全、政治安全和国家利益至上有机统一；方法论层面，强调工作导向上对发展与安全的统筹、对防范风险与处置风险的统筹、对维护安全和塑造安全的统筹等”[②]。这种方法论意义上的归纳有其合理性，只是将其局限于“统筹”，恐将极大地弱化国家安全作为总体性安全的实质意涵，应在更为开放与综合的层面审视其方法论意义。

在总体性安全的问题意识之下，国家安全学在方法论的层面，首先离不开

---

① 《坚持总体国家安全观　走中国特色国家安全道路》，《人民日报》2014 年 4 月 16 日。

② 冯维江、张宇燕：《新时代国家安全学——思想渊源、实践基础和理论逻辑》，《世界经济与政治》2019 年第 4 期。

整体主义的视角，只有秉承整体主义的分析框架才能事实上践行总体性的要求。但又因国家安全体系中的“人民中心论”，在方法论层面也离不开个体主义的分析视维。一方面，从整体主义的视角出发，其主要研究与关涉国家安全事务的治理效能。当今治理理论持续对传统的科层治理、新公共管理运动进行着系统重塑，已然迈入整体性治理与协同治理的讨论阶段。国家安全事务的多样性、渗透性与转化性，要求治理体系基于整体性治理的框架进行制度安排与政策调适。另一方面，从个体主义的思维出发，其主要研究与关涉国家安全事务的价值目标。“以人民安全为宗旨”的目标设置，寓意着国家安全治理必须明确而清晰地界定基于个体主义的人民安全权利及其保障机制。此二者勾勒出总体国家安全观的本质特征，即“统筹兼顾的总体性”和“人民至上的人民性”。如刘跃进所述，“如果说以人民安全为宗旨的人民性是总体国家安全观最重要的特征，是总体国家安全观的核心价值观，那么统筹兼顾的总体性则是总体国家安全观最明显特征，体现了总揽国家安全全局的系统性科学思维”①。国家安全理论与实践涉及的问题虽然非常广泛，但只有“以人民安全为宗旨”才是总体国家安全观的第一要义，只有人民安全才是中国特色国家安全道路的核心价值。②

综上，国家安全学的方法论自觉，必然同时包括基于社群、系统的整体主义和源于个体、权利的个体主义。在国家安全学的研究与建构的历程中，要时刻铭记整体主义与个体主义的交互与辩证，对话与交融，既要避免陷入片面强调主权国家的整体性而忽略作为个体的人民安全的价值，也要避免陷入非传统安全所集中彰显人的安全价值所造成的国家安全虚位。在国家安全学的研究中，个体、群体、组织或其他社会事物都是其潜在的研究对象，同时又都是潜在的“忽视”对象，进退之境全赖于其时其地的方法论意识。不同意识能够接纳的安全议题与公共议程迥异，且决定着政策议程中的优先次序。

① 刘跃进：《加快国家安全学理论研究与学科建设》，《中国社会科学报》2019 年 7 月 9 日。

② 刘跃进：《构建中国特色国家安全学学科体系的基本思路》，《中国信息安全》2017 年第 12 期。

五、国家安全学的建构方法：科际协同与整合

上文述及理解国家安全学的方法论意识，而如何构建与发展国家安全学主要聚焦于学科之间的合作协同与融合共生。学科建设离不开以下要素：构成该学科体系的分支学科，即二级学科方向；特定领域的专门知识体系；以及从事该项科学研究工作的基础设施与人才队伍。只是学界关于此间讨论已颇为丰富，不再赘述。而在国家安全学总体性的建构实在论与临界性的“国家安全阈值”讨论基础上，我们再来检视其学科建设与发展路径，将发现不同于以往众多新兴学科发展的路径。

在过去的学科发展历程中，学科通过专业分化、继而独立并升级成为一级学科是所有专业的追求。学科的独立发展是社会发展和社会分工高度分化的必然产物。在这个意义上看，国家安全学也具有部分学科分化的特点，其出现与发展也是随着国家安全事务的分化，并反馈到政治学、军事学或公安学等学科领域中，形成剥离与分化，继而开始涉足国家安全理论研究。若遵循这一路径，那么国家安全学的学科建设也便会循着社会需求的分化而不断趋于专业化和精细化。

这种建构方法源于社会分工与学科的自我分化。自亚当·斯密提出“分工”理论以来，社会分工的发展是越来越细，体现在学科发展上也是如此。人文学科与社会科学日益分化，分科分工愈见精细、专业。从最初的神学、哲学之别，已然分化为经济学、政治学、人类学、社会学、心理学等众多学科领域。可以说，学科的分化与发展，与社会的分工与协作的深化密不可分。正是社会需求的不断分化造成了学术研究与知识生产的专门化与专业化。尽管随着现代科学的发展进程，新的技术革新、新的研究方法的问世，为学科发展与理论研究提供了诸多互相借鉴、互相融合的机会，人文学科、自然科学和社会科学的交互渗透、协同发展的趋势也日益凸显，但其在本质上依然遵循着分工的逻辑。如果国家安全学的学科建设遵循这一逻辑的话，那么其学科定位与学科属性将很难摆脱安全科学、法学、政治学体系中的一个板块，成为其平行研究领域。

当下，国家安全学的建构与发展的学科分化思维，越来越多地遭到学者质疑。尽管学科是大学组织的基础，学科制度是大学制度的核心。但学科专业分化的制度在促进知识发展的同时，也束缚了知识的分享与创新；并且“学科分化太细，学科之间各自独立分割，资源不能共享；人才培养过于专门化，学生知识面不够宽广；教师的科研方向过窄”[①]。国家安全学的建设要以此为戒，打破过去愈分愈细的惯习，尝试科际整合、学科统合的路径，而不是因循学科分化的逻辑。正如学者指出的那样，“国家安全学并不是从某一个学科或某一方面的社会需要中产生的，而是从多个不同学科分化出不同内容后，根据不同方面的社会需要，经过综合研究后形成的一门能够满足社会相关方面的不同需要、并独立于其多个母体学科的综合性社会科学”[②]。回顾学术史，也可以发现20世纪八九十年代对国家安全的研究与讨论所遵循的是“大安全”的观念，即有别于传统意义上的政治安全、军事安全和政权安全的定位，倡议走出一条涵盖政治、经济、文化诸领域的大安全或整体安全之路。及至2014年总体国家安全观问世，总体国家安全成为新的替代性话语，并因势利导倡议在学科体系之中构建国家安全学一级学科体系。较之过去由一系列二级学科专业组成或由二级专业发展而成一级学科的自下而上的建构逻辑，有显著区别，国家安全学的学科建设采取的是自上而下的构建方式。通过行政权力引导，推进各高校科研院所试点试建。不论是总体国家安全观所指称内容的广泛性与综合性，还是各高校科研机构试点试建的多样性与自主性，其均体现出强烈的学科“整合”而非学科“分化”。因此，国家安全学的学科建设是在尝试一种完全不同于过去基于社会分工而来的学科分化轨迹，而是尝试一种新型的科际整合路径。

国家安全的实践问题与理论讨论涉及众多学科之间的沟通与合作，其理论与实践问题的不断产生，没有任何学科能够单独解决所有问题。自20世纪中叶以来，学科建设与发展进程中的科际整合迹象已然十分明显。诚如黄光国所言：

---

① 陈洪捷：《一级学科还是二级学科？这是个问题！》，《中国科学报》2019年8月21日。

② 马方：《加快建设国家安全学一级学科的路径研究》，《情报杂志》2018年第37期。

“科学家们借由不同学科的合作共同探求解决人类问题的方法，大体有三大类：科际合作、科际协同和哲学的整合。”[①]国家安全学的科际协同与整合大体也遵循这样三个层面。第一个层面，是不同学科间的合作，比如公安学、政治学、公共管理学、法学、社会学等各个学科围绕同一国家安全议题进行分工协作，各自提出自己的解决方案。近期由清华大学牵头实施的以国家安全理论与方法为主题的国家重点研发计划即可见一斑。其研究团队构成，既有高等院校，如清华大学、北京大学、国际关系学院等，也有政府机构、科研院所，如公安部、中国科学院、中国电子科技集团等，其人员学科背景迥异，但分工协作，在各自板块推进研究，尝试提出各自的解决方案。其次，在此基础上，通过知识分享、互递，围绕同一研究对象，从不同角度切入，并通过持续而有效的沟通合作，提供系统完整的图谱与镜像。这是第二个层面的科际协同。当下全国十余所高校纷纷试建试点的综合性学院 / 研究院可视为一种体现。最后一个层面就是在科际合作与协同共生的基础上，通过构建与共享同一话语体系，进而打破之前学科之间的隔阂，最终成为一个新兴的独立学科。此时的整合意味着一套全新学术话语体系的出现，之前从各个学科剥离汇聚来的学术群体在讨论国家安全理论与实务时，不再驻足于原学科话语体系，而统一在新的话语下，由此则国家安全学的学术话语体系成型、学术共同体稳固，国家安全学的知识体系也可以实现持续性的增长，其知识边界与学科视阈也随之逐渐清晰。

六、结语

面对日益复杂的国际国内安全形势，国家安全学的学科建设与发展具有十分重要的现实意义，也具有广阔的应用前景。任何一个研究范式、学科体系的构建，都离不开对其本体论、认识论和方法论的阐释。国家安全学一级学科的建设，不仅是一种科际整合意义上的跨学科、新兴学科，亦是对新时代中国特

① 黄光国：《社会科学的理路》，中国人民大学出版社 2006 年版。

色社会主义发展所面临的新问题、新挑战的一种安全意义上的整合。其本质目的在于塑造一种既能够彰显人民权益诉求、提升人民获得感、安全感，又能够实现职能协调、部门协同、公私合作的总体性治理的秩序安排。这种秩序安排遵循总体性布局与人民性宗旨的制度逻辑，在事务领域灵活地呈现出各自殊异，并致力于构建价值理性与工具理性统合的权力格局、治理网络与制度安排；在学科领域秉持灵活性与包容性，既要关注军事科学、公安学及政治学等学科的知识积累，也注重提炼国家安全学的自主知识体系，推进国家安全学的学科体系与学术共同体的发展。

构建以家庭为中心的公共危机应急系统

王宏亮 *

【导语】2020 年，全球经历了一次巨大的公共卫生危机，我们的国家以独特的制度优势和强大的行动能力保护了人民的健康与安全。危机袭来时，人类的社会体系饱受冲击，家庭和个体是最终和最坚定的应对主体，正是他们的努力和付出才使我们得以发挥制度优势和展现果敢的行动能力。面向未来，构建以家庭为中心的公共危机应急系统是我们此次疫情中获得的最重要启示之一。

2020 年，一场遍布全球的新冠肺炎疫情令每个家庭、每个人陷入焦虑之中。转眼之间，疫情已经持续半年之久并且还在继续，全球已有上千万的感染者，这让每个国家都严阵以待。面对这突如其来的公共卫生事件，我们最直接的担忧就是疫情究竟何时才会结束？但埋在心底更加深刻的担忧则是：未来类似的事情还会发生吗？我们该如何面对下一次危机？这种担忧实际上一直困扰人类的生活，它伴随在我们左右，时刻提醒我们要做好准备、面对困难。那么，究竟该如何面对呢？疫情中的各种事实或许可以为我们提供一些思考的方向。

一、疫情下的人类社会体系

遍布全球的疫情带来了多样化的影响，然而，人类和其他生物面对的影响却有天壤之别。当人类因为疫情停止大量的生产和日常活动后，有人看到了生机勃勃的动植物，野生动物像回到了远古时代一样自由穿梭，我们似乎一夜之

* 王宏亮，北京师范大学社会发展与公共政策学院博士研究生，研究领域为社会政策、社会治理。

间实现了长久以来的环保理念。但转向我们自己的生活，紧张、惊慌、自我约束和管理成为目前生活的总体特征。疫情衍生的各种次生危机甚至比疫情本身对我们的影响更大，我们动员了所有能力来面对危机仍然觉得收效欠佳。

国家是我们在面对公共卫生危机时的第一道屏障。疫情是否是一个公共危机看起来大部分情况下是通过国家来确定的。面对一种传染性疾病或其他类型的危险，总是有不特定的个体直接受到伤害，其他社会成员则更多地承受心理上的压力而不是实际的损害。此时，国家的决定显得非常重要，以国家为代表的公共部门很大程度上显示了人类面对危机的基本应对机制，也无形中决定了不同国家的社会成员将会迎来怎样的疫情下的生活。我们的政府用及时的决策和回应让我们避免了更加令人担忧的疫情，也让我们有机会更早地恢复相对正常的生活秩序。而另外一些国家则做出了不同的决定，每种决定既与其文化传统和实际情况相联系，也代表了国家对公共危机的不同理解。有些国家的选择使其面对累计几百万的感染者，也有些国家致力于集中仅有的医疗力量为受感染者以及其他病人提供危机环境下最后的安全网，还有些国家只能通过发布通告以提醒人们更好地展开自我防护。无论是哪种决策，都不能 100% 地消除疫情对人类生活的影响，但一定程度上会塑造我们疫情下的基本生活环境。

面对疾病，在找到有效的治疗手段之前，人类实际上显得很脆弱，危险一旦发生，损害便不可避免。风险无法避免，只能通过某种特定的安排来弥补风险带来的损害。对我们来说，应对风险较为有效的办法就是经济安排。事实上，战胜危险的重要基础也是经济状况。在以市场交易为基础的社会里，经济实力往往决定了我们用来抵抗风险的总体力量和资源。疫情袭来，我们很快感受到经济下滑带来的损害。2020 年 1—2 月，我国规模以上工业企业利润总额同比增速为－38.3%，随着 4 月份以后逐渐恢复正常，1—6 月利润总额同比增速仍为－12.8%，下半年的情况依然不乐观。[①] 令人担忧的宏观经济数据背后实

① 《2020 年 1—6 月份全国规模以上工业企业利润下降 12.8%》，http://www.stats.gov.cn/tjsj/zxfb/ 202007/t20200727_1778629.html，2020 年 7 月 27 日。

际上包含了更加令人担忧的日常生活状况和人们应对危机的能力。疲软的经济意味着失业可能越来越普遍。国家统计局发布的2020年5月城镇调查失业率是5.9%。① 新加坡的失业率达到2.9%，是11年来的最高值，美国5月份的失业率则为14.7%。② 这意味着疫情在减少人们存款的同时还可能使其无法获得新的收入。对那些普通工薪收入的人来说，抗击疫情的经济弹药可能很快告急或者已经处于危急之中。

当宏观的社会体系都已竭尽所能时，往日受到宏观社会体系保护的个人、家庭以及由此衍生的社会群体就开始直面疫情。面对疾病，个体显得脆弱，但又会经常显示出最伟大的力量。当武汉疫情告急时，那些逆行的白衣战士显示了人类面对危机时的无畏和强大，个体的力量从来不容忽视，毕竟每个实在的个体才是风险的实际承担者。只有积极行动的个体才能提供最实际、最直接的帮助，其他因素经常只是帮助个体行动的机制和环境。社会群体并非只能被动地面对危机，由个体建构的各种社会群体同样拥有应对危机的强大力量。疫情期间，一个以“I Will”为口号的专业志愿服务组织为帮助人们应对疫情危机付出了巨大的努力，他们招募了2000多名专业志愿者，与国内国际受到疫情影响的人建立联系并提供陪伴和服务，展现了危机下人类非正式社会体系的一个有力的侧面。③

面对危机，家庭是另一个直面疫情影响的社会体系构成部分。我们经常会发现力量和风险都来自这个社会单位。在外抗击疫情的家人为了不把风险带给其他家庭成员，他们选择远离自己的亲人，他们同时把更多的希望带给更多的家庭。全家人奔赴抗疫一线的家庭，家人是勇气的直接来源。家庭成为很多人抗击疫情的基本动力，也可能成为疫情扩散的一个重要环节。在疫情最严重的

---

① 数据来源于国家统计局网站：http://data.stats.gov.cn/easyquery.htm?cn=A01。

② 数据分别来源于：新浪网《新加坡二季度失业率升至2.9%　接近金融危机时高峰》，https://baijiahao.baidu.com/s?id=1673520230560448629&wfr=spider&for=pc；东方财富网的经济数据一览，http://data.eastmoney.com/cjsj/foreign_0_4.html。

③ 《杨团｜2020：专业志愿者元年》，搜狐网，https://www.sohu.com/a/391597950_415781，2020年4月27日。

时候，各地频繁报道的聚集性感染案例中，家庭聚会引发的聚集性感染比例很高。在家里，我们可能完全没有防护。家族性的聚集则可能为疫情的扩散雪上加霜。有时，在强大的家庭力量面前，个体经常会被家庭的习惯裹挟着前行，无从选择，如果家庭习惯不利于抗击疫情，那个体面对的风险就会增加。

这就是疫情下的人类社会体系，国家和社会总是在一条轨道上面对同样的问题，二者完全不能切割开审视。如何理解人民利益在国家应对危机的政策行动中显得非常重要。疫情之下，政治、制度以及文化习惯往往深刻地影响整个国家和政府的选择。经济是人类抗击危机的基础，危机之下，我们可以深刻体会经济与社会之间的嵌入性关系，什么样的经济策略更有利于应对公共危机常常不是经济问题而是社会问题。人类的群体性生活会受到威胁，但群体性支持也是人类克服困难的力量。无论家庭还是社会组织，都非常重要。个体是危机的最终承受者，疫情对整体社会体系的冲击最终会表现在个体生活上。

二、家庭与个体：应对公共危机的最终主体

不断蔓延的疫情让越来越多的国家、组织、群体、家庭、个人卷入其中，每个社会单位、每个主体都在承受风险和损失。巨大的风险和损失很容易给人带来挫败感，也很容易让人们产生彷徨和困惑：安全时刻何时才能到来，疫情影响下的生活何时是个尽头？那么，希望究竟在哪里呢？或许，我们从积极的角度审视面对危机的各个主体更容易找到破解困难的出路。危险和损失本就无法避免，积极的视角不是看谁能避免损失和逃避危险，而是看谁在迎难而上，谁愿意做出更有利于未来的取舍，谁的生存意志更加坚定。

我们以国家的名义采取公共行动以应对疫情，疫情作为一种公共危机，其基本特征就是会对不特定的多数人造成伤害，给整个国家和社会带来损失。因此，国家是应对危机的当然主体。但如果我们放眼全球，我们恐怕会产生一些疑虑。当疫情开始在欧洲蔓延时，集体免疫成为一些国家的无奈选择，医疗资源短缺同样显示了国家的无能为力。国家的行动力最终来源于国民，来源于社

会成员，这印证了人民中心性[①]的合理性。当疫情以每日6万例感染者肆虐美国时，个体多样化的应对方式以及国家有限的制约能力同样显示国家这个主体有时并不清晰，国民以及支配国民行动的文化和制度力量或许更加重要。因此，我们似乎并不能将国家视为完全意义上的应对公共危机的主体。

各种各样的组织和社会群体同样会对疫情采取各种措施。这些主体会成为我们应对公共危机的主体吗？疫情来袭，各种组织都尽可能为人们提供支持，我们看到的众多的志愿者和社会组织展示了组织和群体的主体性。但我们也会看到很多危机。全球范围内为遏制疫情采取的管制措施让多达23家航空公司破产倒闭[②]，英国百货公司Selfridges宣布计划裁员450人[③]。类似的消息在过去半年比比皆是。当组织或群体无能为力时，它们似乎仍然有一条退路，破产离场和裁员止损总会让组织避免继续承受巨大的压力。它们不一定会和社会成员坚守到最后，将其视为公共危机的坚定主体还需要考虑。

面对疫情，个体和家庭同样承受风险和损失，每一个社会主体的损失和风险最终都会落在不特定的个体或家庭身上。从这个意义上看，个体和家庭是这场疫情最终的应对主体。家庭是基于亲缘关系的初级群体，它让每个家庭成员的利益牢固地联结在一起，甚至让一些家庭成员将另一些家庭成员视为超越自己生命的生活目标和生活意义。疫情让家庭的这种联结展露无遗。个体是人们面对疫情的最后一道屏障，个体失守，生命消逝，危机会沿着生命消逝的轨迹蔓延；反之，每个个体则为整个社会树立起牢固的护盾，让人们免受危机肆虐。疫情让我们看到最基本社会单位的巨大能量，让我们有机会在这个不断被社会潮流裹挟而行的时代重新发现家庭和个体的核心价值。正如习近平同志所言："无论时代如何变化，无论经济社会如何发展，对一个社会来说，家庭的生活依托都不可替代，家庭的社会功能都不可替代，家庭的文明作用都不可替代。"[④]

---

① 欧健、邱婷：《习近平人民中心观的形成逻辑与基本内涵》，《社会主义研究》2019年第1期。

② 《全球航空公司已倒闭23家 疫情或致全球航空业损失数千亿美元》，腾讯网2020年7月24日。

③ 《英国又一百年百货店计划裁员450人，约占员工14%》，《新京报》2020年7月29日。

④ 习近平：《在会见第一届全国文明家庭代表时的讲话》，《人民日报》2016年12月12日。

个人和家庭才是真正意义上应对公共危机的最坚定的主体，也是为整个社会带来希望的基石。

三、构建以家庭为中心的公共危机应急系统

正如前文所述，家庭和个体实际上是应对这次疫情的最终主体，也是人们最终仰赖的最坚定的主体。尽管我们的社会体系由不同层次的社会单位构成，国家、组织都是应对疫情的重要参与者，但疫情带来的最终伤害会更加清晰地体现在家庭和个体身上。当我们不断采取各种政策行动以减少损失和伤害时，我们需要清晰地意识到：以人民健康至上理念改进公共卫生体系[①]时一定要以家庭和个体为中心才能将其落到实处。在我们的文化背景和现实生活中，大部分个体都会与家庭紧密相连，个体不是独立面对社会生活，而是背靠着家庭进入社会生活，从这个意义上说，家庭是公共危机最核心的应对主体。因此，将家庭置于公共危机应急系统的中心才能构建最有效的应急体系，也才能真正体现人民至上的基本理念。构建以家庭为中心的公共危机应对系统是一个从微观到宏观的过程，这个过程中包括意识培养、能力培养、行动支持、制度支持以及宏观政策支持等多个方面。对疫情下家庭应急行动的观察可以帮助我们思考如何建构以家庭为中心的公共危机应对系统。

（一）“公共危机意识”和公共危机的守门人

当危机来临，意识到危机可能蔓延并影响更多的人是应急系统中非常重要的微观组成部分，这可以称为“公共危机意识”。公共危机意识可能是一种直觉，也可能是一种不完全的判断。不同的社会单位应对公共危机都需要这种意识，但不同的社会单位认可并以其为基础采取行动的可能性是不同的。国家、正式的社会组织通常需要更多的直接证据来佐证这种意识后才会采取行动，它

① 迟福林：《以人民健康至上理念　推进我国公共卫生体系变革》，《社会治理》2020年第4期。

们的审慎态度来源于其行动可能影响不特定的多数人，一旦失误，损失会非常大。家庭和个体则不同，他们往往不需要更多的证据即可采取行动，即便失误，不良影响基本可逆。这是以家庭为中心的公共危机应急系统的最大优势。对我们这样一个人口大国来说，这种优势更加重要，这意味着我们可以将危险分散，把失误造成的损失分散，把应急收益直接转化为家庭和个体福利。

因此，我们可以将拥有公共危机意识的社会成员称为公共危机的“守门人”，他们会成为应对危机的先锋。类似李文亮的“吹哨人”角色实际上可以在家庭层面涌现，但如果我们更期待这一角色在国家和社会层面涌现，那可能性就会下降。当李文亮通过私人渠道提醒亲朋好友时，他已经在动员更多的“守门人”了，这些人可能会使一个家庭提前做出应对危机的准备。从微观上看，提升每个家庭的公共危机意识，让每个家庭都可能出现一个“守门人”，是构建以家庭为中心的公共危机应急系统的起点。

（二）核心行动者：家庭应对公共危机的主导力量

家庭应对公共危机起源于“守门人”的危机意识，拓展于家庭的核心行动者。这个行动者可能是“守门人”，也可能是家庭中最先认同“守门人”观点并极具行动力和影响力的其他家庭成员。核心行动者往往可以带动全部家庭成员积极采取各种应对危机的行动，同时还会积极说服那些意见相反的家庭成员，甚至让顽固的不配合者也加入到应急行动之中。

疫情中，我们观察了一些家庭的应急行动。一份观察报告非常直接地肯定了核心行动者的巨大作用。这份观察报告称，她的家庭中最积极的行动者是母亲，她带动孩子和丈夫坚持执行官方推荐的防护措施，一丝不苟，她甚至直接反对家里长辈有违防护措施的各种需求，以便减少家庭聚集性感染。当一个家庭拥有这样一位核心行动者之后，应急行动就能得到最大程度的实现。事实上，大部分家庭都会有类似的角色，他们如果得到强有力的支持，就会成为微观家庭主体应对危机的核心力量，从而在根本上提高社区、国家应急行动的效率和效果。

（三）社会服务：家庭应急行动的社会支持

为核心行动者提供更多支持的重要途径就是社会服务。从广义上理解，社会服务可以包括社会组织提供的各种服务，也可以包括国家提供的公共服务。及时、完善的社会服务会使家庭的核心行动者获得巨大的行动力，使其可以有更大的影响力。“I Will”志愿服务项目在武汉疫情最严重时组织了大量的社会服务，加入相关咨询微信群的一般都是家庭应急的核心行动者，社工、医师、心理咨询师为家庭提供的各种服务很好地缓解了家庭成员应对疫情的相关需求，有力地支持了他们带领整个家庭应对危机。

疫情中我们会发现，社区可以成为社会服务最重要的供给通道。各种其他社会服务力量通常也需要通过社区才能更好地了解当地的需求。疫情期间，社区为居民代购生活物品，为居民提供各种信息和咨询的服务为应对疫情做出了巨大贡献。因此，培育和发展以社区为基础的社会服务既有利于满足人们的日常需求，更有利于建立以家庭为中心的公共危机应急系统。

（四）法治：家庭应急行动的制度环境

法治是以微观主体为中心的行动体系最重要的制度保障之一。国家、组织等宏观社会主体通常拥有权力、影响力或财力，它们有更大的行动网络。但家庭和个体通常无法像宏观主体一样拥有如此多的资源。宏观主体可能通过自己的力量改变环境，但微观主体则更多的是适应环境。在既定环境下，微观主体总会为自己谋求可行的出路；如果时间允许，微观主体还可以适应新的环境。但这一切，都需要给微观主体选择行动的权利。

我们的法治正是保障微观主体这一权利的根本制度。宪法规定的公民基本权利，各项法律保护的各种实际权利，都会有利于家庭这样的微观主体做出更加有利于应对危机的行动，但重要的前提是法律保障的权利得到实现。以家庭为中心的公共危机应急系统并不需要太多的具体的宏观社会体系的支持，只要给他们基本的法治保障、基本的权利保障，他们总能找到最恰当的出路。因此，加强法治建设，加强依法展开公共危机应急行动非常重要。

（五）国家财政：家庭应急行动的可持续动力

经济始终是人类应对危险最重要的动力和最核心的物质保障。公共危机来临时，很多微观主体可能会陷入严重的经济困境。家庭应对危机最严重的困难莫过于此。现代社会的发展让消费逐渐占据了人们日常生活的全部，透支是很多家庭的基本经济特征。疫情期间，那些背负巨额房贷或其他消费贷款的家庭会变得异常脆弱，经济困难可能会先于疾病击倒整个家庭。美国家庭的这一特点更加明显，疫情之下，很多普通美国家庭实际上很难选择居家抗疫，因为他们可能很快就会面临无米下锅的窘境。在我们抗击疫情的过程中，类似的情况同样屡见不鲜。

因此，建立以家庭为核心的公共危机应急系统就需要建立家庭应对公共危机的财政支持体系。危机之下，企业会倒闭，社会组织也可能力不从心，唯有国家财政是理所当然的经济后盾。因为我们建立国家的一个重要目的就是为了在我们遇到特定的风险时，可以借助集体的力量渡过劫难。国家财政应当在公共危机来临时承担起无限责任，这既是以人民为中心的体现，也是国家的义务。

支持家庭应对公共危机的财政政策应该以谁为核心呢？有很多方案可能都有相似的效果，但从最直接的效率和减少福利漏损的角度看，以家庭为核心提供相应的财政支持可能更加合理。公共危机发生时，个体行动可能受限，各种社会活动可能减少，生产活动会自然适应需求变化，因此，支持整体经济社会活动的财政支持可能无法获得预期的效果。而大部分的实际需求最终来源于家庭及其成员，这意味着维持家庭运转才有机会让国家、社会和个人渡过危机恢复正常的生产生活。直接为家庭提供必要的财政支持，尤其是给那些普通收入的家庭提供直接的财政支持是家庭面对公共危机的应急行动的可持续动力。

四、以家庭为中心的公共危机应急系统及其未来

疫情给我们的生活带来了巨大的风险，也给我们面对未来提供了有意义的启示。当人类社会体系日益庞大并依赖宏观的社会团结运行时，当微观社会主体的大量功能被社会化机制替代时，疫情让我们重新发现了家庭和个体的重要性。未来，类似此次疫情的公共危机总会在不经意时突然袭来，建立以家庭为核心的公共危机应急系统既是对人类传统经验的继承，也是面向未来的创造。

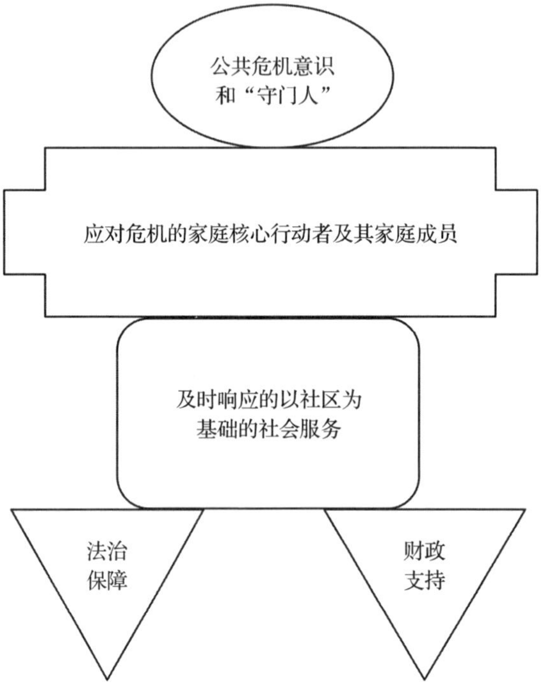

图 1　以家庭为中心的公共危机应急系统

我们需要构建的是如图 1 展示的一个无缝系统，面对危机，需要各个部分在既定的框架下各司其职。我们不仅需要看到微观主体面对危机时的脆弱，更要相信家庭和个体的强大及其理性决策。我们不仅需要信任我们选择的国家和社会制度，需要发挥顶层设计和制度保障的优势；更需要坚持和维护微观主体

的行动权利，需要以宏观社会资源和国家财政直接支持家庭和个体。尽管我们每个人都日益依赖各种类型的生产生活组织体系，但家庭这一具有悠久人类生活史的初级群体仍然应该是我们的行动中心、政策决策的起点和落脚点。未来，各种危机和风险仍然会伴随在我们的身边，为家庭未雨绸缪，让家庭可以承受巨大危机是每个个体的希望，也是国家幸存和发展的希望！

提升社会组织参与重大突发公共卫生事件治理效能

刘　蕾　赵莹莹*

【导语】2020年的新冠肺炎疫情是在我国发生的一次重大突发公共卫生事件。在重大突发公共卫生事件应对过程中，政府承担主导职能，但基于合作治理理论，需要引入社会力量参与治理。社会组织具有专业化优势和社会资源优势，与此同时还具有制度运行的灵活性、自主性，又扎根民间，极具社会感召力。然而，社会组织本身也存在自发性、松散性等缺陷，加之受到资源、政策等限制，参与治理重大突发公共卫生事件存在一定的制度性障碍，需要进一步采取切实有效的措施提升社会组织参与重大突发公共卫生事件治理的能力。

一、引言

突发公共卫生事件，是指突然发生造成或者可能造成社会公众健康严重损害的重大传染病疫情、群体性不明原因疾病、重大食物和职业中毒以及其他严重影响公众健康的事件。在我国，按照《中华人民共和国传染病防治法》（1989年2月21日第七届全国人民代表大会常务委员会第六次会议通过，2013年6月29日第十二届全国人民代表大会常务委员会第六次会议修订）的规定，新型冠状病毒感染的肺炎、传染性非典型肺炎（简称“非典”）、艾滋病、病毒性肝炎、脊髓灰质炎、人感染高致病性禽流感等乙类传染病，因为难以预测、影响

* 刘蕾，中国矿业大学公共管理学院副教授、博士生导师，研究方向为社会组织、社区治理、志愿服务等；赵莹莹，中国矿业大学公共管理学院学生。

重大而广泛，按甲类传染病（鼠疫、霍乱）管理。2 月 23 日，习近平总书记在《在统筹推进新冠肺炎疫情防控和经济社会发展工作部署会议上的讲话》中指出："这次新冠肺炎疫情，是新中国成立以来在我国发生的传播速度最快、感染范围最广、防控难度最大的一次重大突发公共卫生事件。"

2020 年春节前夕，新型冠状病毒肺炎（COVID-19）引起的疫情（以下简称"新冠肺炎"）在湖北暴发，而后迅速向全国传播。[①] 习近平总书记指出："做好疫情防控工作，直接关系人民生命安全和身体健康，直接关系到经济社会大局稳定，也事关我国对外开放。"疫情暴发后，为抗击疫情，保障广大人民群众的身体健康和生命安全，中共中央及时提出坚定信心、同舟共济、科学防治、精准施策的总要求，明确了坚决遏制疫情蔓延势头、坚决打赢疫情防控阻击战的总目标。在合作治理的视域下，在政府的主导下，需要更多社会力量参与疫情防控。疫情治理刻不容缓，社会组织作为提升国家治理能力的重要力量，能在重大突发公共卫生事件治理中发挥重要作用。[②] 民政部亦先后颁发《民政部关于动员慈善力量依法有序参与新型冠状病毒感染的肺炎疫情防控工作的公告》（民政部公告第 476 号）、《社会组织登记管理机关疫情防控工作实施方案》（民社管函〔2020〕5 号），积极加强对慈善力量和社会组织有序参与疫情防控工作的指导，推动广大社会组织在疫情防控中发挥积极作用。[③] 因此，明确社会组织参与重大突发公共卫生事件治理的角色定位、现实困境以及如何提升治理能力具有重要意义。

---

① 《人民日报》2020 年 7 月 22 日。

② 张文华：《国家治理现代化视域下社会组织参与重大疫情治理研究》，《广州社会主义学院学报》2020 年第 2 期。

③ 朱莹、唐玲、刘梦、张星曦、陈任：《社会组织在新型冠状病毒肺炎防控中的作用探讨》，《南京医科大学学报（社会科学版）》2020 年第 3 期。

二、社会组织合作治理研究基础

（一）合作治理理论

在后福特主义与全球化的时代背景之下，西方福利国家在经历了“政府失灵”“市场失灵”等一系列问题之后，必须对自身结构进行重构。随着社会问题的增加，特定的社会经济事务已经不能完全依赖政府和市场解决。人们将希望寄托于逐渐兴起的第三部门，希望它们将在公共服务、物品的供给与社会资源的配置中发挥更重要的作用。因此，不同社会部门的合作成为公共管理领域研究的常态。合作治理理论应运而生，并且成为最重要的治理机制之一。[①]

合作治理理论是对于治理理论的发展与深化，相关学者从多元维度对合作治理加以完善发展。从国外研究来看，Chris Ansell 认为严格意义上的合作治理既需要非政府部门直接参与公共政策的制定，也需要参与者对公共政策结果负责，从本质上来看是参与者做到决策权力共享、决策责任共担，从而在一定程度上区别于决策咨询委员会、公民大会等松散意义上的公民参与模式[②]；Emerson 等人将合作治理看作是一种过程与结构性安排，当某一单个组织无法完成既定政策或者管理层给定的公共事务时，就需要建构跨越政府部门、私人部门和社会部门之间的复杂关系安排，与此同时，各部门的组织都以志愿的方式参与到这一过程之中，由此构成合作治理。[③]从国内研究来看，杨宏山、皮定均在研究中提出，合作治理提倡政府不应垄断公共事务的管理权，倡导政府加强与非政府组织、企业、民间团体、公民等多元主体之间进行对话、协商、合作，以最大限度地利用社会资源达成公共目标[④]；王辉在合作治理在中国的适用

① 赵敬丹、张帅：《城市治理中政府与社会组织合作的价值维度、理想形态和现实进路——基于“合作治理”理论研究视角》，《四川行政学院学报》2019 年第 2 期。

② 王辉：《合作治理的中国适用性及限度》，《华中科技大学学报（社会科学版）》2014 年第 12 期。

③ Kirk Emerson, Tina Nabatchi, and Stephen Balogh, “An Integrative Framework for Collaborative Governance”, *Journal of Public Administration Research and Theory*, 2011 (22).

④ 杨宏山、皮定均：《合作治理与社会服务管理创新：“朝阳模式”研究》，中国经济出版社 2010 年版，第 30 页。

性研究中提出，由多元主体参与的合作治理在公共服务提供领域适用度高，能弥补政府在解决公共事务中的不足[①]；耿亚东在研究我国公共管理领域的合作治理中提出，必须解决各个参与主体的责任不明与利益分配不清等问题，才能开拓合作治理新格局[②]。

综上所述，国内外学界对合作治理的研究非常丰富。基于此，本文认为合作治理是指政府、市场及社会组织多方力量，以解决共同关注的社会问题为目标，通过集体、平等的决策及沟通、谈判、协商等方式，各主体达成共识共享权利共担责任的过程。

（二）合作治理视域下社会组织研究

广义的社会组织是指除党政机关、企事业单位以外的社会中介性组织。狭义的社会组织，是指由各级民政部门作为登记管理机关，纳入登记管理的基金会、社会团体和社会服务机构。在国家治理体系与治理能力现代化思想的指导下，借助合作治理模式，社会组织通过与政府的合作推动社会问题的解决，做出重要贡献。俞可平认为，治理理论与实践之所以兴起，现实原因之一就是市民社会或民间社会的日益壮大，公益性、非营利性、志愿性组织对公共事务治理具有不可忽视的作用[③]。在公共事务活动中，政府单一主体的积极作为不一定最有效率，政府与社会、公民具有不同的功能特征，三者在公共服务领域中发挥各自的作用，实现相互合作、优势互补，从而形成合作治理的互动关系。[④]社会组织一方面被赋予一定的权力，维护自身独立发展的同时规避政府垄断带来的消极作用；另一方面，它们具有资源整合、服务专业等优势，在社会运转中，

---

① 王辉：《合作治理的中国适用性及限度》，《华中科技大学学报（社会科学版）》2014 年第 6 期。

② 耿亚东：《我国公共管理领域合作治理研究述评》，《内蒙古大学学报（哲学社会科学版）》2017 年第 5 期。

③ 李彦娅、冷普林：《江西省“放管服”改革：缘起、困境及其优化路径——基于合作治理的理论视角》，《四川行政学院学报》2020 年第 2 期。

④ 汪锦军：《走向合作治理：政府与非营利组织合作的条件、模式和路径》，浙江大学出版社 2012 年版。

起到了衔接政府与社会的枢纽作用。

在合作治理的视域下有学者指出，“‘合作治理’模式是一种去中心化的、以公共利益最大化为价值追求的治理模式，它强调政府支持社会组织发展的目的是为了适应多元化、网络化社会的发展趋势和结构形态，追求公共利益的最大化”。通过研究可以看出，社会组织正积极地发挥作用，它们支持、监督、制约国家行政权力朝着社会多元主体的方向运作。[①]但在实践数字中，政府与社会组织之间的关系研究并不明晰，合作定位、效率等都有完善的空间。在合作治理视域下，特别是重大突发公共卫生事件中，对于社会组织的角色定位、现实困境及解决路径的相关研究需进一步加深。

三、社会组织参与重大突发公共卫生事件治理的角色定位

党的十九大报告指出，要打造共建共治共享的社会治理格局，发挥社会组织作用。社会组织在我国社会治理中的作用日益凸显，成为必不可少的治理主体。新冠肺炎疫情暴发以来，社会组织扮演着不可或缺的重要角色，成为疫情防控中的重要行动力量。公共卫生体系是由政府主导，相关部门、专业机构和社会组织等各尽其责、协作联动，通过综合运用法律规制、组织保障、管理机制、资源配置、技术支撑等措施，向全社会提供适宜的公共卫生服务的有机整体。[②]公共卫生不是纯粹的医学问题，受到社会发展和政治需要的驱动，它从群体角度出发，涉及范围广泛。[③]突如其来的新冠肺炎疫情，单纯依靠医学或某个部门的力量是不够的，需要动员全社会力量参与。社会组织就是其中重要的一环。在本次新冠肺炎疫情防控工作中，社会组织主要承担了宣传倡导者、资源

① 刘飞轮、袁亚飞：《浅析市民社会在限制政府权力中的作用》，《延安大学学报（社会科学版）》2007年第5期。

② 郝模、李程跃、于明珠等：《新时代公共卫生体系的思考与研究》，《上海预防医学》2017年第12期。

③ 李立明：《公共卫生与预防医学导论》，人民卫生出版社2017年版，第21页。

供给者、专业服务者、协调联动者等的多维角色。

（一）宣传倡导者

社会组织往往是由具有共同信仰，秉持共同愿景的成员自发形成的，组织凝聚力和成员归属感较强，成员之间信任度高的组织。社会组织不以营利为目的，把提供社会服务当作其组织目标。[①]组织成员之间的信仰和共同价值观等是组织社会资本增值的动力，也是组织结构稳定持久的保障。[②]疫情暴发以来，一方面，社会组织发挥承上启下的作用，通过网站、微信公众号等媒体渠道，及时准确地传递官方对于疫情防控的要求和部署等信息，打击纠正造谣信息，转发权威发布，遏制不良营销号制造公众恐慌；另一方面，社会组织秉持科学谨慎的态度，宣传科学防疫知识。例如广东省社会组织管理局按照工作方案，组织社会组织迅速成立疫情防控工作信息专班，建立全省各级登记管理机关信息沟通机制，通过日报、专报、简讯等形式，掌握全省工作动态，网站开设疫情防控专栏，强化疫情防控宣传工作[③]；北京市妇女对外交流协会发挥会员的医药卫生专业优势，积极传播科学防疫的知识，坚持科学防疫，弘扬科学精神。

（二）资源供给者

社会组织的价值实现具有显著的广泛性和公益性，在危机时刻迅速实现人力、物力、财力等社会资源的集结，有效缓解了疫情防控工作中的资源紧缺，分担了政府供给面临的强大压力。具有公募资格的基金会成为汇聚爱心善款的“蓄水池”，并迅速利用资源优势将善款用到抗疫一线。医疗物资加工协会呼吁生产企业放弃休假，加班加点进行医用口罩、防护服、护目镜等防护物资的生产，并快速运往疫情重灾区；汽车协会给予司机出车补贴，负责防疫物资的运

---

① 俞可平：《中国公民社会：概念、分类与制度环境》，《中国社会科学》2006 年第 1 期。

② 张星曦、刘浏、胡志等：《健康老龄化领域公民社会组织核心个人社会资本要素探讨》，《南京医科大学学报（社会科学版）》2020 年第 1 期。

③ 广东省民政厅：《广东社会组织：在防疫阻击战中发挥特殊作用》，《中国民政》2020 年第 6 期。

输和一线医务工作者的接送工作；北京市妇女对外交流协会的领导机构迅速做出响应和行动，带动爱心人士积极捐款捐物，为抗疫做出了应有的贡献；以山东寿光为代表的各地蔬菜、水果流通协会积极为湖北地区运送紧缺蔬菜物资，为疫区人民的正常生活提供物质保障和精神慰藉。社会组织发扬“一方有难，八方支援”的优良传统，为疫情防控提供有力支援。

（三）专业服务者

社会组织通过组织使命愿景和特定目标吸引专业人才扩充队伍。在本次新冠肺炎疫情的防控工作中，专业性、学术性的社会组织通过医疗保健咨询、心理健康疏导、文化教育活动、残障人士关怀、法律服务等多种形式参与疫情防控工作，为疫情期间丰富市民文化生活、宣传科学防疫知识、稳定社会情绪做出积极贡献[①]。例如北京医学会主办“北京市新型冠状病毒感染肺炎线上医生咨询平台”，为市民提供免费服务；广东省专利代理协会成立“抗击新冠病毒专利援助服务团”，开展专利检索、专利信息分析、代理、诉讼咨询等与疫情防控相关的专利援助服务；嘉兴市以“社会治理云”和“微嘉园”智慧化平台助力精准防控，突破部门合力，发挥社会组织的专业服务功能，有效地减轻了基层压力。不同形式的社会组织从不同角度在疫情防控中贡献着专业力量，发挥组织特长，缓解社会压力。

（四）协调联动者

社会组织具有强大的社会动员能力和广泛的社会根基，在新冠肺炎疫情防控工作中充分发挥协调优势，用最短的时间最大限度地汇集国内外优质资源，并通过高效率的整合使其迅速服务到真正需要的群体。例如上海市慈善物资管理中心在疫情发生后的第一时间就迅速行动，并联系企业给予技术支持，建立

---

① 魏民：《北京·凝聚社会组织力量　压实疫情防控责任》，《中国民政》2020 年第 7 期。

“海外物资捐赠系统”，为境外捐赠物资的快速输入打开了通道[①]；宁波行业协会商会开展为企业购置防疫物资、搭建招工服务平台、畅通上下游生产企业、团购紧缺物资等后勤保障服务工作；蓝天救援队纷纷出动，负责各个公共场所的防疫消杀、体温登记等工作。

四、社会组织参与重大突发公共卫生事件治理的不足

在本次新冠肺炎疫情中，社会组织发挥组织优势在诸多领域做出了重要贡献。但由于合法性困境以及应急能力不足，也暴露出社会组织在参与合作治理中仍有提升空间。

（一）社会组织在应急事件应对上存在松散性

与政府相比，社会组织的组织机构和运行机制较为松散。虽然单一的社会组织大多数是按照科层制的原则建立，但是在实际运行中却常常按照志愿机制进行，应急管理中需要的强制性行动力不足。其次，社会组织的行动往往缺少统一规范和集中协调，会存在供给和需求不匹配的现象。《疫情之下，社会组织在行动——北京社会组织应对疫情状况调查报告》指出，有近一半接受调查的社会组织暂时没有参与抗疫行动，主要原因包括目标明确而缺少资源、想参与但目标不明确、无法有效对接服务对象等[②]。这显示了政府以及枢纽型组织应当加大协调力度，同时充分调动社会组织的积极性，提升资源对接效率。

（二）社会组织参与治理能力不足

此次疫情暴露出社会组织能力发展不均衡。虽然社会组织积极响应国家号召参与应急治理，但应急机制不健全成为社会组织有效参与重大疫情治理的内

① 徐景妍：《新冠肺炎疫情防控中社会组织参与的耦合研究》，《安徽行政学院学报》2020 年第 2 期。

② 北京市社会组织发展服务中心：《疫情之下，社会组织在行动——北京社会组织应对疫情状况调查报告》，中国发展简报官方网站 chinadevelopmentbrief.org.cn/news-23971.html。

在制约因素。根据社会组织参与治理的程度大致可以分为无参与、象征性参与和完全参与三个层次。无参与是指社会组织实质上未能履行其职能，大量僵尸社团就是社会组织无参与现象。象征性参与是指社会组织非自愿、被动参与的状态。而完全参与是指社会组织能够基于自身实力、结合专业性主动参与治理实践。[①]《疫情之下，社会组织在行动——北京社会组织应对疫情状况调查报告》指出，从社会组织参与抗疫行动来看，不同类别社会组织在参与抗疫行动时，依据组织自身资源和能力，选择的参与方式存在一定差异。其中，基金会在资金筹措和资源供给能力上相对较强，所以在捐款捐物方面的参与更为普遍；社会服务机构与社会团体由于组织的功能定位、服务方式等特点，更多提供线上及线下救援服务。总体来看，绝大多数社会组织有意愿参与抗疫行动。但迫于信息和资源的缺失，一些社会组织未能采取有效的行动，这从一个侧面反映了社会组织在整个资源配置中相对弱势、自身尚需支持的处境。[②]

（三）社会组织参与应急处置制度机制不健全

我国尚未形成制度化、细则化的公共危机管理法律体系。《突发事件应对法》只具备基本法的性质，对于公共卫生事件、自然灾害等不同类型的突发事件并不完全适用。新冠肺炎疫情这种多领域、暴发性的公共危机事件发生时，社会组织很难根据某一明确的法律来行动。危机管理亦缺乏行政程序规制，没有对政府能够采取的危机措施范围进行明确划分。政府应急权力的扩大容易导致社会组织权力的弱化，使得社会组织的职能得不到充分发挥。危机管理的法律结构不合理，各类公共危机事件产生的原因不同，由此引发的社会问题的性质不同，从而导致社会组织之间、社会组织和地方政府之间面对危机时缺乏沟

---

① 张文华：《国家治理现代化视域下社会组织参与重大疫情治理研究》，《广州社会主义学院学报》2020 年第 2 期。

② 北京市社会组织发展服务中心：《疫情之下，社会组织在行动——北京社会组织应对疫情状况调查报告》，中国发展简报官方网站 chinadevelopmentbrief.org.cn/news-23971.html。

通、效率低下。[1]其次，社会组织缺乏健全的社会支持体系。少数政府部门对社会组织参与疫情治理存在疑虑，既害怕社会组织缺乏经验而加深疫情治理难度，又担心社会组织参与治理弱化政府治理威信，而极少为社会组织提供有力支持与积极引导。由此，缺乏健全的社会支持体系既无法对社会资源加以有效运用，亦无法提升社会组织参与治理的能力。因此，缺乏系统化的机制体制成为社会组织高效参与重大疫情治理的现实桎梏。[2]

（四）缺乏及时监督反馈

在疫情治理中，公众对于社会组织的行动了解很少，加之公众对于社会组织的传统印象，导致公众很少对社会组织进行监督。而公众监督的弱化使得社会组织的信息反馈路径减少，因而无法及时捕捉公众需求调整治理方式，造成治理失效。政府将大量的精力投入疫情治理中，难以顾及对社会组织的监督，由此无法有效地督促和规范社会组织参与疫情治理。公众媒体对于社会组织的关注较少，更甚者有些社会组织因为较低的媒体关注度而暗中谋取利益。对于社会组织来说，监督反馈的缺位，不仅会导致行动力下降，甚至会为不法行为提供便利，这大大降低了社会组织参与治理突发事件的能力和效果。

五、提升社会组织参与重大突发公共卫生事件的治理效能的机制

（一）社会组织能力提升机制：明确价值定位，加强能力建设

需要通过提升社会组织能力专有性，提高突发事件治理能力。社会组织要从内部管理、人才培养、资金流动等方面入手，健全内部管理机制，将组织规模、专业属性、人才结构和社会影响力等要素综合考量，寻找构建内部管理的

---

① 徐景妍：《新冠肺炎疫情防控中社会组织参与的耦合研究》，《安徽行政学院学报》2020年第2期。

② 张文华：《国家治理现代化视域下社会组织参与重大疫情治理研究》，《广州社会主义学院学报》2020年第2期。

最优模式，强化突发事件中的问责机制，建立社会组织服务供给保障系统，将外部的强制性约束内化为自觉性约束，纠正不作为、乱作为现象。社会组织需要结合自身特点和使命愿景，完善人才招聘和辞退机制、考核机制、监督机制等来吸引人才、留住人才，也需要做好人才职业发展规划，完善人才继续教育机制，挖掘人才潜力，提升人才专业性。社会组织要提高“自我造血自我供血”能力，提高资金利用率，以开源节流的方式确保资金的可持续性。社会组织亦需要借鉴国内外成功经验，例如北京社会心理工作联合会进行的“I Will”心理援助志愿者行动，日本国内的NGO咨询员制度、海外研修制度及研究会制度等。

（二）外部法律制度机制：健全法律体系，优化制度环境

我国应不断完善社会组织的法律法规制度框架，提升社会组织在突发事件中的社会公信力。对社会组织的职责进一步细化，社会组织可以承接哪些应急权力的下放，等等，确保始终有组织、有权力、有能力化解危机。政府应优化制度环境，为社会组织参与突发卫生事件治理提供保障。社会组织被称为“影子政府”，是因为政府部门对社会组织存在疑虑，社会组织对政府的高度依附仍未转变。合作治理需要保持社会组织的独立性，通过政府的支持和引导，激发社会组织的潜力和信心，变被动附和为主动承担。在本次防疫工作初期，社会组织的自发性和盲目性的弊端有所显露，例如防疫物资的筹集发放和防疫人员的分配调岗有时缺乏合理的安排，导致物资、人力的浪费。由此看出，一方面需要加强社会组织应急管理能力，同时也需要在平时加强社会组织的应急演练。

（三）多重监管机制：重视制约，落实反馈

需要政府及利益相关人建立强有力的监督问责机制，确保反馈渠道的畅通。首先，加强建设社会组织内部的信息公开机制。提升社会组织参与突发事件的透明度，做到“效率优先、物账合一”。其次，健全外部监督机制，包括社会

组织同行业监督和政府、公众以及媒体的监督。在我国，长期以来，虽然社会组织名义上实行业务部门和政府行政部门双重管理，而实际上，业务部门管理大多是形式上的，难以发挥行业管理的作用，民政部门也是只负责登记而已，难以发挥政府管理、问责的责任。因此，应尽快落实监管主体，避免出现双重部门零负责的现象。提高社会组织的媒体曝光度，让社会组织的运转无暗箱可藏。将政府、媒体、公众、行业及社会组织内部自我监督有效结合，形成多重监管机制，避免再次出现应急管理中的争议事件。

随着疫情防控常态化的现实需要，深化政府与社会组织的合作治理是解决重大突发公共卫生事件造成的社会危机的关键要求。合作治理理论强调政府与社会组织在解决社会问题的过程中共享权力、共担责任，一方面，政府为社会组织有效参与治理提供政策、制度等便利；另一方面，社会组织借助政策优势积极行使被赋予的治理权力，不断克服自身缺陷，完善组织运行机制体制，以提高参与治理重大突发公共卫生事件的能力，成为政府重要的合作伙伴。

失信被执行人名单制度的法经济学分析

吴长军　李子焱*

【导语】失信被执行人名单制度是我国社会信用体系建设的重要组成部分，是提高司法判决执行效率的有效工具。从法经济学角度看，建立失信被执行人名单制度的必要性在于克服失信被执行人拒不履行判决所导致的负外部性。通过失信被执行人名单制度设立前后，人民法院、失信被执行人和受害者等各方主体的成本效益分析，可以看出该制度实施的必要性与可行性。对失信被执行人名单制度进行法经济学分析，能够为界定失信惩戒制度设计，营造法治化、市场化、国际化营商环境提供科学参考。失信惩戒制度是社会信用体系与商业信用体系建设的重要组成部分，而失信被执行人名单制度应当从提升社会整体福利出发，合理配置各方主体的权利义务；既要重视机制运行过程中效率和公平两大价值的权衡，同时还要保障被执行人合法权益。

2020年1月1日实施的《优化营商环境条例》第五十三条规定："政府及其有关部门应当按照国家关于加快构建以信用为基础的新型监管机制的要求，创新和完善信用监管，强化信用监管的支撑保障，加强信用监管的组织实施，不断提升信用监管效能。"《国务院关于加强和规范事中事后监管的指导意见》要求"提升信用监管效能"，"依法依规建立权威、统一、可查询的市场主体信用记录"。国家发展和改革委、中国人民银行《关于对失信主体加强信用监管的通知》要求加强市场主体信用监管。失信被执行人名单制度是加强信用体系

---

* 吴长军，北京物资学院法学院副院长、教授、研究生导师，中国商业法研究会副秘书长，主要研究方向为经济法学；李子焱，北京物资学院法学院硕士研究生。本文系作者主持北京市社会科学基金项目"京津冀电子商务立法协同机制研究"（项目批准编号：16FXB014）的阶段性研究成果。

建设，完善以信用为基础的市场主体监管机制的重要一环。失信被执行人名单制度是我国社会信用体系建设的重要组成部分，是提高司法判决执行效率的有效工具。对失信被执行人名单制度进行法经济学分析，能够为界定失信惩戒制度设计，营造法治化、市场化、国际化营商环境提供科学参考。

一、问题的提出：失信被执行人名单制度实施的背景

社会信用体系是由一系列法律、规则、方法、机构所组成的支持、辅助和保护信用交易得以顺利完成的社会系统。[①] 社会信用体系建立的基础就是诚信，诚信不仅是中国传统文化和中国特色社会主义核心价值观的重要内容，而且在现代的商业活动和个人工作生活等方面也具有实质性的作用。然而，伴随着我国经济飞速发展和持续不断地改革转型，诚信建设体制、机制不完善等问题出现，经济社会等各方面出现了诸多失信行为和现象，严重破坏社会和谐发展以及经济转型升级。具体到司法审判领域，民事判决执行难问题一直比较突出，不利于司法公信的树立，不利于司法正义实现。

失信被执行人名单制度是应对“执行难”难题的一大创新举措。在我国当前的法治框架下，失信被执行人名单制度具有逻辑上的合法性、合理性，符合健全法治体系和实现法治现代化的要求，对于惩戒失信人、维护申请执行人的合法权利及提升司法公信力具有重要意义。但是，作为一项新制度，其在适用范围、惩戒和威慑效果、对失信人的权利保护方面仍然存在诸多不足之处，需要在加快法治化进程、完善程序设计、平衡权利义务关系、营造社会氛围等方面进行规范和优化，从而更好地发挥该项制度的作用[②]。

失信被执行人名单制度是我国社会信用体系建设的重要组成部分，是提高司法判决执行效率的有效工具。通过失信被执行人名单制度设立前后法院、失

① 刘建洲：《社会信用体系建设：内涵、模式与路径选择》，《中共中央党校学报》2011 年第 3 期。

② 高山：《失信被执行人名单制度：理论透析、问题维度和改进路径》，《法学论坛》2020 年第 2 期。

信被执行人和受害者等各方主体的成本效益分析，可以看出该制度实施的必要性与可行性。失信被执行人名单制度应当从提升社会整体福利出发，合理配置各方的权利义务，既要重视机制运行过程中效率和公平两大价值的权衡，同时还要保障被执行人合法权益。

二、负外部性分析：失信被执行人名单制度的合理性

（一）外部性的经济学解释

外部性是一个经济学概念，马歇尔、庇古、科斯等多位经济学家都对其有深入的研究。科斯的外部性理论的受影响方是经济活动的直接参与者，该外部性是行为方对直接参与方的直接影响。他认为解决此类外部性的方法，是使受影响方对行为方获得有效的反馈机制。马歇尔的外部性理论的受影响方是与特定经济活动紧密相关的产业及其他经济体等间接参与者，间接参与者受到行为方活动的间接影响。马歇尔的外部性具有规模效应，受影响方虽然没有直接参与，但是其与该活动紧密相连，例如网络外部性。庇古的外部性理论所指的受影响方是全体的社会和自然环境，它的影响也是间接影响。这种外部性受影响者的范围很广，也很难对行为方有相应的反馈机制，是一种复杂且影响深远的外部性。一般认为，外部性是在一个特定的经济活动（如生产、消费等）中，活动的实施方（个人或企业）对其他人的影响。被执行人的失信行为显然具有很强的负外部性，因此有必要通过失信被执行人名单制度予以克服与矫正。①

（二）被执行人拒不执行生效判决问题的负外部性分析

根据经济学中外部性的受影响对象划分以及对不同对象的受影响程度来看，民事判决“执行难”现象及被执行人拒不执行生效判决的失信行为中也有三类受不同程度影响的对象。

---

① 胡石清、乌家培：《外部性的本质与分类》，《当代财经》2011 年第 10 期。

首先，科斯外部性理论最典型的案例是养蜂人与果园主的关系、牛吃掉邻居的麦苗，分别代表了正、负两种外部性。其中，负外部性的例子中，牛的行为对麦苗主人造成了直接的经济损失。相应地，执行难问题中，被执行人拒不履行判决的行为对另一方当事人造成了直接经济损失。因此，胜诉一方的当事人是直接受影响者，其所受影响包括直接的损失以及由此造成的精神损害。根据科斯的理论，这种外部性可以通过受影响方对行为方的反馈机制加以解决。很明显，民事判决执行难及被执行人所不执行生效判决的失信行为问题的解决机制之一就是胜诉方向法院申请强制执行。然而司法实践中一些被执行人通过隐匿财产的方式，拒绝执行判决，也使得法院无法在现有法律允许的情况下对其隐匿的财产进行查处，造成强制执行这种反馈机制无法完全实现目的。因此迫切需要构建与实施失信被执行人名单制度，赋予执行申请人请求人民法院把被执行人纳入失信被执行人名单的权利，从信用上予以惩戒，以督促失信被执行人主动履行生效判决义务。

其次，以马歇尔外部性理论中的网络外部性为例，更多网民对网络的使用，在提高网络使用效率的同时，也造成了网络拥堵的现象。每个网民之间可能不发生直接的关系，但是每多增加一个网民，都对其他网民的网络速度产生影响。这与执行难及被执行人失信的现象非常类似，每个胜诉当事人都希望法院能够加强对被执行人的督促力度，使被执行人尽快执行判决，但是法院的执行能力是有限的，无法满足每一个当事人的要求。在一个特定的被执行人拒不执行生效裁判案件中，同一法院的其他案件当事人就是间接受影响者，他们的诉讼时间可能因为该特定案件而被延长或者因为法官精力被牵制而造成误判等现象。这种外部性由于受影响者的规模而呈现出复杂性。

最后，庇古外部性理论界定的外部范围更大，外部与特定活动的联系不是那么紧密，影响也是间接的。这类外部性的例子非常广泛，以工厂排污对湖泊的污染来说，如果只考虑排污对湖中渔场的影响，那受影响方就是渔场主，属于科斯外部性的研究范畴。如果考虑因为工厂排污对湖水的污染，进而影响湖泊的生态以及湖泊周围居民的日常生活，那么就涉及庇古外部性理论的研究领域问题。庇古外部性理论界定的外部性范围涉及环境以及更大范围的居民，比较难以评估，具有“间接性、广泛性和松散性”的特点。与之相似，执行难及被执行人拒不执行生效判决失信行为问题，不仅关系到同一案件的当事人，以及同一法院的其他案件当事人，更重要的是，社会公众会因为法院判决无法执行，被执行人拒不执行生效裁判，对司法的权威性、诚信的社会价值产生质疑，这无疑是对社会和谐、稳定以及国家长治久安产生更为深远、重大的影响。[①]

（三）失信被执行人名单制度是消除被执行人失信行为负外部性的因应机制

司法实践证明，单纯的强制执行措施无法有效应对执行难及被执行人失信行为问题，为了克服民事执行难及被执行人拒不执行生效裁判失信行为的负外部性，最高人民法院执行局与中国人民银行征信中心联合推出了将失信被执行人名单纳入征信系统的工作机制。通过对特定严重失信人限制乘坐火车、飞机、出入境，限制其他高消费等方式，迫使其尽快执行判决。从三种外部性的范围来看，失信被执行人名单制度一定程度上能克服法院强制执行难的问题，使得被执行人主动执行判决，是一种有效的反馈机制。同时，失信被执行人名单制度让更多社会公共服务主体参与到打击失信行为中来，减轻法院执行难的问题，解决了马歇尔负外部性问题。近年来失信被执行人名单制度逐渐深入，众多失信被执行人最终选择执行判决，使得诚信价值深入人心。诚信价值、契约精神作为经济活动的基本准则，关系到整个社会经济环境的优劣，失信被执行人名单制度构建与实施，能够有效克服庇古负外部性问题，有效改善公众的司法诚信认知，提升司法审判机关的公信力，更好地实现司法审判对社会公平正义的保障功能。

---

① 胡守勇：《公布失信被执行人名单制度的社会效应》，《重庆社会科学》2013 年第 9 期。

三、成本效益：失信被执行人名单制度实施前后法经济学分析

（一）失信被执行人名单制度实施前各方主体的成本效益分析

1. 失信被执行人名单制度实施前各方的成本效益分析

失信被执行人名单制度实施前，民事执行问题主要涉及的参与者包括执行人（法院）、被执行人以及胜诉人。法院的成本包括直接成本和间接成本。直接成本主要是强制执行过程中发生的费用，间接成本有时间成本以及因为判决无法执行带来的司法权威性减损。被执行人的成本包括转移财产过程中发生的费用、躲避另一方当事人及执法部门带来的财产损失和精神压力。胜诉人的成本很明显就是因为判决无法执行而蒙受的经济和精神压力。

2. 失信被执行人名单制度实施前各方总体的成本远高于效益

在失信被执行人名单实施前，只有被执行人因为未有效执行判决，而获得了收益，但是法院和胜诉一方当事人并没有获得收益。而被执行人所获得收益，远远不能弥补三方因为判决未执行所产生的成本。这种成本远大于收益的情况是不能持续的。

（二）失信被执行人名单制度实施后各方主体的成本效益分析

1. 失信被执行人名单制度实施后各方的成本效益分析

失信被执行人名单实施的关键一环就是限制失信人的高消费，所以制度实施后，所涉及的相关方多了公共管理和服务机构，例如海关、交通运输机构、教育机构、酒店等。这些公共管理和服务机构作为失信被执行人名单机制的重要监管方会产生一定的监管成本，包括提升其机构识别失信被执行人的技术能力的成本、相关人员培训成本以及建立与执法部门之间的沟通联络机制的成本等。另外，因为失信被执行人被禁止高消费，这些机构还可能会损失一部分的营业收入。与失信被执行人名单制度实施前相比，法院和胜诉当事人的成本大大降低，他们不需要再花费人力、物力等成本去寻找被执行人隐匿的可执行财产。事实证明，制度实施后，失信人主动执行判决的比例升高，胜诉当事人也

可以减少来往法院、寻找被执行人的成本以及精神压力；而被执行人面对这种形势也会减少想尽办法转移财产、隐藏躲避的行为。公共管理和服务机构的效益在于预防和避免了失信人在其所在机构做出其他失信行为，造成其管理和运营的不便。法院的判决得以有效执行，从而维护了司法的公正和权威性。胜诉人的权利得到了维护，而被执行人改正了其失信作为，回归正常生活。

2. 失信被执行人名单制度实施后各方主体总体的效益大于成本

失信被执行人名单制度实施后，总体看来胜诉人的权利得到了维护，利益获得了保障。而在这一过程中，法院的执行成本大大降低。而公共管理和服务机构虽然会产生一些成本，但是在可接受范围内的，况且作为国家信用体系建设的重要环节，公共管理和服务机构应该有义务承担更多的责任，这对其自身的权威性和长期稳定运行也有好处。另外，失信人被导向诚实守信的正确方向，也有利于社会的和谐稳定。

（三）以科斯定理看失信被执行人名单制度的意义

科斯第一定理指出："若交易成本为零，无论权利如何界定，都可以通过市场交易达到最佳配置，而与法律规定无关。"诚实信用和契约精神是一种隐形的交易成本，而一旦交易一方不守信重约，这种情况所造成的违约甚至毁约成本，比一般的交易成本更高。失信被执行人名单作为国家信用体系建设的重要制度，如果能够有效地引导社会公众诚实守信，那么就能有效减少社会经济活动中的交易成本，从而减少无效的资源配置。此外，失信被执行人名单涵盖人员的扩大，以及被执行人受限领域越来越多，使得全社会都能够加入到限制失信人的行动中来，从而降低原来仅仅由行政或司法部门进行强制执行的成本。社会各部门分担了执行成本，使得各方主体的成本都很低甚至可以忽略不计，也符合科斯提出的"以降低交易成本的方式才是最好的解决有害外部性的方法"①。

① 冯玉军：《法经济学》，中国人民大学出版社 2013 年版，第 98 页。

四、模型构建：失信被执行人受限范围与违法成本的法经济学分析

（一）失信被执行人受限范围与违法成本的经济学模型

如图 1 所示，是失信被执行人受限制领域数量与违法成本、收益线。横轴表示失信人受限制领域的数量，纵轴表示违法的成本或收益。失信人的违法成本线是一条斜向上的曲线，受限制数量为零时，转移财产等成本记为 A，成本曲线随受限制数量增加而增大，此时违法成本主要是其工作、生活等各方面受到的限制和影响。当受限制数量到达 K 时，在法律允许范围内，再增加的受限制领域超出了失信被执行人的经常活动所需，其违法成本基本不变，维持在与 H 点相似的水平。而失信人的违法收益线是一条平行于 X 轴的直线，其收益 B 为赔偿给对方当事人的补偿金或赔偿金等。（参见图 1）

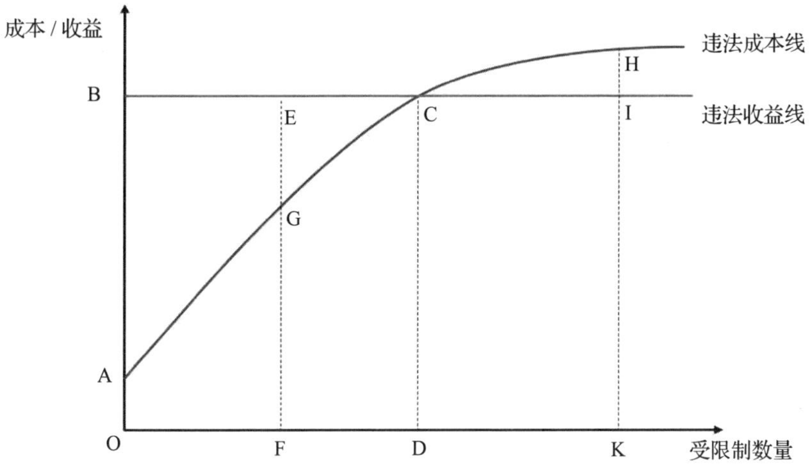

图 1　失信被执行人受限范围与违法成本 / 收益关系图

（二）四种情况下的受限范围与违法成本的模型分析

如图 1 所示情形，若违法收益线与违法成本线交于 A 和 H 之间的 C 点时，

如果不实施失信被执行人名单制度，也就是失信人基本不受限制，其违法成本为A，违法收益为B，违法净利润为B－A，失信人会选择不执行判决。当违法收益等于违法成本，也就是受限制数量为D时，失信人处于决定是否执行判决的临界点，他开始决定执行或不执行判决。在C点左侧，如F点，其违法收益仍然有E－G，失信人仍然会选择不执行判决。在C点右侧，失信人的违法成本将会大于收益，两者之间的差值会逐渐扩大，直到增大到H－I。在这种情况下，C点的位置会因为不同的案件情形而有所不同。

如果出现违法收益线在A点以下、与成本线相交和高于成本线的情况，当违法收益线在A点以下时，理性的被执行人就会选择执行判决，避免造成无谓的财产损失。当违法收益线与违法成本线相交时，理性的失信人也会选择执行判决，因为此时失信人的受限领域已经扩散到他的日常工作和生活的方方面面，这种负面影响是长期的，完全不能跟其所获得的短期收益相比。此外，如果违法收益线高于违法成本线，那么失信人无法执行判决。这种现象的实质一般是判决标的太大，失信被执行人确实无法承受执行判决的后果。因此，这种情况下就不能单纯通过加大对该失信被执行人的限制力度，实现执行判决的目的。

如果违法收益线和违法成本线交于A、H点之间，那么司法性和行政性惩罚的数量足以达到或略微超过D点，使得被执行人尽快执行。如果这两种惩罚无法实现目的，可以考虑增加其他惩罚形式，但是如果增加的惩罚超过了K点，那么失信人违法成本和收益的差额将不会显著变化，增加的惩罚无法达成目的，还会对失信人权利造成较大的损害。也就是说，针对不同的失信被执行人，应该根据其身份（自然人或企业组织）、涉案标的等，确定惩罚等级，一旦实施的惩罚措施超过其可承受的等级，司法目的可能达到了，但会对被执行人的权利造成巨大的不可逆伤害。[①] 例如，自然人如果被执行社会性惩罚，其隐私和名誉将受到不可逆的伤害，对其今后的生活造成巨大的精神压力。同样，

---

① 沈静、田强、杜玉勇：《关于公布失信被执行人名单制度实施情况的统计分析》，《河北法学》2016年第5期。

社会性惩罚会对企业法人的持续经营造成巨大伤害。此外，针对违法收益线高于违法成本线，应该有原则地允许执行申请人与被执行人达成分期履行协议。

五、失信惩戒：基于法经济学完整范式的被执行人失信名单制度构建

（一）构建法经济学分析方法下的被执行人失信惩戒范式

法经济学的完整范式应当包括形而上学范式（理性选择）、社会学范式（交易成本理论）和构造范式（谈判理论）三个层次。[①] 原则性的监管更强调以结果为中心，关注司法执行目标能否在实质上得以实现。但是，法律原则由于其高度概括性，在适用性方面可能有所欠缺。以法律原则作为最基本的价值判断，当违法行为导致重大损害时，行政监管可能比法律监管更有优势，这是因为行政监管者能主动开展调查、禁止损害行为或进行经济处罚。由于法律的内在不完备、行政监管机构信息不对称等因素，一些非正式交易行为可能无法通过法律和行政机制来完成，交易主体为了长远利益而通过信誉机制及失信惩戒机制自觉履行交易行为的行业自律监管是法律和行政监管的重要补充。为有效克服与矫正被执行人拒不执行生效判决的失信行为的负外部性影响，构建失信被执行人名单制度，是被执行失信惩戒的重要措施，导致失信被执行人信誉降低、资格受限、行为受限等一系列不利后果发生，从而督促失信被执行人积极主动履行生效判决，以恢复正常的社会信用与商业信用能力和资格。

（二）构建五种惩戒机制协同并用的失信被执行人名单制度

失信惩戒机制包括市场性惩戒、行政性惩戒、行业性惩戒、司法性惩戒和社会性惩戒五种。市场性惩戒由金融、商业和社会服务机构做出，对失信人发展空间予以限制；行政性惩戒由政府或专业监管部门做出，对失信人实施处

① 魏建：《法经济学基础与比较》，人民出版社 2004 年版。

罚、检查、吊销执照等；行业性惩戒由行业协会做出，对失信人进行警告、批评、曝光等处罚；司法性惩戒由司法机关做出，对失信人进行曝光和限制高消费等；社会性惩戒是将违法失信信息向全社会公布，形成社会舆论的道德谴责和压力。[①]人民法院司法裁判执行领域的被执行人失信行为治理，需要综合发挥市场性惩戒、行政性惩戒、行业性惩戒、司法性惩戒和社会性惩戒五种失信惩戒机制功能，其中作为司法性惩戒的失信被执行人名单制度更应发挥其独特的惩戒作用。当然，失信被执行人名单制度应当从提升社会整体福利出发，合理配置各方主体的权利义务，既要重视机制运行过程中效率和公平两大价值的权衡，切实发挥制度的惩戒功能与威慑作用，同时还要兼顾被执行人合法权益得到依法保障。

（三）构建基于成本效益分析的失信被执行人联合惩戒机制

司法机关和行政机关联合惩戒机制，惩戒效力增强，失信成本增加，能够有效督促失信被执行人尽快改正错误，主动履行生效判决义务，以期恢复信用能力与资格。司法实践证明，失信标的在10万—50万的被执行人改正错误的可能性很大。联合惩戒机制有利于增强失信惩戒威慑力，增加失信成本，督促失信被执行人尽快履行生效裁判义务，从受限状况中恢复正常信用。对失信被执行人应当强化行业性惩罚和社会性惩罚是交易成本理论决定的中间层次的惩罚，这两类惩罚相比于基础性惩罚范围扩大，对于失信企业的打击较大，影响其持续经营的商业信用，影响其经营能力与资质资格。社会性惩戒是最高层次的惩罚，社会性惩戒的作用是隐性的，但影响范围是最广的，失信者的信用可恢复性也最差。因此，对失信被执行行为，联合惩戒是间接惩罚，须重视失信行为直接惩罚，辅之以间接惩罚；对妨害民事执行的失信行为，应由法院采取直接惩罚措施，联合惩戒应主要针对不履行义务的失信行为[②]。因此，要切实发

① 史玉琼：《关于建立失信惩戒机制的研究》，《征信》2018年第9期。

② 徐继敏：《论失信被执行人联合惩戒的性质、正当性与完善路径》，《河南社会科学》2020年第3期。

挥市场性惩戒、行政性惩戒、行业性惩戒、司法性惩戒和社会性惩戒的联合惩戒机制作用，有效克服与矫正被执行人拒不执行生效裁判的失信行为。

综上，失信惩戒制度是全社会信用体系建设的重要组成部分。法经济学的成本效益分析和分层的整体范式理论，为完善失信被执行人名单制度建设提供了科学参考。失信被执行人名单制度构建与实施，应当平衡惩戒制度的公平和效率，同时兼顾被执行人的合法权利；构建法经济学分析方法下的完整失信惩戒范式，构建五种惩戒机制协同的失信被执行人名单制度，应当特别重视构建多维度失信被执行人联合惩戒机制，以有效解决司法判决执行难及被执行人拒不执行生效判决失信行为问题，增强社会公众对司法审判机关的尊重与信服度，提升司法审判机关的社会公信力与权威性。

数字经济时代下的新型智慧城市建设

朱　玉*

【导语】面对突如其来的新冠肺炎疫情，我国数字经济展现出强大的抗冲击能力和发展韧性，本文针对在疫情防控过程中本该发挥重要作用却“集体失灵”的“智慧城市技术”，提出从智慧城市向新型智慧城市演进是必然趋势。新型智慧城市的建设是一个长期演进的过程，是不断用数据和人工智能反哺和赋能城市的过程，必须坚持顶层设计、坚持创新驱动、坚持以人为本、坚持智慧并进、坚持措施落地，从“万物互联”、海量数据、人工智能、融合创新四个层次递进，牢牢把握城市和人这两个核心，最终实现信息网络泛在化、规划管理信息化、基础设施智能化、公共服务普惠化、社会治理精细化、产业发展数字化、政府决策科学化。

2019年，我国数字经济规模不断扩张、贡献不断增强，全年增加值规模达到35.8万亿元，占GDP比重达到36.2%。数字经济框架从“三化”扩展到“四化”：数字产业化、产业数字化、数字化治理、数据价值化。面对突如其来的新冠肺炎疫情，我国数字经济展现出强大的抗冲击能力和发展韧性，众多领域成为数字新技术的“试验场”、新模式的“练兵场”、新业态的“培育场”。线上线下加速融合，赋能疫情防控、促消费稳增长、助复工促生产、惠民生保稳定、优服务强治理。事实上，在这次疫情防控过程中，本该发挥重要作用的所谓“智慧城市技术”却面临“集体失灵”的尴尬局面。一是基层政府应对突发公共事件时的应急反应能力与当前国家整体数字化建设水平不匹配；二是数据

* 朱玉，中国信息协会副会长，兼任中国信息协会专家委员会秘书长、信用专业委员会会长。

实时采集能力不足，基层社区信息化手段和机制严重落后；三是数据资源整合共享能力有限，跨层级、跨地域、跨系统、跨部门、跨业务数据资源融合成效差，导致业务协同能力远远不够；四是城市数据开发在基层利用水平不足，而数据质量严重制约数据利用水平；五是基层政府对数字化、智慧化项目利用率低；六是基层政府思维没有跟上数字化发展。通过分析，不难发现，许多城市有效管理数据的缺失和基层治理手段的滞后是问题的关键。自国家开始推进智慧城市建设以来，截至2019年年底，我国智慧城市试点数量已经超过600个，而这些智慧城市大多都建设了智慧城市平台、智慧大脑、大数据中心等城市管理项目。而这些花高价投资建设的项目的目标是服务于政府办公数字化，无市场收益，后期运营维护资金严重不足，有些甚至成为上级领导参观的形象工程。但对于各种技术和概念的盲目崇拜，导致很多城市决策者逐步偏离了“实事求是”和“以人为本”的精神，在追求政绩“高大上”的同时，偏偏忽略了面向社会经济发展过程中最重要的各种具体真实场景的设计。

应该说，“新型智慧城市”相较“智慧城市”而言，主要体现三个“新”：一是新的战略重心——构建一套适应城市特色、行之有效的管理制度体系；二是新的思维理念——从通过上设备、做系统，解决城市单一或局部的表象问题，到通过合理规划数据流，串联城市运行的方方面面，进而从根本上解决城市问题；三是新的攻关方向——从城市视角出发，以数据驱动为核心，系统性解决城市复杂性问题，提升市民获得感。传统意义上的智慧城市大多侧重技术层面，即基础网络、感知设备、云计算设施、共性平台及基础信息资源等。而新型智慧城市则指通过体系规划、信息主导、推进新一代信息技术与城市现代化深度融合和迭代演进，从而实现治理更现代、运行更智慧、发展更安全、人民更幸福。本质是提升政府、社会治理体系和治理能力，更好地为人民服务。

随着各类信息基础设施建设的不断完善，智慧城市理念不断走向成熟，大数据、云计算、物联网、移动互联网、人工智能等新兴的ICT技术迅猛发展，仅仅关注城市各部门的信息化建设显然不足以满足城市未来长远、可持续发展的需求，而传统智慧城市建设所造成的“信息烟囱”“数据孤岛”“重技术轻应用”等问题也逐渐暴露，由此，从智慧城市向新型智慧城市演进可以说是必然趋势。城市的发展最终是为“人”服务，根本上是促进人在城市中更好地生活和发展。因此，新型智慧城市也从过去以“信息技术”为出发点，回到“人”这一最根本的出发点和落脚点，“以人为本”将成为新型智慧城市的重要特征。

新型智慧城市的建设是一个长期演进的过程，是不断用数据和人工智能反哺和赋能城市的过程，是建筑学、规划学、教育学、人类学等多种学科数据打通的过程，是为了让城市运转效率不断提高，居民把更多时间空间留给生活的过程。新型智慧城市是个综合概念，重点是管理与服务，政府主导，全社会参与。从规划建设开始一定要做好几个方面：第一瞄得要准，要做真需求、真问题和真痛点；第二想得要大，新型智慧城市是一个大系统的工程，是一个面向复杂系统开展顶层设计的规划；第三起步要小，对于拿不准的，用小项目、原型系统起步、允许试错；第四扩展要快，除了顶层设计还要小步快跑，还要不断地迭代和逼近，快速地更新和强力拓展；第五动力要足，迫切需要通过实践真正找准适合新型智慧城市的政府和社会合作机制。

党的十九大报告指出，创新是引领发展的第一动力，是建设现代化经济体系的战略支撑。新型智慧城市建设是构建数字中国、智慧社会的重要内容，也是建设创新型国家的重要着力点。我们认为建设新型智慧城市，需要注意几个方面。一是坚持顶层设计。智慧城市是一个要素复杂、应用多样、相互作用、不断演化的综合性复杂巨系统，要坚持技术实施和制度政策两个层面并重开展顶层设计。二是坚持创新驱动。新型智慧城市的发展无论是管理的体制、运行的机制还是技术的实现方式都是在创新中完成的，只有构建创新生态，促进大众创新、开放创新、协同创新，推动管理机制创新、运营模式创新、资本运作创新，才能发挥新型智慧城市建设的示范引领作用，把周边的城市、城镇、农村都带动起来，互动发展、联动发展、统筹发展。三是坚持以人为本。智慧城市最终要服务于人，要把更多的精力放在满足每一个城乡居民的需求上，注重城市功能的提升，包括面向人的生活、教育、经济、环境等城市能力的增长，善于找到最大的公约数，找到百姓的刚性需求，集中发力，重点突破。四是坚持智慧并进。新型智慧城市提出建设一个开放的体系架构、一张天地一体的栅格网、一个通用功能平台、一个开放共享的数据体系、一个高效运营的管理中心、一套统一的标准体系，可以促进智与慧融为一体，改变智而不慧的窘境，破解“城市病”难题。五是坚持措施落地。在具体实施过程中，加强顶层设计，注重规划衔接。实现统一领导、统一管理，实现资源整合，解决“信息孤岛”，对基础设施进行智能化提升，培育相适应的产业结构和产业体系，探索建立“政府引导、市场主导、多元主体、全球参与”的新型建设模式。

对于智慧城市建设而言，顶层设计是灵魂，是引导其走向成功的“明灯”。它不仅仅从宏观层面给出了智慧城市建设的方向，同时也可以回答“智慧城市如何产出”“政府建设完智慧城市又要怎么发展”等关键又复杂的问题。要知道，在智慧城市建设过程中，这些问题如果成了“糊涂账”，难保智慧城市发展不会碰钉子。或许，一线大城市拥有雄厚的资本，即使理不清这些问题，可以勉强“摸着石头过河”。但是对于更多的中小城市而言，没有天时地利人和的加持，如果仍一味地追着一线城市走，那么充其量只能搬来智慧城市的“壳”，在筹划建设、运营等层面却搬不来智慧城市的“核”。这样很容易以“前期投资热如潮，后期烂尾无人收”的尴尬局面收场，杭州的经验可以供更多城市借鉴和学习。这样很多城市就可以少走弯路，在借鉴中结合本地实际情况，因地制宜进行发展。构建智慧城市顶层设计，关键问题是要明确建设智慧城市的核心是在建城市，“智慧”只是城市的加分项。因此，只有面向城市的真正需要，智慧城市才有生命力；只有基于对现阶段真形势、真问题和真任务的有效剖析、理解和陈述，同时对未来的一切加以筹谋，才能避免智慧城市顶层设计在实践过程中失灵、执行力度大打折扣、实施信心不足，甚至成效微弱等问题。因此，未来各大城市在完善智慧城市顶层设计的过程中需要注意：在汲取国际优秀经验的同时，加快面向城市真问题的基础性创新，引导信息化行业有效地服务于城市需求，而不是城市去适应技术和产能，尽快形成能够回应城市真问题、运营模式可行的系统解决方案。同时加快从智慧城市来，到智慧城市去的思维，不去包装概念，而是用新兴技术、策略来帮助城市做好情景反演，从而服务于智慧应用的选择。

诚然，人工智能、5G、大数据等先进技术方兴未艾，但是正因为这些推动智慧城市落地生根的技术尚处于初级阶段，让智慧城市现阶段或者未来短期内的有效落地，成了未知数。当然，技术的研发尚可归结为时间问题。除此之外，还有一个更关键的问题：技术在智慧城市建设中究竟该扮演怎样的角色？现如今，国内智慧城市建设技术驱动显著。而对于技术的狂热追求，让许多智慧城市建设项目沦为技术的简单堆砌。事实上，无论是信息壁垒、数据孤岛，还是技术喧宾夺主等问题，归根结底，都是因为在智慧城市建设过程中，缺乏源自于对城市规律认识、适应和回应的系统性顶层设计。

总的来说，对于新型智慧城市建设来说，有四个层次需要递进：首先，“万物互联”是基础，信息基础设施加快向超高速升级换代，光纤宽带成为主流接入方式。在信息通信技术的持续演进下，泛在、高速连接使得网络获得更加多样化、网络应用更加多元化，进入人、机、物“万物互联”新时代。其次，海量数据是关键，全球化发展正从国际金融驱动为特征的“2.0”版本步入以数据要素为主要驱动力的“3.0”版本，数据作为新生产要素的重要作用日益凸显，数据的开放、共享和应用将进一步优化资源配置和使用效率，提高资源、资本、人才全要素生产率。再次，人工智能是引擎，人工智能将重构生产、分配、交换、消费等经济活动各环节，形成从宏观到微观各领域的智能化新需求，进而引发链式突破，推动社会生产和消费从工业化向自动化、智能化转变，极大提高行业服务精准化、便利化水平，全面提升人民生活品质，提升社会运行的稳定度。最后，融合创新是目标，随着新一代信息技术的持续演进和全面创新，驱动农业、工业和服务业数字化转型升级，引发各领域、各行业的业务形态变革和产业结构调整，推动与医疗、教育、养老、居住等各领域的深度融合，为人们提供多层次、全覆盖、人性化的公共服务，营造宜居宜业的和谐环境，满足人民对美好生活的需要。

值得关注的是，近年来，我国新业态、新领域如雨后春笋般快速发展，此次新冠肺炎疫情就让我们认识到了信息技术深度融合与数字化转型所带来的巨大效益。从学习到办公，从医疗到教育，从娱乐到消费，每个人都能在这段特殊时期感受到网络创新的便利、技术变革的红利。互联网、物联网、云计算、大数据、人工智能、区块链、新基建等一系列的技术与城市发展相融合，通过互联互通，跨层级、跨地域、跨系统、跨部门、跨业务进行协同管理和服务，让城市管理、服务模式、产业布局、消费供需更加合理，更加透明高效，随着5G商用加速推进、AI等数字技术进入大规模应用阶段、治理方式也发生着深刻变化，涉及民生领域的建设成为当下推动政府治理体系和治理能力现代化的着力点和突破口。

在不少地方，智慧城市是推动城市化的一个强有力的概念，但智慧城市的发展也多落在科技硬件上，变成一个个智慧项目。反思智慧城市的发展，应该认识到，发展智慧城市必须把握两个核心：一个核心是城市本身。不论是什么样的智慧城市，都是以技术手段改进来服务于整个城市系统，智慧城市的发展应该注重系统性，而不只是城市局面的高科技改造。另一个核心则是人。城市的发展应该以人为本，智慧城市建设也不能偏离这个核心。如果忽视了人的需要，建设智慧城市就会变成“暴力式”的技术应用过程。真正的“智慧”不仅是技术上的更新换代，也并非只是效率的提升，更为重要的是“以人为本”的实现，即在新型智慧城市建设中，无论哪个方向都应该时刻追问“是否抵达人本”。因此必须通过更加合理化、人性化的商业模式创新设计，以人的诉求为出发点，以人的需求为突破点，才能真正实现让物质围绕着人进行，才能真正实现一个万物互联的、智慧化的时代。未来的智慧社会，除了信息网络泛在化、规划管理信息化、基础设施智能化、公共服务普惠化、社会治理精细化、产业发展数字化、政府决策科学化等，将更侧重多中心的创新系统驱动，生产、生活、治理、服务将更有机地形成为一个整体，在政府提供智慧平台、标准的基础上，由企业、机构、居民共同打造智慧政府、智慧企业、智慧城市、智慧生活。

第四编　加快社会治理现代化

我国社会阶层结构的变化与优化

龚维斌*

【导语】本文分析了2000年以来我国社会阶层结构的新变化，概括出社会阶层结构变化的特点：一是社会阶层结构趋向“中产化”；二是国家与社会管理者阶层主导地位得到强化；三是私营企业主素质和影响力大幅提升；四是普通社会阶层发展空间收窄；五是各社会阶层主观地位认同偏低。这些变化是国家改革发展政策及其实践的结果，推动了国家现代化发展，维护了社会稳定，具有积极的意义。但是，还存在不少问题，需要进一步完善政策，调整和优化社会阶层结构。

社会阶层结构是一个国家的基本国情，是制定公共政策最重要的依据。改革开放以来，我国社会阶层结构发生了巨大变化，不再是传统意义上的“两个阶级一个阶层”（即工人阶级、农民阶级和知识分子阶层），特别是21世纪以来，我国社会阶层结构出现了很多新情况、新特点。科学分析当前我国社会阶层的结构变化、特点以及影响，并在此基础上提出进一步调整优化的建议，具有重要的经济、社会和政治意义，是推进国家治理体系和治理能力现代化的客观要求，是促进经济健康发展的客观要求，是保持社会长治久安的客观要求，更是巩固党的执政地位的客观要求。

---

* 龚维斌，中共中央党校（国家行政学院）社会和生态文明教研部主任、教授、博士生导师，中国社会变迁研究会副会长、中国应急管理学会副会长、中国行政体制改革研究会常务理事、国家社科基金项目评审组成员，研究领域为社会阶层、社会政策、社会治理、应急管理。

一、社会阶层结构新变化

21世纪以来，我国社会流动加快，社会阶层结构继续向着橄榄型的现代社会结构方向发展，一是传统的工人阶级和农民阶级发生了新的变化，二是新生代农民工成为农民工的主体，三是出现了大量的新阶层和新的职业群体。

工人队伍空前壮大，农民工成为主体，内部结构变化较大。2016年，全国农民工的总量达到2.82亿人，约占工人队伍的60%。服务业工人的人数超过了工业工人，成为工人队伍中人数最多的部分。随着以通信、金融、物流、电子商务、房地产为主体的现代服务业快速发展，一支与新技术、新业态密切联系的、有别于传统体力劳动工人的新型工人队伍迅速成长起来，达到数千万人。① 国有企业职工所占比重继续减少，经济社会地位分化较大，人们对企业的所有制性质逐渐淡化，人们择业时更加看重的是企业的行业性质、薪酬待遇、工作岗位和成长空间。

农业劳动者在就业结构中所占比重不足1/3，而且日益老龄化。改革开放初期，我国农业从业人员达到2.8亿人，占整个就业人员的70%，2017年这一比例下降为27%。改革开放40多年来，一方面人口总量增加了将近6亿人；另一方面，农村居民和真正从事农业生产的农民绝对数都减少了，所占比重更是大幅度下降。现在在农村从事农业生产的就业人员中绝大多数是中老年人，农村青壮年对农业生产已经没有多少兴趣，他们中的绝大部分转移到非农产业就业。留在农村从事农耕的职业农民呈现高龄化趋势，40岁以下的务农农民已经很少了。②

新生代农民工是农民工的主体。新生代农民工是指改革开放以后出生的、农村户籍、从事非农职业的人员。2001年，学术界提出这一概念的时候主要是指“80后”青年农民工。当前，新生代农民工逐渐成为农民工的主体。据调

① 李培林等：《当代中国阶层变动1978—2018》，社会科学文献出版社2018年版，第2—3页。
② 李培林等：《当代中国阶层变动1978—2018》，社会科学文献出版社2018年版，第4—5页。

查，1980 年及以后出生的新生代农民工占全国农民工总量的 51.5%，比上年提高 1.0 个百分点；老一代农民工占全国农民工总量的 48.5%。在新生代农民工中，“80 后”占 50.4%；“90 后”占 43.2%；“00 后”占 6.4%。[①]特别需要注意的是，“00 后”农民工队伍开始成长壮大。新生代农民工与其父母一辈的农民工相比，受教育程度较高，思想观念较为开放，接受新事物快，外出就业的主要目的不是为了挣钱养家糊口，而是为了个人成长发展，吃苦耐劳精神相对较差，对文化生活追求更多，宁愿工资低一点也要工作环境好一些、个人发展机会多一些。他们大多数人一出校门就离开家乡进入城市，甚至有不少人就是在城市出生和长大的，对农村没有太多的认知和感情，不愿意也不会从事农业生产。新生代农民工渴望在城市稳定工作和生活，但是，城市融入和社会融入面临较多障碍，存在身份认同的尴尬、城市生活的“本领恐慌”、就业歧视和幸福感缺乏等困境[②]，新生代农民工特别是“90 后”“00 后”是扩大中等收入群体（社会学上通常称为“中产阶层”[③]）的后备军，相当一部分人处于“融不了城，回不了村”的双重边缘状态。

民营企业家和个体工商户迅速成长。20 世纪 50 年代，经过社会主义改造之后，我国民（私）营企业主不复存在，个体工商户也被消灭。改革开放以后，民营经济快速发展，民营企业家和个体工商户如同人们用了法术般被从地下呼唤出来。2000 年全国私营企业投资者达 395 万人，雇用员工 2011.15 万人，经营各类企业 176.18 万家；2017 年我国民营企业数量有 2726.3 万家，个体工商户 6579.3 万户，注册资本超过 165 万亿元；2018 年全国私营企业达到 3143.3 万家，雇用员工超过 2 亿人。民营经济对我国的经济社会发展做出了突出贡献，通常被形象地概括为“56789”：民营经济对国家财政收入的贡献占比超

---

① 国家统计局：《2018 年农民工监测调查报告》，http://www.stats.gov.cn/tjsj/zxfb/201904/t20190429_1662268.html。

② 蒋笃君：《新生代农民工市民化的现状、困境与对策》，《河南社会科学》2019 年第 12 期。

③ “中产阶层”是学术界常用的概念。我国官方一般用“中等收入群体”这一概念，两者含义比较接近但不完全相同。本文不加严格区分，通用两个概念。

过50%；GDP和固定资产投资、对外直接投资占比均超过60%；企业技术创新和新产品占比超过70%；城镇就业占比超过了80%，全国城镇就业人数是4.25亿，非公有制企业就业人数3.4亿，这就是80%；2017年对新增就业的贡献超过90%。[①]2018年，社会上曾有“民营经济退场论”等错误思潮，严重影响了民营企业和相关人士的投资创业信心，干扰了经济社会的正常发展。11月份，习近平总书记亲自主持召开民营企业座谈会，强调指出“民营经济是我国经济制度的内在要素，民营企业和民营企业家是我们自己人”，要毫不动摇鼓励支持引导非公有制经济发展。习近平总书记的重要讲话给民营企业家和民营经济稳定发展吃了“定心丸”。

新社会阶层和社会群体大量产生。2015年颁布的《中国共产党统一战线工作条例（试行）》把新的社会阶层人士作为新时期统战工作的对象。这些新的社会阶层人士包括：一是私营企业和外资企业的管理人员和技术人员；二是社会组织从业人员（包括律师、会计师、评估师、税务师、专利代理人等，以及社团、基金会、民办非企业单位从业人员）；三是自由职业人员；四是新媒体从业人员。2016年，全国新阶层人士约有5000多万人。[②]随着互联网快速发展和人们就业观念的变化，新的业态和新的职业群体不断涌现，例如，电商从业人员、网络写手、网约车司机等等。

二、社会阶层结构变化的新特点

改革开放40多年来，我国社会阶层大致经历了两个阶段的变化：一是改革开放之初的20多年，社会阶层结构重构，在世纪之交初步形成一个包含“十大阶层”的现代社会阶层结构[③]，中等收入群体规模逐步扩大，社会出现“中产

---

① 全国工商联主席谈民营经济贡献：《有个“56789”说法》，https://baijiahao.baidu.com/sid=1594177979700483428&wfr=spider&for=pc。

② 李培林等：《当代中国阶层变动1978—2018》，社会科学文献出版社2018年版，第8—9页。

③ 2002年，中国社会科学院陆学艺教授主持的课题组认为中国社会阶层分为“十大阶层”，即：国家与社会管理者阶层、经理人员阶层、私营企业主阶层、专业技术人员阶层、办事人员阶层、个体工商户阶层、商业服务业员工阶层、产业工人阶层、农村劳动者阶层、城乡无业失业半失业者阶层。

化”趋势，但是离理想的“橄榄型”社会阶层结构还存在较大差距；二是新世纪以来的20年，社会阶层结构继续变迁，中产阶层规模不断壮大，中产阶层比例不断扩大，“中产化”的现代阶层结构的特征不断显现。与此相关，社会阶层结构变化出现许多新特点。

一是社会阶层结构趋向“中产化”。2001年，中产阶层的占比只有15%左右[①]，2017年这一比例达到34%，人口规模超过4亿人。中产阶层规模扩大的原因主要是：其一是2001年我国加入世界贸易组织后，经济步入新一轮持续快速发展期。经济持续快速增长创造出大量的社会财富，使得民众的收入有了显著提高，这是中产阶层队伍扩大的直接原因。其二是资本市场在2000年以后步入快速发展阶段，相当一部分群体从房地产、金融市场的投资中获益，实现财富迅速增加。其三是1999年高校扩招创造了更多的高等教育机会，招生规模从几十万扩大到超过800万，为以高学历为主要特征的中产阶层输送了大量后备军。其四是城镇化提速为一部分农业转移人口实现财富积累提供了契机。[②]

中产阶层的发展不仅体现在数量上，更表现在经济、社会、政治、生活中的作用越来越明显上。在经济上，他们是市场领域的中坚力量。中产阶层作为市场主力，活跃在各类经济部门的生产经营活动中，为市场运行贡献着重要的力量。同时，他们具有较强的消费能力，从生存性消费向发展性消费转变，成为消费领域的中坚力量。他们是文化旅游、健康美容、品牌消费的主力军，更愿意花钱供子女出国留学，在住房、汽车等大件耐用消费品上投入很大。在社会领域，他们是现代价值理念的倡导者。近20年来，随着中产阶层和年轻一代的成长，社会成员的自主性增强，最突出的表现是积极参与重大灾难事件应急救援，例如，2008年抗震救灾和2020年的抗击新冠肺炎疫情，大批中产阶层人士慷慨捐钱捐物，冒险参加志愿服务。在政治方面，他们是政治民主化的重要力量。据调查，我国新兴中产阶层具有较强的政治权力意识，认为“权力民

① 陆学艺主编：《当代中国社会阶层研究报告》，社会科学文献出版社2002年版。
② 胡建国：《社会阶层结构》（内部文稿），2020年。

有”的比例高于其他阶层平均水平。同时，他们对政府工作的评价也高于其他阶层平均水平，对政治体制改革有更多期待。[①]总体而言，中产阶层的政治态度是积极而非激进，是改革而非革命，是民主政治的建设力量。由于市场化和全球化不确定性加大，以及社会体制不健全，中产阶层的安全感有待提高，一方面对未来有良好的预期，另一方面有着焦虑与不满。近年来，房价高涨、子女上学难、看病贵等民生压力同样困扰着中产阶层，社会上流传着“一套房消灭一个中产阶层”的说法。

二是国家与社会管理者阶层主导地位得到强化。市场化改革冲击着原来的总体性社会，改变着计划经济时期国家绝对垄断资源和机会的状况，特别是20世纪90年代中后期，进行了大规模国有企业改革，政府机构也相应改革、转变职能、精兵简政，以适应社会主义市场经济体制发展的需要。一段时期内，国有企业和党政机关干部的控制力有所减弱、影响力有所下降。但是，随着改革深入推进，国有企业浴火重生、做大做强，掌握国民经济命脉。随着2000年以后城镇化进程提速，土地变现使得各级政府特别是中央政府的财力空前增强。从治理方式来看，项目制成为主流。这使得国家与社会管理者阶层掌握的资源及分配权力越来越大。党的十八大以来，党的建设全面加强，强调党对一切工作的全面领导，党的向心力、凝聚力、号召力、组织力和领导力不断增强。坚持市场和政府两种力量合理配置，一方面使市场在资源配置中起决定性作用；另一方面要求更好地发挥政府的作用，以矫正市场的缺陷。国家对市场和社会的调控能力得到加强，管理人员的影响力和地位得到提升。20世纪90年代，一度出现大批体制内人员“下海潮”现象。2000年以后，这种情况有所改变，从体制外流入体制内成为人们择业的首选，公务员和事业单位招聘考试热度持续不减。[②]

三是私营企业主素质和影响力大幅提升。新世纪以来，私营企业主阶层发展远远快于20世纪80年代和90年代，不仅规模扩大，其构成也发生了质的变

---

① 胡建国等：《中国中产阶层社会政治态度研究》，社会科学文献出版社2016年版。

② 胡建国：《社会阶层结构》（内部文稿），2020年。

化，阶层地位不断提升。根据中国私营企业主调查数据，1993 年有 3 成左右被调查的私营企业主曾经是专业技术人员、党政干部和企业负责人等，到了 2000 年这一比例上升到近 4 成，2008 年则超过 5 成，2014 年略有下降，也占到 46.6%。曾是工人、农民等普通身份的比例不断下降，从 36.6% 下降至 10.3%。在经济方面，2000 年以后，私营企业主阶层拥有的经济资源呈现聚集化趋势。2000 年，中国私营企业主工业企业资产不到 4000 亿元，2010 年则上升到 11.7 万亿元，2014 年则高达 21.3 万亿元。胡润中国财富榜单上绝大部分上榜富人是私营企业主，2000 年上榜前 50 名富人财富合计 848.5 亿元，2010 年提高到 1.3 万亿元，2015 年达到 2.78 万亿元。在政治方面，2000 年以后私营企业主成为社会主义建设者，可以加入中国共产党，成为人大代表、政协委员，参加工商联，从多个方面拥有参政议政的渠道和机会。1993 年，私营企业主阶层中中共党员的比例为 13.4%，2000 年为 19.9%，2014 年达到 33% 左右，意味着 1/3 的私营企业主是中共党员。2000 年以前私营企业主阶层中的中共党员主要来源于“下海”创办私营企业的领导干部，此后的党员数量增加则是党在私营企业主阶层中发展党员的结果。在文化方面，从 1993 年到 2014 年私营企业主阶层中拥有大学学历的比例从 16.2% 提高到 68.3%；初中及小学以下学历的比例，从 46.9% 下降到 7.4%。因此，新世纪以来，私营企业主阶层完成了由草根到精英的“脱胎换骨”式蜕变，实现了从“体制外生存”到“体制内承认”的转换，对经济社会和政策制定的影响力越来越大。不过，私营企业主阶层在劳资关系、政商关系、社会认同等方面也面临着诸多挑战与困惑。①

四是普通社会阶层发展空间收窄。首先表现为贫富差距扩大。2000 年以后，城乡居民收入的基尼系数持续增大，在 2008 年达到峰值 0.491，此后开始下降，但始终维持在 0.46 以上。如果用财富的基尼系数则数值更高。一方面，私营企业主资产快速增值，中产阶层从房地产、股票等资本市场中获益；另一方面，普通社会阶层获益较少甚至出局。其次，在文化资源方面，不同社会阶

---

① 胡建国：《社会阶层结构》（内部文稿），2020 年。

层间的教育不平等在扩大。2019 年，义务教育实现全面普及，高中阶段教育普及率接近 90%，高等教育毛入学率达到 51.6%。但是，普通家庭子女特别是农村学生享受优质教育资源的机会相对较少。1999 年高校扩招后教育不平等不但没有缩小反而扩大，尤其是农村考生处于更加不利的位置。[①] 尽管近年来国家采取不少倾斜措施，但是，从根本上解决不同社会阶层间文化资源的差距任重道远。再次，在政治资源占有方面，不同社会阶层的差距也在扩大，尤其是在各级党代表、人大代表、政协委员的构成方面存在显著差异。不同社会阶层各类资源占有的差距使得精英阶层机会越来越多，而普通社会阶层发展空间受限。有研究指出，“最近几年，在渐进式改革过程中形成的既得利益群体开始努力巩固改革过程中获得的既得利益，而经济增长和改革步伐的放缓为此创造了一定空间，从而使得社会开放性趋于下降”[②]。新世纪以来，社会上流传着“富二代”“官二代”“贫二代”等“二代”现象，进而引发“阶层固化”的讨论。虽然不少研究都指出“阶层固化”并不成立，但是，这种议论反映的是对底层社会成员向上流动难度加大的担忧。从社会流动距离来看，虽然改革开放以来我国一直维持着较高的社会流动水平，但是，远距离的社会流动难度在上升，即人们很难再像 20 世纪 80—90 年代那样实现从草根阶层到精英阶层的大幅度“阶层跨越”式向上流动，社会流动越来越以相邻阶层间的近距离、高频率流动为主。[③]

五是各社会阶层主观地位认同偏低。改革开放以来，绝大多数社会成员的生活水平都有很大的提高和改善，以职业地位测量的客观社会阶层地位都有提高，处于下层和中下层的职业地位群体规模缩小，而处于中层、中上层甚至上层的职业地位群体的规模则相应有所扩大。然而大量的调查数据表明，人们对自身经济社会地位的主观认同却呈现出一种不同的变化趋势。据调查，2001 年

---

① 李春玲：《高等教育扩张与教育机会不平等——高校扩招的平等化效应考查》，《社会学研究》2010 年第 3 期。

② 李路路、石磊、朱斌：《固化还是流动？》，《社会学研究》2018 年第 6 期。

③ 胡建国：《社会阶层结构》（内部文稿），2020 年。

至2011年十年间，被调查者的主观经济社会地位认同结构出现了前期明显下沉，然后不稳定上扬的趋势。[①]当前这种状况并没有明显改变。中国社会科学院社会学研究所2013年和2015年度全国抽样调查数据均显示，有相当一部分人的个人财富、收入和消费水平都达到了中等程度甚至较高水平，但他们倾向于认为自己是中下层或下层。按客观指标定义的中产阶级人数明显增长，但承认自己是中间阶层或中产阶级的人的比例却没有明显增长。[②]不少人认为自己是“被中产”了。

对于造成客观地位和主观地位不一致的原因，有多种研究和解释。有研究认为，一是相对剥夺感，例如，社会贫富差距扩大在一定程度上削弱了中产阶层的社会认同；二是焦虑感和生活压力较大，例如，在住房、医疗、养老、就业和物价等方面感受到较大的压力；三是制度性歧视使得部分中等收入群体并不完全认同其属于中产阶层，例如进城务工人员。主客观阶层认同不一致，还与社会环境变迁以及重大历史事件的影响密切相关，形成代际认同的显著差异。20世纪60年代之前的群体倾向于政治身份建立中产阶层认同，认为体制内工作是个人是否属于中产阶层的重要判断标准。而“80后”“90后”群体在阶层认同上更依赖其对自身经济身份的判断，认为金钱收入、市场机遇、资源的占有是判断个人是否属于中产阶层的标准。[③]还有人提出“混合型”主观阶层认同的概念，并用中国综合社会调查2010年和2013年的数据研究了我国民众的主观阶层认同及其偏差的影响因素。研究成果表明，本人、配偶和父母的客观社会地位都会影响个体的主观阶层认同，且配偶和父母的社会地位是导致个体的主客观阶层地位出现偏差的重要因素。[④]无论哪种解释，主观阶层地位认同比客

---

① 陈光金：《不仅有“相对剥夺感”，还有“生存焦虑”——中国主观认同阶层分布十年变迁的实证分析（2001—2011）》，《黑龙江社会科学》2013年第5期。

② 李春玲：《中国中产阶级的不安全感和焦虑心态》，《文化纵横》2016年第4期。

③ 崔岩、黄永亮：《中等收入群体客观社会地位与主观阶层认同分析》，《社会发展研究》2017年第3期。

④ 许琪：《“混合型”主观阶层认同：关于中国民众阶层认同的新解释》，《社会学研究》2018年第6期。

观阶层地位认同比例低都是一个值得注意的社会问题，至少表明人们改革的获得感、幸福感和安全感并没有随着物质条件的改善而同步提高。

三、社会阶层结构变化对发展和稳定的影响

我国当前社会阶层结构是国家改革发展政策及其实践的结果，推动了国家现代化发展，维护了社会稳定。就经济发展而言，中产阶层人数不断扩大，对于科技创新、职业和就业结构升级，增强消费能力，扩大内需具有积极意义。另一方面，中产阶层的壮大还有助于形成理性平和的社会心态以及进取包容的价值观。数以亿计的农业人口转移到第二三产业就业，进入城市工作和生活，为中国城市化做出巨大贡献，也使其社会阶层地位得到较大提升。2020 年突如其来的新冠肺炎疫情对我国以及整个世界经济社会发展产生巨大影响，在以习近平同志为核心的党中央的正确领导下，中国取得抗击疫情胜利的重大战略成果，其中一个重要原因是中国社会阶层结构具有较强的抗击风险能力，这种能力表现为经济具有顽强韧性，表现为人民群众空前团结、社会稳定有序。

在看到新世纪以来我国社会阶层结构变迁积极意义的同时，还应该清醒地认识到存在的问题。

我国"中产化"程度仍然较低而且还不够稳定，直接影响经济高质量发展和社会稳定。发达国家中产阶层的比重一般都在 60% 以上，少数国家甚至高达 80%。目前我国中等收入群体的比重仅为 30% 左右，大约有 4 亿人。从总量上看，我国拥有世界上最为庞大的中产阶层人群，但是，他们在总人口中的比例却较低。这表明我国离现代化的社会阶层结构还有相当的差距，"橄榄型"社会阶层结构远未形成，社会阶层结构转型升级任重道远。由于新冠肺炎疫情，我国经济社会发展面临的内外部环境更加复杂多变，困难和挑战巨大，不仅影响中产阶层规模进一步扩大，而且还影响到现有中产阶层地位的稳定。从近期看，疫情中受到影响较重的，一是中低收入群体。他们抗风险能力比较弱，家庭日常生活、子女上学、老人看病、房贷车贷还款等经济压力大。稍有不慎，一部

分人就可能跌入负资产阶层。二是中小企业主。由于物流、产业链中断以及消费市场萎缩，他们的中产化程度褪色。

农民工群体整体素质能力不高，缺乏相应的制度安排，制约了第二三产业转型升级和城乡发展。工人队伍空前壮大为我国制造业大发展提供了人力保障，而制造业大发展也促进了工人队伍的成长。但是，应该看到，农民工成为工人队伍的主体，一方面是社会发展进步的体现；另一方面，由于农民工素质普遍较低，而且没有形成与之配套的稳定的农民工培养机制和职业上升通道，不仅影响制造业大国向制造业强国迈进的进程，也会影响第三产业的发展质量。在大量农民工进城从事第二三产业的过程中，一个值得注意的现象是，愿意从事农业生产的青壮年人口越来越少，尤其是“90后”“00后”人群，不愿意在农村种地生活，进城后又就业难、融入难，存在冲击农业生产和城市稳定的双重风险。

社会阶层关系面临新挑战。由于社会阶层结构的变化，劳资关系、官民关系、政商关系面临新难题。新世纪以来，我国在保护普通工人权益、规范领导干部行为、建立新型政商关系方面做了很多工作，取得了积极的成效。在劳资关系方面，修订完善了一系列法律法规，例如，《劳动法》《就业促进法》《劳动合同法》，对普通劳动者权益给予更多保护；通过加大反腐败力度和加强政治建设，使得各级领导干部更加谨慎用权、善待群众；要求领导干部和私营企业主建立既亲又清的新型政商关系，营商环境大为好转。但是，也要看到，随着新兴就业平台和职业的出现，例如，家政工、快递从业人员、平台经济从业人员等，他们的权益如何保护、劳动关系如何处理，还面临法律上的困境。在官民关系方面，国家与社会管理阶层主导地位增强可能会有两方面的效果，一方面能够提高行政效率，减少沟通协调成本；但是，另一方面，如果公共政策和治理措施缺乏民意基础，又会引起社会不满和矛盾，容易造成官民对立冲突。在政商关系方面，仍然存在官商勾结、利益交换的风险。处理社会阶层关系、促进社会阶层和谐的关键是，建立有效的利益表达、利益整合和利益协调机制。改革开放以后出生的新生代，特别是新世纪出生的年轻人，已经成为现代化建设的主力军，他们的文化素质普遍比其父辈高，重视自身权益保障，对于发展机会和职业规划有更多更高的期待。如果不能适应社会阶层结构的新变化新要求，建立科学有效的利益表达、利益协调和权益保障机制，社会阶层矛盾和冲突就难以避免。

社会心态和价值认同喜中有忧。新中国成立70年来，特别是党的十八大以来，我国现代化发展取得巨大成就，全国人民感到无比自豪，对社会主流价值观的认同进一步增强。但是，也应该看到，由于贫富差距问题没有得到很好地解决，社会向上流动机会减少，疫情的冲击以及对外开放遇到新挑战，包括中产阶层在内的社会焦虑在增加，社会预期不够稳定。

四、优化社会阶层结构的几点思考

一要提高对优化社会阶层结构重要意义的认识。优化社会阶层结构的目的，是让改革发展成果更多更好地惠及全体人民，促进社会公平正义，促进经济健康发展，维护社会和谐稳定，巩固党的执政地位。优化社会阶层结构的目标是建立与经济结构相适应的社会阶层结构。社会阶层结构犹如人体的骨架，是社会运行的基本支撑，离开健康合理的社会阶层结构，社会运行就会出现障碍。现代化国家的重要标志是社会阶层结构的现代化。有了现代化的社会阶层结构，社会就能够良性运行和协调发展，即使受到外部不确定性的冲击，也会有较强的抗风险能力和较快的自愈能力。

近年来，欧美国家社会冲突加剧、民粹主义盛行，与中产阶层地位下降、工人阶级长期被边缘化、财富分配差距扩大、权力精英和市场精英自私颟顸有很大关系。这些现象的出现，既是资本主义制度深层矛盾与危机的结果，也与市场化自身规律、公共权力运行逻辑、社会成员生活环境甚至人性弱点有关。虽然中国特色社会主义制度具有独特的优势，但是，西方国家出现的社会对立与治理困境还是值得我们警惕和防范。因此，需要重新认识和科学运用马克思主义阶级阶层分析方法，优化社会阶层结构和协调阶层关系，为发展中国特色社会主义事业服务。

二要明确优化社会阶层结构的总体思路。优化社会阶层结构需要反弹琵琶，其思路、方法和手段不在阶层本身，而在完善与社会阶层相关的各种制度和政策。社会阶层结构体现着社会阶层成员的经济、政治、社会和文化地位，涉及多种利益关系。因此，优化社会阶层结构，必定会涉及经济、政治、社会和文化多方面的政策和制度安排。要全面贯彻落实习近平新时代中国特色社会主义思想，毫不动摇地坚持市场化和法治化改革方向，稳步推进新型城镇化建设，大力实施乡村振兴战略、区域协调发展战略、创新驱动发展战略；完善公共政策，特别是就业政策、收入分配政策、住房政策、教育政策、社会保障政策；规范领导干部行为，形成健康的政商关系，维护好普通群众的合法权益；加强社会主义核心价值观教育，鼓励劳动和创造致富，克服浮躁和一夜暴富心理，培育自尊自信、理性平和、积极向上的社会心态。

三要聚焦优化社会阶层结构的重点任务。我国现阶段社会阶层结构与经济结构不相适应，主要表现为中产阶层比重较小，普通工人和农民阶层比重仍然较高。因此，优化社会阶层结构的重点任务，一是按照“该大的大起来、该小的小下去”的目标，着力培育中产阶层，减少普通工人特别是农业劳动者阶层比重；二是畅通流动渠道，让每个阶层都能感受到向上流动的希望，有人生出彩的机会；三是妥善协调不同阶层之间的关系，规范优势阶层的行为，保护弱势阶层的权益，促进阶层和谐。

当前，要稳定和扩大中等收入群体规模，不断壮大中产阶层。一方面要稳住现有中等收入群体，防止由于就业、创业、房价等原因一部分人向下滑出中等收入群体。在稳定的基础上进一步提升他们的收入和社会阶层地位。另一方面，还要进一步扩大中等收入群体规模。对于广大中低收入人员，特别是高校毕业生、农民工、个体工商户、小微企业主、普通工薪人员，要想方设法提升他们的收入水平，将其中一部分人培养成中等收入人员。已经进入城市的近3亿农民工，是扩大中等收入群体的后备军。要建立农民工分类培养、分类使用、分类激励、分类帮扶的机制，不断提高农民工职业技能和就业能力，维护好他们的合法权益。同时，支持农民工在地创业、返乡投资，参与电商创业和绿色农业，进一步促进农民工城市融入和市民化。

四要制定公共政策要有社会阶层观念。坚持以人民为中心，不是抽象的、空洞的口号，需要体现在具体的公共政策制定和实施过程中。各级党委政府在制定经济发展规划、招商引资、就业支持、住房、税收、土地、教育、人口发展、社会保障等各方面政策时，都要注意兼顾和平衡不同社会阶层的利益。一项政策会使哪些群体和阶层受益，各个群体和阶层的受益程度如何，还有哪些群体利益可能受损，都需要清楚明了。要防止公共政策偏向少数优势阶层和利益群体，陷入“精英俘获”困境，造成富者愈富、穷者愈穷的“马太效应”。还要从优化社会阶层结构的角度进一步深化改革，不断完善现有的城乡户籍制度、教育制度、社会保障制度和基本公共服务制度。

五要建立健全科学合理的社会流动机制。要保持社会阶层边界的开放性，促进社会流动。要促进向上社会流动，给中下社会阶层成员以奋斗的希望。要创造条件促进横向社会流动，一是体制内党政机关、企业事业单位人员要加大相互交流力度；二是鼓励和支持体制内外人员相互交流，特别要探索打破身份限制的办法，吸纳更多体制外优秀人士进入体制内工作，以增强社会活力。个人生命历程中的向上社会流动（即代内流动）固然重要，但更重要的是与其父辈相比的向上社会流动（即代际流动）。要合理设置教育、职业等制度，减少家庭出身等先赋性因素对个人社会流动的影响。历史经验表明，有阶层不可怕，可怕的是社会阶层不流动，社会阶层结构固化，底层人群看不到向上流动的希望，社会秩序和社会稳定就会面临威胁。

六要因势利导综合施策。优化社会阶层结构需要一个过程，不可能指望一蹴而就。因此，要尊重客观历史规律，顺势而为、积极推进。要运用好市场、政府、社会三种力量、三种机制，因为市场、政府和社会都有可能失灵，只有三者配合起来，社会发展和社会阶层结构优化才会朝着理想的方向前进。要注意防止两种错误倾向。一是放任自流。社会阶层结构的演变首先与经济结构、产业结构、职业结构紧密相关。随着经济结构、产业结构和职业结构的调整升级，社会阶层结构也会随之发生变化。但是，社会阶层结构的变化又受制于社会管理制度，例如，人口管理制度、就业制度、收入和财富分配制度、社会福利制度等，因此，经济的发展不会自动带来社会结构的合理化，还需要运用政府和社会力量进行干预调节。二是“劫富济贫”。优化社会阶层结构绝不是劫富济贫，而是要在补齐短板基础上促进共同发展、共同富裕。共同富裕也不等于同步富裕。要提高低收入阶层的收入水平，扩大中等收入群体规模，限制过高收入，规范灰色收入，打击非法收入，保护合法收入。要防止民粹主义滋生蔓延。

超大城市防控新冠病毒的秩序维度

毛寿龙 *

【导语】新冠肺炎疫情已经成为人类文明面临的严峻挑战。当代人类文明的核心是城市文明，大城市在，文明就在；大城市不在，文明也就不在了。在新冠肺炎疫情当前，下一次疫情或许也并非遥远的状态下，我们的超大城市，如何捍卫公共卫生安全？如何捍卫我们的文明不会被传染病“洞穿”？

一、怎样避免防控走弯路?

全国各地新增病例已经基本在可防可控状态，很多省、市、自治区很长时间以来已经没有疫情。自 6 月份开始，北京新发地、新疆乌鲁木齐和辽宁大连，陆续有本地疫情发生，主要原因是进口冷链物流存在新冠病毒。中国经济第一季度受到很大的打击，第二季度开始逐步恢复。目前，中国本土疫情传播基本在可防可控范围内。现在的核心问题是如何应对输入性传播，以及可能发生的本地疫情；如何在常态化防疫状态下确保社会经济的活力，并在确保经济社会活力的情况下进行常态化防疫。

目前，海外疫情还在持续，每天新增病例仍以 20 万计。截至 2020 年 8 月 6 日下午 1 点，全世界累计确诊 1889.1151 万人，昨天单日新增 265796 病例，累计死亡 706557 人，昨日新增死亡 6753 病例。东亚国家和地区控制得相对比较好；但很多发达国家，包括美国、英国、意大利、法国、德国等，以及发展

---

* 毛寿龙，中国人民大学公共管理学院公共财政与公共政策研究所教授、博导，全国政协参政议政人才库特聘专家，研究领域为制度分析与公共政策、公共管理与治道变革。

中国家，如印度、巴西等，疫情控制的状况都不是很好，现在依然在进行艰苦抗疫。当前全球新冠肺炎疫情防控现状仍非常不容乐观，且对疫情的认识，也一直存在很大的问题。

第一个问题是，我们对新冠病毒虽然有了很多认识，但还是不足以让我们认清其全貌，从而可以采取立竿见影的有效措施。疫情暴发后，临床专家经过两周左右的时间才得以确定病毒具备人传人的特点，且经由肢体接触和飞沫进行传播。北京新发地、辽宁大连的疫情表明，冷链物流也是新冠病毒的一种传播途径。

截至目前，全球范围内，部分地区仍未对是否应佩戴口罩这一问题达成共识；专家对病毒危害性的认识也不一致，有些认为这是类似于甲流那样的流感，只是有些严重；有些则认为不能低估其危害性，不加控制，后果严重。认知缺乏共识，导致人们对其态度也各不相同，防疫措施时松时紧，对防疫措施的配合度也各有差异。

其次是因为认知有限，且存在分歧，不足以充分指导相关的防疫措施，所以政治家和专家也往往难以合作。中国、韩国、日本、新加坡等亚洲国家和地区的政治家和专家的认知高度一致，所以到目前为止，这些国家和地区，尤其是中国，虽然遭遇到了非常严峻的考验，但疫情应对得当，现在基本都在可控制的范围内。

与此相对，在中国及其周边国家都在艰苦抗疫的时候，很多发达国家虽然出现了零星的输入性病例，但都没有引起足够的重视，以至于疫情首先在意大利北部区域严重化，然后是西班牙、德国、法国和英国，接着是美国，相继进入疫情暴发期。尤其是英国和美国。英国的情形是政治家最初听从了公共卫生顾问的意见，认为新冠病毒是不可控制的流行病，政府没有办法防控，只能期待群体免疫；后来英国政治家放弃了公共卫生顾问的意见，转而开始选择积极抗疫，但疫情已经蔓延。美国的情形是政治家一直比较关心经济，而流行病学专家仅关注专业防控，疾控中心虽然负有防疫重担，却没有给地方城市提供专业的支持，于是出现纽约等大都市的疫情大暴发。现在美国纽约等地高度重视防疫，控制得比较好，但在德州和亚利桑那州等地，由于本地政府和民众不重视，使得疫情发展很快，变成了美国疫情最严重的地区。这说明，对于一个国家来说，高度重视新冠病毒，正确认识新冠病毒的危害性，选择适当的防疫措施，然后在行动上政治家和公共卫生专家达成共识，是非常重要的。这对于千万人口等级的国际化大都市来说，尤其重要。

这一点对中国来说也尤其重要。虽然说，从新发病例的角度来看，全国大部分地区本地病例清零已有一段时间，但国际疫情形势复杂，短期内很难完全控制局面，存在很大的输入性压力，而且新冠病毒存在无症状感染，个别潜伏期还很长。国内的疫情形势表面上可以轻松应对，但实际上抗疫胜利的成果依然是十分脆弱的，不绷紧神经就可能前功尽弃。

二、“武汉模式”与“非武汉模式”

2019 年 12 月底，湖北省武汉市疾控中心监测发现不明原因肺炎病例。2020 年 1 月 23 日，武汉市宣布“封城”，900 多万人留在了这座被迫按下暂停键的城市。3 月 25 日，武汉调整为中风险地区。4 月 8 日，武汉“解封”。

对新冠肺炎疫情有一个从认知到达成共识，然后采取适当措施抗疫的过程。而且每一个特大城市往往都是国际性大都市，其所面临的新冠肺炎疫情各不相同，加之城市治理体系和治理能力的不同特点，使得各大城市形成了不同的抗击疫情模式。

第一种模式是“武汉模式”，或者说“封城”模式。武汉作为第一个发生疫情的千万人口等级的大都市，在疫情发生的初期没有充分认识到危害。所以，一直到中期，才仓促形成应对策略。武汉封锁了进出的交通通道，包括飞机、铁路和高速公路。“封城”的确在第一时间切断了病毒从武汉进一步传播的物理途径，但也使得武汉感染新冠病毒的病人不得不流向本地已经开始紧张的医护资源，本地医院不堪重负，医护人员也因防护物资不足而出现感染。这一状况在 10 天后才开始得到逐步缓解，因为此后本地新建医院开始投入使用，外地医护人员陆续驰援武汉，方舱医院开始建立和使用。武汉方面也开始实施封锁社区的政策，以进一步切断社区传播。这一措施实施后，经过一个多月的努力，疫情终于得到了控制。

可以说，“武汉模式”的重点其实不在“封城”。“封城”是武汉顾全大局的自我牺牲。武汉模式的重点在于多方面驰援协同作战的医护模式，以及有效的社区抗疫模式。这一模式对于湖北地区其他城市也非常有效，整个湖北依托这一模式改变了形势。

第二种是中国其他地区的模式，也就是“非武汉模式”。在武汉“封城”之后，新冠病毒在中国的蔓延其实并没有马上被阻止，因为“封城”前已经有500万人员流出武汉，到达全国各地。中国的大都市都面临极其紧张的疫情风险。对于这些地区来说，由于确诊病例不多，医护资源相对充足，没有发生医院病床不足的问题，但是社区传播的形势却不容乐观。

归结起来，最核心的措施应该就是三个方面：早发现、早治疗、早隔离，形成专业秩序，切断确诊病人的再次传播，切断人群的密切接触；以社区为单位，动员各个方面的力量，进行社交和生活隔离，切断社区传播链条，减少流行病学应对负担；确立与防疫秩序相兼容的工作秩序，能远程工作的就远程工作，一旦不得不集中工作，就要做足准备工作，如远距离吃饭等。其中社区隔离是重中之重的措施，因为这样才能真正解决社区传播问题，强迫隐藏在无症状感染者身上的病毒现身，或者在感染者身上自行消失。

第三种模式是“北京新发地模式”。6月12日北京新发地病例浮出水面后，北京市在三级防控、二级措施和一级工作状态下，开始抗疫工作，后来北京升格为二级响应。主要措施是：早发现、早治疗、早隔离，把可能的感染人群和密集接触者隔离进行医学观察。以强大的组织能力，让此后几天发病的人，基本上都在专业防控秩序之内。

为确保社会经济活力，风险等级划分以街道和社区为单位，而不再以区为单位。高风险社区封闭式管理，中风险社区严格管理，在京外地人员出京，必须有核酸检测阴性证明，本地人非必要不外出，实在有必要则持7日内核酸检测阴性证明出京。

按照风险级别和防控等级，北京进行了大规模的核酸检测。在检测力量有限的情况下，采取群检测的模式，也就是说10个样本作为一份样本检测，这样如果检测1万人次，相当于检测了10万人次。如果有10万人次检测，那么相当于检测了100万人次。如果10个样本中有一个出现阳性，则对这10个样本再进行重点检测。这一方法大大提升了北京市的检测能力，新发地疫情期间，北京一共检测了1000多万人次。

北京新发地抗疫模式，后来为新疆乌鲁木齐和辽宁大连所使用，效果良好。它一方面是精准，另一方面是广泛，快速精准找到密切接触者，广泛建立防疫网，不仅实现有效抗疫，而且还能够确保社会经济活力。北京市经过一个月的努力，本地病例就清零，14天后，防疫级别下降为三级，社会经济基本上进入了常规状态。

三、超大城市如何建立“适度防疫秩序”

自疫情发生以来，中国以及世界各国分享抗疫经验，专门建立了疫情防控和临床诊治领域的在线知识中心和国际合作专家库。总结各国抗疫的经验教训，不仅有利于世界各国应对新冠肺炎疫情，也有利于我们进一步更好地应对下一次疫情。

首先，就发达国家来说，最重要的经验就是要有更多、更好的医疗服务设施。建设更多的医院，建设更多的ICU，生产更多的呼吸机等防护设备，培养更多的医护人员，这是发达国家致死率比较低的一个重要原因。中国作为发展中国家，这些方面的基础设施和条件，与发达国家相比还有差距，因此需要根据自己的能力，做好这些准备。

其次，要有更好的社区医院和诊所，建立分级诊疗秩序。新加坡和日本的经验是，社区医院和诊所发展得比较好，这样在社区就可以处理很多轻症病人，从而在医疗秩序内容纳更多的轻症病人，让大医院来处理更为棘手的重症病人。

我们的大城市建设了很多大医院，但社区医院和诊所一直被作为基层医疗点来对待，基础设施落后，值得我们重视。对我们的分级诊疗制度来说，尤其是要重视这一点：基层社区医院和诊所，绝对不应该是技术和服务质量低水平的医疗机构。

再次，要开发诊断技术。如果能有简单、方便和准确的诊断技术，及时分检出无症状感染者，那就可以像韩国那样，在重点疫区实施大规模诊断筛查，及时分离出无症状感染者，及时给予适当的隔离，这样更具有针对性，不用一人得病，大家都吃药。这样不仅可以有效控制疫情，还同时给未感染者提供适当的保护，让其正常的生活、社会和工作秩序不受影响，从而减少全面社区封锁管理所带来的成本过高以致很难持续的问题。

最后，精准防疫和广泛防疫相结合。出现疫情，要精准防疫，用专业的医疗和医学观察来进行防疫。同时用大规模检测的技术，精确识别可能的传播源，让有健康码的人能够在常规防疫状态下确保正常的生活秩序。防疫既不能宽松无力，也不能过度，确保有效防疫和确保社会经济活力，都是非常重要的。

疫情常态化下的基层社会治理

巢小丽*

【导语】党的十九届四中全会《决定》明确提出，要“建设人人有责、人人尽责、人人享有的社会治理共同体……推动社会治理和服务重心向基层下移”。面对突如其来的新冠肺炎疫情，宁波市以街居为代表的基层社会经历了从困境迭出到积极应对再到逐渐控制的过程。宁波市疫情防控的整体过程表明，有效抗疫机制的运行、多元化力量的参与和多样化技术手段的运用是此次疫情能在社区得到控制的三大要因。随着疫情风险等级的降低，基层社会治理重心由“严防严控”转为“控促并进”，协同共济成为疫情常态化下基层社会治理的必然路径选择。

2020年年初突然而至的新冠肺炎疫情，从始于一域到全城再到举国，来势汹涌。其全面有效应对既是对国家治理能力的一次严峻挑战，更是对社会治理能力，尤其基层社会治理能力的一次艰难大考。纷繁现实和林林总总的数据表明，过去这段时间里，全国各地经历了从茫然无措、手忙脚乱到沉稳应对、井然有序的转向，这是得益于以习近平同志为核心的党中央统一部署指挥、应对非常规性卫生安全危机事件的举国机制、充满大爱和牺牲精神的医护群体倾情付出等的推动和影响。在这样的整体影响下，以街居为代表的基层社会，以物理隔离方式，在城市空间竖起了一道道“防护罩”“安全网”，疫情扩散和传播在社区层面得到控制。在最令人不安、恐慌、未知的日子里，新冠肺炎疫情是

* 巢小丽，中共宁波市委党校（宁波行政学院、宁波社会主义学院）公共管理教研部教授，管理学博士，研究方向为社区发展与公共政策。

如何在社区被控制住的呢？本文聚焦这一议题，试图通过对宁波市街居层面抗疫过程的整体回顾和全面梳理，找到答案，并在此基础上探讨疫情常态化下基层社会的治理之路。

一、浙江省宁波市新冠疫情肺炎防控总体成效

宁波，简称“甬”，地处浙江省，中国副省级城市、计划单列市，全国历史文化名城，东南沿海重要港口城市，长三角南翼经济中心。截至 7 月 27 日 24 时，宁波市无新增境外输入确诊病例、无新增无症状感染者、无新增本地确诊病例；自 1 月 22 日至今，累计报告境内新型冠状病毒肺炎确诊病例 157 例（其中，海曙区 69 例、江北区 5 例、镇海区 3 例、北仑区 11 例、鄞州区 13 例、奉化区 3 例、宁海县 11 例、象山县 2 例、余姚市 11 例、慈溪市 25 例、高新区 2 例、东钱湖 1 例、杭州湾新区 1 例），157 例已全部出院；累计报告境外输入新型冠状病毒肺炎确诊病例 3 例，境外输入新型冠状病毒无症状感染者 5 例，已全部出院；全市共追踪到密切接触者 3479 人，已全部解除医学观察。①

二、宁波市城市基层疫情防控整体过程回顾

截至 2019 年年底，宁波市下辖 6 个区、2 个县、2 个县级市，73 个镇、10 个乡、73 个街道，734 个居委会和 2477 个村委会，总面积达 9816 平方千米，常住人口 854.2 万人。② 根据宁波市卫健委的公开数据，在过去六个多月时间里，宁波市下辖各区域疫情防控总体上卓有成效。从市域视角来看，该成效直接得益于在以习近平同志为核心的党中央亲自部署指挥下，宁波市“市—区—街”

① 《宁波市新型冠状病毒感染的肺炎疫情通报》，宁波市卫生健康委员会网 http://wjw.ningbo.gov.cn/art/2020/7/27/art_1229128356_53083433.html，2020 年 7 月 27 日。

② 《行政区划和区域面积》，宁波市人民政府网 http://gtoc.ningbo.gov.cn/col/col138/index.html，2020 年 7 月 27 日。

三级抗疫体系的形成，组织迅速、应对及时、坚强有力。“市—区—街”三级抗疫体系中，街道居于末端，是市域层面直接对接市民群众的行政性力量，宁波市各街道与其所辖居委会一起构筑起城市疫情防控第一道安全网，成为基层社会抗击新冠肺炎疫情的最前沿阵地。新冠肺炎疫情暴发以来，宁波市以街居为代表的城市基层排摸疫情、调配物资、服务民众，将确诊患者转移到疫情医疗救治定点机构，将密切接触者、疑似患者集中到指定隔离区域，以物理隔离方式对市民的出行进行严防严控，疫情传播和扩散态势在社区内得到控制。总体而言，宁波市基层社会面对此次新冠肺炎疫情“大考”，经历了从困境迭出到积极应对再到逐渐控制的过程。

（一）基层社会疫情防控的迭出困境

2020 年 1 月 21 日，浙江省陆续确诊多例新冠肺炎病例，紧接着，1 月 23 日浙江省启动重大公共突发卫生事件一级响应。而截至 1 月 23 日 12 时，宁波市累计报告新型冠状病毒感染的肺炎确诊病例 5 例，其中鄞州区 3 例、余姚市 1 例、高新区 1 例；所有病例均有武汉居住史、旅行史或密切接触史，均在定点医疗机构接受隔离治疗，无重症和危重病例，病例病情稳定；密切接触者按规制接受医学观察。[①] 随着浙江省新冠肺炎疫情一级预警的启动，宁波市疫情的发现，宁波“市—区—街”三级疫情抗击体系迅速形成，直面市民群众的街居层面组织工作人员进行社区疫情全面排摸，疫情防控宣传、具体防控措施布置，防止疫情的扩散和蔓延。以鄞州区东柳街道为例，该街道区域面积 4.5 平方千米，下辖 11 个社区，常住居民 32536 户，人口 88370 人，其中户籍人口 51385 人，流动人口 15556 人。自 1 月 21 日起，浙江省尚未启动一级响应，街居层面工作人员就开始对区域内 11 个社区的人员进出和疫情情况进行排摸。截至 5 月底，确诊病例 2 例，清楼核查排摸涉及 62337 人，境内人员核查涉及 5465 人，

① 《宁波市新型冠状病毒感染的肺炎疫情通报》，宁波市卫生健康委员会网 http://wjw.ningbo.gov.cn/art/2020/1/23/art_1229128356_53083433.html，2020 年 7 月 27 日。

入境人员核查涉及2117人，湖北武汉等地重点人员落实管控措施涉及3425人，入境人员管控涉及217人。人员和疫情排摸覆盖街居下辖所有小区、公寓、菜场、商铺等所有人员，防控工作细致、全面。疫情暴发以后，医疗物资的极度紧缺、工作人员的严重缺乏、出行防控执勤政策的区域性冲突，是抗疫不同时间阶段中凸显出的困境。

（二）基层社会疫情防控的积极应对

面对不可捉摸的疫情的不断发生和基层社会防控困境的次第出现，宁波市城市基层积极应对。首先，街居层面在“市—区”两级抗疫体系指导下，迅速建立街道层面疫情防控领导小组，通常以街道党工委书记任组长，社会事务办副主任担任副组长，下辖各社区、街道各科室为成员单位，依据“属地管理、分级负责”原则，制定街居防控总体方案，落实疫情监测、隔离救治、检验检疫等各项措施。其次，根据城市区域性疫情防控的现实需要和不同特点，街居层面设立24小时抗疫循环专班。调查资料表明，截至4月8日武汉疫情反转城市解封的那一日，宁波市街道层面启动、运转过的专班类型极为丰富，基本是只要有需求就有相关需求的专班，具体如公寓、楼宇、店铺、工地、集中隔离点、人员转运等门类齐备的各种专班。这些专班在令人不安、困扰、无措的日子里，起到了极为重要的作用，确诊人群快速转运到医疗救治机构，疑似人群送到专门的隔离点，普通民众限制在其安全居住区域。最后，街居层面推动各住宅小区激活原有网格和楼道资源，来应对和完成所有区域的疫情监测、居家隔离观察、代购居家生活用品、定向定点情绪疏导等各项与市民群众直接相关的关键性服务工作。

通过街居基层网格的全面铺开，宁波基层社会形成了以“领导小组—服务专班—小区网格”自上而下与自下而上互动、融合的街居抗疫三级机制，职责明晰、服务精细、覆盖全面，疫情防控日渐可控、有序。比如在应对医疗物资的极度紧缺上，一方面，街居层面行政性力量主动出击，奔赴各地各处购买口罩、温度计、防护镜、手套、医用酒精等急需医疗物资，发放到区域市民群众手中；另一方面，区域内一些企业、公司、商铺，以及热心市民直接向街居捐赠口罩、洗手液等紧缺型医疗物资，还有的直接送去钱和日常生活型物资。在应对工作人员的严重缺乏上，一方面，自2月5日起全市推行“千名干部守万门”计划，宁波市直、区直各机关单位的党员领导干部全面下沉到社区，参与社区防控小门执勤轮岗；另一方面，通过网络公共平台和小区公告栏发布志愿者招募信息，进而将志愿者、社区民众、小区业主成员组织到城市基层的“小门”防控中，人员匮乏困境逐步缓解。

（三）宁波城市基层疫情防控的思考

回顾宁波市基层疫情防控的整体过程和应对方式，疫情传播和扩散能在社区层面得到控制，有效的机制、多元化力量、多样化技术手段是基层社会抗疫成效的三大核心要素。在有效机制上，宁波市级层面首先是快速形成“市—区—街”三级抗疫体系，解决疫情防控的政策支持、综合协调、医疗救治、信息宣传、督导检查等问题。在该体系的末梢，以街居为代表的基层社会又建立起“领导小组—工作专班—小区网格”工作机制，通过自上而下与自下而上融合、互动，直接面对市民群众，职责明晰、反馈及时、运转高效。多元化力量参与是宁波市此次抗疫最大的亮点，奋战在宁波基层抗疫第一线的，并非是单一的行政性力量。除了危机处置中必然出现的以宁波市直、区直、街居为代表的行政性力量，城市物业、企业家、商超、店铺等市场化力量，以及以居民、志愿者、社会组织等为代表的社会化力量，汇聚在各自所在社区，同舟共济，共同抗击新冠肺炎疫情。在多样化技术手段运用上，从微信、邮箱、QQ群、公众号到健康码、电子封条、移动测温门……，宁波市各街居和辖区内技术公司进行广泛合作、开发，将最新技术手段积极运用到疫情监测和疫情防控中，明显增强了各个环节、各个阶段的抗疫绩效。

突如其来的新冠肺炎疫情，作为一场席卷全国，甚至全球的公共卫生危机事件，给国家、社会、大众带来挑战和困扰的同时，也带来了一些显见的积极变化。对宁波市民抗疫影响的调查表明，很大一部分受访者认为疫情的暴发和应对，对其未来健康生活方式选择和生活态度认知带来了正向影响。此外，街居层面的领导人更发现，在基层社会抗疫中，随着迭出的抗疫困境、复杂的防控情境、不可预测的抗疫期限，参与抗疫中的各级行政性、市场化、社会化力量和组织，以及不同组织中的个体，在危机应对的锤炼中，治理能力、治理水平普遍得到增强。同时，因为基层社会疫情防控的需要，城市街居的所有资源，如与小区居民相关的性别、职业、偏好、受教育程度等所有信息，与街居地域、生活、生产环节相关的各类组织性信息，都被全面梳理过，城市基层社会的区域性资源前所未有地清晰起来。

三、疫情常态化下基层社会治理之路

基层社会治理作为市域治理的重要组成部分，对市域治理及国家治理的总体状况和发展态势起着基础性支撑作用。3 月 2 日，浙江省疫情防控应急响应等级从一级调为二级，这表明浙江省抗疫态势发生转向，疫情风险等级程度降低，新冠肺炎疫情应对进入常态化新阶段。疫情常态化后，继续维持疫情的低风险、推动正常生产生活秩序的恢复，成为新阶段宁波市域运转和发展需要同步进行、齐头并进的两大重点任务。宁波基层社会治理重心从“严防严控”转向“促控并进”，基层社会治理方式自然也应进行相应的调整和必要的创新。

党的十九大报告首次提出，要打造共建共治共享社会治理新格局。党的十九届四中全会更进一步明确指出：“社会治理是国家治理的重要方面。必须加强和创新社会治理，完善党委领导、政府负责、民主协商、社会协同、公众参与、法治保障、科技支撑的社会治理体系，建设人人有责、人人尽责、人人享有的社会治理共同体……加快推进市域社会治理现代化。推动社会治理和服务重心向基层下移。”[①] 显然，社会治理国家层面的战略目标极为明晰，要在党委、

---

① 《中共中央关于坚持和完善中国特色社会主义制度 推进国家治理体系和治理能力现代化若干重大问题的决定》，人民网 http://cpc.people.com.cn/n1/2019/1101/c64094-31431860.html，2019 年 11 月 1 日。

政府、社会等多方力量的协同参与下，推动“人人有责、人人尽责、人人享有”社会治理共同体的形成。这一战略目标，因为新冠肺炎疫情暴发引致的人与人之间、区域与区域之间的隔离，理论上来说，其推进步伐或进展本应会被明显地延迟或搁置。事实上，却因为基层社会的共同抗疫，在实践层面形成了行政、市场、社会多元化力量的协同参与格局，特殊时期结成基层社会抗疫共同体。行政、市场、社会多元化力量的协同参与，这一元素亦成为宁波基层社会抗疫的“点睛之笔”，宁波市整体抗疫卓有成效。结合这一事实，及其给抗疫过程、市域治理所带来的整体变化、影响和所产生绩效，协同共济成为疫情常态化后基层社会治理的必然路径选择。

常态化后基层社会的协同共济治理，一方面强调政府在危机应对和公共事务处置中的主导作用；另一方面着重最大限度调动市场、社会各方资源，更多治理行动主体参与进来，实现政府危机管理向危机协同治理的转变①，实现市域社会生产生活秩序的非常态到经济社会领域的正常运转的转变。通过政府、市场、社会多元化力量的协同共济，来更好应对新阶段城市基层的复杂现实需求，提升基层社会治理效率，优化基层社会治理效果，推动市域经济社会发展的健康步伐。

从目前状况来看，协同共济的基层社会治理首先要充分发挥基层党组织的领导核心作用，构建起疫情常态化后的有效基层治理体系。在城市整体抗疫过程中，基层社会形成的有效运行体系和机制，一定程度上更像是在战时状态或特殊情境的刺激下而产生，因此爆发出极为高效、有力的表现。疫情常态化后，需要将抗疫特殊时期发挥了显著效用的体系和机制，结合市域现实，形成更为持续、有效的基层社会治理体系。在该治理体系中，正如宁波市基层社会抗疫中所显现的那样，党组织居于领导地位，发挥领导核心作用。各级政府依照属地管理原则，具体部署推动所在区域的整体疫情应对和经济社会秩序的恢

---

① 何水：《从政府危机管理走向危机协同治理——兼论中国危机治理范式革新》，《江南社会学院学报》2008年第2期。

复。其次，协同共济的基层社会治理需要提供畅通的参与渠道，最大可能地让基层社会治理主体能真正参与到市域治理和区域公共事务当中来。在此次疫情应对的不同阶段和时间节点，宁波市不同区域都出现了辖区企业、商铺及志愿者、小区业主、社区社会组织等基层治理行动主体的积极身影，缓解了工作人员不足和医疗物资紧缺，为有需求的民众提供生活支援、心理疏导等多样化服务。疫情常态化后，基层社会治理重心和面临困境发生了较大变化，然而多元化治理主体的参与依然是基层社会治理所急需的。不管是日常公共事务的治理、经济社会秩序的恢复，还是基层社会治理新问题的解决，依然由单一的行政性力量来承担，必然负重过度。最终结果是既无法完全满足基层社会治理需求，还影响基层社会治理高绩效，进而导致基层社会治理效果不明显。此次疫情防控中，多元化力量参与抗疫的渠道和方式，可以探讨在疫情常态化后进行必要的固化、提升、设计和完善，使之成为城市基层参与基层社会治理的固定化、公开渠道，方便各个区域的行政、市场、社会等多元化力量参与到基层社会治理的各个领域、各个环节，显现各自优势和效能，快速推动基层社会治理整体进程。

加强抗疫沟通技术，提高基层治理能力

余　佳*

【摘要】“好好说话”，是社会治理的一项基本沟通技术，也是信息传达的方式。事实、观点和情感体验是信息传达的三个方面。作为沟通技术的“好好说话”有以下三个要求：“话不能假”“话不可废”与“话中有情”。分别对应事实、观点与情感体验。“好好说话”要求能够展现事实、凝聚观点、情感共鸣。越是在疫情紧急的时候，人民越需要真相、真话，这是做好基层治理的关键之一。好好说出来的话是有力量的，沟通顺畅之后的社会合力是巨大的。

2020年年初，新冠肺炎疫情在武汉暴发，随着疫情升级，全国大部分群众被迫隔离在家，各大媒体各种终端的信息极度密集，各种说法传言轮番上阵，让人莫衷一是。如何“好好说话”，和深陷疫情中的人民群众有效有情沟通，争取尽早取得防疫战役的胜利，是摆在社会治理工作者面前的重要工作。

“好好说话”，是一种无法企及的高要求吗？回答应该是否定的，因为这只是一门可掌握的技术。沟通的责任人是双方，但主要在信息传达方。沟通技术其实就是信息传达的方式。本文认为，事实、观点和情感体验是信息传达的三个方面。事实是客观存在，可以被验证和证明的，严格来说并无好坏之分，而观点则显然会包含主观的判断。但是也要注意，事实的信息传达很难严格呈现全貌，筛选截取某些片段也会带有主观判断。另一方面，观点表达不可能没有论据，观点是建立在事实基础上的。因此，在信息的传达中，客观事实的一面

* 余佳，清华大学哲学博士，原国家行政学院博士后，武汉理工大学马克思主义学院讲师，研究方向为中国哲学与文化。原稿发表于《社会治理》2020年3月刊，文字有调整。

和主观观点的一面其实是交织在一起的。通过事实和观点传达信息之后会带来情感体验。换句话说，情感体验是以事实和观点作为基础的。

“好好说话”与信息传达的这三个方面息息相关。作为沟通技术的“好好说话”大概有以下三个要求：第一，说得可信可靠，话不能假；第二，说的观点能得到认可，话不可废；第三，话语能够感染人，话中有情。“话不能假”对应的是事实；“话不可废”对应的是观点；“话中有情”对应的是情感体验。“好好说话”就是要求能够展现事实、凝聚观点、情感共鸣，这在基层治理中尤为关键，是检验基层社会治理能力的要点之一。下面我们具体来看这三个要求。

一、话不能假

好好说话的第一个要求是“话不能假”，事实能够顺畅无误地表述出来。诚实、实诚、坦诚，不虚与委蛇，这是和人民群众沟通的基础。

假话的第一种是掩耳盗铃、不实事求是。不说实话给这次防疫带来的是刻骨铭心的痛。现在大家都知道，“人不传人”是假话了。说的这些假话，不管其背后原因为何，所造成的后果都很严重，不仅令政府和人民错过了最佳防疫期，而且让主流沟通渠道丧失了应有的信任度，使随之而来的抗疫工作陷入很大被动的局面。时任湖北省某领导在接受记者采访问及“封城”影响的时候说“物资储备和市场供应是充足的”，却完全忽略了当时医疗物资极度短缺的危机状况，与隔天各大医院线上发布各类医疗物资“弹尽粮绝”的求助募捐公告事实截然相反。从 2019 年 12 月到 2020 年 1 月，多次发生以掩盖和粉饰为目的所造成的舆情沟通事故，无论其初衷如何，都给社会带来了无可挽回的损失。

只有实话实说、实事求是，工作才能有效推进，疫情中人民群众的生命健康和安全才有保障。钟南山院士基于事实，说出新冠病毒人可传人的真话，成为扼制新冠肺炎疫情疯狂发展势头的转折点。抗疫前期核酸检测试剂不足、检测室要求高，而且存在检测时间长、检测量小、检测性不高等问题，导致不少病人无法及时得到确诊，救治无门，轻症转重症，重症危及生命，同时还有传染给他人的高风险。武汉大学中南医院张笑春教授顶住压力，建议用CT影像作为新冠肺炎诊断的主要依据，最终被上级采纳。2020年2月13日，武汉新增病例13436例（含“临床诊断病例”13332例），数据虽猛增，但群众反而心安。当日，某微信公号发表的《吓人的真数据，也比暖人的瘸数据好》，阅读点赞量惊人，也侧面反映了群众不怕事实残酷，但求实话实说的呼声。再比如，经中央批准，国家监察委员会派出调查组赴湖北省武汉市，就群众反映的涉及李文亮医生的有关问题做全面调查，得到人民群众一致叫好，就是因为作为8名“散布谣言者”之一的李文亮医生有担当、敢说真话，他感染病毒不幸去世引发了舆情巨浪，证明了全民呼唤“实话实说”的舆情需求。

假话的第二种是推卸责任、没有担当。比如，群众广泛关注的早期“人不传人”“可防可控”的结论是如何得出来的，到底哪个或哪些单位应该对此负责；比如，某市卫生与健康委员会主任唐某，在中央督查组问到定点医院的收治能力、床位数量以及核酸检测能力等问题时，一问三不知；又比如，某市领导在新闻发布会上介绍情况说“全市截至9日，共排查1059万人，排查占比达99%”，民众一片哗然。当然，这些个别领导的反面例子无一遗漏地受到了党和人民的批评，都逃脱不了问责。总的来说，中国各级政府和中国人民在这次波及全球的严重疫情中，努力付出，不畏牺牲，很有担当，与国际上一些发达大国的表现形成鲜明对照。比如，引发国际广泛关注的钻石公主号邮轮。日本神户大学传染学教授岩田健太郎登上邮轮考察，当晚即发布视频披露了船上的混乱情况，希望督促有关方面重视和解决。日本厚生劳动省官员反驳斥责他“说假话”，并且拿出船上有两个“隔离”（实际并不隔离）通道的照片来“辟谣”岩田所说“安全区和危险区难以区分”的批评。这艘搭载有2666名乘客及1045名船员、涉及56个国家和地区的邮轮，因船上出现新冠肺炎疫情被迫中断行程。船籍国英国、隶属国美国相互推诿，2020年2月5日，日本厚生劳动省宣布“邮轮上所有人员需在海上隔离14天”，同时确诊人数不断上升。

假话的第三种是不懂专业、能力不足。的确，有一些话会因为某些客观原因造成事实陈述的偏差。例如，没有掌握事情的真相，就得出错误的结论；由于信息收集不全，说出的话与现实状况有出入；由于专业水平欠缺，犯了低级错误；等等。典型的比如全球各地都有的有关新冠病毒是“人造病毒”的阴谋论，甚至有西方个别人和媒体猜测病毒来自中国“生物战计划”。病毒到底来源于何处，这可不是一般的专业问题，诸多专业人士都难以研究清楚，非专业的各版本谣言反而满天飞。这些假话看起来或无中生有或情有可原，其实都是可以想办法避免的。疫情发生以来，武汉红十字会的相关新闻多次登上微博热搜榜。网友们从协会公开公布的分发表格中，发现有口罩等急缺医务用品分发不当、数目核对不上、分配下去的物资太少等问题，低级错误频繁发生；武汉红十字会虽然紧急做了“口算算错”“手误写错”等回应，但无法澄清群众质疑；后来武汉红十字会负责人相继被问责，捐赠物资的发放工作外包给专业物流公司，仅用很短时间就把工作理顺了。这说明疫情严重时期，尤其是医疗物资紧缺、前线告急之时，如果不能做好物资分配，并不是“不懂”“不会”“不能”等措辞就可以搪塞，假使开始就让专业的人做专业的研究、专业的人做专业的事，这种类型的假话就能够少一点，错事少做一点，公信力就会强一点。

假话的第四种是没有常识、陷入迷信。不懂专业的假话并非只会出自非专业人士之口，倘若专业人士不专业也会违背常识，加之某些人士断章取义、个别媒体未经查实渲染报道，其假话威力惊人，极大损害治理基础。部分群众在这种关键时刻，情绪易被煽动感染，失去理性判断，造成的社会负面影响不小。例如有专家说，病毒在哺乳动物之间传播，所以我们对哺乳动物也要加以防备。于是网络上开始盛传“宠物也会感染新冠病毒”，在没有确切科学依据的情况下，有人心安理得地遗弃了陪伴自己的宠物，有隔离疑似感染者发现社区自作主张活埋了其宠物猫，甚至还有些人把自家宠物从高楼扔下摔死。但实际上世界卫生组织早已强调，目前没有证据表明猫狗等宠物会感染新冠病毒并传染给人类。再如中国科学院上海药物研究所和武汉病毒研究所研究发现双黄连可抑制新冠病毒，推荐双黄连口服液进入临床。一经报道，好多市民冒着被感染的风险，深夜排百米长队购买；一夜之间药店的双黄连口服液告罄，兽药蒸馏双黄连口服液也有人买来自服，甚至谐音的双黄莲蓉月饼也被抢购一空，这种情况让人啼笑皆非。国际上，韩国此次疫情也很严重。据相关报道，韩国新天地教阳奉阴违，不配合政府工作，给控制疫情造成了极大麻烦；其他教派也动辄举行数千人的大型集会，毫不忧心诞生更多的“超级传播者”；其主流福音派领袖一边称新天地教是“邪教”，一边给教众洗脑说“确诊患者都是不虔诚的人”，抨击政府的禁令“不尊重上帝”；狂热的教徒已经发病发烧还坚持参加集会，万人集体婚礼如期举办，疫情扩散令人忧虑。所以，理性和科学无论何时都是谣言的粉碎机，缺乏常识、陷入迷信的假话只能毁坏社会稳定的根基。

二、话不可废

好好说话的第二个要求是“话不可废”，要求观点符合对事实的判断，观点明确、逻辑自洽、言之有理。

废话的第一种是让群众听不懂的话。在施行政府政策、执行治理措施的时候，因为表达观点概念不清、逻辑不明、不知所云，所以看起来像是说了什么，实际上完全不可实操，使措施成为“废话”。“封城”后武汉市新冠肺炎疫情防控指挥部开始发布的第 9 号通告，前面称“除经许可的保供运输车、免费交通车、公务用车外，中心城区区域实行机动车禁行管理”，后面又称“市公安交管部门将对禁止通行的车辆通告车主，对未通告的车辆一律实行通行”。前后两句话对“禁行车辆”这一概念表达的外延不同。通告一出，没有收到短信的车主都不知道自己能否上路行驶。后来通告改为不让所有私家车上路，可又增加“市民确有通行需求的，按指挥部第 8 号通告执行，各社区配备足够车辆保障需求”的措辞，引发“社区的‘足够车辆’在哪里”的新疑问。

废话的第二种是官话、套话。在“战疫”过程中，假话失信于民，即便真话也不能摆起架子说，应当适时转化为基层治理语言。不分场合、不看对象、不会转化，尤其在传达中央政策、要求群众协同配合的时候还对基层老百姓拿腔拿调，令人生厌，导致政行不利、治理失效。因此，某些领导面对记者提问面无表情、只念成稿、套话连篇，只能激起群众反感心理，导致任何治理措施都难以落地；武汉某医院急诊科主任在某开会现场愤然离席，原因是在抢救病人最为关键的时刻，医院召开三次会议，长篇大论读文件、读政策花去太多宝贵时间，学习会是一定要开的，但抢救病人更不能延误，领导完全可以因时制宜、精准施策。在应急关键期不说脱离群众的官话、套话，是为突发公共事件应对治理的要害。新华社评论员文章就以专题批评了这种形式主义的废话。[①]

废话的第三种是没有营养的话。形式主义的错误不仅会出现在行政系统部分官员身上，科学界、新闻界、文学界也都有。比如，在某省科技厅《新型冠状病毒感染肺炎疫情防控关键技术的研究》重大专项的支持下，某省疾病预防控制中心专家发布最新研究成果称：日常的饮用茶水在细胞水平具有抗新冠病毒的作用[②]。这类研究结论或许并不是谎话假话，然而对于控制疫情并无任何帮助。说到底，这种花费不少科研经费说出来的“权威”的话还是废话，以及某些学者贡献了动机可疑的“药方”、某些诗人作诗感谢“冠状病毒君”，还有某些媒体专注“灌鸡汤”……这些浪费群众时间、干扰疫情真实信息、没有任何营养的话，还是少说为妙。

除此之外，还有一种朝令夕改的话。这类话虽然不是空话、大话、假话，但因为没有准确及时传达要表达的真实意思，也会对沟通造成障碍，尤其是权威人士、权威团体、权威部门在短时间内推翻自己的观点，损伤了信息传达者的信誉度，更是治理能力低下的表现。比如，2020 年 2 月 21 日公布的新增确诊人数出现武汉大于湖北、大于全国，也就是局部大于整体的情况，官方解释是由于检测方式的改变、有些地方核减以前的人数所导致；当天下午突然话锋急转，明确要求“对已确诊病例不允许核减，已核减的必须全部加回”，对相

---

① 新华社：《揭一揭抗疫中的“形式主义”》，https://mp.weixin.qq.com/s?__biz=MzA4NDI3NjcyNA==&mid=2649503929&idx=1&sn=33b6009077e004d969fa90c40162c8bd&chksm=87f13c22b086b53456be91898411a8d3fecdee415c3d9186f755043789fc5cc5e05cc17b4191&mpshare=1&scene=1&srcid=0227528ECs3xmGrzF1V1klQX&sharer_sharetime=1582815324991&sharer_shareid=463839fd2ced6fbe24eefac688379763#rd，2020 年 2 月 15 日。

② 《浙江省疾控最新研究：茶水可杀灭并有效抑制细胞内新冠病毒复制》，《钱江晚报 · 小时新闻》2020 年 2 月 26 日。注：截至作者成稿该文已删除。

关责任人要查清事实、严肃问责。又比如，2020 年 2 月 24 日武汉新冠肺炎疫情防控指挥部发布第 18 号通告称：指挥部该日上午发布的《关于加强进出武汉市车辆和人员管理的通告》（第 17 号），系市指挥部下设的交通防控组未经指挥部研究和主要领导同志同意发布的，现宣布该通告无效，致使群众不明就里、执行部门慌乱仓促难以执行。以上情况可从侧面说明，平时没有下沉到基层的真实有效的治理实践，缺乏有章有序的规范流程，缺失精细管理、精准施策的治理理念，在应对疫情时充分暴露了治理能力不足的短板。

三、话中有情

好好说话的第三个要求是“话中有情”，真诚、诚恳、诚挚，真情实感，能够给基层群众带来正向的情感体验。

首先，好的情感体验要建立在真实可靠的事实与言之有理的观点基础之上。孔子说：“诗，可以兴，可以观，可以群，可以怨。”自新冠肺炎疫情暴发以来，广大群众的神经时刻被疫情牵动，各种情绪聚集交织。倘若没有可靠事实和可信观点为根基，这些“人情话”只会是无源之水、无本之木，一味煽情或者干巴巴的口号，也就是常被群众诟病的“灌鸡汤”和“打鸡血”，就属于这类问题。“鸡汤”灌多了，“鸡血”打久了，话中本有的真情也散了，焦虑、怀疑、疲惫、麻木等负面心理皆会随之而来，致使治理效能大打折扣。

其次，好的情感体验不要求特定的语言风格，完全可以雅俗共赏、老少咸宜。一是有的话语优美温情、穿越时空，温暖人心。日本寄来的防疫援助物资包装箱上写道：“山川异域，风月同天”（日本长屋王语）；“青山一道同云雨，明月何曾是两乡”（唐代王昌龄诗句）；“岂曰无衣，与子同袍”（出自《诗经》）。这些语言运用得恰到好处，用古典诗词拉近彼此文化距离，表达与中国人民共渡难关的意愿，具备穿透历史沧桑与跨越时代的力量，在抗疫、防控关键期让人心生温暖之感，有利于达成社会群体共鸣，引发治理协同能量，值得我们充分借鉴。但是某媒体发文《相比“风月同天”，我更想听到“武汉加油”》[①]则有言语不当之嫌，对正向舆论、团结心态反起到消解作用。二是要鼓励说接地气的话、说老百姓的日常话。在基层治理沟通中，可以说白话、说趣话，甚至可以说笑话，实际上只要不是假话、不是废话，群众大多愿意听，这样的沟通带来的就是良性的“情感体验”，就是有效的基层治理。比如一些地方的防疫科普宣传标语：“春节聚会一时爽，隔天医院床上躺”“低眉谢绝您入村，花开春暖您再来”“东家走，西家串，染上病毒不好办”“神仙也要戴口罩，疫情不是开玩笑”等。这些生动活泼的说话方式，群众一看就明白、能接受、好记住。新媒体平台采用活泼、通俗的科普话语，对于沟通传播非常有效。江苏疾控微信公众号发表了一篇名为《粪便中找到活的新冠病毒实锤了，那……放屁会传播吗？》[②]的文章，群众边笑得前仰后合边认真看完全文，盛赞“这是一篇有味道的文章”，起到了很好的教育防控科普效果，同时也发挥了安抚部分群众焦虑情绪的作用。三是好好说话并不意味着永远轻言细语，特别在疫情环境中，面对矛盾多、情况复杂的治理局面，一声断喝、一句怒吼往往有特效，这种非常态沟通因地施策、因人而异，未尝不可。当然，有话尽量好好说，尤其是批评警示一类的话也要注意分寸。比如，有些地区推出了一系列“硬核”标语，“故意隐瞒，不主动隔离，断子绝孙”“串门就是互相残杀，聚会就是自寻短见”等这些诅咒式的表达就非常不妥，恐怕治理效果适得其反。四是热烈欢迎打破代际差异，甚至“破次元”的话。比如在火神山、雷神山医院建设直播中，大家给火神山、雷神山医院施工现场的设备纷纷起了一些“非常规”名字：高层吊车称之为“送高宗”，混凝土搅拌车称之为“送灰宗”，绿色渣土车称之为“小绿”，水泥泵车称之为“大黄”，黄色挖掘机称之为“小黄”，电焊工作组称之为“焊武帝”，摄像头称之为“摄政王”，水泥车称之为“呕泥酱”，

---

① 肖畅：《相比“风月同天”，我更想听到“武汉加油”》，《长江日报》2020年2月14日。

② 江苏疾控中心：《粪便中找到活的新冠病毒实锤了，那……放屁会传播吗？》，https://mp.weixin.qq.com/s?__biz=MjM5Mjk0NjM0Nw==&mid=2650086152&idx=1&sn=6ac89e2c769df51b176399728f5914b1&chksm=be9f3acc89e8b3dac34289e328fd4ae1a5a724c1096dc668a24a043a8503d5d177213b38f6f0&mpshare=1&scene=23&srcid=&sharer_sharetime=1582808375453&sharer_shareid=463839fd2ced6fbe24eefac688379763#rd，2020年2月23日。

小叉车称之为“叉酱”，等等。这种“90后”“00后”的“跨次元壁”说话方式既给现场建设打气加油，鼓舞了士气、振奋了精神，又展现了抗疫乐观、幽默的人民风貌。

最后，好的情感体验需要好的说话姿态。沟通时的身体语言对情感体验的营造也是很重要的。主动、及时、尊重、真诚的沟通态度，合理、合法、合情、合宜的身体语言，会带来良好的情感体验，达成良好的社会治理效果。有些领导干部在关键时期开新闻发布会戴错口罩、没戴口罩，这些身体语言给群众留下了不好的印象；有的干部以防疫为名公然暴力入户，群众不服还被扇耳光；有老人在外散步时没戴口罩，社区干部拳脚相加，甚至被戴上手铐押上警车……这些姿态的治理沟通不仅无效，还适得其反，有相当大的副作用；甚至导致之前的治理成效、群众基础全然清零，不仅于抗疫防疫无益，还贻害后期当地社会治理成效的发挥。我们的语言因为我们的姿态而定格成画面，有些画面留存在记忆中，有时是具有强大力量的。好的新闻图片（影像）也是在“好好说话”，有事实、有观点、有情感体验。比如“医生护士脸上的口罩压痕”的系列图片，浙江省绍兴市中心医院病愈出院的3岁小患者与护士阿姨相互鞠躬行礼穿越百年的图片，武汉社区网格员全身挂满他排队12小时为社区居民代购的近百份药的图片，火神山、雷神山建造5G直播4000万网友“云监工”的视频等，不需要复杂的文字说明，仅仅依靠影像“说话的姿势”，就都达到了展现事实、凝聚观点、情感共鸣三位一体的极好沟通效果，这也是“好好说话”的成功范例。

四、结语

“好好说话”，是社会治理的一项基本沟通技术。越是在疫情紧急的时候，人民越需要真相、真话。这次全民抗疫防疫中，很多传统媒体、新媒体在澄清谣言不说假话、有理有据不说废话方面，做出了表率，有力协助了政府舆情治理，得到人民群众广泛赞誉；很多“战疫”一线的基层人员在创造防疫话术体系、有效执行上情下达方面，做出了创新，协助成就了政府防控治理，得到人民群众充分信任。话不能假、话不可废、话中有情，这三者并不是极高的要求。能说到百姓心里的话，有时候很简单。钟南山院士说："武汉本来就是一个很英雄的城市，有全国、有大家的支持，武汉肯定能过关！"世界卫生组织专家布鲁斯·艾尔沃德说："我们要认识到武汉人民所做的贡献，世界欠你们的。"这些话感动安慰了千万武汉人、亿万中国人。好好说出来的话充满力量，顺畅沟通之后的社会合力无比巨大。借由这种和谐之力，相信这场"战疫"很快可以取得胜利，抗疫之后的武汉、湖北乃至全国社会治理体系建设和能力建设将会得到再次提升。

以依法防控疫情推进社会治理现代化建设

黄海燕*

【导语】受新冠肺炎疫情冲击，我国在疫情防控、公共卫生和应急管理等方面遇到严峻挑战。采用依法防控应对举措，要义是坚持党的集中统一领导，立法、执法、司法、守法各环节协同发力，各级司法行政机关依法履职，为提高社会治理水平，逐步实现社会治理科学化、精细化和现代化提供有力法治保障。加强疫情防控法治支持力度，是完善公共卫生安全法治体系，充分发挥法治在公共卫生法治体系中的主导作用，促成公共卫生领域良法善治局面实现的生动实践。

一、问题的提出

2020年2月5日，习近平总书记在中央全面依法治国委员会第三次会议上讲话指出："坚持依法防控，要始终把人民群众生命安全和身体健康放在第一位，从立法、执法、司法、守法各环节发力，切实推进依法防控、科学防控、联防联控。"2020年2月14日，习近平总书记在中央全面深化改革委员会第十二次会议上讲话指出，"确保人民群众生命安全和身体健康，是我们党治国理政的一项重大任务。这次抗击新冠肺炎疫情，是对国家治理体系和治理能力的一次大考"，明确发出健全国家公共卫生应急管理体系号召[①]，强调了坚持依法

---

* 黄海燕，北京师范大学社会发展与公共政策学院2017级博士研究生，中国社会科学院科研局主任科员、助理研究员。

① 讲话中指出，国家公共卫生应急管理体系主要内容包括：强化公共卫生法治保障、改革完善疾病预防控制体系、改革完善重大疫情防控救治体系、健全重大疾病医疗保险和救助制度及健全统一的应急物资保障体系等。

防控的重要性，为疫情防控指明了工作方向和基本遵循。

新冠肺炎疫情发生突然、来势汹汹，确诊病例数字不断上升，很快演化成全国性的公共卫生安全重大事件，疫情防控成为党和国家最重要的工作之一。本次新冠肺炎疫情暴发后，从统筹部署、应急管理到各类人力物力财力保障，既受到现有疫情防控法律体系规范指引，也对依法防控常态化进行了丰富实践和创新发展。疫情防控难度大，需要与时间赛跑，比较的核心就是制度的效率和治理的水平。依法防控、依法治理，是全面推进依法治国的生动实践，是实现国家治理体系和治理能力现代化的重要内容。疫情防控期间，各级司法行政机关在党的领导下始终坚持人民至上、生命至上，依法科学履职，稳步有序推进各项司法工作，积极化解疫情防控中出现的各种复杂问题，经过全国上下艰苦卓绝、不畏牺牲的努力，疫情防控取得了阶段性战略成果。

要言之，疫情防控是“防”“控”两种应对方式的有机结合，依法防控关系治疫全局，是对社会治理的一场巨大考验，将深刻影响我国的国家治理[①]，防控成效彰显了中国特色社会主义国家制度和社会治理体系的显著优势。疫情防控涉及医疗、科研、市场、交通和物资等方面的综合社会治理，依法防控则为其提供了法治解决方案。下文将从立法、司法、执法、守法维度，对依法防控疫情由应急转入常态化，推进社会治理现代化进行分析。

二、依法防控是推进社会治理现代化的必然选择

新冠肺炎疫情既是一次危机，也为全面加强加快我国治理体系和治理能力现代化建设提供了契机[②]。党的十九届四中全会明确强调，社会治理是国家治理的重要方面，社会治理现代化是整个国家治理现代化的重要内容，“社会治理现代化的基本标志是实现法治”[③]，在很大程度上，法治是社会问题的综合性解决

① 郭锋：《构建我国疫情防控法律体系的探讨》，《财经法学》2020 年第 3 期。
② 丁同欣：《国家治理体系和治理能力现代化的一次大考》，《北京观察》2020 年第 5 期。
③ 魏礼群：《习近平社会治理思想研究》，《中国高校社会科学》2018 年第 4 期。

方案，也为社会治理现代化提供智慧路径。此次疫情暴发后，法治实践中出现了一些与依法防控有效治理公共危机和推进社会治理现代化目标不适应、不符合的现象，引起了全社会关注，针对疫情防控中出现的新情况新问题，需要有的放矢加以改进。坚持全面依法防控，为推进社会治理现代化提供了法治方案，保障了在人民至上、生命至上的“战疫”实践中，始终以法治力量规范疫情防控中公权力运行和私权力行为，保障人民群众生命健康安全。其作用主要表现在以下四个方面。

一是保障现行疫情防控和公共卫生法律制度严格执行。新冠肺炎疫情暴发后，一些地方出现哄抬物价、制假售假、寻衅滋事、造谣传谣、拒绝隔离、暴力伤医等违法犯罪现象，需要按照现行突发公共卫生事件应急条例、传染病防治法和治安管理处罚法系列法律法规进行应对。严格执行法律制度规定，能够确保疫情防控有法可依、有章可循，确保统筹推进各项工作科学有序进行。二是确保和监督司法行政机关依法履职。宪法和法律规范中所确立的对人民权利的保护标准，也为防控工作提供了目标和准则，司法行政机关是全面推进依法治国建设法治社会的重要主体，其法律能力和行政职权来自宪法和其他法律授权，其职权和行使职权中产生的权利义务必须以法律规定为依据，按照法律对程序性的要求和较高的社会治理标准完成各项防控工作，避免疫情防控中可能出现的混乱无序和不作为、乱作为现象，提高疫情防控工作效率。三是提高全民法治意识。私权力“法不禁止即自由”，但由于此次新冠肺炎疫情的传染病学特点，一些防控措施会直接或间接影响到公民部分权利的享有和行使[①]。坚持依法防控，健全完善疫情防控普法宣传机制，能够有力避免违反隔离规定、侵犯他人权利或破坏市场经济秩序等违法犯罪现象发生，促进公众理解、配合和监督各项疫情防控措施实施。四是全面提高依法防控、依法治理能力。科学防控为打赢疫情防控阻击战提供了手段和工具，依法防控则为构建疫情防控和复

① 孙世彦：《疫情防控措施对人权的限制 —— 基于国际人权标准的限制》，《国际法研究》2020 年第 4 期。

工复产的稳定有序环境提供了行动遵循。坚持依法防控，有利于统筹协调疫情防控过程中涉及的医疗卫生、交通运输、社会治安、市场监管、宣传舆论、教育科研、物资生产和后勤供应等不同环节和领域，提高工作效率，形成良好的综合社会治理效果。

三、依法防控的法治实践

“法者，治之端也。”法治与社会治理息息相关，推进社会治理现代化，必然要求推进社会治理法治化。全面深化司法体制改革和加快推进司法建设现代化，为统筹推进疫情防控和经济社会发展工作，提供了有力的司法服务和保障[①]。新冠肺炎疫情发生以来，司法行政机关始终坚持审慎、善意、文明司法，推出系列“硬核”防控措施，对依法防控各项工作快速做出反应，支持疫情期间矛盾纠纷化解，推动相关案件审理工作，依法维护医疗、防疫、市场和社会秩序，保障人民合法权益，不断完善疫情防控常态化法治模式。

（一）完善疫情防控法律规范体系

国奉圭臬，治依良法。法治是党和国家应对重大突发公共卫生事件的有力武器。我国宪法第 21 条对发展医疗卫生事业保护人民健康做了专门规定，经过多年努力，相关法律法规规范围绕宪法规定，我国已经形成了一整套疫情防控和公共卫生法律制度。

新冠肺炎疫情发生后，我国立法机关和司法行政机关根据宪法规定，围绕疫情防控出现的新情况、新问题，从立法、修法、司法解释等环节进行针对性规范治理，共同建立和完善公共卫生法治保障体系。全国人大常委会立足于强

---

① 资料来源：人民法院新闻传媒总社，2020 年 4 月 30 日。2020 年 4 月 29 日，最高人民法院党组书记、院长周强主持召开最高人民法院党组会议，学习贯彻习近平总书记主持召开中央全面深化改革委员会第十三次会议时的重要讲话精神，研究部署贯彻落实措施。会议强调，要深化司法体制改革，为统筹推进疫情防控和经济社会发展工作提供有力司法服务和保障。

化公共卫生法治保障体系建设，对公共卫生领域的立法、修法计划做系统考虑、统筹安排，通过审议通过生物安全法草案、动物防疫法修订草案等，近两年拟制定修改的法律 17 件，拟适时修改 13 件，根据实际需要还有新的立法任务。[①]为适应办案需要，最高人民法院、最高人民检察院认真落实依法防控要求，密切跟踪涉疫情执行法律适用中的新情况和新问题，单独或联合有关部门先后出台了《关于依法妥善审理涉新冠肺炎疫情民事案件若干问题的指导意见》和《关于依法惩治妨害新型冠状病毒感染肺炎疫情防控违法犯罪的意见》等系列规范文件[②]，为非常时期依法妥善审理涉新冠肺炎疫情合同、金融、破产等民事案件，打击疫情防控期间造谣传谣、哄抬物价、扰乱市场秩序的犯罪和生产销售伪劣防治、防护产品药品等违法犯罪活动提供了指南，助力防范化解重大公共卫生风险，科学统筹公共卫生法治保障体系建设，构筑起保障人民生命安全和身体健康的法治防线。

（二）创新以案释法

"战疫"期间，司法机关聚焦依法防控和助力保障复工复产，更加重视案例指导，建立完善典型案例发布机制，配合疫情防控工作发展，定期公布疫情防控期间典型案例、典型做法，充分发挥示范指导作用，引导司法人员进行法律适用、政策借宿和处理案件实际问题，稳定社会对涉疫司法案件处理的合理预期。

2020 年 5 月 25 日，第十三届全国人民代表大会第三次会议审议通过的两高工作报告中，分别做了履职"战疫"情况统计。其中，最高人民法院明确共发布 57 个全国法院服务保障疫情防控期间复工复产民商事典型案例，主要关涉依法加强合同纠纷调解、金融案件调解和司法服务职能作用，妥善化解各类纠纷，为企业全面复工复产提供司法便利。[③]最高人民检察院共发布 55 个典型

---

① 资料来源：中国人大网、中国政府网相关信息。

② 资料来源：中国法院网、中国检察网相关信息。

③ 资料来源：《最高人民法院工作报告——2020 年 5 月 25 日在第十三届全国人民代表大会第三次会议上》。

案例，依法审查处理抗拒疫情防控措施、暴力伤医、制假售假、哄抬物价、造谣传谣、疫情防控失职渎职、破坏野生动物资源等案件，维护疫情防控秩序。①新冠肺炎疫情自暴发至5月期间，网上立案136万件，审结各类涉疫案件2736件，与2003年“非典”疫情防控相比，批捕的涉新冠肺炎疫情犯罪案件数、人数，检察机关提起公诉的涉疫情犯罪已分别达到“非典”时期的8倍、5倍和7倍左右。“非典”期间排名前三的制售伪劣药品，哄抬物价，编造、故意传播虚假恐怖信息等犯罪活动在此次疫情期间占3%左右，此次疫情期间起诉人数排名前三的罪名是诈骗罪、妨害公务罪和寻衅滋事罪。②这次疫情起诉人数多于“非典”期间，由于借助网络传播的隐蔽性和便捷性，网络犯罪突出，同时在所有涉疫网络犯罪案件中，利用互联网实施诈骗、制假售假、造谣传谣等犯罪数量较多。

在持续严格防控疫情的过程中，司法办案成为各界关注的焦点，“两高”通过发布疫情期间依法抗疫助推复工复产典型案例，既是坚持依法办案和贯彻宽严相济司法政策的具体体现，也为各地通过办案化解矛盾纠纷、服务保障统筹推进疫情防控和经济社会发展工作大局提供司法支持，营造了良好法治环境。

（三）保障涉案人合法权益

保护人民群众根本利益是法治建设的出发点和落脚点，也是依法防控工作的核心价值。只有坚持依法防控，做到主体适格、措施适度，才能确保人民群众合法权益在疫情防控中不受侵害，确保各项防控举措得到社会认同和人民支持。为服务保障统筹推进疫情防控和经济社会发展工作大局，司法机关切实开展各项疫情期间案件管理工作专门部署，完善服务“六稳”“六保”司法举措，贯彻善意司法理念，依法及时调处相关涉疫案件，从严惩治妨害疫情防控的各

---

① 资料来源：《最高人民检察院工作报告——2020年5月25日在第十三届全国人民代表大会第三次会议上》。

② 资料来源：2020年5月25日，最高人民检察院办公厅主任、新闻发言人王松苗接受新华网专访，解读最高人民检察院工作报告。

类违法犯罪，依法公正裁判、定分止争。

疫情发生以来，各地各部门紧急动员、立即行动，依法处置暴力伤医、哄抬物价、扰乱公共秩序等相关违法犯罪行为。人民法院及时依法受理审理涉疫情民商事纠纷案件、劳动争议案件、侵犯医护人员合法民事权益等案件，办案法院充分发挥民商事审判职能作用，推动社会矛盾纠纷源头预防化解，依法妥善处理涉疫情矛盾纠纷，综合运用实地走访、协调各方、在线调解等多种方式，及时化解矛盾、定分止争，为统筹疫情防控和经济发展、复工复产提供有力司法服务保障。办案法院坚持法治思维调处案件纠纷，创新办案模式，通过多种方式快速有效化解纠纷、促进双方达成调解协议，平等保护双方当事人的合法权益。全面贯彻善意执行文明执行理念，审慎使用查封、扣押、冻结等强制性措施，优化办案方式，用好用足智慧法院建设成果，延伸司法服务职能，为当事人纾难解困。①

人民检察院坚持审慎善意文明司法，以司法责任制改革和专业化建设为契机，根据疫情期间案件管理工作专门部署，以“检察速度”回应群众每一项诉求。注重准确把握法律政策，力防突破法律的“从重”“从严”“从快”。犯罪嫌疑人为确诊或疑似患者的，首先保障救治，体现司法人文关怀，对情节轻微的涉疫犯罪落实从宽政策。注重信息化助力检察“战疫”，创新使用远程提讯、隔空公诉、云办案等方式解决疫情期间特殊办公条件难题；借助知识检索、智能辅助等检察知识服务系统，为检察官办案提供智力支持，保障防疫期间精准施策和司法办案质效，有效满足疫情期间人民群众的司法需求。②

（四）强化普法宣传和司法服务

法律的生命力在于实施，法律的权威也在于实施。中国一直坚持科学统筹公共卫生法治保障体系建设，构建起较完善的公共卫生和疫情防控法律制度，

① 资料来源：中国法院网相关信息。

② 资料来源：中国检察网相关信息。

依法防控于法有据，更需严格执行。实现依法防控，减少和杜绝疫情期间违法犯罪行为出现，迫切需要加强防疫普法宣传和法律服务。

疫情防控关乎每个人的生命健康，每个人都是依法防控参与主体。为积极应对当前疫情防控形势发展变化，进一步提升公众疫情防控法治意识，巩固疫情防控成果，司法行政机关坚持运用法治思维和法治方式开展疫情防控工作，不断创新多种形式开展依法防控普法宣传活动。制作《新型冠状病毒感染肺炎疫情当前防控工作有关法律知识问答》和《关于新型冠状病毒感染的肺炎公众防护手册》等宣传材料，讲解疫情防控政策；制发依法防控宣传微视频或网络课程，指导日常涉疫线索处理，依法支持和配合疫情防控工作。大力开展网络查控、网络询价、网络司法拍卖等线上执行措施，积极为当事人提供线上立案、线上谈话、线上和解等便民服务，健全完善工作机制，打造公正、高效、权威的司法权力运行体系，保障了办案效果和安全。

四、依法防控常态化推进社会治理现代化主要举措

在应对此次疫情对社会治理体系和治理能力的大考中，坚持依法防控是破题关键。全面提高依法治理能力和加强国家公共卫生应急管理体系建设，改进疫情防控和公共卫生法律制度实施中暴露的短板和不足的核心是，在全面推进依法治国的立法、执法、司法和守法的重大法治实践进程中，依法审慎决策，严格依法实施防控措施，加强法治服务和监督，确保各项防控工作有序有力有效开展。

（一）推进科学立法，筑牢公共卫生法治保障

凡事预则立，公共卫生法律制度是社会治理体系的重要规范，进一步建设和完善我国公共卫生法律体系，要充分发挥立法工作主导作用，坚持人民至上，健全公共卫生安全法治保障体系，确保依法防控各项工作有章可循、有法可依。

一是坚持党对依法防控工作的集中统一领导，坚持运用法治思维和法治

方式开展疫情防控工作。“中国共产党领导是中国特色社会主义制度的最大优势”[①]，新冠肺炎疫情暴发以来，中共中央召开一系列专题会议，研究部署切实保障人民群众生命健康安全、打赢疫情防控阻击战的各项举措。加强疫情防控和公共卫生法治保障，更要坚持党对疫情防控工作的全面领导，科学有序统筹调度，为依法防控提供有力的组织领导、法治保障与制度遵循。二是坚持从实际出发，科学制定精确具体的公共卫生法律制度。立足我国公共卫生体系建设不够完善的现实国情，按照全国人大法工委关于强化公共卫生法治保障立法修法工作有关情况和工作计划的报告，系统考虑、统筹安排公共卫生领域的立法、修法计划，构建疫情防控和生物安全法律法规体系，完善新突发传染病的监测和疫情信息发布、预警等法律机制，健全国家公共卫生应急管理体系。深入贯彻宪法精神，注重吸收社会各界意见、建议，充分发挥专家咨询和专家参与决策的法律机制的积极作用，共同完善我国公共卫生法律体系。

（二）推进严格执法，实现依法联防联控

徒法不足以自行，疫情防控法律制度更需要司法行政机关依法落实。为快速有效应对此次重大突发公共卫生事件，各级执法部门严格依法履职，出台疫情防控四方责任意见等各项规定，把法治思想贯穿于整个疫情防控工作中，完善和充实应急准备、加强疫情监测、严格疫情报告和诊断，重视司法执法联动，加大疫情防控执法支持力度。

一是坚持在以习近平同志为核心的党中央坚强领导下，全面落实党中央、国务院决策部署，把人民群众生命安全和身体健康放在第一位，依法科学、精准有序做好疫情防控工作。各级行政机关视抓好疫情防控为头等大事，继续完善传染病管理等应急举措，统筹调配人员、物资和资金等资源；对抗击疫情出现的新情况新问题实行特事特办、动员力量、加大支持；做到做好压实责任、守土有责，进一步保障全国上下同舟共济、齐心协力防控疫情。二是因应疫情

---

① 魏礼群：《我国社会治理 40 年变革的历史进程》，《前线》2018 年第 9 期。

变化，适时推进常态化防控和依法防控。坚持重点围绕疫情防控重点物资保障，不断改善一线医护人员工作条件，切实关心医护人员身心健康；完善因受疫情影响而缺乏照护的老人、儿童的社会救助和疫情期间困难群众兜底保障工作；保障和提升一线城乡社区工作条件，进一步做好经济社会民生服务机构疫情防控工作；坚持及时公开透明发布权威信息、回应社会关切。三是淬炼中国科技，加大科研支持力度，提升疫情防控科技战斗力。建设应急医院、搭建远程医疗系统，充分发挥现有整套医用科技体系作用，努力控制和降低发病率、死亡率，有力有效控制疫情，守护好人民的生命和健康；加大新兴科技在一系列防疫场景下的应用，助力大数据、人工智能辅助系统治疗和智慧群防群控；积极开展国际合作，本着公开透明负责任态度，及时通报疫情信息，主动分享防疫技术和做法，相互帮助、共同抗疫。

（三）保证公正司法，整合法治防控力量

越是非常时期，越是涉疫案件，越要牢固树立安全发展观，坚持人民利益至上。新冠肺炎疫情发生以来，全国各级司法机关在疫情防控和保障复工复产各项工作中，处处体现以人民为中心的理念，不断完善司法为民便民举措，切实让人民群众在每一个司法案件中感受到公平正义。

一是依法履行职责。依法惩治与疫情防控有关的违法犯罪，化解有关民商事纠纷，加大与疫情防治相关的司法保护力度，健全完善企业救治和退出机制，依法妥善处理因疫情影响而引发的劳动争议，强化善意文明执行，提升执行工作的规范化和精准化等内容。二是加强协同抗战。司法机关要跟进公共卫生和医疗健康、重大公共卫生事件应对处置、专门领域公共卫生事件防范处置、重大疾病医疗保险和救助等方面法律建设情况，出台相关指导意见、司法解释或指导案例，为打赢疫情防控阻击战、助力经济发展和维护社会稳定提供司法服务和保障。三是准确理解执行各项制度规定。准确理解把握“依法从严”，在司法履职中严谨严实，不枉不纵；准确理解把握“从重从快”，对严重扰乱社会秩序的犯罪如医疗秩序犯罪等体现从重从快，对同类或情节轻微其他类型案

件中主动投案、起次要作用的情况落实从宽政策；准确理解把握“依法治理”，充分发挥中国特色社会主义法律制度的体系化优势，从促进法治体系和法治能力现代化水平的高度，发挥司法智慧，正确灵活应用民事、行政、刑事、公益诉讼等检察手段，回应人民的要求，促进疫情防控的体系化治理。四是推动现代科技与司法工作深度融合。加强智慧司法建设，主要内容有推广审理语音识别、文书智能纠错、司法大数据等应用。特别是疫情防控时期，各地司法机关运用互联网技术和信息化手段开展工作，惠及了广大人民群众。希望用人工智能技术更好地服务人民法院，加快推进审判体系和审判能力现代化。

（四）增强全民法治观念和完善法律服务，维护良好社会治理秩序

依法防控始终坚持保护人民的生命安全和身体健康，同时人民群众也是取得疫情防控阶段性成果的坚强保障。疫情防控期间，在特定紧急状态背景之下，对公民守法提出了特殊要求。

一是健全疫情防控普法宣传机制，推进系统治理，发挥社会规范的积极作用。司法行政机关按照职能在各自门户网站、微博、微信公众号等平台及时发布如《新型冠状病毒感染肺炎疫情当前防控工作有关法律知识问答》和《防控新型冠状病毒肺炎疫情法律法规政策汇编》等疫情防控相关的法律及政策等，在疫情防控全过程提供法律参考，加大依法防疫普法力度。及时公开发布依法防控疫情的执法、司法典型案例，增强人民群众依法防控意识，营造良好法治环境和法治氛围。二是支持各类社会主体自我约束、自我管理，发挥积极作用。疫情防控应对期间，居民按照医学防控要求掌握自我防护知识，做好个人及家庭防护等。同时，大量民营企业、互联网公司、民间组织、志愿者组织等社会力量广泛参与，一方面坚持落实本单位（区域）疫情综合防控措施，加强人员健康监测和核查工作，做好工作场所防控，指导员工个人防护，做好异常情况处置；另一方面积极开展款物捐赠、提供应急服务、关怀特殊群体、搭建协作平台等，构筑起央地疫情联防联控、群防群控的人民防线。

加快推进社会治理能力和治理体系现代化，需要坚持以法治思维思考社会

治理，充分发挥法治对社会治理的保障、服务和促进作用。[①]坚持依法防控，即是用法治方式破解疫情防控难题，将疫情防控措施全部纳入法治化轨道，推进社会治理现代化建设。疫情的不可预见性和防控难度越大，越要用法治手段谋划布局疫情防控工作，依法科学有序推进各项疫情防控工作，用法律手段处理好疫情防控中的各种法律关系，用法治方式检验和提高我国“治理能力”。

五、结语

法律的生命力在于实施，在这场看不见敌人的新冠肺炎疫情“战疫”中，各级司法行政机关始终坚持党的集中统一领导，坚持把人民群众生命安全和身体健康放在第一位，依法科学有序开展各项工作，依法防控“硬核”出击，立法、执法、司法、守法各环节相互衔接，同时得益于完备而合理的司法制度，始终保障着疫情防控和复工复产在法治轨道上运行，这既是全面推进依法治国的生动实践，也是社会治理法治化的重要组成部分。

“预防和应对危机，始终贯穿于人类历史发展的进程。”[②]从一定意义上说，中华民族的发展史，就是一部不断应对各种危机、战胜各种灾难的奋斗史。人道情怀和教化功能是中国古代法律中重要的司法传统，古人基于生命伦理与社会正义展示的人道情怀，为中国古代司法植入了一种温情因素和人性根基。[③]在新的历史条件下更好地继承和发扬传统因素，使其获得新的生命力，是司法制度改革进程中的一项重要课题[④]，对在疫情防控中坚持人民至上、生命至上原则具有重要的历史借鉴意义。以法治手段化解疫情防控难题，推进社会治理现代化建设，这也是全面推进依法治国的生命力所在。

---

① 魏礼群：《习近平社会治理思想研究》，《中国高校社会科学》2018 年第 4 期。

② 魏礼群：《预防和应对危机的政府理财研究》，《财政研究》2013 年第 1 期。

③ 崔永东：《反思中国司法传统》，《传承与创新：中国法制史学六十年 张晋藩先生执教六十周年暨八十华诞学术研讨会文集》，《中国会议》2010 年第 10 期。

④ 张晋藩：《论中国古代司法文化中的人文精神》，《法商研究》2013 年第 2 期。

“法治是国家治理现代化的基本表现、法治化是国家现代化的必由之路，在国家治理现代化的进程中，推进法治现代化。”[①] 随着国际疫情持续蔓延、国内疫情出现反弹，国内国际发展不确定不稳定因素增多，我国经济社会发展面临新的困难和挑战。习近平主席在第 73 届世界卫生大会视频会议开幕式上，发出共建人类卫生健康共同体倡议，提出加强各国专家交流互动，共享新冠肺炎疫情的防控经验，深化国际科技合作，推进全球抗疫合作。战胜疫情，需要医学和科技研发突破护航，也需要科学国家治理保障。依法防控，正是全面推进依法治国实现社会治理现代化的生动实践，也是在新的历史背景下对中国法治历史的书写。

① 张文显：《法治与国家治理现代化》，《中国法学》2014 年第 4 期。

乡村振兴视域下的乡镇社会治理

李　芳　李　影*

【导语】乡镇社会治理是国家治理的重要组成部分，是新时代实现乡村振兴战略的重要抓手。新中国成立以来，我国乡镇社会治理体制经历了“政社合一”“乡政村治”和“民生治理型”三种治理体制，在实践中探索出一条具有中国特色的乡镇社会治理道路。乡村振兴战略的实施，对乡镇社会治理体系和能力提出了更高要求，然而现实中的乡镇社会治理理念滞后、治理主体冲突、治理方式落后以及乡镇政府体制性困局等问题阻碍了其社会治理水平的提高。应当从树立乡镇社会治理共同体治理理念、构建“一核多方”的治理主体结构、完善多种治理方式共治、创新乡镇社会治理体制机制等方面来推进新时代乡镇社会治理体系和治理能力现代化。

实施乡村振兴战略，是党对“三农”工作一系列方针政策的继承和发展，是全面提升乡镇社会治理水平，增进农民福祉，实现全体人民共同富裕的必由之路。乡村振兴战略对乡镇如何应对好村庄空心化和农村老龄化、延续乡村文化血脉、完善乡村治理体系以及整合运用各种项目资源等方面提出了更高的治理要求，并强调“乡村振兴，治理有效是基础”。在五级政权体制中，乡镇政权处于国家行政权力的末梢，是国家与社会、政府与农民关系的交叉点，在国家治理现代化进程中具有特殊地位。本文立足于乡村振兴的战略要求，回溯了乡镇社会治理的历史变迁，概括了现实治理困境，并提出了对策性建议，以期

---

* 李芳，浙江工业大学教授，北京师范大学博士后；李影，浙江工业大学硕士研究生。本文系作者主持国家社会科学基金重点项目“乡村振兴战略背景下空心村复活潜力评估与推进路径研究”（项目批准编号：19AGL002）的阶段性研究成果。

推动新时代乡镇社会治理现代化发展。

一、新中国成立以来我国乡镇社会治理的演变逻辑

习近平总书记强调："只有回看走过的路、比较别人的路、远眺前行的路，弄清楚我们从哪儿来、往哪儿去，很多问题才能看得深、把得准。"[①] 从历史维度回顾和梳理不同时期乡镇社会治理的历史背景、目标任务、政策安排、基本经验，才能更好地全面认识和把握新中国成立以来乡镇社会治理的演进逻辑，进而为新时代推进乡镇社会治理现代化提供历史镜鉴。

（一）改革开放前"政社合一"的人民公社治理体制

新中国成立伊始，百废待兴，党中央做出优先发展重工业的战略决策，并部署从乡村汲取大量人力、物力、财力等资源来推进国家建设。构建基层社会治理体制、稳固乡村政权组织、重整乡村社会秩序成为当时乡镇社会治理最为重要的目标任务。

面对乡村社会治理问题，新中国成立初期，中国共产党为了实现农民几千年"耕者有其田"的愿望，在全国范围内大力推行土地改革，实现了党对农民的承诺，也由此赢得了农民对党的认同与拥护，使党和国家的意志能全面迅速渗透到广大乡村。实质上，土地改革以一种经济改革的方式实现了新中国国家政权对乡村社会的政治整合，使国家政权下沉到了乡村社会[②]。随后，国家为了激发乡村的生产活力，解决农民生产的分散性问题，在1958年颁布的《关于在农村建立人民公社问题的决议》中宣布在农村建立"政社合一"的人民公社体制，将分散的农民有序地组织起来，并与国家建立了有效的联系。这不仅激活了农民主体的积极性，还实现了国家对乡村社会权力的整合。

---

① 习近平：《以时不我待只争朝夕的精神投入工作　开创新时代中国特色社会主义事业新局面》，《人民日报》2018年1月8日。

② 李华胤：《我国乡村治理的变迁与经验探析》，《毛泽东邓小平理论研究》2019年第5期。

在改革开放前这段时期，我国乡镇社会治理体制的重要特征是“政社合一”。在党组织统领下，乡村动员有力，组织有效，在一定程度上，稳定了国内局势，促进了乡镇各方面发展；但由于实行“一刀切”和自上而下的单向治理，很大程度上挫伤了基层社会治理的活力[①]。

（二）改革开放后“乡政村治”的治理体制

在“政社合一”的人民公社治理体制之下，国家迅速恢复了国民经济生产秩序，然而，随着国家政权的展开，其弊端在广大乡村日益显现出来。改革开放后，中国乡村发生了翻天覆地的变化。重整乡镇社会治理体制、激发乡村社会治理活力、维持乡土生活秩序成为当时乡镇社会治理的重要目标任务。

改革开放以来，随着国家行政、财政体制的改革与调整，乡镇社会治理体制历经了转型，其特征也呈现了历时性变迁。1983 年全国普遍恢复乡镇政府建制，但是，面对中国超大规模的现实，仅靠国家权力的硬性介入是难以实现当时乡镇社会治理目标任务的。于是，1988 年《中华人民共和国村民委员会组织法（试行）》颁布后，国家从法律层面完善了村民自治的制度性设计，村民自治与乡镇政权之间相互联系、相互作用。进入 21 世纪，为了减轻农民负担、维护基层社会稳定，国家开展了农村税费改革以及一系列配套的乡镇行政体制改革。税费改革前乡镇社会治理指导思想重在管理，重在强调向乡村汲取资源。税费改革后乡镇社会治理的指导思想重在服务，重在加强社会管理和公共服务的能力。这种从“控权”到“放权”，从“汲取”到“给予”的导向前后变化，不仅缓解了乡镇与农民之间的矛盾，也为提高乡镇为农服务的能力创造了条件。然而乡镇长期受“压力型”体制影响，其发展仍受历史惯性的牵制。

回顾“乡政村治”治理体制的发展历程，可以看出不同时期乡镇社会治理的革新对完善基层乡村社会治理与自治体制、重塑国家与乡村关系发挥了积极

---

① 张文显、徐勇、何显明、姜晓萍、景跃进、郁建兴：《推进自治法治德治融合建设，创新基层社会治理》，《治理研究》2018 年第 6 期。

作用。其演变促进了国家权力与社会权力的分化，同时也带来了国家利益与社会利益的分化与冲突。

（三）党的十八大以来“民生治理型”的治理体制

进入新时代，在人们的生活方式、民生需求、思想观念剧变的背景下，党的十九大报告提出了“提高保障和改善民生水平，加强和创新社会治理”的战略部署，为构建“民生治理型”治理体制提供了理论指导。改善民生水平、创新社会治理、提高乡镇服务能力成为当前乡镇社会治理的重要目标任务。

更好保障和改善民生是提高社会治理水平的根本之计。[①] 新时代乡镇社会治理相较于此前两个阶段，最鲜明的特点就是更加重视民生。党的十八大以来，以习近平同志为核心的党中央坚持把改善人民生活、增进人民福祉作为一切工作的出发点和落脚点，以保障和改善民生为重点。2017 年颁布的《关于加强乡镇政府服务能力建设的意见》指出，加强乡镇政府服务能力建设的基本原则之一就是要“坚持以人为本，回应民生诉求”。《乡村振兴战略规划（2018—2022 年）》中也指出“农村民生领域欠账较多”，要“坚持在发展中保障和改善民生，让广大农民有更多获得感”。新时代的乡镇社会治理只有真正抓住民生，才能抓住社会治理的核心。

在新的历史时期，以“民生和治理”为核心特征的乡镇社会治理，主动适应新时代社会经济发展的新要求和人民群众对美好生活的新期待，增强了乡镇干部的宗旨意识，强化了乡镇政府的服务功能，优化了服务资源的配置手段，创新了服务供给方式，提升了乡镇政府的服务水平，为助力乡村振兴和国家治理的现代化做出重要贡献。

---

① 魏礼群：《坚定不移推进社会治理现代化 ——新中国 70 年社会治理现代化历程、进展与启示》，《社会治理》2019 年第 9 期。

二、乡村振兴视域下乡镇社会治理的现实困境

没有乡镇的有效治理，就没有乡村的可持续振兴。检视乡村振兴战略对乡镇的社会治理高要求与现实状况，发现实践中还存在治理理念落后、治理主体冲突、治理方式落后、乡镇体制性困局等突出问题。只有深入剖析现实问题，找准病根才能对症下药，抓准乡镇社会治理改革创新的着力点，助力乡村振兴战略实施。

（一）乡镇社会治理理念滞后

理念是实践的先导，治理理念的先进与否，直接影响着治理成效。随着新时代社会主要矛盾的变化，乡镇社会治理的难度与新问题不断增加，传统的乡镇社会治理理念已经难以应对多变的社会环境和复杂的社会治理问题。

1. 重经济，轻服务

在乡村振兴战略实施中，各种自上而下的项目和资源落地乡村，一方面乡镇迎来了新的发展契机；另一方面也使得乡镇政府把更多精力放在经济发展上，一定程度上忽视了农民对各项公共服务的需求。具体表现为一些乡镇的领导干部对乡镇公共服务建设不重视，对来自农民的呼声充耳不闻。还有一些乡镇干部因年龄大“倚老卖老”，缺乏相应的学习动力和为农服务的能力素质。

2. 重形式，轻务实

当前在乡镇社会治理中形式主义问题还较为严重，具体表现为一些乡镇干部看得高，走得浅，很少深入基层群众了解真实情况，更谈不上以务实的工作作风为民谋福祉；更有甚者，一些乡镇干部为了把自己的政绩显于表面，忽略农民现实需求，把工作重心放在“政绩工程”“面子工程”上，对上不对下，致使形式主义泛滥，严重损害农民利益，削弱政府权威，加剧社会矛盾，影响基层社会稳定。

3. 重建设，轻传统

传统文化中蕴含着丰富的社会治理文化资源，然而人们对传统村落文化价

值的认识不足，缺乏对传统文化村落的保护性发展，盲目搞“大拆大建”，导致大量传统文化村落快速消失。在乡贤资源的利用上，乡贤文化的平台机制还不完善，新乡贤的角色定位不明确，实践中乡贤文化宣传力度不深入，导致乡贤在乡镇社会治理中的作用没有充分发挥，社会治理绩效不佳等困局。

（二）乡镇社会治理主体冲突

乡镇社会治理主体包括了乡镇政府、村党支部、群团组织、社会组织、农民群众等多元主体，然而在实践过程中各治理主体还没有建立合作机制，主要表现为乡镇行政权与村级自治权关系失衡、乡镇党政主导与社会组织参与关系失衡、乡镇群团组织参与社会治理薄弱。

1. 乡镇行政权与村级自治权关系失衡

一方面，乡镇政府过度干预了属于村民自治范围内的相关事务，导致乡镇政府相关政策落实难、效率低、灵活性低，无法满足人民群众日益增长的公共服务需求。另一方面，村委会在履行自己的自治权过程中，通过各种途径和方式来弱化抵制乡镇政府对村委会的干预。可见，实践中存在的乡镇政府的过度干预和村委会的冷漠抵制导致乡镇行政权与村级自治权关系失衡。

2. 乡镇党政主导与社会组织参与关系失衡

实践中，乡镇在处理乡镇党政主导与社会组织参与关系上，仍具有较强的管控因素，抑制了社会组织参与社会治理的广度和效度。具体表现在：乡镇党委政府在传统“管控型”思维的影响下，过度强调乡镇党政主导，并在一定程度上以命令任务的方式指挥着乡镇社会组织，这种不平等的主体关系，不利于社会组织自身良性发展，引发乡镇党政与社会组织参与关系的失衡。

3. 乡镇群团组织参与社会治理薄弱

群团组织在乡镇社会治理中具有显著优势，然而，这种优势却未在实践中显现出来。一是乡镇群团组织职能被“虚化”“边缘化”。2015 年《中共中央关于加强和改进党的群团工作的意见》指出，“各级党委和政府要支持群团组织在党组织领导下发挥作用”，但是在实践中，群团组织工作往往被忽视。二是乡镇群团组织工作和活动方式单一。面对新问题很难快速做出有效的处理，使其成为群团组织在参与乡镇社会治理过程中的瓶颈。

（三）乡镇社会治理方式落后

社会治理方式落后会影响着社会治理的成效。目前存在的乡镇民主机制不健全、智能化和法治化水平不高等问题，成为推进乡镇社会治理现代化的绊脚石。

1. 乡镇民主协商机制不健全

一方面，一些乡镇领导干部民主协商意识薄弱，协商能力不足，不能根据农民的真实需求，把公共服务、乡村人居环境等关乎农民切身利益的相关社会治理内容纳入到协商过程中。另一方面，由于乡镇协商民主的制度体系还不完善，容易使得乡镇协商民主流于形式，浮于表面，无法使群众的诉求通过协商民主的方式获得及时、有效、合理的表达。

2. 乡镇社会治理智能化水平有待提高

一方面，信息技术的先进性使得大数据嵌入乡镇社会治理的过程中需要以一定的设备条件为基础。由于我国乡镇财政体制机制本身的缺陷，大多乡镇的财政处于“负债”的状态，难以有效支撑高额的数字化治理成本。另一方面，大数据嵌入乡镇社会治理需要各类信息化人才。然而，部分经济不太发达的乡镇，工资待遇低，晋升渠道少，基础设施落后，难以留住高层次科技人才，这必然阻碍了乡镇社会治理智能化水平的提高。

3. 乡镇社会治理的法治化困境

法治是乡镇社会治理的制度保障和基础准绳，但在实践中，一些上级部门把本不属于乡镇政府的义务和职责转接到乡镇政府，致使许多乡镇政府“有责无权，权少责大”。同时部分乡镇工作人员法律意识淡薄，专业法律知识尚不完备，缺乏依法办事的思维和能力，为了完成上级安排的工作任务，不遵法和有意规避法律法规，执法过程简单粗暴，引发干群冲突和矛盾，削弱了人民群众对基层政府的信任。

（四）乡镇政府体制性困局

目前乡镇存在的权责关系不清、财政能力弱、编制不合理等体制性问题，不仅影响了乡镇社会治理的成效，而且削弱了乡镇政府为农民提供基本公共服务的能力。

1. 乡镇政府权责关系不清

近年来，国家为了扶持乡村发展，大量的人财物资源和惠免政策逐渐向乡镇倾斜，一方面给乡镇带来了巨大机遇；另一方面也给原本就社会治理任务繁重的乡镇“重上加重”，特别是在乡村人居环境治理中，精准扶贫、镇域区划合并、各种棚户区改造、村落的拆迁重建等方面的权限需求越来越强烈，而在具体实践中的权力则捉襟见肘，导致乡镇权责不清矛盾愈加突出。

2. 乡镇政府财政能力弱

进入新时代，人民对美好生活需求的日益增长也表现在人民对公共服务需求的增长，然而乡镇政府在财政上“捉襟见肘”的困境已经越来越难以维系乡镇政府的正常运转和满足群众日益增长的公共服务需求。在现行“压力型”行政体制下，乡镇“财权层层上收、事责逐级下压”使得乡镇政府“有苦说不出”。

3. 乡镇政府编制不合理

随着经济社会的高速发展以及社会治理重心和服务工作的下沉，乡镇政府的工作任务日益繁重，在编人员已无法承担越来越繁重的工作任务，于是不得不雇用编外人员来分担压力。且乡镇政府受制于有限的人事编制自主权，致使乡镇政府无法根据本地的发展需求增添人员，这就在一定程度上影响了乡镇体制的创新。

在乡村振兴战略背景下，国家对乡镇投入了更多资源以及惠民政策，赋予了乡镇更多事务和责任，然而社会治理领域存在的诸多问题却使得乡镇难以有效承担起乡村振兴的主体责任，导致乡镇干部服务意识淡薄，采取消极怠政和避责趋利等行为，加剧了政府与农民之间的紧张关系。[①]

三、新时代乡镇社会治理前瞻

新时代乡镇社会治理相较于十八大以前，更加注重解决城乡社会发展中不均衡、不充分的问题，更加注重发挥乡镇公共服务的职能。展望未来，如何在借鉴乡镇社会治理经验的基础上，实现新时代乡镇社会治理能力的提升、社会资源的优化配置以及治理方式的与时俱进，是新时代加强和创新乡镇社会治理的目标。

（一）在治理理念上，构建乡镇社会治理共同体

社会治理现代化首先在于社会治理理念和价值的现代化。[②]党的十九届四中全会通过的《决定》提出“建设人人有责、人人尽责、人人享有的社会治理共同体”，作为加强和创新社会治理的更高战略目标，这是党坚持以人民为中心的执政理念在社会治理领域的具体体现，为新时代加强乡镇社会治理提供了理念指导。

1. 在观念意识上，构建“人人有责”的乡镇社会治理共同体

人人有责，是指乡镇各类治理主体应在乡镇党委的领导下共同参与其治理过程，规划乡镇发展的目标，设计参与治理的程序，评估其治理的结果。乡镇党委政府要转变观念，树立服务县、乡、村的大局意识和责任意识，主动为构建“人人有责”的乡镇社会治理共同体健全体制机制。乡镇群团组织、社会组织、农民作为乡镇社会治理的重要主体，也应主动转变观念，牢固树立“人人有责”的意识，充分发挥社会自治效能。

---

① 陆益龙、王枫萍：《乡村治理中乡镇政府的双重困境及其成因——甘肃省C镇的个案经验》，《西北师大学报（社会科学版）》2017年第5期。

② 魏礼群：《坚定不移推进社会治理现代化——新中国70年社会治理现代化历程、进展与启示》，《社会治理》2019年第9期。

2. 在具体实践中，构建“人人尽责”的乡镇社会治理共同体

人人尽责，就是运用多种治理方式，充分发挥乡镇各类社会治理主体的协同作用，实现共同参与治理的有效性。一方面，在群众意见上，广泛听取民意，汇聚民智，发挥群众在乡镇社会治理中的主体作用；另一方面，在制度层面上，健全基层群众自治制度、基层民主协商制度，保障所有群众在乡镇社会治理过程中履行“人人尽责”的可操作性、有效性。

3. 在治理结果上，构建“人人享有”的乡镇社会治理共同体

人人享有就是要突出社会治理成果人人受益的价值理念。一方面，要提高社会保障水平，对于特困群体，通过就业、医疗、住房、基本生活等精准扶贫措施帮助其解困脱困，确保“全面建成小康社会一个都不掉队”。另一方面，建设人人享有的激励机制。在社会共同体建设初期，为社会成员提供物质或精神的“第一推动力”，激励人人有责、人人尽责①，实现社会治理成果人人享有。

（二）在治理主体上，坚持“一核多方”共建

随着我国经济社会发展水平的提高，复杂多变的基层社会矛盾对乡镇社会治理主体能力及协作机制提出了更高挑战。在治理主体上，乡镇层面的各类治理主体应该建立“一核多方”共建的体制机制，其中“一核”是指在乡镇社会治理过程中，以中国共产党为核心，发挥党组织的统领作用；“多方”是指除了发挥乡镇党委的领导作用外，还要发挥乡镇政府、人大、政协、社会组织、市场、公众等主体参与社会治理的作用。

1. 党的政治统领

党的领导和社会主义制度是加强和创新社会治理的重要保障和突出优势。②在乡镇层面，镇、村党组织作为新时代乡镇社会治理的核心，应发挥其在乡村振兴战略中的主体责任，发挥其在社会治理中总揽全局、协调各方的领

---

① 郁建兴、任杰：《社会治理共同体及其实现机制》，《政治学研究》2020 年第 1 期。

② 龚维斌：《新时代中国社会治理新趋势》，《中国特色社会主义研究》2018 年第 2 期。

导核心和政治核心作用。如浙江绍兴丁宅乡党委探索实施的以“一村一品”特色党建引领乡村治理的生动实践，对于克服农村基层党建弱化、虚化具有积极的意义。①

2. 乡镇政府主责

乡镇政府要加快转变政府职能，强化乡镇政府的责任和服务意识，增强乡镇政府为农民服务的能力，促使城乡公共服务逐步实现均等化，满足农民对美好生活的需要。如湖北恩施州黄金洞乡政府从村庄、建设用地、道路建设、旅游发展、基础设施建设等方面对麻柳溪新农村建设做出了具体规划②，这些举措对于提升乡镇为农民服务的能力起到了助推作用。

3. 乡镇社会组织协同

乡镇工会、企业家协会、乡贤参事会等社会组织应抓住时代契机发挥其特有的优势和力量，号召乡村精英、企业家返乡参与乡镇社会服务工作，壮大乡镇治理的社会力量。如浙江枫桥镇在社会治理实践中涌现一批有社会影响力的社会组织，包括“枫桥镇调解志愿者协会”“枫桥镇义工联合会”“枫桥大妈”等，这些社会组织在化解乡镇社会矛盾，激发治理主体活力等方面发挥了重要作用。

4. 农民有序扩大参与

随着农民利益意识的觉醒，农民参与政治的愿望不断高涨，他们不仅要求参与管理村庄事务，还要求了解乡镇事务，甚至要求农村基层党组织在一些涉及农村重大经济社会问题及农民切身利益问题的处理上能够与自己协商沟通。③如浙江平湖市按照“同心党建、立体共治”的总体思路，“三社联动”“三治融合”，探索和建立多方主体参与社区共治和村民自治相结合的农村社区治理模式，取得了明显实效。

---

① 李俊：《以“一村一品”特色党建引领乡村治理》，《绍兴日报》2019 年 8 月 25 日。

② 王建国、周乾：《乡镇政府职能与村民自治的良性博弈——以恩施州黄金洞乡麻柳溪村为例》，《决策与信息》2018 年第 7 期。

③ 王建国、江家城：《论新时期农村基层服务型党组织建设》，《领导之友》2016 年第 7 期。

（三）在治理方式上，坚持多种治理方式共治

改进社会治理方式，坚持多种治理方式共治，是提升乡镇社会治理能力现代化的必然要求。新时代乡镇社会治理必须与时俱进，统筹运用党组织统领、协商民主、法治保障、道德教化、科技支撑等多种治理方式共治。

1. 党组织统领

党组织是乡镇社会治理的战斗堡垒。一方面要加强党组织的主导作用，发展和壮大镇、村党组织，充分发挥镇、村党组织在乡村振兴中的统领作用；另一方面发挥党组织引领效能，镇、村党组织要对分散的乡村社会力量进行组织动员，引导和推动他们积极参与乡镇社会治理。如发源于北京市平谷区的“街乡吹哨、部门报到”，充分发挥党组织在乡镇（街道）社会治理中的统领和整合作用，着力解决了关系群众切身利益的乡镇社会治理问题。①

2. 协商民主

协商民主是创新社会治理体制、改进社会治理方法的有效途径。②一方面完善基层协商民主的主体结构，协商民主中的主体应包括基层党委、政府、农民群众、新乡贤等主体；另一方面建立基层民主协商程序保障机制，程序保障机制就是对条件、步骤、参加人员、违反协商程序的后果等重要程序问题进行有明确具体的保障机制。③如浙江桐乡的“三治融合”、平湖的“息事无讼”、温岭的“民主恳谈会”等地方实践，都是基层协商民主运用于乡镇社会治理的创新方式。

3. 法治保障

法律作为具有普遍约束力的特殊行为规范，在人情关系复杂的乡村，最具

---

① 狄英娜：《“街乡吹哨、部门报到”——强化党建引领基层治理，促进城市精细化管理的北京实践》，《红旗文稿》2018 年第 23 期。

② 汤玉权、徐勇：《建立健全统一战线在基层协商民主中发挥作用的协商机制》，《广西大学学报（哲学社会科学版）》2018 年第 4 期。

③ 汤玉权、徐勇：《建立健全统一战线在基层协商民主中发挥作用的协商机制》，《广西大学学报（哲学社会科学版）》2018 年第 4 期。

说服力和公信力。[①]一方面，根据乡村的发展健全法律法规，引导人民在法律法规的范围内从事生产活动；另一方面，坚持德法并用，以德治滋养法治、涵养自治，以法治引领德治、规范自治，共同维护乡村社会秩序。如浙江平湖市曹桥街道的野马村，在推进乡村治理过程中，开设“道德·法治讲堂”，建设以法治为主题的“三治公园”，多形式提升村民的法律素养。

4. 道德教化

一方面，通过发挥乡贤精英的榜样作用，激活传统文化中的活性因素，来发挥道德教化在乡镇社会治理中的作用；另一方面，应充分挖掘村规民约中的德治资源，把社会主义核心价值观融入贴近群众生活的村规民约当中，转化成群众的道德情感认知和行为习惯。如浙江省义乌市城西街道何斯路村首创“功德银行”，修建文化墙，修缮宗祠，强化了村民的道德行为，营造了文明村风、良好家风、淳朴民风。

5. 科技支撑

创建智能化乡镇政府。其一，乡镇政府利用数字化信息技术，击破其内部与上级政府之间的信息孤岛，打造其内部上下左右信息融通的无形网络，节约社会治理成本；其二，乡镇政府要努力实现数据共享，让信息流通、数字“跑路”，提高乡镇政府的公共服务效率。如江西省乐安县积极探索运用大数据和互联网等手段，初步形成了“一个便民服务中心”“一个智慧平台”“三个向下服务”和“四级网络便民”的服务网络，不断简化乡镇政府的服务体系。

（四）在治理体制上，加强和创新社会治理体制

习近平总书记指出：“社会治理的核心是人，重心在城乡社区，关键是体制创新。”[②]新时代只有加强和创新社会治理体制，赋予乡镇政府更大的自主权，健全乡镇社会治理的权责体制，拓宽民众参与的制度化渠道，加强乡风文明建

---

① 袁金辉、乔彦斌：《自治到共治：中国乡村治理改革40年回顾与展望》，《行政论坛》2018年第6期。

② 《习近平关于全面深化改革论述摘编》，中央文献出版社2014年版，第68页。

设，才能构建适应新时代发展的乡镇社会治理体制。

1. 重构权责体系，厘清乡镇的权责边界

在重构权责体系的过程中，一方面应聚焦群众重点关心的事项，调整更新权力清单、责任清单，确保权责统一、权责对等；另一方面，建立乡镇考核项目准入机制，严格规范对乡镇的考核项目和相关责任的审批权限，明确规定相关职能部门不得将自身责任强意嫁接给乡镇承担。如浙江省金华市从解决乡镇（街道）“权责不符”问题入手，推进赋权、强能、减负，明确其职能部门的权责边界，强化乡镇（街道）在基层社会治理中的核心作用。①

2. 拓宽民众参与的制度化渠道，健全乡镇社会治理监督的制度机制

新时期加强基层民众自治制度，是保障村民自治、有效监督政府和提高民众参与积极性的重要制度条件。更多地注入基层民众的力量，将有助于推动乡镇政府与民众的双向有效治理。上海奉贤区四团镇五四村通过建立乡贤参事会，充分激发民众参与的内生动力，带动民众走上治理舞台。

3. 加强乡风文明建设，健全乡村文化保护制度体系

一方面完善乡村文化的管理监督机制，提升乡村文化服务的效能，保障乡村文化能够良好有序运行；另一方面要健全乡村文化财政保障机制和市场运作机制，加大乡镇政府对优秀乡村文化的投入，优化乡镇对公共文化资源整合。例如浙江农村的“文化礼堂”在推动乡风文明建设、弘扬优秀传统文化的同时，逐渐完善了村民自主管理模式，提升了乡镇社会治理的成效。

治理理念、治理主体、治理方式、治理体制机制是新时代乡镇社会治理体系中的关键元素。针对各类元素，分类寻根问诊、综合革新施策，在整合性治理理念下努力实现乡镇社会的有效治理，是推动新时代乡镇社会治理整体水平提高的根本准则，无疑有助于突破传统治理模式的壁垒，加快推动乡镇社会治

① 金华市委编办行政处：《深化乡镇机构改革 激发基层治理活力》，《中国机构改革与管理》2020 年第 1 期。

理综合创新。当前中国的乡镇社会治理处于历史转折的关键时期，乡村振兴战略既是目标，更是动力，抓住乡村振兴发展机遇，以农民利益诉求为导向，创新乡镇社会治理体系，形成高水平、全方位、多层次的现代乡镇社会治理新局面。

城市老旧小区公共空间的协同治理

李振锋　王翔君*

【导语】老旧小区治理是城市社区治理的一个重要方面，是城市社会治理从增量治理转向存量治理的集中体现。根据国家加大城镇老旧小区改造力度，推动惠民生、扩内需的工作部署，广东省H市实施老旧小区“惠民空间”微改造项目，探索城市社区公共空间微治理中的社会协同行动秩序。

根据国务院加大老旧小区改造力度，推动惠民生、扩内需的工作部署，2020年全国各地计划改造城镇老旧小区3.9万个，涉及居民近700万户，比2019年增加一倍，治理工作聚焦于2000年年底前建成的住宅区。广东省H市根据城市社会治理工作的进展，在2019年提出以“绣花功夫”改造升级老旧社区、城中村，积极推进背街小巷“微改造”和城郊接合部综合整治，这一城市基层治理思路既契合H市城市社会治理的现实需求，也合乎现阶段国家关于城市社区治理的最新要求。H市在深入调研和向其他城市学习的基础之上，以民政局为联系和组织协调部门，将政府力量、市场力量和社会力量统筹协调进“惠民空间”老旧社区公共空间改造项目。

一、W小区的公共空间状况

近年来，随着H市基层社会治理的持续推进和不断深入，老旧社区改造工

* 李振锋，北京师范大学社会发展与公共政策学院、中国社会管理研究院／社会学院博士研究生，研究领域为社会治理与社会政策；王翔君，通讯作者，北京师范大学社会发展与公共政策学院、中国社会管理研究院／社会学院博士研究生，研究领域为社会治理与社会政策。

作快步进入政府工作议程。以“惠民空间”为名的社区公共空间改造项目是聚焦群众关切、解决老旧社区群众生活难题、完善社区治理与改善人居环境的一项基层社会治理举措。在经过试点之后，以“惠民空间”微改造为主要模式的老旧社区治理项目在全市范围内逐步推广开来，W 小区是新一轮开展公共空间治理的老旧小区之一。

（一）W 小区的公共空间

W 小区规划治理的公共空间包括三个相互独立的户外公共区域：小区门口休闲区、小区门前小广场和小区花园。门口休闲区是位于 W 小区大门左侧的区域，这里设有 5 套石质桌凳和多个花坛，桌凳和花园边沿部分已出现不同程度的损毁，水泥铺筑的地面因长期雨水冲刷，已出现一些裂缝和凹陷。位于区域中心位置的 4 个花坛已经废弃空置，周边的花坛里是长势茂盛的大树，浓密的枝叶影响到低楼层住户的室内采光。休闲区周边几栋楼里的住户大多是相互熟识的老住户，这里也就自然地成为老人们主要的聚集空间之一，他们白天会集在这里打牌聊天。门前小广场紧邻小区大门口，占地面积超过 2000 平方米，场地较为宽敞，整体分为文化娱乐区和休闲区两部分，广场内由于缺少配套设施，视觉较为空旷。以前这里是一片杂草丛生的荒地，2018 年由政府和居委会出面，组织小区居民共同铲除杂草，修整并铺筑了水泥地面，因资金有限，花圃和广场上的石墩是几位热心居民用捡来的废弃砖石堆砌而成的。休闲广场因毗邻 W 小区大门口，人流量很大，白天这里是一些流动商贩卖蔬菜和水果的场所，晚上则是居民跳广场舞和健身的主要场地，加之小广场距离小区内的居住区有一段距离，此处喧闹声不会打扰到其他居民的生活和休息，所以大家比较喜欢聚集在此进行活动。小区花园原是 W 小区东部角落的小花园，园内并无许多花草，唯有几棵大树，水泥地面因长期雨水冲刷已出现凹陷不平。虽然这里安装有健身设施，放置了乒乓球台，但由于位置较为偏僻，蚊虫较多，到此活动的居民较少，周边几栋房屋的住户以年轻人居多，白天上班，较少在此区域内活动。

整体上看，W 小区公共空间场地设施普遍较为陈旧，地面破损不平，缺少可以遮阳挡雨的亭子、休息歇脚的桌椅等必要配置，同时在地面较为平整的区域又出现车辆无序停放的问题，挤占居民本就有限的公共活动空间。W 小区现实条件决定了无法在小区公共空间治理中进行全方面、大规模和深程度的改造，此种情况下，“惠民空间”微改造项目为 W 小区公共空间治理提供了一个很契合的机会，以微治理和微提升为主导方式的小幅度改进既符合小区有限公共空间治理更新的实际情况，又能满足居民对公共空间优化治理的需求。

（二）“惠民空间”微改造的协同治理建构

H 市“惠民空间”微改造是由市民政局牵头，会同财政、自然资源、住建、文广旅体、残联等部门推动实施的老旧社区改造项目，项目依照“政府主导、社会协同、公众参与”的指导思路，由市民政局主导推进。市慈善总会以公益性社会组织的身份为项目提供经费资助，以设计方和施工方为主要代表的市场力量承担具体改造任务，第三方机构负责工程评估验收，福彩、体彩等给予福利和体育设施的配套支持。市社会工作协会联合驻区社会工作机构参与项目前期调研，摸清小区改造意愿和居民的改造需求，协调微改造项目的顺利推进，协助小区内文化内涵挖掘和建设以及后续“三社联动”服务的供给，社区群体组织和民众广泛参与和监督。

在 W 小区“惠民空间”微改造项目中，参与力量可以分为政府力量、市场力量和社会力量三大类。政府力量的职责是主导项目和进度推进，市场力量的职责是对微改造工程的具体实施，社会力量的职责是调研改造需求，协调治理参与力量及小区文化建设和服务供给。在具体的项目进程中，政府力量的参与体现为 H 市政府对老旧小区改造提出明确要求，以市民政局为牵头单位领导微改造治理工作，街道办（乡镇）和居（村）委会筛选符合项目要求的小区。市场力量的参与体现为“惠民空间”微改造的设计方和施工方以项目招标方式承担老旧小区公共空间的改造方案设计和改造工程施工。社会力量的参与体现为市社工协会和社工机构对微改造意愿的调研，协调微改造协同主体以及对项目进程进行监督。

二、治理参与力量的社会协同进路

从W小区“惠民空间”微治理参与力量的协同逻辑来看，政府力量和社会力量的治理协同表现为政府通过购买服务的方式与专业社会工作机构进行协同，邀请社群组织和小区居民参与和监督微改造项目。政府力量与市场力量的治理协同表现为政府通过购买服务的方式与项目工程方进行协同，市慈善总会为项目提供资金，并以市民政局委托代理人的身份组织项目招标工作。社会力量与市场力量的治理协同表现为专业社工机构与工程团队协商推进微改造项目，社群组织和小区居民支持工程团队进行方案设计和改造工程施工。

为了清晰地阐明“惠民空间”微改造项目中三类力量之间的具体协同形态，笔者将通过对项目三个阶段具体治理工作的描述，来展示三类力量之间的治理协同进路。

（一）“惠民空间”项目招标

在H市老旧小区公共空间治理正式开动之前，市民政局联合其他部门组织召开“惠民空间”项目启动会议，并将会议的参与者扩展到微改造中的主要治理参与力量。在启动会上，市民政局介绍“惠民空间”社区改造项目是按照“政府主导、社会协同、公众参与”的思路开展的城市基层治理，在治理进程中坚持政府主导下的多元主体协同治理的进路。

根据项目的工作部署，第一阶段的事项是“惠民空间”微改造项目的招标工作，市民政局及其代理委托人通过项目招标的方式，寻找社区公共空间治理的协同力量，这项工作本身就体现出政府力量与社会力量、市场力量的治理协同。项目招标包括两个部分，一是市民政局与市社会工作协会之间进行的老旧小区改造意愿调研的项目招标，按照要求市社工协会负责完成小区改造意愿调查并撰写调研报告。这项工作体现了政府力量与社会力量的协同。二是市民政局与改造工程团队之间进行的老旧小区改造方案设计和工程施工的项目招标，按照要求改造方案设计团队将根据改造小区公共空间的布局情况和改造意愿调研报告设计改造方案，施工团队则依据设计方案完成公共空间改造的具体施工。这项工作体现了政府力量与市场力量的协同。除项目招标之外，政府内部各力量之间也以协商合作的方式进行治理协同，如市民政局与其他部门、街道、乡镇和居委会协同完成待改造老旧小区的筛选和确定工作。

（二）老旧小区微改造意愿调研

W 小区公共空间治理第二阶段的事项是小区微改造意愿调研，市社会工作协会联合 H 市社工机构组建调研团队，在社区居委会的配合下对小区改造意愿以及改造过程中可能涉及的其他信息进行了详尽的调查，并撰写调研报告。

具体来看，公共空间改造意愿的调研包括两个部分。一是根据项目方案，市社会工作协会联合 W 小区的驻区社工机构进行改造意愿的调研，调研采取线上和线下相结合的方式进行抽样问卷调查，并辅以入户深度访谈。在调研过程中，设计团队为了更准确地了解小区内公共空间的基本情况，参与了调研团队组织的焦点小组会和居民议事会等协商会议，了解社区和居民对公共空间改造的诉求和关切。这项工作既体现出社会力量内部的协同，也体现出社会力量与市场力量的协同。二是完成改造意愿调研之后，市社会工作协会将调研报告提交市民政局，切实反映民众需求，并就后续公共空间改造的设计和施工统筹协调工作与市民政局进行协商交流，落实推进社区改造工作。这项工作体现了社会力量与政府力量的协同。

（三）微改造项目设计和施工

W 小区公共空间治理第三阶段的事项是微改造方案设计和工程施工，设计团队依据改造意愿调研报告和前期的工作积累，完成对公共空间改造方案的设计，经过项目协调会和居民议事会等会议的讨论和协商，将确定的设计方案交付施工团队进行具体改造施工。

具体来看，公共空间改造的工程阶段包括两个部分。一是设计团队依据改造意愿调研报告和 W 小区公共空间实际情况设计改造方案，提交项目协调会和居民议事会进行集体讨论和协商，形成确定的改造方案。这项工作既体现出市场力量与政府力量的协同，也体现出市场力量与社会力量的协同。二是施工团队依据公共空间改造方案进行工程施工，社工机构和居委会协调居民配合改造的具体工作，在改造完工之后，项目主导方政府组织对改造工程进行验收评估。这项工作既体现出市场力量与社会力量的协同，也体现出市场力量与政府力量的协同。

由 H 市老旧小区公共空间治理观之，W 小区“惠民空间”微改造项目的推进过程，是城市社区治理多元参与力量之间进行方案协商、诉求表达、交流沟通的过程，是各参与主体协力寻求共识、增进有效参与、提高联合行动能力的过程，也是实践新时代社会协同治理理念、探索城市基层社会协同治理行动秩序的过程。

三、“惠民空间”微改造的特点

H 市“惠民空间”微改造主要是对老旧小区内的公共空间及所属设施进行有限幅度的改造更新，以提高社区共享资源的利用度。通过对 W 小区“惠民空间”微改造项目的解析，可以看到社区微治理不仅呈现出城市社区治理中多主体协同的一般特征，还呈现出城市老旧小区公共空间微改造中的特殊属性，这些特点集中体现于四个方面。

治理功能定位。W 小区“惠民空间”微改造项目不同于电力、燃气等硬设施改造，是立足于社区实际、日常实用和群众满意等方面，因地制宜、见缝插针式地对老旧社区的有限公共空间进行微治理，致力于在小区内打造出兼具公益性、主题性、文化性和群众性的活动空间，并筹划开展“三社联动”服务，挖掘社区文化内涵，提升社区治理水平，营造共建共治共享的社区治理格局。

老旧小区选择。H 市在 2019 年“惠民空间”微改造试点之后，市民政局总结试点经验，从全市区县社区中选择有公共空间治理需求且符合微改造筛选条件的老旧小区，开展公共空间更新治理工作。为了降低微改造进程中的工作阻力，在目标小区的拣选过程中，优先选择有社工机构常驻的小区。

微改造内容。W 小区“惠民空间”微改造项目基于小区改造意愿，通过专业设计和工程施工优化社区公共空间布局，通过添建休闲文体设施、老年人和儿童服务娱乐设施、完善园林绿化等手段提升社区公共服务配置，通过社区文化挖掘提升社区内涵价值，培育社区公共精神。

微治理运作。“惠民空间”微改造按照“政府主导、社会协同、公众参与”的指导思路，由政府主管单位主导项目推进，公益性社会组织提供资金，市场力量承担具体改造任务，社工机构组织前期调研、文化挖掘和后续“三社联动”服务，第三方机构评估验收，社区群众广泛参与和监督。

四、对老旧小区社会协同治理的思考和总结

城市老旧小区建造以来，经历三十年甚至更长时间的使用，小区治理所面对的事项较多且复杂，选择哪一个议题作为治理的突破点对于顺利推进小区治理具有开局意义的影响。H 市选择公共空间整治作为老旧小区治理的突破口，一是公共空间是居民日常生活的必需公共品，属于典型的社区公地范畴，相对于私有产权的物品，这个诸多公共服务供给的附着载体长期处于损耗高但增益低的窘境，治理需求迫切。二是“惠民空间”微改造项目将老旧小区治理的重心放在对小区公共空间的整治、更新和优化方面，尽量不触及居民私有产权物品的利益，最大限度减少项目开展的阻力。三是将社会协同治理理念实践于老旧小区公共空间治理中，为城市基层社会治理探索路径，探寻基层社会治理中社会协同的行动秩序。

在构建新时代社区治理的协同结构中，社区治理的协作力量之间张力依然存在，需要规范治理行动中各主体的权力运作空间，做到一把尺子“量到

底”。[①]H市社区治理中各参与力量之间的互动交织了彼此的边界，使社会协同力量运作空间以一种正式化和组织化的形式不断生产出来，映现出更为深层次的社会治理技术及社会治理行动秩序的形塑过程。笔者注意到H市“惠民空间”微改造项目中作为主导力量的政府部门，其权力运作及角色扮演尚无定式。以项目中主要参与力量签署的合作协议来考察，项目的主导方市民政局并不是合作协议书中的甲方，市慈善总会以市民政局委托代理人的角色存在，与项目调研方和工程方签署合作协议。具体到W小区治理中，调研团队不仅承担前期的改造意愿调研工作，还在后续阶段客串项目推进的协调人角色，发挥市民政局“影子”的作用。

从W小区“惠民空间”微改造中可以看到，多主体协同社区治理行动中，各主体之间存在互惠性合作，这种互惠性部分来源于日常工作中的非正式合作。[②]在项目前期改造意愿调研中，市社工协会联合的社工机构是W小区的驻区社工机构，与W小区有长期的合作关系，且两者的关系很融洽，这种前期积累关系的存在，为项目开展积聚了很好的群众基础，是“惠民空间”微改造顺利推进的一个因素。社区共同体意识也是有利于社区治理的一个因素，尤其是对于居民熟识度较高的老旧小区来说，居民之间原有的交流渠道有助于达成社区治理的共识，提高社区治理的有效参与，助力社区治理目标的实现。[③]

城市老旧小区治理是未来几年城市基层治理的一个重要领域，公共资源的治理议题则会是该领域中的突出问题。W小区的公共空间治理实践是对社会协同治理的有益探索，是新时代我国社会治理中推进和优化社会力量协同的现实基础，也是深化对于社会协同理论研究的实践来源。从推进城市基层治理现代化的视角来看，老旧社区的公共空间治理是对社区必备功能的加强，是解决当

---

① 施芸卿：《一把尺子如何“量到底”：基层治理中的制度硬化 以一个城市更新试点项目为例》，《社会》2019年第2期。

② 陈朋：《互惠式治理：社区治理的日常运作逻辑》，《江苏社会科学》2014年第5期。

③ 杨志杰、钟凌艳：《台湾社区治理中的“社区共同体”意识培育经验及借鉴——成都老旧居住区的社区治理反思》，《现代城市研究》2017年第9期。

前社区中人民追求美好生活所面对的发展不平衡不充分的可行路径。但面对城市老旧社区治理中差异化的具体事项，公共政策的制定者和研究人员在关注功能性社区治理的同时，也需要加强对规范化社区建设的探索[①]，从行动和制度两个层面来营造城市基层社会的现代化治理体系。

① 徐建宇、纪晓岚：《迈向社区规制治理：一个分析框架》，《新疆大学学报（哲学·人文社会科学版）》2019年第2期。

以传统文化助推企业协同治理能力

贺少雅　方　彬*

【导语】一般论者均承认中国传统文化与现代企业管理之间存在着某些异质性差别，但若企业主动吸收传统文化的精神内核并对其进行现代性改造，可以实现二者的深度融合。本文通过对江苏秀强玻璃工艺股份有限公司利用孝善文化构建现代企业文化并积极参与基层社会治理的考察，呈现了一个推动传统文化与现代企业管理融合的生动案例，认为传统文化是现代企业进行文化建设和精神建构的重要资源，也是企业参与社会治理的有力推手。当然，企业在主动传承传统文化以及推动文化创新与转化的道路上还有很大的提升空间。

党的十九届四中全会提出推进国家治理体系和治理能力现代化，要求发挥社会组织在社会协同治理中的作用，同时要发展社会主义先进文化，坚持以社会主义核心价值观引领文化建设制度。本研究发现，作为一种重要的现代经济活动组织，企业在践行社会主义核心价值观的同时，可以通过主动吸收传统文化精髓并加以现代性改造，实现自身文化建设，提升参与基层社会治理能力。

---

* 贺少雅，北京师范大学中国社会管理研究院 / 社会学院讲师，主要从事历史民俗学、非物质文化遗产保护和城乡社会治理研究；方彬，北京师范大学中国社会管理研究院 / 社会学院讲师。基金项目：北京师范大学中国社会管理研究院 / 社会学院横向项目“孝善文化与社会治理现代化：企业参与社会治理模式研究”阶段性成果。本文在撰写过程中得到北京师范大学中国社会管理研究院 / 社会学院萧放教授的指导，以及博士研究生许茜、霍雯的协助，在此一并表示感谢。

一、个案简介

江苏秀强玻璃工艺股份有限公司（以下简称“秀强公司”）位于江苏省宿迁市，宿迁地处文化交汇之所，北望齐鲁，南接江淮，既有北方儒文化的浸染，又受到南方楚文化的影响。据民国《宿迁县志》载，周代时仇犹、钟吾二诸侯国位于宿迁地区，仇犹亡国后归于鲁国，钟吾归于楚国。[①]北面孔门弟子曾到此游学，许多名儒亦到此为官，儒风浓郁。[②]南部楚国文化又带来了侠义气质、忠肝义胆之精神。两种文化碰撞出宿迁人“刚质忠淳”的性格和“侠烈劲悍”的风习。[③]当地以西楚霸王项羽原籍为豪，被称为“西楚文化的发源地”。南宋抗金名将刘世勋、晚清抗日的民族英雄杨泗洪等也诞生于此。刘少奇、陈毅、邓子恢等老一辈革命家曾在这里运筹帷幄，浴血奋战；彭雪枫、吴苓生、江上青等上万名革命先烈长眠这里。

宿迁大地世代传承着孝善之风。以孝闻名的孙鹏，为重病的祖母侍候汤药两个多月，未曾解衣而眠，祖父和父亲相继去世后他守孝三年，母亲去世后，他仍如前般继续守孝。他还养育了孝顺的子女，一家人备受尊敬。[④]受此影响，生长于宿迁的企业家也多具侠义孝善之气，他们自觉将孝善文化作为和谐企业建设的助推力量，为社会带来积极影响。秀强公司创办人卢秀强就是比较突出的一位。卢秀强是江苏秀强玻璃工艺股份有限公司董事长，该公司创建于2001年，2011年在深圳证券交易所创业板成功上市，是宿迁第一家在深交所创业板上市的民营企业、中国最大的加工玻璃制造商之一，被评定为“国家级高新技术企业”“江苏省百强民营科技企业”。公司现有秀强智能、秀强教育和秀强文

---

① （清）高延第等纂：《中国地方志集成·江苏府县志辑58·光绪盱眙县志稿　民国宿迁县志》，江苏古籍出版社1991年版，第404页。

② 汪小洋、余四海、姚义斌主编：《江苏地域文化概论》，东南大学出版社2011年版，第12页。

③ （清）高延第等纂：《中国地方志集成·江苏府县志辑58·光绪盱眙县志稿　民国宿迁县志》，江苏古籍出版社1991年版，第408页。

④ （清）高延第等纂：《中国地方志集成·江苏府县志辑58·光绪盱眙县志稿　民国宿迁县志》，江苏古籍出版社1991年版，第538页。

旅三大事业板块，员工3000余人，年销售收入近20亿元，实现利润总额1亿元，且每年仍保持着较大幅度持续增长，平均每年缴纳财政税收6800多万元，解决当地就业3000余人。卢秀强本人曾荣获“全国劳动模范”“道德模范”“中国好人”“全国五一劳动奖章获得者”等称号。[①]公司自2008年开始创新企业管理方法，逐渐构建出具有宿迁地域文化影响的融合社会主义先进文化、中华优秀传统文化和现代企业精神的企业文化，在企业管理和社会治理上做出了有益的探索。

二、秀强人的“孝善”及其文化内涵

秀强公司在传承孝文化时使用了“孝善”的概念。“孝善”是“孝”“善”二字合用。《说文解字》云：“孝，善事父母者。从老省，从子，子承老也。”[②]“善，吉也。从誩，从羊。此与义美同意。”[③]又有俗语云“百善孝为先”，孝者必善。概观学术界，多数都称言“孝”和“孝道”，而秀强公司所说的“孝善”，在学术界使用者不多，更多出现在政治提倡和社会实践中，“孝”倾向于家庭伦理，“善”强调社会伦理中的善行，“孝善”相对于“孝道”产生了一定的现代性，更易于政治和社会层面的理解和接受。不过，从实践层面来看，以秀强公司为代表的“孝善”社会实践与“孝道”实践的差别不大。

孝文化是中华传统文化的重要组成部分和中国农业宗法社会的主流文化。“孝”产生于父系氏族社会时期，西周时已成为一种普遍的道德伦理。[④]后经以孔子为代表的儒家进行全面系统论述，成为“儒家伦理的第一德目”。[⑤]两千多年来，“孝”不仅影响着中国人的思想，也成为人们的行动准则和德行的评判标

---

① 秀强公司编：《德润济天下　幸福暖人间——江苏秀强玻璃工艺股份有限公司践行中华优秀传统文化构建幸福文明企业礼记》（内部资料）。

② （汉）许慎：《说文解字》，中华书局1963年版，第173页下。

③ （汉）许慎：《说文解字》，中华书局1963年版，第58页上。

④ 张践：《儒家孝道观的形成与演变》，《中国哲学史》2000年第3期。

⑤ 肖群忠：《儒家孝道与当代中国伦理教育》，《南昌大学学报（人文社会科学版）》2005年第1期。

准，更在较长的历史时期内成为统治阶级的御用思想工具。但明代以后，孝文化的负面影响愈发凸显。至近现代，鲁迅、陈独秀、吴虞等一批知识分子对孝道的阴暗面诸如移孝作忠、愚忠愚孝等观念和偏激的做法展开激烈批判。[①]

与孝道观念演变史相对应，“孝”的理论阐释也经历了从“家庭”到“国家、社会”，再复归“家庭”并逐渐扩及“社会”的过程。孝最初仅限于人伦范畴，主要内容是祭祀祖先、善事父母。经过先秦儒家的理论阐释与构建，孝的伦理内蕴包括奉养长辈、顺从长辈、祭祀先辈三个方面。[②]并且孝是有层级的，“始于事亲，中于事君，终于立身”，最基础的“孝”是“身体发肤受之父母，不敢毁伤”，最高级的“孝”是“立身行道，扬名于后世，以显父母，孝之终也”。[③]即要在社会与文化上有所贡献，以“显亲”。儒家将孝的实践空间由家庭伦理延伸和升华至社会伦理和历史伦理层面[④]，构成了一套从家庭内部扩张到社区、国家的观念体系。在宗法家族制度中维持着“父慈子孝”和“兄友弟悌”的“孝—悌—贞—顺”四大准则，延伸至社区便演变为尊老爱幼、邻居和睦、朋友有信的观念和行为；至国家层面则为君仁臣忠、忠君爱国；最后是儒家为世人勾画出的最高人格修为：“修身、齐家、治国、平天下。”这套伦理体系与几千年的中国封建统治相依存，渗透到中国人的日常生活，成为人伦日用的道德准则。但明清以后，孝道观念所具有的“人民性和封建性”[⑤]两个方面中被统治阶级改造的“忠君尊王”以及被扭曲的“君要臣死，臣不得不死。父要子亡，子不得不亡”观念占上风；经“五四”以来的批判，“孝”的国家、社会两个维度渐趋消减。

当代学者吸收了五四时期批判传统孝道的精神遗产，大多肯定孝文化的当

① 对于五四时期知识分子的贡献学界多给予积极正面评价，例如，郁有学：《近代中国知识分子对传统孝道的批判与重建》，《东岳论丛》1996 年第 2 期；肖群忠：《孝与中国国民性》，《哲学研究》2000 年第 7 期。

② 郑晓江：《孝的伦理内蕴及现代归位》，《南昌大学学报》1997 年第 4 期。

③ 胡平生译注：《孝经译注》，中华书局 1996 年版，第 1 页。

④ 萧放：《孝文化的历史传统与当代意义》，《民俗研究》2015 年第 2 期。

⑤ 肖群忠：《孝与中国国民性》，《哲学研究》2000 年第 7 期。

代价值和意义，认识到孝观念的两重性，并积极探讨运用马克思主义哲学观和辩证分析的方法，“鉴别对待、推陈出新、扬弃继承、古为今用”[①]，选择与时代相符合的伦理内涵进行创造性转化。他们主张摒弃孝道中单向的、绝对无条件的、有悖于人性的不合理因素，在平等、民主和法治的前提下重建孝道，使之与现代生活兼容，发挥其文明培养和道德教育作用，回归“孝”的家庭伦理本位[②]，并扩及社会。孝道在当代的价值相对于传统社会的“首德和泛德”而言应为“子德，基础道德”，新孝道要“讲究人格平等性、提倡义务并行互益性、注重感情性、强调自律性”，同时通过道德教育实现“爱、敬、忠、顺”的伦理精神延展到社会层面。[③]

秀强公司所构建的孝善文化基于上文所述当代孝文化的传承背景，吸收了孝善文化中易于与企业管理融合、易于为企业员工理解、易于向社会传播的理念，对其加以新的阐释，进行全方位改造，构成了独具秀强特色的企业孝善文化。

三、秀强公司的孝善文化建设[④]

（一）领导的带头作用与反思机制

对于民营企业而言，企业文化在一定程度上体现着最高领导的价值取向。秀强公司董事长兼总经理卢秀强对孝善文化具有强烈的认同和较为深刻的认识，他特别重视传统经典的学习，将《孝经》《弟子规》《论语》《道德经》等作为案头常备书，并且事必躬亲，带头孝顺老人、尊敬亲人、关爱员工。每年母亲节，公司邀请员工父母到企业参观时，卢秀强都会带头给母亲洗脚，以表孝心。同时，他主张将孝善文化作为企业文化的核心，结合企业生产实际、员工素质提

---

① 吕本修：《先秦儒家孝德思想及其现代价值》，《伦理学研究》2017 年第 5 期。

② 郑晓江：《孝的伦理内蕴及现代归位》，《南昌大学学报（社会科学版）》1997 年第 4 期。

③ 肖群忠：《儒家孝道与当代中国伦理教育》，《南昌大学学报（人文社会科学版）》2005 年第 1 期。

④ 本部分内容参考了秀强公司编写的《德润济天下 幸福暖人间 —— 江苏秀强玻璃工艺股份有限公司践行中华优秀传统文化构建幸福文明企业礼记》（内部资料）。

升等进行现代化改造，要求各级领导要不断参加学习，加深对孝善文化的理解，且必须以身作则，从孝心、孝行上带头践行孝善文化。

在发挥高层引领的同时，公司还强调党员示范作用。在公司党委举办的全面贯彻落实党的群众路线教育实践活动——“百千万”系列活动之“好家风、助党风”双十佳党员风采展示的材料中可以看到，评定先进的标准包括事业上的担当意识、团队建设、奋勇拼搏①，也包括孝善文化和知耻文化，把感恩母亲、建设自己的和谐家庭与为公司敬业工作结合起来②。在这里，践行社会主义核心价值观、发扬社会主义革命传统与传统孝善文化并行不悖，中国人的伦理道德本位很好地融入现代企业对于合格员工的评定标准中。

不过，作为具有现代精神的企业组织，必须遵循“自由、平等、公正、法治”的现代社会主流价值。因此，传统孝文化中的有等差的“爱”和“敬”是不太可行的，公司上下级之间、员工之间必须要做到有章可循、依法办事，建立在平等对话和公正做事的基础上。于是，传统的“善事父母”伦理在融入秀强企业之后，演变成员工之间的友善以及领导和员工之间的尊敬、友爱、和谐与互助。比如，在公司的《弟子规制度化新解》中“亲有过，谏使更；怡吾色，柔吾声”被新解为“领导失误或者有过错，要找合适的机会、场合劝说，切忌当众指明”；“凡是人，皆须爱；天同覆，地同载”被新解为“礼仪部分职位级别，对待公司所有人应一视同仁”。公司强调通过“鞠躬”礼仪表达领导和员工以及员工之间的尊敬和友善，每天早上公司门口领导鞠躬迎接员工进厂问“早上好”，下班时鞠躬“感谢家人付出”，用餐前鞠躬祝“各位家人用餐愉快”。管理人员还定期举行民主生活会、思想辩证会，每周自愿学习《论语》，在这些过程中不断反思，主动查找自身不足，用和善的态度对待工作和他人。

---

① 优秀党员介绍材料《超强团队意识的年轻党员》《拼搏海外 奋发有为》《党员要有担当意识》等，企业内部资料。

② 优秀党员介绍材料《学好〈弟子规〉做好分内事》《党员更要学习〈弟子规〉》《百善孝为先　家和万事兴》《百善孝为先　敬业亲心安》《公司的事就是自家的事》《感恩母亲》以及《党员更要“知耻而后勇”》《担当，知耻》等企业内部资料。

（二）孝善文化创造性融入企业管理

经典文本是传承和传播企业文化的重要载体。秀强公司员工大多数是文化水平并不高的当地农民，如何构建能为他们理解和接受的管理理念，并通过有效的文本或者管理制度得以贯彻，公司为此颇费脑筋。

2005年，公司开始推行国际通行的企业5S管理制度，在推行过程中，发现中国传统文化的部分内容与5S管理有相通之处，若将二者有机结合，将有助于提升企业管理的文化意蕴和员工素养。于是，他们选定了语言通俗易懂的古代经典童蒙读物《弟子规》，将现代社会主义文化、孝善文化以及企业文化三者对接，把难以记诵的企业生产管理条文内置于记诵的经典文本中，用带有温度的阐释代替强制的灌输。比如，在企业安全管理方面，《弟子规》中"置冠服，有定位"转化为"定置管理"；"身有伤，贻亲忧"，与企业安全生产理念相扣合；"列典籍，有定处；读看毕，还原处"解释为所有物品分类、定位放置，使用完毕后及时放回原处；"宽转角，勿触棱"的行为规范正好与玻璃生产过程中齿轮、齿条、皮带、扇叶、轴承等可能造成潜在伤害联系起来。在员工关系调处中，《弟子规》中的"兄道友，弟道恭；兄弟睦，孝在中"，新解为在工作中，同事遇到困难要主动提供帮助，同事提出的问题要热心解答；"凡出言，信为先；诈与妄，奚可焉"，则新解为承诺的事情要认真完成，及时反馈，做到言必信，行必果；"同是人，类不齐；流俗众，仁者希"的新解是对身边的同事要宽容，既要容忍之长，也要容人之短等。[①] 同时，《弟子规》中"见人善，即思齐；纵去远，以渐跻"这一理念也被融入公司激励机制，鼓励员工学先进、赶先进，以达到公司效益和员工收益的双收双赢。

为了将《弟子规》新文本理念贯彻下去，秀强公司将日常生活仪式化，把员工的生活"仪式"固化为企业生产和生活中的"规章制度"，通过晨会、交接班、培训等生活仪式，将《弟子规》打造成为提高员工思想道德素质的"圣

---

① 秀强公司总经办编：《弟子规制度化新解》，企业内部资料。

经”。比如，新员工入职第一天，要接受传统文化理念教育，包括学习《弟子规》；总厂全体员工每天八点半晨会要集体背诵《弟子规》；11 个分厂 2500 多名员工利用交接班前 10 分钟也要集体朗读《弟子规》，观看传统文化视频；公司内部各类会议前员工高喊“我错了”“我帮你”的口号，强化集体认知。每年企业文化节举办“十大孝子”“十大好媳妇”“秀强道德模范人物”“秀强人”评选；每年举行传统文化培训，加强孝善文化宣传，要求员工做到孝敬父母、勤奋敬业、遵纪守法。

（三）儒家“贵和”精神的现代企业建构

在以儒家为主导价值观念的传统社会里，追求和谐是贯穿于家庭、社会、国家伦理的核心概念，是天人合一的儒家哲学理念在社会层面的具体体现，也是社会主义核心价值观国家价值层面的内容之一。秀强公司从儒家“贵和”理念和“仁以爱人”的精神出发，在企业和谐文化创建方面做出探索，提出要以孝文化为动力，构建平等互助、共创共建共享的家人企业命运共同体的愿景。

这种探索主要归因于秀强公司的员工多来自宿迁本地及周边县市农村，正处于农转工的身份转变期，迫切需要建立起对现代企业的认同感、归属感和安全感。于是，公司近十多年将传统文化与现代企业管理结合，逐步提炼出“传统文化育人、科学管理做事”的文化理念，构建出科技、制度、伦理、怡情四大文化体系。其中，伦理文化主要以《论语》《大学》《孝经》《弟子规》等儒家经典为基础，创新性发展孝善文化。怡情文化从关爱员工的角度出发，提出“家”文化理念，不断提升员工的幸福感、归属感和认同感。

自 2009 年以来，秀强公司每年定期开展弘扬传统文化活动，帮助员工树立尊亲孝老、夫妻恩爱、关爱子女、与人为善等理念，进一步确定“幸福家庭，幸福企业”目标。在公司里，所有员工互相称呼为“家人”，在食堂的门口和餐桌上都印有“家人您辛苦了”的字样，餐食实行免费供应，餐厅工作人员也都是志愿者，营造出“人人为我，我为人人”的和谐一家亲氛围。在公司外，员工的日常生活中也融入了“家文化”的关爱理念，公司专门聘请指导师对员工的家庭教育方式进行培训，为员工家属免费开设养生训练营，倡导为家人洗脚的感恩活动，要求党员带头为父母洗脚，为丈夫或者妻子洗脚，为公公婆婆洗脚，表达对长辈的孝敬、对亲人的尊敬，建设和谐幸福家庭。

公司通过对儒家“和谐”文化的改造，将现代企业中员工与雇主的雇佣关系转化为一种较为扁平化的“亲情”关系，把最高经营者和员工分别定义为“一家之主”和“家庭成员”，较为温情的孝善文化理念与看似冷冰冰的科层制管理的现代企业较好地连接起来，形成了基于传统家庭管理的现代企业治理方式，较符合正处身份转变期的“新工人”的心理预期，可以让员工较好地服从领导、忠于企业。

（四）积极参与基层社会治理

作为成立并成长为中华大地的本土民营企业，秀强公司具有传承孝善文化的底蕴，在企业壮大以后，很自然地开始将孝善的社会伦理或者说“义”的一面与现代企业服务社会、报效国家的社会责任贴合起来，将企业的家文化、和谐文化延展至职工家庭、社区和学校，把企业内的“和谐文化”转化为社会上的“幸福文化”。这与国家推进国家治理体系和治理能力现代化中明确提出的发挥企业“社会协同”的政治提倡相一致。

2018 年秀强公司推出“十百千幸福发展计划”，将儒家伦理与企业运营特点相结合，在“仁、义、礼、智、信”基础上创造性地增加“忠、孝、廉、耻、勇”五大行为规范，通过幸福发展计划，运用典型带动方式，由高管带动基层管理人员，基层管理人员再带动基层员工，继而带动成千上万的幸福家庭建设，进一步打造幸福学校、幸福社区，助推幸福共同体构建。

第一，公司一方面通过儒家文化经典和自己整理的《秀强文化语录》等培育员工的家国观念，引导其服务社会、奉献国家；另一方面计划培养 300 名具有家庭教育指导、心理行为训练和社会工作经验各专长的专业讲师团，服务于幸福家庭建设和幸福发展计划。第二，将传统文化教育融入儿童启蒙教育中，创办优质特色的幸福学校，将感恩、仁爱、乐观、奉献等精神贯穿到儿童教育中，让孩子们从小学习礼仪规范，培养人与自然相互依存、和谐相处的人生观、生存观。公司还在当地黄河小学、宿豫区初级实验学校、蔡集小学等推广《弟子规》教育，向社会推广传统文化中的精髓要义。第三，公司主动承担社会责任，进行社区服务和乡村帮扶建设，打造幸福社区。2016年在关庙镇水汉村投资兴建乡村文化大院，定期开展中华优秀传统文化活动；帮助周石庄村开办企业，引导农民共同致富；与大兴镇德高村结对帮扶，共建宿豫区乡贤协会；帮助农园陆河社区乡村振兴；帮助何塘小区建设幸福社区，举办讲座和修建书院，投入设备和人力进行社区服务。第四，以传播孝善文化为载体，扩大“幸福文化”的社会影响，构建幸福共同体。秀强公司投资2000万元，在宿迁市兴建了华夏孝善博物馆，免费向公众开放，弘扬和传播中华优秀传统文化、革命红色文化和社会主义先进文化。在项王故里景区西楚大街建设“幸福一条街”，践行“文化走廊，幸福街道”的理念。积极开展面向社会的孝善文化主题公益培训。开办了公益性“秀强秀珍道德讲堂”，该讲堂由公司董事长卢秀强和夫人陆秀珍个人出资，经常邀请地方文化名人学者、地方道德模范、感动中国好人等现场授课，致力于传播中华优秀传统文化、传递社会正能量，已成为当地知名的孝善文化与社会主义核心价值观宣传基地。公司自2008年起率先在宿迁企业界做以孝亲为主题的企业文化，采购了大量传统文化经典《弟子规》的书籍和影视资料，先后出版《国学启蒙》系列图书，印制传统文化经典《弟子规》以及结合公司管理思想的《弟子规图说》；将公司模范人物事迹收集整理出版《瓜豆集》；每月出一期《秀强玻璃》报，刊登弘扬优秀传统文化知识、信息和事迹。这些书籍不仅用于公司内部文化宣传，也面向社会进行传播，产生了很好的社会影响。

四、结论

秀强公司具有一个认同中国传统文化的领导核心人物，打造了一支致力于将传统文化与现代企业管理结合的队伍，找到了符合本公司员工实际的经典文本加以现代阐释，同时在“自由、平等、公正、法治、和谐”等社会主义核心价值观引领下，以科学管理制度对员工进行约束和激励，依托传统儒家“家国同构”的理念，以企业文化为基点，勾连起员工个人素质提升、家庭建设，并向社会、国家辐射，探索出一条以传统文化精髓打造现代企业文化的道路。公司先后多次获评省市区文明单位，企业形象得到有力提升，发展动力得到增强。借由企业转型之机，公司向教育行业进军，创办社区学校和书院以及基础教育机构，以“义”换“利”，赢得了较好的社会声誉，助推了企业参与基层社会治理的能力提升。

尽管秀强公司做出了极大的努力，但仍可以看到传统文化与现代企业精神的异质性并未完全消弭。就“义利”冲突来讲，企业毕竟是以盈利为目的的，秀强公司参与社会治理让渡了一部分利益追求，赢得了良好的社会声誉，但对于企业无偿为社区投资，部分员工也有不同意见。就企业的孝善文化宣扬来说，很多新入职的员工尤其是一些年轻群体表示很难认同，尤其是礼仪建设，公司要求“厂区内根据划分区域及标识行走，两人成排，三人成列”，且都要靠右走，认为这是出于安全考虑，但其似与已经深入人心的自由、平等、公正理念相冲突。同时，对于从领导到员工一致的身体训练“鞠躬”以及“家人您辛苦了”之类的训练，也招来形式主义和强制规训的质疑。再者，企业强调幸福文化和家人企业建设，在秀强公司提倡的理念里，员工与企业是平等互利的关系，员工之间诚信协作，但又鼓励员工以注重孝善为标杆争做“秀强人”，以孝善为激励与其工资收入和绩效挂钩，因而如何协调企业竞争与和谐文化之间的关系也值得讨论。而且，就当前中国企业文化建设的大环境下，主动传承传统文化的做法还不是很多，推动文化创新与转化之路尚有较大提升空间。

市域社会治理现代化进程中精细网格的实践阻力和实现路径

朱 瑞*

【导语】目前，我国正处于社会治理现代化进程之中，市域社会治理现代化不仅是社会治理理念价值、制度体系的现代化，也是社会治理方式方法的现代化。社会治理方式现代化的一个重要标志就是精细化，精细化同时也是网格化社会治理的手段和目的。从目前我国社会治理实践来看，网格化社会治理基本覆盖全国城乡社区，社会治理精细化水平不断提升，但是在实施过程中仍存在“意识—制度”层面上的阻力，推动精细网格顺利实践，推动社会治理现代化，就需要从宏观布局、中观战略与微观措施三个层面系统思考、全面推进。

一、引言

2020年，我们渡过了一个不平凡的春天，新冠肺炎疫情汹涌来袭，一场没有硝烟的战争席卷全国。随着1月23日湖北省武汉市宣布“封城”，新冠肺炎疫情阻击战正式打响后，1月25日，国家卫生健康委发布《关于加强新型冠状病毒感染的肺炎疫情社区防控工作的通知》，要求“实施网格化、地毯式管理”。网格化社会治理能够为社会和谐稳定提供基础支撑，是疫情防控的重要手段。全国各地迅速响应，以“小网格”迎接“大战役”，积极细化网格，形成横到边、纵到底、全覆盖、无死角的疫情防控工作格局。2月3日，习近平

* 朱瑞，北京师范大学中国社会管理研究院 / 社会学院《社会治理》杂志编辑，新媒体部主任，管理学博士，主要研究方向为社会治理、政府治理。

总书记在部署疫情防控工作时要求“强化社区防控网格化管理”。2 月 19 日，中央政法委发出《关于进一步发挥基层综治中心和网格员作用　筑牢疫情防控第一道防线的通知》，明确要求：各地政法委要充分发挥政法综治职能作用，构筑起疫情防控的严密防线，充分运用“综治中心 + 网格化 + 信息化”体系，服务疫情防控整体工作，着力推动防控力量向社区下沉、向网格延伸。

网格化社会治理，是“平时细密织网，战时发挥作用”的城市社会治理新思路，是中国创新社会治理方式，提升社会治理现代化水平，推进社会治理体系和治理能力现代化建设的重要抓手。2019 年 10 月，党的十九届四中全会提出，社会治理是国家治理的重要方面，要求构建基层社会治理新格局，推行网格化管理和服务，把更多资源下沉到基层，更好地为基层提供精准化、精细化服务。2004 年，网格化管理在北京市东城区率先实施，引起了政府部门和学术界的广泛关注。2013 年 11 月，“网格化管理”首次出现在党最高级别的文件中，党的十八届三中全会提出了“网格化管理、社会化服务”的基层治理方向，各地相继开展社会治理网格化工作，网格化理念从城市部件管理、事件管理拓展到社会治理。

目前，我国正处于社会治理现代化进程之中，中国社会治理现代化不仅是社会治理理念价值、制度体系、体制的现代化，也是社会治理方式方法的现代化，这就要求重视运用现代信息技术，逐步打造“互联网 +”社会治理模式，把体制机制变革与现代科技应用深度融合起来。精细网格是依托统一的数字化管理平台，按照一定的地理空间和人口分布，把全域行政管理区域划分成若干网格，将辖区内人、地、物、情、事、组织全部纳入网格进行管理，实行分片包干、责任到人、设岗定责，实现力量下沉、无缝对接、服务到户的一种社会治理新模式。其最大特点是将过去传统、被动、分散的管理转变成现代、主动、系统的管理，以实现基层社会服务与治理的精细化。

现代化的一个重要标志就是精细化，精细化同时也是网格化社会治理的手段和目的。2015 年，党的十八届五中全会提出“加强和创新社会管理，推进社会治理精细化，构建全民共建共享的社会治理格局”。做出社会治理精细化的宏观部署，一方面是对社会治理规律的深入认识；另一方面来源于对中国现实的回应。从目前我国社会治理实践来看，网格化社会治理基本覆盖全国城乡社区，社会治理精细化水平有所提升，但是还存在着个别粗放式治理现象，如维护治安无标准，协调矛盾缺规范等。因此，现阶段亟须在社会治理领域引进精细化的管理理念，尤其是在网格化社会治理中使用精细化管理手段，这样才能最终实现社会治理精细化的目的。然而，在学术界，目前还没有人从精细化管理角度对网格化社会治理进行过深入系统的研究，应该说在学术领域“精细网格”是一个全新的研究主题。本文聚焦市域社会治理现代化实践，主要探讨目前在社会治理领域，城市精细化网格实践的阻力和实现路径。

二、市域精细网格的实践阻力：“意识—制度”层面的障碍

（一）意识层面的阻力

1. 粗放式思维惯性带来的阻力

精细化也是相对粗放式而提出来的。有学者提出传统运动式、经验化、粗放式的社会管理方式，已经不适应现代社会需要。在国家治理现代化的背景下，必须加快向精细网格转型（胡颖廉、罗俊锋，2015）。[①] 粗放式思维是不计成本与效率（效益），只讲管理表面化和差不多，这是一种粗疏、不细致的管理思想。在政府管理实践中，一方面，一些行政人员工作上常常浅尝辄止，浮于表面，习惯于“过得去”的工作计划，“差不多”的执行过程，“领导满意”的任务完成。另一方面，这种粗放式思维还表现为不计成本与效率。政府习惯于对社会进行自上而下的任务下达，对社会成员进行政治动员，对社会事务进行大包大揽，将全体社会成员和所有社会组织视为治理的对象。为了完成纷繁复杂的工作任务，这种无所不管的“全能政府”“无限政府”就需要增加人员编制、

---

① 胡颖廉、罗俊锋：《如何推进社会治理精细化——学习十八届五中全会关于推动社会治理精细化研讨会综述》，《学习时报》2015 年 12 月 17 日。

增设部门设置，这就造成了政府机构膨胀，带来了沉重的财政负担，使行政成本升高。机构膨胀又导致系统庞杂、层次增多、信息阻塞衰减，进而使行政效率下降。

另外，一些领导干部缺乏成本意识和灵活运用资源的能力，他们不能优化配置权力、人力、物力、时间、程序等，致使治理无法取得最大化的行政效率和社会效益。还有一些地方，为出政绩或为了应付上级的任务要求，常会牺牲眼前利益，不计成本代价的投入资金，这不仅破坏了环境、浪费了资源，也损害了人民群众的利益。

究其原因，这与我国历史两千余载的封建官僚制度有关，官本位思想和意识遗留到现代化社会，使人一旦成为领导者，就容易讲形式打官腔、以权谋私等。而精细化管理有明确的标准要求，而且强调过程的规范和细节，常常会把各项工作内容数据化，运用科学理性的手段考评工作程序，因此，政府管理上多年沿袭下来的“差不多”“过得去”的思维惯性，势必阻碍精细化管理理念的形成。

2. 角色定位不精准带来的麻烦

在社会治理过程中，政府对自身的角色认识和职能定位亦存在着“只见精细管理，不见精心服务”“只精益生产，不精准调控”的误区。一是一些地方政府在实施精细网格的时候，只有精细化的管理而没有精心的服务和人文关怀，把细致的管理作为政府核心职能，使得精细化治理缺乏人文关怀而仅仅流于冰冷坚硬的管理和控制。一些地方政府认为，政府职能的核心是精细的管制而非公共服务，政府是社会管理的细致管制者而非服务者供给者。因此在社会管理中，仍然以“维稳”为治理目标，注重社会治安、公共安全管理。对社会成员的细化管制，目前还是通过街道社区对重点人群进行维稳排查、互动教育和信息跟踪。这种只重视“精细管理”而忽视“精心服务”的治理理念和方式，是忽视公众的需求的表现，背离“为人民服务”的本意，将有可能脱离人民群众。

二是政府作为公共产品和服务的生产者的角色过重，而作为宏观调控、制度安排者和市场监管者的角色弱化。这种只“生产”不精准“调控”的角色定位，也是角色认识的误区。一方面，政府作为生产者，为满足公众多样化、个性化的公共产品需求，就要提供丰富多样的公共产品和服务，这不仅给政府带来自身机构、财政、人员等压力，使社会治理成本增加，而且这种不了解群众需要、"自以为是"的供给，常常出现供给偏差和资源浪费。政府供给公共产品和服务的唯一性，又容易在市场上出现产品的垄断现象，造成市场失灵。另一方面，不精准的"调控"影响社会秩序的稳定。由于缺乏对社会治理领域细致的制度安排和严格的治理监督，有可能造成社会治理的许多领域缺乏统一的制度供给和有效的秩序，不精准的制度供给还可能打消社会成员的积极性，这势必造成社会矛盾频发、社会秩序混乱。

（二）制度层面的阻力

1. 政府体制不顺畅带来的困难

随着社会分工精细化，政府在社会管理机构设置上，按照社会事务的行业门类、外在形式或公共产品种类配置组建管理部门，总的趋势是职能越分越细，机构也相应越设越多。[①] 目前，大部分城市的精细化治理工作主要是由政法部门承担。然而，在横向上，社会治理精细化的内容涉及民政、住房建设、公共交通、人口计生等十多个业务部门。从职能上来看，各个部门职能范围和业务内容各有偏重，因此这些部门之间各自为政、相互独立、缺乏衔接的问题广泛存在，政法系统统筹协调这些单位和这些业务的难度很大，导致治理效率不高。在纵向上，主要是在市、区、街道、社区四个层级设立对口机构或设立专人负责社会事务，但是在很多地方，这种上下层级的行政级别设置不统一、人员配备随意。有的城区只是设立一个人员与上级部门对接，有的城区甚至只有一个兼职人员在负责社会治理工作。

2. 法制政策真空带来的阻力

精细化治理的法制化建设不完善，使得精细化治理的手段和方式缺乏规范

---

① 袁霞：《关于政府社会事务管理改革的思考》，《天津行政学院学报》2000 年第 1 期。

性，这些严重影响了治理的效率和人民群众的满意度。精细网格的法制化、规范化和标准化建设不健全主要表现在两个方面。一是法律规范尚未健全。精细网格方式、方法和途径，需要做出相关规定，特别是按照怎样的程序进行，需要制定法律法规。但是精细化治理的立法工作相对滞后，一些地方出台了相关部门规章规范政府精细网格的行为，然而比较分散，尚未整合，也没有上升到法治层面，因此还存在精细化治理的法治空白点。二是执法行为缺乏规范。面对违法违规行为，一些执法部门及执法人员执法不力，“不作为”现象甚至暴力执法现象广泛存在，因此需要加强法律监督和规范执法行为，加强执法队伍建设。

3. 决策者水平有限带来的阻力

领导人的知识和专业素养对精细网格实践的价值和作用极为重要。但是，一些地方政府的决策者基本上都是 20 世纪 50 年代出生的人，社会环境和成长经历，使得这批领导干部的学历层次和知识素养不高，他们对于新事物的认知能力有限，缺乏把企业管理中的优秀经验和做法（如精细化管理、绩效管理、流程再造、顾客导向技术等）运用到精细化治理中的能力。更有一部分领导干部，不具有信息素养。由于缺乏对信息资源库和网络技术重要性的认识，他们常常不重视信息化建设，即使了解现代信息社会对社会治理提出的挑战，但是由于知识的局限性，使得他们无法准确运用信息化手段做到治理的精准化。没有信息化，在领导决策时就会缺乏客观科学的数据支撑，这就造成决策的片面性和主观性。部门之间由于缺乏有效沟通互动的网络平台和信息反馈机制，常常因为沟通协调部门责任和利益，延误处理利益冲突和社会矛盾的最佳时机。官民之间由于缺少信息传递和反馈机制，造成民众诉求和愿望无法及时传输和回应。由于忽视现代信息网络技术的运用，使公众对政府的信任度降低、满意度下降。

三、市域精细网格的实现路径：“宏观—中观—微观”的系统推动

社会治理客体内容多、涉及的范围广，实施社会治理，需要全方位、各方

面的力量统筹发力，系统推动。因此，推动精细网格顺利实践，就需要从宏观布局、中观战略与微观措施三个层面做系统的、全面的思考。

（一）宏观布局

1. 设立统领性机构，协调推进社会治理实践

政府是公共利益的代表者和维护者，具有权威性和制度性，掌握着资源并拥有丰富的管理经验，“当今在高度复杂、充满风险和不确定性的现代社会，必须加强政府在社会治理中的作用”[①]。但是，在我国，从中央到地方政府，目前尚未设置统一独立的统领型组织机构。中央层面，由中共中央政法委员会、中央社会治安综合治理委员会负责宏观指导、统筹协调全国的社会治理工作。这样的统领组织机构，不仅不具有独立性，而且是狭义上的社会治理，主要聚焦社会公共安全和治安管理上。

与此同时，社会治理内容丰富、范围广泛，涉及教育、民政、司法、劳动就业、社会保障、住房建设、文化体育、公共交通、医疗卫生、人口计生等具体业务部门。由于缺乏制度上的系统安排和整体规划，这些部门分散运作，各自为政，在制度安排和政策制定上，缺乏全局思考和长远谋划。因此，首先需要在中央层面，设置高位独立的统筹协调机构，对全国范围的社会治理实践进行宏观布局、整体部署和统一谋划。如建立具有统领性、战略性和规划性的精细化社会建设委员会。在成员组成上，可以实施委员制，由国家机关部委共同组建。在地方，构建与中央垂直对口的精细化社会治理工作委员会，形成省、市、县（区）、街（乡）的一体化管理格局。

2. 开展试点工作，引领规范精细化治理实践

2010 年 10 月，中央政法委、中央综治委在全国范围内，筛选出 35 个市区县作为全国社会管理创新综合试点地，希望建立起具有示范引领作用的社会管

---

① 魏礼群：《积极推进社会治理体制创新》，http://theory.people.com.cn/n/2014/0827/c207260-25550333.html，2014 年 8 月 27 日。

理模式。在此契机下，各试点单位纷纷顶层设计，组建组织机构，建立运行机制。35个试点地区后又增加至38个。这些试点城市率先在全国开启了社会治理实践并取得了较大的社会治理成效。2005年，住建部开始在全国范围内推广数字化城市管理模式，此后“网格”数字化城市管理系统在全国范围内逐渐建成。为推动精细网格顺利实施，可以单列项目，建立精细网格实践的试点。在试点过程中，对传统社会治理模式进行转化和改造，把科学理性的精细化理念和方法与社会治理实践相结合，寻求两者相结合的有效途径，反复试验和选择规范的管理制度、科学的运行机制。

首先，选取试点地区。选择一批政府管理水平好，发展基础牢固、经济社会发展水平高，并且对周边带动作用大的市域地区作为试点，在体制机制革新、制度政策制定等方面先行先试，在人、财、物上给予保障，推动其率先进入精细网格的行列，发挥示范和引导作用，帮助更多地区走上精细化治理的道路。其次，要加强对试点地的支持。要充分发挥试点地的积极性和创造性，加强组织领导和条件保障，所在地的上级行政机构要给予重点支持，统领部门加强协调和指导，上下联动，形成合力推进试点工作。最后，加强研究和试点工作交流。加强精细网格重大问题研究，为实践创新提供理论指导和政策支持。建立试点工作定期交流制度，及时交流工作进展，研讨难点问题，总结工作经验。同时，加大精细化治理试点工作的宣传和推广，给更多地区学习和借鉴的机会。

（二）中观战略

1. 治理文化：“粗放思维”到“精益思想”

精细化管理是建立在日常管理之上的，并逐渐引向深入的一种管理模式。在社会治理实践中运用精细化管理理念和方法，不是在社会治理领域进行颠覆式的改革，而是把治理工作中习以为常的、司空见惯的小事和隐藏着的细枝末节做得更精准、更细致。而这种“精准、细致”不只是“制度的规范”“报表的精细”，它还体现在看不见摸不着的文化氛围之中。治理文化是被全体员工一致认同的价值观，这种价值认同是全体人员所持有并贯穿在组织发展全程，是组织持续改进和不断发展的动力源泉。

但是，受到我国历史文化传统以及政治制度的影响，在治理过程中还存在着听听报告、发发文件、搞下动员、参观视察等表面工作形式，一些工作人员的标准意识不强，习惯于大概、差不多，常常稀里糊涂完成工作任务。这些行为主要来源于形式主义、官僚主义的粗放式思维习惯。持有这些思维习惯的员工，不仅自己消极怠工，而且影响整个组织发展。把精细化管理运用到社会治理领域，首先要把精细管理倡导的“精益文化”内化于实践中，营造精益文化氛围，倡导认真做好每一件小事；把复杂事情简单化，把简单事情流程化，把流程事情标准化；把简单的事做对，而且持续做到位、持续做对；每个细节做到“零缺陷”，做到一次性解决问题等。社会治理实质是对“人”的管理和服务，在社会治理组织实施中，应该把这种精益文化渗透到员工的思维方式、工作、行为习惯中，树立健康向上的风气，让“人”感受到“正能量”。

2. 治理关系：“主导行动”到“合作互动”

持有国家中心的治理理论者认为，政府在公共事务治理中应该处于主导地位，以此来主导和规制其他主体。长期以来，我国一直是强政府、弱社会的政社关系格局，“全能政府”根深蒂固并形成思维和行动的惯性影响至今，再加上“低能社会”的现实，共同造成了现实中国的社会治理必须是由政府组织安排，由政府主导行动。但是，一方面，随着经济社会的快速发展，我国的公民社会正在崛起，社会成员的自主意识不断增强，社会组织和行业协会的力量逐渐壮大；另一方面，精细化治理要求更加细致的管理，更加精心的服务，而政府的资源和能力有限，为了有效实施细致的管理和精心的服务，就需要拓展政府的社会性，让社会力量参与到服务供给中来，因此未来将形成与其他社会主体共同治理的局面。

政府的“主导行动”走向未来的多元主体的“合作互动”，首先要厘清政府与其他社会主体的功能定位。如社会组织发挥着承接公共服务的作用，行业协会肩负着自我发展和自我管理的任务，政府担当着社会管理和公共服务的监督人和管理者的角色。然后，界定清楚主体之间的关系，即多元主体之间是一种协商式的“合作治理”。政府不再是运用公共权力对社会组织和公众进行自上而下的管制，而是通过服务外包、签订协议等多种方式，充分发挥社会力量，与社会组织和公众建立一种平等关系，这种关系不再是上和下的关系，而是对等协商、互相推动、相互促进的关系。

（三）微观措施

1. 治理客体细化

新公共管理强调“顾客导向”，把社会服务的对象当作顾客，把社会管理的内容当作客户，把“客户满意”作为治理的出发点和归宿点。按照新公共管理理论的观点，可以把企业领域的“客户”看成社会治理领域里的“客体”。因此需要按照现代企业客户精细化管理方法，对社会治理客体进行精细化管理。在企业界，精细化管理要求对客户信息的完整、共享和动态管理，即客户信息必须包含基于业务过程的完整动态信息，如需求信息、联系历史、价值信息等。同时需要按客户生命周期发展阶段来分类管理客户信息，规划和设计客户分配与工作代理、转移机制，对所有产生的客户线索要建立分配机制和处理流程等。

社会治理客体纷繁复杂，内容多、范围广，在内容上包括社会事业、社会保障、安全生产、城市管理、环境管理、网络社会等；涉及的机构包括社会组织、行业协会、物业公司、各类驻区单位、政府业务职能部门、街乡社区等。老子曰：“天下难事，必作于易，天下大事，必作于细。”模式强调的细化，首先是要在城区空间管理和部件管理上细化，对于管理的区域进行地理空间上的细分，划分出若干个单元网格。其次是对治理内容细化，可以把内容分为若干个模块，在模块基础上再细化分为若干类别和项目。再次是要摸清底数，利用物联网、云计算、大数据分析、移动互联网等新一代信息技术，掌握人口、部件、事件、区域单位等基本信息，分类管理信息，实现信息实时更新，通过网络技术建立起政务信息资源共享系统，实现数字化社会服务管理。最后是在治理责任承担上细化到人，划分责任主体，并分别注明案件处理、管理和执法的法律依据，明确主体法定职责，强化各类主体的责任意识。

2. 治理手段信息化

作为推动人类社会发展和文明进步的主要动力，科学技术是一种最革命的力量。信息技术是以微电子技术为基础，以计算机技术、现代通信技术、网络技术为核心，为人们提供服务的技术手段的统称。[①] 当今，谁掌握了信息，谁就掌握了主动权。信息化建设已成为获取竞争优势的最终选择，是组织在竞争中充满生机和活力的基本条件，也是现代化的主要标志。我国政府管理信息化建设发端于 20 世纪 70 年代。经历了以办公自动化为核心的起步阶段，以管理部门的电子化工程为核心的推进阶段，以政府上网工程为核心的发展阶段，以电子政务全面建设为核心的高速发展阶段。信息化建设为实施精细化管理奠定了技术基础，使得管理的精细化成为可能，从而将大幅提高组织的管理水平和综合效益，促使管理从粗放型向精细型转变。

信息网络技术的作用首先在于问题上报、资源整合、信息共享等。信息化建设的第一步是设置信息采集渠道，设置网格监督员、社区信息员、政府热线、电子探头等途径获取信息。第二步是对辖区空间和业务进行梳理和摸底，对辖区人口、单位、房屋等进行编码和标注，建立基础信息数据库。第三步是建立网络基础平台，即政务信息资源共享交换平台、地理信息共享服务平台、数字化社会服务管理应用平台、数据协同更新与管理平台。第四步是建立一体化信息网络系统。实现区级信息平台、街乡信息分平台、社区信息终端三个层次融合。

值得指出的是，信息是由数据组成的，精细化管理也不再像粗放型管理那样采用“差不多”的说法，而是通过对数据的分析研究，来确定具体如何操作。因此，管理者要树立数字化的观念，要学会用数字化来描述各项活动的目标、计划、运行状态的特征，更要懂得运用数学工具总结、判断、预测企业各项活动的规律，以便更加客观、准确、系统地计划安排企业的作业活动，使企业能够高效、低耗地运行。

---

① 吕艳滨：《信息法治：政府治理新视角》，社会科学文献出版社 2009 年版，第 34—35 页。

3. 治理队伍专业化

参与社会治理的人员身份多样，有网格监督员、城市执法人员、政府热线坐席人员、街道社区行政管理人员、业务职能部门的专业人士等等。全面质量理论认为精细化管理是全面全方位和全员参与的管理模式，精细化治理离不开员工的直接参与。他们的素养和专业化程度直接影响着社会治理效果。因此，实施精细化治理，就需要加强治理队伍建设。

树立精益意识。思想是行为的先导，先进的管理理念需要员工去实现，让员工树立精益意识是提升精细化管理水平的第一步。通过宣传教育，营造精细化氛围，依托规章制度、非正式会议等多种形式，向员工广泛宣传“精细管理”的内涵和意义，全面把握和领会“精、准、细、严”的灵魂和精髓。最终将精细化管理理念潜移默化地植根于员工的脑海里，内化于员工心里。这样，才能使员工由被动变为主动，自觉主动地推动精细化管理的实施。

加强员工培训。管理源于素质，素质源于训练。任何先进的管理理念、优秀的管理模式和方法、完善的规则（程序和制度），其落脚点都在有专业素养人员的执行。精细化管理有其自身的特点和实施方法，实施精细化管理需要一支高素质、专业化、职业化的员工团队。而持续不断地学习是提高素养和提升能力的重要途径。政府应树立长远的战略眼光，加大培训投入力度，为行政人员提供精细化课程、岗位培训、实地考察、主题研讨等多种形式的培训，并鼓励员工参加。

4. 治理过程重服务

新公共管理强调“顾客导向”。政府精细网格的治理对象是公众，因此应该把“为人民服务”当作精细化治理的基本价值取向，把“公众满意”作为治理的出发点和归宿点。整体性理论把民主价值和公共利益置于首要位置，以公众需要和公众服务为中心。当今，在企业界，产品严重同质化、价格战使得利润空间日渐趋薄的时候，企业为了在竞争中体现出差异化，纷纷高举“服务牌”，在其他条件相当的情况下，谁能提供更加周到的、独特的、能满足顾客各种需要的精细化服务，谁就能赢得顾客的青睐。海尔集团总裁张瑞敏有一句话，把简单的事情千百次做好就是不简单。服务精细化讲求的正是这种将简单的事情做得不简单的精神，它的特点就在于精细、认真、贴心。

社会治理领域的服务精细化管理，首要任务是制定优质服务标准，这是个不断循环的过程，制定服务标准的第一步就是要分解服务过程，也就是把服务客体所经历的服务过程细化，从而找出会影响服务体验的每一个要素，把这些要素转化为服务标准，根据客体的需求对标准重新评估和修改。其次是切实把服务进行到底。标准化、程序化的服务规定，是僵硬和冰冷的，这些规定无法回应群众多样化和个性化的服务要求。只有从思想观念上真正树立“顾客”意识，用服务的思想指导行为，才能在实践中发现群众需要解决的细节问题，并在群众没有提出要求时就给予主动回应。最后，要有一种观察入微、精益求精、善于创新的服务精神。仔细观察服务客体的每一个细微的需要，包括物质上的需要和心理上的需要，勇于在精细化方面进行创新。

市域社会治理现代化——一个案例研究

黄文浩*

【导语】新冠肺炎疫情给城市经济社会发展带来一系列挑战，在城市规划体系中表现为社区领域出现断层，社区规划的编制及管理与行政体系相脱离，实施主体和利益主体还存在错位的现象，影响市域社会治理现代化建设的推进。为此，本文在城市化背景下，以深圳的改革实践为例，分析和总结现阶段社区规划师制度的实施状况，并梳理国内外社区规划师的发展历程及经验借鉴，找出我国制度设计与具体实施之间的差距，最后尝试性地提出制度调整与创新的可行路径。

一、引言

2014 年 4 月，国家新型城镇化规划（2014—2020 年）明确指出："完善城市治理结构，创新城市治理方式，提升城市社会治理水平。"2019 年 10 月，党的十九届四中全会通过了《中共中央关于坚持和完善中国特色社会主义制度、推进国家治理体系和治理能力现代化若干重大问题的决定》（以下简称《决定》），在社会治理和治理现代化方面，首次在党中央文件中提出"加快推进市域社会治理现代化"，统筹城乡发展。目前，随着新冠肺炎疫情持续的时间拉长和影响范围的扩大，我国的疫情防控工作进入"常态化"状态，为有效降低疫情对城市经济社会发展的影响，需加快推进市域社会治理制度创新。因此，

* 黄文浩，广东财经大学公共管理学院讲师，中国人民大学公共管理学院博士，主要研究领域为城市治理、政策过程理论。

市域社会治理现代化既是统筹常态化疫情防控与政府治理现代化的应有之义，又是“十四五”时期社会发展与改革的重要落脚点。

改革开放40多年来，我国城市规模普遍实现了倍增。这种增量的扩张极大地刺激了地方政府发展的动力，对于提高城市化的承载空间有着重要贡献。但一系列社会问题也伴随而来，如对民生民情、生态环境的忽视等等，已进入发展、破坏、再发展、再破坏的恶性循环。在此形势下，城市必须回归到社区这一基础层面，关注广大居民特别是弱势群体的切身状况，可见对社区管理者的客观需求与主观诉求都达到了空前一致。社区规划师的导入是城市规划从工程技术向公共政策、精英型规划向社会型规划转型的必然要求。

二、社区规划师制度实施状况：以深圳为例

社区是城市及其管理的细胞，它作为整体社会的一个“全息缩影”，不同的利益矛盾均交汇于此。城市社区规划贯穿社会治理整个生命周期的全过程，转型时期要避免拘囿于高度行政化的延伸，对社区资源与本土环境做总体部署。社区规划师是一个新的城市建设主体，这一概念最早由我国学者陈有川提出。他从受雇部门、工作目标和工作内容等方面，将我国未来规划师的角色分为政府规划师、执业规划师和社区规划师三种，认为社区规划师是致力于社区管理、社区更新和社区复兴等事项的管理型规划人员，也是城市街道机构的政府规划师。社区规划师的职业目标是在不妨碍城市整体利益的前提下，为社区谋求长远利益和最大利益，是政府与居民的规划代理人，再加上丰富的专业背景，能担负顾问参谋、沟通协调、审查监管等职能。

社区规划师的角色定位是为政府与基层群众提供互动交流的平台，做好双方意志的上传下达，把规划管理者、规划实施者和规划作用者连接起来，理顺编制、管理与实施之间的关系。“规划师”不但是社区规划的主导者，还是起到中介作用的协作者，也是工作处理流程中初始环节的落实者。社区规划师不但承担着宏观设计和决策咨询的任务，还负责内容较为具体的问题导向性专项

规划。

（一）社区规划师制度推进的成果

国内像上海、重庆、武汉、佛山等地都开展了社区规划师制度的区域性探索工作，综合起来有三种类型：一是政府主导的区域内众多社区（村、镇）的试点活动；二是以单个项目为对象的实践尝试；三是境外组织的介入。但大多仍未形成完整意义上的社区规划师群体，更多充当了城市建设的管理者和工程师。台北市在20世纪80年代的政治民主化中孕育出社区力量的发展契机，进而推出《地区环境改造计划》，到1999年启动“社区规划师制度”建设，社区力量自主地在政府部门与社区组织之间进行协调。台湾地区的社区规划师主要借由在地化工作室，保有地域情感的规划师以处理公共空间规划为议题，是介于政府与大众的“服务职位”角色，就近为社区进行“把脉诊断”，协同社区和居民改造周边环境。

以深圳为例，2012年全面推开“社区规划师”方案，正式将其纳入制度管理体系，到目前为止，281名规划师每年下派到290个社区服务，收集居民诉求600余项（完成400余项），实施力度、广度和深度前所未有。自2001年，特区早已开创了顾问规划师先河，不乏相关的制度探索，诸如滨海的政府行政力量主导型、龙岗的专业技师人员提纲型、宝安的政府引导社区发起型、坪山的中介机构社区联合型和大鹏的公众参与城改驱动型，但至今未引入系统外的职业规划师参与。

目前，已实现全市规划国土系统所有处级科级干部挂点担任社区规划师，为社区提供“一对一”支持，每月走访一次社区，一年后进行报告总结。为确保制度落实，市规划和国土资源委员会建立了首长问责制，对社区规划师实行定期考核，考核结果作为干部职务晋升的重要依据；建立了社区规划师工作档案，对外宣传解释政策法规，将收集问题纳入办文系统进行督办，并在规定工作日内跟踪并反馈，做到“谁受理谁答复”。通过深入群众了解诉求和征询建议，为新形势下因地制宜解决基层治理问题和科学决策打基础。

（二）社区规划师制度存在的不足

然而，因大部制改革的中断，试行方案远未生发出成熟的社区规划模式，更没有分化出独立的社区规划师群体。自主规划的社区类型单一，除了少量维权行动外，居民没有能力和条件与政府争夺自主规划的话语权，间接增加了规划实施的阻力。主要面临的问题有：

第一，社区规划尚未取得应有的法律地位，社区规划师还没形成制度性安排，考核评价指标和非常态化培训难以达到预期效果。城市更新为社区规划打开了迈向法定图则的出口，但人员、经费和组织上受限于城市规划部门的调动，制度动员能力相对较弱。政府规划对微观层面的把控容易失准，管理者不善于与公众对话，堆积的社区问题无人问津，进而动摇了政府的公信力。

第二，各部门尚未形成有效的合作机制，因缺乏实地调查使得大多规划沦为一纸空文，城市规划部门往往陷于单兵作战，部门合作大多借助于非正式的个人关系来推进，局限于空间技术手段。另外，问题多次因政策限制无法解决时，工作热情会逐渐消减，甚至产生消极心态和抵触情绪，公职人员的行政色彩浓厚，不利于兼顾应有角色，规划师队伍建设薄弱，人力资源成了制约社区提升的瓶颈。

第三，规划师过分注重问题处理，收集的诉求中有些是难度较大的共性问题，尤其涉及生态线管理、征地返还等事务时，效果不明显或进展缓慢。多数社区仍然着重眼前局部利益，重内部群体和土地经济利益，轻外来人口和综合协调发展。这种意义上的社区作为经济单元挤占了超容量的社会资源，作为治理单元承担着超负荷的社会责任，最终会引发治安管理、基建设施等诸多方面的隐患。

第四，规划从制定到实施的周期短暂，社区自治的水平十分有限，由于原农村社区（经济组织）成员权的对外封闭，致使社区内部人员构成和自我管理水平不高，工作方式不灵活。一方面，当旧问题逐渐得到处理后，既不能找到新问题又不能根治前账，反而造成规划师与基层单位相互的额外负担；另一方面，整个工作停留在书记、站长等管理者范围，较少接触到普通群众。

三、国外社区规划师制度比较与经验借鉴

20 世纪 60 年代，西方发达国家兴起社区建设运动，社区规划师由此诞生并从规划师行业中分化出来，成为专门从事社区规划的专业规划人群或机构。经过几十年的建设与实践历程，在组织架构、建章立制、运作机制和配套措施等方面已经逐步形成相对成熟的套路。

（一）英国和德国模式：以法治建设为基础

在英国，由于大拆大建的政策没有改善传统社区的生活条件，1968 年的《城市规划法案》将公众参与城市规划条款立法保障。到 20 世纪 90 年代末，为防止类似贫民窟的情况发生，焦点重回到人的潜在贡献与凝聚力上，城市因人而建、为人所建，着眼于多行政层次的规划主题和共享战略。通常由政府带动，设立总体社区规划合作组织（自愿独立法人）及各主体执行小组，协同政府部门、合作组织和利益团体，提倡小规模渐进式的局部整治，发达的公共服务企业为合同外包、工程补贴等奠定基础。从公共利益出发，社区规划师的运作依赖法律与制度框架，实现双向推动的发展模式，强化自我定位的准确性和服务意识的专业性。

德国早在 1900 年颁布德意志国家规划法，作为世界上最早的区划法传承者，其城市规划起源于公共部门关注城建事务中的执法管理。以《建设法典》和《建设指导规划》为主轴，联邦和州的规划相对原则属于主权性地位的范畴，规划体系层次分明。地方自治赋予公民广泛参与和监督的权利，社区代表可查看财政预算或讨论建设规划。自治主体的规划具有极强的操作性和约束力，各社区有权自行征税，采取“大分散小集中”的开发模式，但不搞单一功能区。社区强大的自我行动能力巩固了规划师的就业秩序与职责履行，在规划系统中发挥承上启下的作用，国家投资政策与财政支出互为依托，支撑着跨区域的结

构性调整。

（二）美国和日本模式：以柔性引导为基础

美国的社区行动与城市更新计划扭转了过去严重的城市病，为社区的再生注入了活力，计划被叫停后代之而起的是社区发展公司，相比公共代理机构可减少腐败问题的滋生。社区规划制定既有服务于官方机构的政府规划，又有服务于社会团体的平民规划，强调用不太大的代价展现新型城市现代理念，营造人性化、智能化的亲民特征。社区规划师以市场化和 NGO 的形式向社区提供服务，遍布各州的集体行动力持续增强，在超越社区职权范围以外的领域，通过逐级引入各个层次的区域规划措施，以“社区驱动”全程保障规划的开放性与透明度，内部组织和领导人追求发展目标上存在最低限度的竞争和最大程度的认同。

日本居民组织为抵制政府城市规划中的不合理部分，发起“社区培育”运动，从最初一事一议演变成为有组织的、系统的社会活动。经历前期实验和累积方法阶段后，逐步走向地域社会、多元主体共治、自发的“地方活性化”改造，正是上位规划的有效指导和地方规划的细致周密，激活了城市辐射与集聚效应。社区培育组织广泛吸纳市民和志愿组织等社会力量，与行政部门一起共同参与社区公共事务，是协助社区培育项目的意见传达和具体落实的重要环节，规划管理的行政组织围绕地方需求开展区域性的合作，与周边地区形成优势互补。社区规划师是有效联结民间组织与行政机构的交汇点，体现其行政疏导的核心价值。

（三）经验借鉴：软硬兼备的制度框架

一朝规划，百年受益。社区是城市规划组织中的最小单元，原有平面规划、单体设计应转向立体规划、三维设计，重新把握整个城市形态的构筑方向，这需要盘活社区参与和官民共治的创造性张力，与推动正向发展的社会活动家结成建设联盟，为有益公众的基金会、社团组织提供财政支持。缓解中心城区压力，主动冲破传统行政区划分割的束缚，用股份合作形式规划建造社区，保证城乡均衡的城市布局和基础设施。规划师并不具备推动社区发展的全部力量，要在规划中反映居民最根本、最迫切的意愿，就必须联动基层邻里的社会性参与主体，内部各单位齐心协力开发潜在资源，共同为城市社区建设出谋划策。

针对我国的具体情况，城市社区规划师制度需要“软硬兼备”，进一步明确社区规划师的职责和功能：首先，公众参与规划拥有强有力的保障，体现公民身份与民主社会的服务精神，同时随着时间和环境的变化，针对实际运作过程中存在的问题进行改进；其次，社区规划师扮演着一个宣传者、咨询者、参谋者、沟通者、培训者和监督者的综合性专业角色，不同职能赋予相应权限加以维护；再者，个体难免存在知识漏洞和能力限制的自身缺陷，技术支援机构就能弥补这个先天不足，加上配套的规划设计经费支持来推动社区环境提升；最后，新社区体制应为热心公益、有名望、有能力的社会精英搭建平台，使其在为公众服务中获得成就感，非政府专业人士可通过宣传手册、听证会、讨论会等形式反映问题和发表意见。

四、我国社区规划师制度创新路径选择

当旧的理念和方法已经无法妥善应对层出不穷的现实情况，以创新思维探寻出适应时代发展的社会管理模式，逐渐成为政府相关部门的新课题。《决定》首次把社会治理问题作为单独一部分，列入十三个坚持和完善中国特色社会主义制度、推进国家治理体系和治理能力现代化的重要方面，并首次明确提出“构建基层社会治理新格局”，完善群众参与基层社会治理的制度化渠道，更明确指出健全党组织领导的自治、法治、德治相结合的城乡基层治理体系。由此可见，社区规划师是市域社会治理的重要载体，同时强调其作为公共服务供给“主导者”的角色定位。根据市域社会治理现代化的要求，我国社区规划师制度创新可从以下几个方面着手。

（一）组织结构层级化

社区规划已逐步从新建居住区开发向存量社区的有机更新模式转变。与此同时，现代主义城市规划思路所倡导的功能化、等级性的组织结构饱受争议，衣食住行等各项职能空间不再被机械割裂，而是走向与网络结构的社区生活相适应的复合形态，社区功能和构成主体变得越来越庞杂。

修订完善相关法律法规，将社区规划师内容纳入《城市规划条例》，明确社区规划在城市规划编制中的地位，进一步制定公众参与的实施细则，巩固其评议主体及权利义务。为突破权力封锁和层级阻碍，可升级由市长统一牵头的领导架构，提高社区规划师组织级别，增设社区规划专业委员会。并联合发改、土地、产业等多方力量，整合内部和外部政府职能部门的公共资源，使社区提出的各项跨部门问题、方案、建议能迅速通过协调机制得以解决。针对社区发起的更新改造、环境卫生或其他专题项目，成立临时性的支援小组，旨在对社区规划师带来更强有力的政策与技术支撑，项目完成后立即解散。

（二）目标选取科学化

为了更好地引导不同权属主体区域的发展及更新，指派社区规划师的“社区”不限于标准意义上的社区，同时还包含标准社区、股份公司（村集体）和企事业单位小区三种形态。各个社区都有着自身的发展特色和现实情况，这就要予以区别对待和采取多样的手段，更好地满足不同的社区服务形态。

遵循需求意愿、问题轻重、经济利益、因势利导的原则，促使客观规律性与主观能动性的有利对接，同时交叉衡量以确保资源的集中使用，避免流于面子工程和形式幻想。深入社区进行田野调查，根据供需重要程度将指派社区划分出不同级别。由此编制“社区计划表”后统计需求总量，再决定第二年度社区规划师的具体编排，并尊重地区差异性的存在，扩大指派社区的备选范围，有计划、按步骤地统筹人力资源。借鉴社区“微更新”理念，不主张大拆大建的盲目改造，先去提升意愿较强和环境位置较好的典型社区，引入社会专业人士对其进行局部更新设计，树立起标杆，以产生示范效应。

（三）人员构成职业化

近期社区规划师主要来源于公职化社区规划师（即政府规划师和执行规划师），远期要积极吸纳非政府部门的社会化社区规划师（行业精英），与现有行政人员无缝衔接、并驾齐驱，尽可能寻求体制内外的双赢合作。短期内社区规划师须与城市规划网络化相适应，着重培养规划师的奉献精神和公益意识，明确相互协调、相互影响、相互制约的统一角色。

目前社区规划师多属于兼职政务的性质，这是一定程度上缓解社区压力的权宜之计。从长远来看，建立可持续人才保障体制，分级开展专业技师类社区规划师职业水平考核与登记，形成中长期的培训督导体系，吸引高校和社会组织的人力资源，同外界保持学习与合作的长效联系。在此基础上，提升社区规划师的业务水平和职业素养，保证薪酬待遇与劳动付出相匹配。还要拟定“社区规划师需求计划”来确定具体的指派人数，设立工作站和咨询日作为辅助手段，实现分项考评和等级激励，适当增加社会化社区规划师以补足公职化社区规划师的缺口。

（四）服务合作多元化

合作是一种交换关系，社区规划离开了政府和社会都不可能成功，只有各方联手才能完成网络交换。所有参与者都应相互了解，需要形成对规范性价值的承认，而合作关系的本身就是一种追求的价值。加强城市规划的精细化管理和内涵式发展，将社区管理单元与规划编制单元实行空间重构与整合，实现基层网络化治理。引进社会不同阶层的精英融入社区服务，包括教育、环境、经济、社会等领域专家学者，丰富社区规划师的来源和功能构成。

给像义工等非政府组织创设一个畅通的参与渠道，让居民在社区管理和建设中各尽所能，从而营造出和谐的参与氛围和市民精神。借助不同阶层人员的专业背景和社会力量，向街道派出社区规划师团队。既要提供日常面上的普及式服务，成员可轮流当值，实现社区的基本性服务；又要提供重大试点项目的针对性服务，区别具体的事务类型，机动地安排日常巡查和方案协助。这样横向和纵向的点线面相结合，有助于提升社区规划师制度的整体服务效能。

（五）办公流程信息化

完善社区规划师服务网站，网站与各社区工作室联网，在政策咨询、宣传培训、关系协调等方面均可实现网上一站式办理，做好专业技术把关，增强信息的流通性与便民性。一方面，有利于建设信息化的城市管理系统，社区规划师在事前统计、事中分析和事后评估中能获取准确、可逆的量化数据，推进社区公共服务的系统性、前瞻性与可行性；另一方面，有利于提高资源配置效率和实现公共服务均等化的共同目标，防止部门间相互扯皮推诿的弊病。

创新社区规划师的问题处理流程，居民反映情况后由社区规划师当面回复，若所提问题无法立即予以解决，或涉及相关部门单位，社区规划师可召开“领导小组”协商联席会议，汇集整理有关初步意见和看法，再提请上级领导、专家委员会以及居民代表共同研究决策，保证信息与程序上的公开公正公平。对于一些老大难的历史遗留问题和深层矛盾冲突，现阶段无法获得相应的合理合法对策，也应及时向受影响方详细解释和结论反馈，并提请政策未来研究方向。

（六）资金管理社会化

加强社区规划师的动员与推广，提高对制度建设的重要性认识，把规划师工作当成为民服务的有力抓手，鼓励不同部门的经验分享，履行《社区规划师守则》的有关要求。社区规划师的资金筹集纳入前期经费管理，每年将计划聘请经费提交预算，设立社区建设专项基金，部分来自外部自筹资金，增加社会投入在项目建设中的比重，一些经济实力雄厚的社区也能自己出资办事。

社区规划尽管不可避免地局限于物质形态规划，然而这只是可持续发展的一种简单手段，真正意义上的社区规划应当是基于考虑社区发展需求，注重人居环境的综合性规划。全方位从社会管理创新的角度为社区规划工作把脉，使城市社区规划与相关社会制度进行更好地融合，完善配套措施以保障制度有序推进。大力培育非政府规划机构，通过政府采购来拓展其发展空间，优化政府部门与社会组织的相互协调关系，组织相关代表参与论证会，促进其法定机构立法，以专项立法的形式规范服务行为和执行标准。

五、结语

随着市场经济体制的不断深入，城市化使得社区建设日益多元化，正处于新旧社会形态交替的过渡阶段，各利益集团在发展空间和土地使用背后的纠葛愈发显现。在复杂的城市转型过程中，社区规划作为社会理性的代表，承担着遏止市场失效与政府失灵的双重任务，其核心问题是维护资源分配的有效公正。在市域社会治理过程中，除了公众自发地“自下而上”表达意志外，政府也应“自上而下”地政策配套，主动促成符合实际的“上下结合”机制，构建市场、政府和居民三者共赢的最佳模式，充分发挥社区规划师的桥梁纽带作用。

市域社会治理现代化要求统筹“政府规划”和“社区规划”的双向作用，一方面政府规划要像制定法律般严密；另一方面社区规划则要像处世生活般精明。城市政府本着“为民规划”的核心思维不断探索与创新社区规划师制度，本质作用是政府权力的下放和市民权力的增长，最终目标是市民社会的完善，打破城乡二元结构的传统界限，构建“强政府强社会”的服务型政府。社区规划师制度的关键在于找到公平与效率的平衡点，扭转僵化守旧的固有逻辑，就这一意义而言，创新社区规划师制度亦应是市域社会治理现代化改革的序幕。

参考文献：

[1] 余颖、曹春霞：《城市社区规划和管理创新》，《规划师》2013 年第 6 期。

[2] 李玮：《城市混合居住社区发展及其整合规划策略研究》，浙江大学 2006 年硕士学位论文。

[3] 陈有川：《规划师角色分化及其影响》，《城市规划》2001 年第 8 期。

［4］王婷婷、张京祥：《略论基于国家—社会关系的中国社区规划师制度》，《上海城市规划》2010 年第 5 期。

［5］深圳市规划和国土资源委员会：《社区规划师制度实施方案（试行）》，2012 年 1 月 20 日。

［6］王芳：《深圳社区规划师面对面服务基层》，《中国国土资源报》2012 年3 月21 日。

［7］吴丹、王卫城：《从“政府规划师”到“社区规划师”：背景·实践·挑战——以深圳为例》，云南科技出版社 2012 年版。

［8］朱德米：《网络状公共治理：合作与共治》，《华中师范大学学报》2004 年第 2 期。

［9］冯现学：《对公众参与制度化的探索——深圳市龙岗区“顾问规划师制度”的构建》，《城市规划》2004 年第 1 期。

［10］钱征寒、牛慧恩：《社区规划——理论、实践及其在我国的推广建议》，《城市规划学刊》2007 年第 4 期。

后　记

作为记录和研究当下中国改革与发展进程的文集，自2013年问世以来，《中国改革与发展热点问题研究》已连续出版8本。8年来，《中国改革与发展热点问题研究》系列研究文集影响力逐渐扩大，获得了业界的好评，形成了品牌效应，产生了较大的社会影响。编委会全体同仁决心精益求进，努力追求更加卓越的品质。

2020年，《中国改革与发展热点问题研究》坚持以习近平新时代中国特色社会主义思想为指引，深入贯彻落实十九届一中、二中、三中、四中全会精神，围绕我国经济社会发展进程中与改革开放密切相关的热点、难点问题进行了专题研究。特别是对反映2020年中国发展的重大问题进行深入研究，并结合当今中国面临的国内外环境，对2021年中国发展进程中可能面临的重大问题进行前瞻性研究。

2020年是国家"十三五"发展规划的收官之年，是脱贫攻坚战的决胜之年，是统筹疫情防控与经济社会发展的关键之年。从历史上看，每一次重大公共卫生事件都会带来世界格局和社会结构的深刻变化。《中国改革与发展热点问题研究（2021）》主题为"新冠肺炎疫情与中国改革与发展"，重点围绕新冠肺炎疫情对我国经济、行政、社会管理等方面的冲击与应对，同时结合"十四五"发展规划及建设，进行反思、总结、分析、改进。文集下设四个方向："'十四五'发展规划""后疫情时代的中国经济""提升国家治理效能""加快社会治理现代化"。

感谢王一鸣、陈昌盛、张占斌、龚维斌、丁茂战、丁元竹、许耀桐、毛寿龙、刘尚希、范恒山、冯奎、王露等专家学者，百忙中为本书撰文，贡献了高水平的思想与智慧。

感谢中国行政体制改革研究会资助本书出版。中国行政体制改革研究会作为国内知名智库，以推动中国行政体制改革为己任，多年来一直支持和资助“中国改革与发展热点问题研究”的系列成果，充分体现了其作为知名智库的不凡眼光和情怀。感谢商务印书馆一直以来的支持。多年来，正是因为商务印书馆的大力支持以及他们严谨、负责的工作态度和精良的专业水平，本书才得以如期面世。

《中国改革与发展热点问题研究》系列成果的出版，是集体协作的成果，是集体智慧的结晶。今年，在主编魏礼群教授的亲切悉心指导下，刘青松、冯俏彬、蒲实、吴长军作为课题负责人，负责统筹全书的编撰工作。石伟、朱玉、巢小丽、李芳负责四个专栏的总体编务工作。张茉楠、张驰、邱一鸣、朱瑞等在全书的编撰和出版的过程中给予了重要支持与帮助。张抗私、余佳、刘磊、李娣、孙金阳、王雪磊、曾省存、安森东、杨华锋、张文杰、刘蕾、宋翰乙、王宏亮、陈家浩、苏博文、贺少雅、黄文浩、黄海燕、李振锋等同志在组织联络、执行编辑方面，积极承担了部分编务工作。正是由于编撰团队的共同努力，才在有限的时间内完成了相关工作。在此，一并致以诚挚谢意！

2020年中国统筹经济社会发展与疫情防控工作，中国人民创造了举世瞩目的经济社会发展奇迹。愿本书的出版，能够为祖国经济社会发展贡献我们的绵薄之力，提供智力支持与理论依据！

编者

2020年9月